VALUE

バリューシフト 企業倫理の新時代

Why Companies Must Merge Social and Financial Imperatives to Achieve Superior Performance

SHIFT

L y n n S h a r p P a i n e

リン・シャープ・ペイン 著　鈴木主税・塩原通緒 訳

毎日新聞社

バリューシフト

企業倫理の新時代

目次

はしがき……5

第一章　バリューへの着目……17

第二章　倫理は得になるか……59

第三章　ひとまず現実をチェックする……99

第四章　企業人格の変遷……137

第五章　高い基準……175

第六章　新しいバリューの提示……213
第七章　高い基準のもとで実績をあげるには……263
第八章　意思決定のコンパス……311
第九章　センター主導の会社……355
訳者あとがき……392
付録……398
註……442
索引……445

装丁　岩瀬　聡
本文図表・扉
タクトシステム株式会社

はしがき

本書は企業パフォーマンスにたいする考え方――それはどういうもので、どのようにして達成するのか――の変化について記した本である。基本的には、高度なパフォーマンスを示す会社を築きたいと考えている人――経営者、取締役、管理者、起業家――に向けて書かれたものだが、それ以外のさまざまな人びとにとっても組織と関連する問題を考える手がかりを与える内容となっている。今日の世界で、企業が果たしている幅広い役割を考えれば、企業パフォーマンスは誰にとっても無関係だとは言えない。そして何よりも、その事実が本書で論じる進展をうながしているのである。

読者がこの本から何か一つだけ得られるものがあるとしたら、それは私が企業パフォーマンスの新しい基準と信じるもの、すなわち道徳面と財務面の双方を包含する基準についての理解であってくれると嬉しい。現在、私たちは根本的なバリューシフト（価値観の移行）のさなかにいると思う。このバリューについての考え方の進展は、会社というもののとらえかたと、会社の行動にたいする期待を変化させている。昨年（二〇〇二年）は、エンロン、アーサー・アンダーセン、ワールドコムなど、アメリカの多くの企業の不正行為が発覚した。それによって心に掻き立てられた、裏切られたという深い思いは、まさしくこうした価値観の移行の最も新しく最も明瞭な指標にほかならない。

本書は私が過去二〇年、研究者および教師として、またコンサルタントとして考えてきたことから生まれた。これは事実の説明と解釈と主張と、そして実践の手引きとを総合したものである。本書はまさにその順序で展開していく。最初のパートでは、私が「バリューへの着目」と称する現象について説明する。どういうことかというと、バリュー（価値観）、文化、倫理、ステークホルダー、市民性など、この数十年間に世界中の多くの企業で浮上してきた項目がますます重視されるようになったのである。このパートでは、これらの項目についてエグゼクティブたちが何と言っているか、なぜこれを促進する取り組みを積極的に進めているかを見ていきたい。次のパートでは、この現象についての解釈を提示する。これをどう考えたらいいのか、何がこの現象の動機となっているのか、なぜこれが重要なのか。ここで私が主張したいのは、バリューへの着目は、ときに企業の「人格」と呼ばれるもの——企業の本質的な性格を定義する特質——を反映しているということだ。そして三番目のパートでは、この進展が経営慣行にどんな影響をおよぼすかを詳述する。最後の三つの章は、意思決定のさいの影響、組織構築にさいしての影響、企業のリーダーシップにおよぼされる影響を探るものである。

第四章と第五章では本書の中心となる主張の知的基盤を説明し、第六章では異論や反論を取り上げる。これらの章では現代の企業の歴史的な背景を検証し、今日の会社が過去のパフォーマンスの基準とは性質の異なる基準で測られていることを示していく。本質的に財務面しか見ていなかった従来の測定基準とは違って、今日の尺度はもっと複雑である。この新しい基準のもとで優秀な会社と目されるには、優れた財務結果をだすだけでなく、従業員と顧客およびその他の関係者の処遇に道徳的な賢さを示さなければならない。とくに難しい要求とも思えないかもしれないが、これは会社をどう経営し、どう率いていくかという立場からは非常に重要なことだと言っておきたい。

この新しい基準がどこからあらわれたのかをたどっていくと、前世紀の大きな進展と、ここ数年のとくに大きな進展を経て、企業という存在が世界的に広まり、成長してきたことに行き着く。自由化、民営化、グローバリゼーション、知識と技術の進歩――これらが総合されて企業の重要性を高め、企業のパフォーマンスへの新しい期待を生みだした。かつては資本をプールするための便利な手段としか考えられていなかった企業が、社会における能動的な存在と見なされるようになったのである。

今日の一流企業に期待されていることは、富の創造、優秀な製品とサービスの提供ばかりではない。「道徳の行為者」としての行動、すなわち責任の主体として、道徳的な枠組みの範囲内で事業を運営することも求められているのだ。したがって、会社は基本的な倫理原則を守り、何をするにも道徳的な判断を用い、不正行為も含めて自社のした行動に責任をもち、他者の要望や利益を尊重し、自らの価値観にしたがって貢献するのが当然だとされている。企業は道徳と完全に無関係な創造物であり、だから道徳にそって行動できるわけがないと何百年ものあいだ断言してきた理論家とは対照的に、今日の社会は道徳的な人格を企業に付与しているのである。

こうした進展の証拠はいたるところで見られる。企業評価の研究、優良企業のランキング、従業員の貢献度調査、世界規模の世論調査、投資家の関心の多様化、そして毎日のニュース――これのいずれを見てもうかがえるのは、従業員、顧客、一般市民、さらには一部の投資家までが、自分のかかわる会社を評価するのに倫理的な基準と経済的な基準の双方を用いていることだ。たとえ儲かるとしても、製品の危険性を隠したり、収入を偽って報告したり、法の目をかいくぐったり、強制労働を使っているサプライヤーを重用したりすることは、一流企業としてふさわしくない、受け入れがたい行為だと見なされる傾向がますます強くなっている。さらに驚くことは、倫理的な志向のプラス効果を指摘する証拠が続々とでてきていることである。危機管理の向上をはじめとして、組織の機能を改善するのも、市場の魅力を高めるのも、世間や公的機関との関係をよくするのも、すべてプラスの効果を生む。

この新しい基準のもとで高いパフォーマンスを上げつづけられる会社を築くには、ここ数年で企業にとって「必須」の付属物となってきた、倫理プログラムやバリューイニシアチブやステークホルダー活動を進めるだけでは不充分である。そんなことをするよりも、経営者は新しい組織能力を構築して、新しい考え方と新しい経営手法を取り入れるべきである。このあとの各章で説明するように、これからは関係者の社会的な期待と財務上の期待をともに満たせるのが本当の優れたパフォーマーなのである。

この本を書くのはいろいろな意味でたいへんだった。とくに悩んだのが言葉の問題である。一〇年ほど前に経験したことがどうも引っかかっていたからだ。私はある有名な金融サービス会社の依頼でエグゼクティブ向けのセミナーを開くことになっていた。彼らは私の研究について聞きたかったわけだが、話をするときに「倫理」という言葉は使わないでほしいという。その言葉を耳にすると、彼らはみな「落ち着かない」気持ちになるのだそうだ。

妙な依頼だと思われるかもしれないが、伝統的な企業論の見地からすれば、それはきわめて当然だった。企業を効率的な機械のように、道徳と関係なしに動かすものだと見なす考え方に慣らされていると、バリューの問題を自分の職業上の役割にからめて考えるように言われても、そう容易には受け入れられないものだ。患者にとって必要なことだけを考えるように教えられてきた医者に、これからは医療の財務面も考えろと言うようなものである。

こうした「落ち着かなさ」の問題があることはわかっていたが、その一方で、企業経営についての考え方を改める時代が到来しているという確信もあったので、本書ではこだわりなしに「倫理」や「バリュー」や「道徳性」という言葉を使っている。まさしく実際問題として、本書の主題を考えると、こうした言葉を使わないですます方法が見つからないのである。もちろん、できるだけ読者に嫌な思いをさせないように努めたつもりだが、こうした言葉に抵抗感がある人は、これからしばらくのあいだ、ときどき自分の快適な領域の外にでることを余儀なくされることもあると心しておいてもらえれば幸いである。

言葉の問題のもう一つの側面として、この分野における多くの言葉の一般性があげられる。言語には哲学が内包されている。私たちが日常会話で使う単語にもさまざまな意味があり、その単語の発せられるコンテクストによって意味される内容が違ってくる。たとえば「社会的」という言葉一つをとっても多くの異なる用途と含意があり、ある使い方は説得力があるが、そうでない場合もある。この言葉に置き換えられる意味は、「社会の」「市民の」「道徳的な」「倫理的な」「社交的な」「共有された」「共同の」「社会から派生する」「社会に負っている」など、いくつもある。したがって、たとえば「企業の社会的責任」と言った場合でも、社会の成り立ちから派生する多くの種類の企業責任――財務上の責任、法的な責任、市民としての責任、機能上の責任、環境上の責任など――をすべて包含した広いカテゴリーで使われているかもしれない。しかし一部の人びとのあいだでは、「社会的責任」がもっと狭いカテゴリーのものとして理解され、財務上の責任、法的責任、道徳的な責任、環境についての責任などとは区別されているのである。

本書を執筆するために正確に意味を限定した用語集をつくろうとして、正確さの代償が途方もない表現の困難であることがわかり、私はそうするのを諦めた。また、この人工的な言語システムのなかで設定しようとした境界を維持するのも難しいとわかった。改めて現実がいかに流動的な性質をもっているかを教えられた気がする。結局、私はどうしても曖昧さのつきまとう普通の言葉を使うことを選択した。ただし「社会的責任」という言葉については、基本的に財務とはかかわらぬ責任の一般的なカテゴリーとして使っている。もし私が言語の大家だったら、もっと広く、財務上の責任を社会的責任のサブカテゴリーとして扱っていただろう。この用法なら、企業の財務上の責任について、その根拠がより正確に反映されるのだが、現在の一般的な用法によって伝えられるニュアンスが反映されなくなってしまうのである。

企業の役割と、それが世界中でどのように変わってきたかの全体像を描きだすのもたいへんだった。大企業や多国籍企業、民営化された企業、商業化された（もとは非営利の）企業、特定の業界の企業などについては、図書館に多くの資料がある。しかし、企業全般についての総合的なデータはなかなか見当たらない。したがって、第四章で示した全体像はかなり印象にもとづくもので、とても完璧とは言えないが、本質的な特徴は正しくとらえていると思う。社会の仕事を営利企業に――政府や非営利組織や非企業組織ではなく――委ねる傾向が強まっていることは多くの地域で明らかに見てとれる。

そして最後に、私自身の能力にも限界があるため、この本に間違いがないとは言いきれない。多くの知的分野を横断する問題と取り組む以上、自分の本来の専門分野を超え、正式な教育も受けていなければ経験もない領域に挑まなければならなかったのだ。全体像を描くにあたって、重要な点を見過ごしたり誤ったとらえ方をしている部分は確かにあるだろう。しかし繰り返すが、全体としての主張は本質的に間違っていないと確信する。

今日の会社が直面している実際の道徳的な問題にたいする答えを本書に期待している読者は、いささか肩すかしを食うと思う。いくつかの基本的な倫理は――新たに出現してきた、ビジネスについての

「一般に受け入れられている倫理原則」として――示されているが、会社が直面している道徳的な問題の多くは、もっと複雑なものだ。伝統的な企業戦略やビジネスプランを練る場合でも、特定の事実や状況を慎重に検討しなければならないだろう。それと同じように、多くの道徳的な問題にたいする実際的な答えを見つけるためには、調査と分析と独創的な考えが必要なのである。ところが、会社は概してそうした問題と取り組むのを重要だと見なしてこなかった。本書では、いまどうしてそれが必要なのか、どうしたらその取り組みを始められるかを説明したいと思う。

本書がつねに変化する複雑な企業の世界を適切に描くのに成功しているとしたら、それはおおむね、ここで示されている考えに多くの人が貢献してくれたおかげである。ありがたいことに、私は長年のあいだに世界各地のさまざまな会社のエグゼクティブや経営者と、本書で論じている問題について討議する機会を得てきた。ハーバード・ビジネススクールのMBA課程と管理者教育プログラムで教えてきた一二年間の経験も、これらの考えを検証し、探求する独特の研究の場となってくれた。とくに感謝しなければならないのは、私をリサーチャーとして、またケースライターとして自社に招いてくれたエグゼクティブたちである。彼らの成功について研究した場合でも過ちについて研究した場合でも、彼らは喜んで自分たちの経験を伝えてくれた。その誠実さには深い感銘を受けたし、彼らの担っている責任の重さには頭が下がる思いだった。

ハーバードの研究科は、本書そのものへの資金ばかりか、本書の基盤となっている多くのケーススタディや予備論文への資金も提供してくれた。ハーバードの経済的支援とハーバードならではの研究環境がなかったら、この本は書けなかっただろう。学長のキム・クラークは、私にこのプロジェクトに取り組む時間を与えてくれた。総合経営学講座の責任者の職を降りることを了承してもらえたおかげで、著作のさまざまな段階でどうしても必要になる時間の余裕を得ることができた。本書のほとんどは、私が一九九九年から二〇〇一年までノバルティス・フェローを務めていたあいだに執筆したものである。企業倫理のためのヘンリー・B・アーサー企業倫理基金も、私の仕事に資金を提供してくれている。

ここに示した考えに貢献してくれた多くの同僚のなかでも特に感謝したいのは、私が一二年間教えてきたMBA課程の必須単位であるリーダーシップ、バリュー、意思決定の各講座を担当する三〇名あまりの教師陣である。しかし、おそらく最もお世話になったのは、ジョー・バダラッコとトム・パイパーの二人だろう。私は彼らとともに、リーダーシップ、バリュー、企業責任の問題を詳細に研究してきた。個人の意思決定についてのジョーの著作と、倫理と財務上のパフォーマンスについてのトムの考えは、彼らの仕事を知っている人なら誰でもわかると思うが、私の考えにとても大きく影響している。この本で、私はトムの洞察のいくつかを——とくに彼が説明の手段として用いたベン図形を——自由に使わせてもらっているが、ここに示されている考えはかならずしも彼の意見を反映するものではないことを断わっておかなければならない。

本書への故R・M・ヘアの影響も、彼の道徳論を知る人には明らかだと思う。もう何年も前のことだが、オクスフォード大学の大学院生だった私は、ディックの明晰な思考へのこだわりと道徳理論に関する個別指導から多くの教えを受けた。本書で展開した理論が明晰で理解できるものになっていたら、それはディックのおかげによるところが大きい。彼はビジネスがあらゆる職業のなかで最も難しい道徳的問題をかかえていると考えており、他の分野と同様、この分野においても答えにいたる道を示す推論の力を固く信じていた。

本書がアジア的な考えを反映している独特な点については、私が大学院生時代にルース奨学生として一年間アジアで過ごしたときに触発された関心がもとになっている。その年、私は中国思想の豊かな伝統を発見し、そこからいくつかの要点を自分の考えに取り入れている。この特別な経験に関して、私はヘンリー・ルース財団と、とくにハンク・ルース、ルース家、および財団の活動に関係していた多くの友人と同僚に、永遠に感謝するものである。

本書の原稿や、参考にした過去の論文、プレゼンテーション、ケーススタディにわざわざ時間を割いて目を通し、コメントしてくれた多くの友人や同僚にも格別の感謝の意を表したい。ジョー・バダラッコとトム・パイパーに加えて、コニー・バグリー、R・バスカー、シセラ・ボック、ローラ・ナッシュ、ジョシュア・マルゴリス、ハンク・リーリング、キャシー・スペアー、グハン・スブラマニアン、サンドラ・スッハー、リチャード・テッドロー、デニス・トンプソン、ケン・ウィンストン、パー・モランダー、マリアン・ラデツキ、クラエス・ルンドブラッドにもお礼を申し述べたい。また、ここに示した考えをともに検証してくれた、ハーバードの倫理、法律、リーダーシップの各グループのメンバーにも感謝したい。すでにあげた人びとに加えて、ロイト・デシュパンデ、アシシュ・ナンダ、マイク・ホイーラー、ミヒル・デサイにも、本書で取り上げた中心的な問題の多くについて、私の考えを豊かにしてくれたことにお礼申し上げる。

他の多くの人びとも、わざわざ本書のために重要な情報源を見つける手伝いをしてくれた。とくに名前をあげておきたいのが、クリス・クールター、マーク・ドライジン、ニエンへ・シェー、ビル・ローファー、キャロライン・マシアセン、ビル・メッギンソン、トレックス・プロフィット、マイク・シャープ、ハイジ・ウェルシュである。コー円卓会議は寛大にも、円卓会議が一九九四年に発表した企業原則をもとに私が作成した企業の評価手段を付録に含めるのを許可してくれた。また、一九九九年の世界経済フォーラムで国連事務総長によって提唱されたグローバルコンパクトの九原則も、国連の許可を得て本書の付録に転載している。

調査を手伝ってくれたキム・ベッチャーには、たいへんな尽力をしてもらった。ここに示した考えを辛抱強く検証し、データの溝を埋め、事実を突きとめ、矛盾する部分と徹底的に格闘してくれた。ハーバード・ビジネススクール調査部のアナリストであるジェフ・クローニンとエリカ・マカフリーにも、本書のさまざまな点で調査上の貴重な支援をいただいた。そして私のアシスタント、トルーディ・ボスティアンは、調査、引用チェック、原稿準備を手伝ってくれただけでなく、本書の執筆にかかわるすべてのことが円滑に進むように手配してくれた。

エージェントのロブ・マッキルキンとアイク・ウィリアムズ、マクグロウ・ヒルの編集者メアリー・グレンにも感謝したい。

そして最後に、本書の基盤となっているケーススタディに関して力を貸してくれた人びとにお礼を申し述べたい。同僚のカレン・ホッパー・ラック、マイケル・ワトキンス、プロンピライ・クナファンテ、ルイス・B・バーンズ、エイジ・ミズタニ、かつての博士課程の学生で現在は同僚のミネア・モルドヴァーニュ、マイケル・サントロ、リー・ジン、サラ・マヴリナック、ブロンウィン・ハリデー。ハーバード・ビジネススクール研究科の優秀なケースライター、カリン・イサベル・ヌープとアン・リーモンは、さまざまなプロジェクトで協力してくれた。そのほか、本書の重要なケーススタディをともに調べてくれた多くの傑出した仲間たちにも感謝する。マイケル・ルッツ、ハロルド・ホーガン、スマ・ラジュ、ロバート・クロフォード、ジェニファー・ガイ、デビッド・キロン、ハワード・ライツ、チャールズ・ニコラス三世、ジェーン・パリー・カッツ、サラ・ガント、レクサン・アボット、アルバート・コイ、クリス・ペイジ、アンドレア・ストリムリング。

これらすべての人びとと、そして家族に深く感謝している。家では、夫のトムが共鳴板として、文筆コンサルタントとして、そしてグラフィックアートのアドバイザーとして、根気強さと楽天性を発揮して私を支えてくれた。彼の容赦ない叱咤激励がなければ、このプロジェクトはやりとおせなかったかもしれない。子どもたちの尽力も――サムナーは批判的に原稿を読んでくれ、マロリーは技術面の専門知識でサポートしてくれ、リンダは明るく励ましてくれた――貴重な助けとなった。著者として、これ以上に協力的な家族は望むべくもない。

結局のところ、このプロジェクトが答えよりも多くの疑問を提示していることは充分に承知している。だが、私はこれらの新しい疑問を探求するのを楽しみにしているし、他の人びとも私とともに探求してくれることを願っている。この探求はますます急を要するものとなっている。本書が出版されるころには、世界中の会社がかつてないくらい厳しいチェックを受けるようになっているだろう。実際に本書で言及した、ここ数年のあいだにバリューを重視するようになった会社も含めて、多くの会社が深刻な不正行為で訴えられている。こうした状況は本書の中心的なテーマの妥当性を裏づけることであり、私が最後の三章で提言しているように、今日の企業に求められている高い基準を満たすため、それぞれの会社が何をしなければならないかを示唆するものであると確信する。

第一章 バリューへの着目

THE TURN TO VALUES

この数十年でビジネスは劇的に変化した。テクノロジーの進歩、グローバリゼーションの拡大、過熱する競争、人口動態の変化。これらはいずれも、多くの本や論文で指摘されてきたことだ。しかし、こうした目に見えやすい発展にくらべ、それと同じくらい歴然としていながら、具体的なかたちをとらないために、ほとんど見過ごされてきた変化もある。それは今日の多くの会社が関心を寄せている、バリュー（守るべき価値観）についての認識である。

私がリサーチの仕事にたずさわり、企業倫理を教えはじめた一九八〇年代初頭には、このテーマは懐疑的な目で見られるのが普通だった。ビジネスの世界でも学問の世界でも、多くの人がこれをつまらないこと、あるいはまったく現実にそぐわないことと見なしていた。そんなものはただのジョークだと思っている人もいたし、敵視する人さえいた。評論家は、企業世界の現実をわかっていない的外れな取り組みだと批判した。たしかに、多くの人は大学の経済学部で、市場は道徳と無関係のものだと教えられていたのである。

当時の一般的な認識では、「企業倫理」という言葉はそれ自体が矛盾していた。MBAを取得するつもりならこのテーマにするのが手っ取り早いというジョークさえ聞かれた。そのころの本屋には『ウォール街の論理のすべてがわかる』というようなタイトルの、まるで中身のない本があふれていたものだ。企業倫理などはせいぜい企業の慈善活動、あるいは会社が経済的に成功したあとに一部のエグゼクティブが興味をもつものであり、いずれにしてもお飾りにすぎないと思われていた。要するに、企業倫理は金持ちや変人の道楽くらいにしか見られていなかったのだ。

だが、今日の見方は違う。すっかり浸透しているとは言えないが——二〇〇一年、二〇〇二年とつづいた企業不祥事を見ればわかるとおり——倫理が企業の重要な関心事であるという認識は確実に高まっている。わが社の目的は何か。信条は何か。行動の指針とすべき原則は何か。社の内外の関係者——従業員、顧客、投資家、社会——にどんな責任を負っているか。こうした古典的な倫理問題が、世界中の多くの会社で真剣に考えられるようになっている。しかも、そうしたことを考えるのは有名な大企業の舵取りをする高齢の経営者ばかりではない。変わりゆく経済のなかで民営化されたばかりの会社の経営者も、先見の明あるハイテク起業家も同じ問題を模索しているのである。

倫理は、ときに「道徳学」とも呼ばれ、これまでさまざまに定義されてきた。「価値の学問」、「規範の学問」、「適正行為の学問」、「義務の学問」、「正しいことについての抱括的な探求」……。このように多様な呼び方をされながら、倫理というテーマはしだいに経営の指針に組みこまれてきた。実際、これら一連の定義は、企業が善悪の基準にとどまらず、自社の企業価値、企業文化へと関心を広げていくにつれ、きわめて重視されるようになってきた。いまやバリューは現実にそぐわないどころか、今日の企業の成功に不可欠の要素であるという考えが一般的になっている(1)。

バリューへの関心の高まりは、いろいろなところにあらわれている。近年、多くの会社は倫理プログラムや価値観の実践、企業文化の変革計画などを推進している。企業倫理部門や、役員会レベルの倫理委員会を設置している会社もある。利益の衝突、腐敗、電子データのプライバシーといった問題に対処する特別チームを編成した会社もある。従業員の倫理意識を高め、意思決定のプロセスに倫理的配慮を組みこむよう指導する教育プログラムを導入した会社もある。多くの会社があえて時間を費やし、自社のビジネス原則、企業価値、行動規範などの設定や改訂を行っている。システマチックな調査にもとづいて自社の価値を分析し、将来の発展を図式化している会社もある。

一九九九年末から二〇〇〇年初めに行われたアメリカの従業員調査を見ると、倫理についての基準設定と教育が普及してきたことがわかる。回答者の約七九パーセントは、自分の会社が倫理基準を文書化していると答えていた。また、自分の会社が何らかの倫理教育を行っていると答えたのは五五パーセントで、一九九四年の三三パーセントよりもかなり上昇している。従業員五〇〇人以上の組織になると、その比率は六八パーセントだった[2]。

別の調査――二二ヵ国、一二四社を対象としたもの――からは、役員会が自社の倫理基準の設定に以前よりも積極的になっていることがうかがえる。一九九九年には四分の三以上（七八パーセント）がそうしていると答えていたが、一九九一年では四一パーセント、一九八七年では二一パーセントだったのである。また別の調査では、フォーブス五〇〇社の八〇パーセント以上が、以前から採用していた価値観や行動規範や企業信条を、一九九〇年代に文書化または改訂したことがわかる[3]。

この間に、企業の倫理担当役員からなる専門家組織「倫理管理役員協会（ＥＯＡ）」の会員数は劇的に増えた。創設時には一二名だった会員が、一〇年後の二〇〇二年初頭には七八〇名になったのである。二〇〇二年のＥＯＡの会員名簿には、フォーチュン一〇〇〇社の半数以上の倫理担当役員が名を連ねている[4]。

また、多くの会社が自社の評判を高め、多様な顧客層の要望や利益にいっそう敏感であろうとする努力を重ねてきた。率先してやらなければならない活動は果てしなくあるようだ。多様性、品質、顧客サービス、健康と安全、環境、法令順守、プロ意識、企業文化、利害関係者との対話、ブランドの管理、企業アイデンティティ、異文化間経営、仕事と家庭の両立、セクシャルハラスメント、プライバシー、精神性、企業の社会的責任、コーズ・リレーテッド・マーケティング（社会貢献に関連づけられたマーケティング）、サプライヤー管理、地域社会への参画、人権など、すぐに思いつくテーマをあげただけでもこれだけある。これらの分野での実績をまとめ、公表しはじめた会社もある。図1―1（次ページ）は、企業が率先して始めた活動の一例である。

こうした取り組みのなかで、多くの会社はコンサルタントやアドバイザーの手を借りるようになってきたため、それにともなってコンサルティングという業種も発展した。数年前に《ビジネス・ウィーク》が伝えたところによれば、いまや倫理コンサルティングは一〇億ドルのビジネスになっているという。多少の誇張はあるだろうが、この試算にはコンサルティング産業の一部分、主に不祥事防止と調査にかかわるものしか含まれておらず、企業の文化や価値観について、あるいは多様性や環境問題や企業ブランドの管理といった個別の問題へのコンサルティングは含まれていない。また、広報や危機管理のコンサルタントも含まれていなかったが、ここ数年は製品のリコール、不祥事、労働争議、環境破壊など、企業の価値観が問われる問題が多発しているため、その方面の専門家が引っ張りだこになっている。三、四十年前には、この種のコンサルティングは非常に稀だったし、そもそもコンサルティングのこうした分野が存在していなかった。今日では、数十の事務所が――法律事務所や個別の問題を扱う無数の専門コンサルタントを含めれば数百になるかもしれない――こうした問題を扱う専門家を各企業に派遣しているし、非営利組織による指導も普及している。(5)

企業が率先して始めた活動の一例			
包括的な活動	（あらゆる活動と部門に適用）	●社内向け	倫理プログラムの実施 順守プログラムの実施 ミッションとバリューの設定 企業原則の設定 企業習慣の設定 文化の構築 異文化間管理の促進 危機管理
		●社外向け	企業ブランド管理計画の実施 企業アイデンティティの設定 企業ブランドの構築 利害関係者との対話促進 社会協力活動 非営利活動報告
個別の活動	（特定の問題や関係者に適用）	●従業員向け	多様性の促進 セクシャルハラスメントの防止 従業員の健康と安全の促進 仕事と家庭の両立を促進 職場環境の向上
		●顧客向け	製品とサービスの品質向上 顧客サービスの向上 製品の安全性の向上 コーズ・リレーテッド・マーケティング
		●サプライヤー向け	サプライヤー管理の促進
		●投資家向け	コーポレートガバナンスの促進
		●社会向け	環境への配慮 企業の社会的責任の遂行 地域社会への参画 戦略的慈善活動
		●個別の問題向け	電子プライバシー 人権 腐敗防止 バイオテクノロジーをめぐる諸問題

図1-1　バリューの変化

どうしてこうなったのか

こうした傾向に、「なぜ、そうなったのか？」と問いかける考え深い人も多いことだろう。どうして急に倫理やバリューにたいする関心が高まったのか？　どうして会社は利害関係者を気にしたり、自社の行動の指針とする規範を考えはじめたりするようになったのか？　筆者はこの二〇年にわたって、教育やリサーチやコンサルティングの仕事にたずさわるなかで、世界各地の経営者や管理者に接触してきた。そしてこれらの疑問について彼らと話してみると、その動機はそれぞれに異なっていた。

●アルゼンチンのある会社のエグゼクティブは、自社を「ワールドクラスの組織」にするうえで倫理が不可欠な要素だと考えている。
●タイのある企業の役員会は、激化する競争のなかで、自社の誠実さと社会的責任に関する評判を落としたくないと考えている。
●アメリカのある会社のエグゼクティブは、倫理基準が高いほど収益面での実績も上がると確信している。
●インドのあるソフトウェア会社のエグゼクティブは、顧客の信頼を確立するうえでも、最も優秀な従業員やソフトウェア専門家を獲得し維持していくうえでも、会社の倫理的姿勢が重要だと考えている。
●中国のある企業のエグゼクティブは、適切なバリュー体系を定め、社会に貢献することが世界的ブランドの構築に必要な要素だと考えている。
●アメリカのある会社のエグゼクティブは、グローバルな組織にとって必要なのは権限を集中させず、個々の社員が創造性を発揮できる文化を築くことだと考えている。

- ●ナイジェリアの二つの新興企業は、自社をナイジェリア社会の「ロールモデル」にしたいと考えている。
- ●スイスのある企業のエグゼクティブは、市場が今後ますます「社会的融和」を求めるだろうと確信している。
- ●イタリアのある会社のエグゼクティブは、多くの他社を悩ませている不祥事から自社を無縁にしておきたいと考えている。
- ●アメリカのある企業のエグゼクティブは、倫理とバリューを重視することにより、各自が責任もって収益目標の達成に励むようになると考えている。
- ●アメリカのある会社のエグゼクティブは、簡潔かつ現実的に「60ミニッツ」〔訳注 アメリカの報道バラエティ番組〕のせいだと答えている。

これらの答えは、バリューへの着目が単純な現象ではないことを示している。それぞれの経営者がそれぞれの理由から、このにわかに広まった難しいテーマと取り組んでいるのだ。理由は一つの会社のなかでさえさまざまで、しかも時代とともに変わることが多い。不祥事を起こしたあとの収拾策として倫理問題に取り組む会社もあれば、法的和解の一環として着手する会社もある。時日が経過して、これらの理由で取り組む必要がなくなったのに、また新たな理由がでてくることもある。

一九八〇年代半ば、軍需関連の契約企業だったマーティン・マリエッタ（現ロッキード・マーティン）が、のちに「倫理プログラム」と呼ばれるようになったものをアメリカで初めて確立したときの事情も同様だった。当時、防衛産業は業界全体の体質を「詐欺、浪費、乱用」などと激しい言葉で非難されており、連邦議会はそうした行き過ぎを抑えるための新法制定まで考えていた。しかし、マーティン・マリエッタがこのプラグラムを開始した直接の理由は、子会社の一つが不適切な請求をしたために政府の契約を打ち切られるのを恐れたからだった。

一九九二年当時の社長トム・ヤングによれば、マーティン・マリエッタの倫理プログラムは悪評対策の一環として始まった。「このプログラムを始めたとき」と、彼は説明する。「私たちはそれがもたらす変化を予測していなかった……そのころは『倫理プログラムを実施したからといって倫理的になれるのか？』と首を傾げる人が大半だったのだ。倫理は個人的なものであって、各自に倫理観があるかどうかではないか、と。いまや見方は一変した。人びとはバリューの大切さを認識している」。一九九二年には、もう法的な面での心配はなくなっていたが、それでも倫理プログラムはつづけられた。それはすでに悪評対策の手段ではなく、ビジネスに有益なものととらえられていた。問題を回避し、コストを抑え、顧客との関係を改善し、職場の士気を高め、競争力を高めるための手段となっていたのである[6]。

同じような意識の変化は、タイのサイアム・セメント・グループのCEO、チュンポン・ナラムリアンからも報告されている。サイアム・セメントの倫理重視はもともとビジネス哲学から発したものであり、悪評対策のプログラムとしてではないのだが、チュンポンがMBA課程の学生だったときには「倫理は訴訟や世間とのトラブルを避けるためのものであり、ビジネスや自己管理の一手段とは考えられていなかった」という。しかし今日では、「企業文化や環境をめぐる問題が理解され、正しい倫理観がよりよい会社をつくると考えられている[7]」。

サイアム・セメントは、会社の行動規範を公表したタイで最初の会社である。一九八七年に自社のコアバリューを文書化したことにより、「それがただのお題目ではなくなった」とエグゼクティブの一人は説明する。一九九四年、《エイシアンビジネス》誌の調査でサイアム・セメントがアジアの「最も倫理的」な会社に選ばれた直後、チュンポンは発表されていた行動規範の徹底的な見直しを要求した。就任したばかりのCEOは、その文書がいまでも会社の哲学を正確に表現しているかどうかを確認したかったのだ。また、かつて採用されたバリューが競争の激化した九〇年代においても有効に機能しているか、ひょっとして邪魔になってはいないかどうかを確かめたくもあった。一九九五年、サイアム・セメントは会社の規範を再発表した。細部まで練り直されていたが、中核をなす原則に変更はなかった。規範の順守は、場合によっては会社の競争力を損なわせる。しかし結局は、やはりプラスになるのである。それをこの見直しは明らかにした。たとえば、規範順守は強力なパートナーや従業員の獲得に役立った。そしてタイ政府の投資部門を最大の株主とすることにより、サイアム・セメントはタイのトップ企業という地位を確立したのである。

これとまったく異なる意識の変化を報告しているのは、インドを代表する国際的ソフトウェア・サービス会社、ウィプロのアジム・プレムジ会長だ。ソフトウェア産業の急成長が頂点に達した二〇〇〇年に、ウィプロは時価総額の点から見ても国内最大の会社となった。ウィプロは高い倫理基準をもつことで知られるが、この評判は一九四五年に植物油の製造会社を興した父親のM・H・ハシャム・プレムジの時代からの遺産である。彼のバリュー体系は、大部分が個人的な信念にもとづいていた。つまり、正しいことをしたいという彼自身の意識にもとづいたものであり、決してビジネスの損得を慎重に計算したうえでのものではなかった。彼の息子も、「それは当時、商業的にはまったくメリットがなかった」と認めている。(8)

一九六六年に父親が死んだとき、アジム・プレムジはスタンフォード大学の大学院生だったが、家業を継ぐために大学を中退して母国に帰った。事業拡大のために新しいビジネスを模索するあいだ、プレムジは何度も自問した。明らかに金銭的利益と反するのに、なぜ誠実さにこだわらなければならないのか。だが時が経つうちに、父親が主張していたコアバリューが、現実によい事業方針を育んでいることに気づきはじめた。それらのコアバリューは会社の活動を有益なかたちで自制させていたのだ。また、優れた従業員を獲得し、業務コストを最小限に抑え、市場での高い評判を築くのにも役立っていた。一九九八年、グローバル企業を顧客とするソフトウェアサービスの主要サプライヤーという足場を築くため、ウィプロは徹底的な自己検証と市場調査を実施した。その結果、ウィプロは自社のコアバリューが正しかったことを再確認し、改めてそれを打ち出した。そしてそのコアバリューを、会社のアイデンティティとしてさらに積極的に売りこむことにしたのである。

経営者がバリューに着目する理由は、その会社の発展段階を反映していることが多い。すでに確立された大企業の経営者は、たいてい自社の評判やブランドを「守る」ことを考えており、会社を興したばかりの企業家は、当然ながら、評判やブランドを「確立する」ことを考えている。生き残りに必死の新興企業にバリューのことを考える余裕があるのかと疑う人は、ソフトウェアメーカーのインテュイット社の創設者、スコット・クックの説得力ある答えを聞くといい。彼の見方では、会社の文化に正しいバリューを植えつけることは「経営者にできる最も強力なこと」である。「最終的に」とクックは言う。「経営者よりも［文化のほうが］会社の成功を左右する鍵となる。どんな文化が築かれているかによって、全従業員のくだすすべての決定が違ってくるからだ(9)」

会社の規模や発展段階に加え、一部の経営者にとっては、社会的要因もバリューに着目する理由となっている。たとえばアメリカの経営者は、主に新興市場で事業を展開する経営者よりも、法律やメディアに関連した理由をあげることが多い。それもそのはず、この二つの制度の力はアメリカにおいてとくに強く、多くの新興市場国ではそれほど強くないからである。多くの倫理基準が法制度を通じて強く支えられているので、倫理と法律が結びつくのはアメリカの経営者にとって当然のことなのだ。あるいはバリューに着目する理由に、業界や国が直面している明らかな問題、たとえば労働力不足、人口動態の変化、腐敗、環境破壊、失業といった問題が反映されていることもある。製薬会社メルク・シャープ・アンド・ドーム・アルゼンチンのアントニオ・モスケラは、一九九五年にマネジング・ディレクターに就任したのち、総合的な改善計画の一環としてバリューを追求したが、彼は企業倫理を促進するための手を打った第一の理由を、社会にはびこる深刻な腐敗問題のためだったと説明している[10]。

経営者がバリューに着目する理由はさまざまだが、それらの説明のなかに、繰り返しでてくるいくつかのテーマがある。大まかに見て、経営者の動機は次の四つに集約されると言っていいだろう。

- 危機管理に関連した理由
- 組織機能に関連した理由
- 市場での地位の確立に関連した理由
- 社会における地位の確立に関連した理由

五番目として、これらほど目立ちはしないものの、きわめて重要なテーマがある。くわしくは後述するが、それは「ベターウェイ（そのほうがよい）」というシンプルな考えに関連した理由である。一部の経営者にとって、バリューに着目するのは単にもっと利益を得たいからとか、望む結果をだしたいからではない。むしろ、彼らが奨励しようとしている行動自体に価値を見出しているからである。言い換えれば、行動の価値は主として行動そのものにある。こうした経営者にとって、会社が誠実であり、信頼に値し、革新的で、公正で、責任感があり、よき市民であることは単純に「よい」という、その一言なのだ。自己利益の追求を正当化するのに特別の理由がいらないように、お金は無いよりも有るほうがいいに決まっているように、それ以上の説明はいらないのだ。

具体例として、ここ数十年のあいだにバリューに着目しはじめた会社をいくつか紹介する。いまあげたようなテーマがどうしてでてきたのかがわかるだろう。それぞれの会社が、それぞれどのようなバリューを強調しているかを見てもらいたい。

危機管理

一部の経営者は、特定の危機に対処し、できることならそれを根絶するための方法としてバリューに着目している。ここで言う危機とは、主に不祥事に関連したものだが、不注意や怠慢や無自覚に関連したものもある。従業員の行動指針となるバリューを重視することにより、違法行為とそれにともなうダメージをできるだけ未然に防ぎたいというのが彼らの考えである。

経営者の心配には個人の不正行為も含まれる。つまり、従業員が個人として行った不正行為が会社に不利益をおよぼす場合である。ちょっとした盗み、横領、会社のビジネスチャンスを個人的に流用することなどは、世界各地の経営者がかかえる深刻な問題である。たとえばアメリカでは、個人の不正行為が会社の歳入の約六パーセントを失わせると見られている。一九九七年から二〇〇〇年までのあいだに、アメリカの小売業者が従業員の窃盗によってこうむった損失は三四パーセント上昇し、総額一二八億ドルになると見積もられている。しかもこの数字には、真面目な従業員の士気を損なわせるという目に見えない損害は含まれない[11]。

しかし、危機管理戦略の一環としてバリューに着目した経営者のほとんどが第一に心配しているのは、会社ぐるみの不正行為に関連する危機である。すなわち、会社の利益のために、会社の名のもとに行われる不正行為である。近年、この種の危機がエスカレートして、一見ささいな不祥事が会社を揺るがす大問題に発展することがある。ことに、それが公に知られた場合は致命的だ。最近のエンロンやアーサー・アンダーセン、タイコなどの例が示しているとおり、不正行為が発覚した会社は即座に評判が地に堕ち、重要な取引を失うことにもなる。そして罰金や訴訟費用や弁護士の費用に数百万ドルも費やすことを余儀なくされる。ことにアメリカでは、これは大袈裟でもなんでもない。アメリカの会社はどこよりも多額の懲罰的な損害賠償金を払わされるし、不正行為を防止できなかったがために罰金が増額されることさえある。しかし、おそらく経営者が何よりも懸念しているのは、不正行為が会社と製品にたいする世間の信頼を損なわせ、顧客を同業他社に向かわせてしまうことだ[12]。

不正行為は会社全体にとってだけでなく、問題の釈明を余儀なくされる個々の経営者や役員にとっても脅威である。たとえ個人として関与していなくても、悪事の近くにいたというだけで評判を失い、法的、経済的な被害を受ける恐れがあるのだ。

多くの会社でバリューへの関心が高まっている背景には、こうした事態にたいする危惧の念がある。実際に不正行為のツケを払わされた会社ならなおさらだろう。その最たる例が、ウォール街の証券投資会社だったソロモン・ブラザーズである。もはやソロモンは独立した会社としては存在していない。一九七七年にトラベラーズ・グループに吸収され、翌年シティコープと合併した。だが一九九一年には、ソロモンはウォール街を代表する会社であり、アメリカ財務省証券の毎週の競争入札に参加する「プライマリーディーラー」三九社のなかでも最も積極的に活動する会社だったのである。前年に約三億ドルの収益をあげ、経営プロセス改善の五ヵ年計画を進めていた矢先、ソロモンの国債取引部で生じた不正行為が危機の引き金となった[13]。

一社の一回の入札・落札額を制限する財務省の規則に業を煮やした国債取引部の役員数名が、ソロモンの顧客の名を騙って不正入札をしたのである。不正入札は一回のみならず、一九九〇年末から数回にわたって行われ、ロンドンのS・G・ウォーバーグやマーキュリー・アセット・マネジメントのような有名証券会社の名前が使われた。これら、顧客の知らぬ間に同意なしで行われていた不正入札により、ソロモンは財務省の制限をうまくすり抜け、定められていた上限を越えて債券を動かすことができた。

ソロモンの上級役員が不正入札に気づいたのは、一九九一年四月のことだった。彼らは会議を開き、適切な対応策を検討した。だが結局、役員会は状況を正す措置をとらず、財務省の入札担当者に知らせもしなかった。関与した社員を懲戒処分に付することもしなかった。そして数ヵ月後、政府の調査が入りそうになった時点でようやく問題を公にした。一九九一年八月、ソロモンはプレスリリースをだして、国債部の「不正行為」とその他の「規則違反」を発見したと発表した。五日後、ソロモンは再度プレスリリースをだし、上級役員が公表の四ヵ月前から不正入札を少なくとも一件は知っていたと告白した。

この発表は、世界の金融界を震撼させた。世界中のほぼすべての主要新聞で、ソロモンの事件は第一面のニュースとなった。ロンドンの金融界は、シティで最も信用されている証券会社、ウォーバーグの名を騙って不正入札が行われたと知って愕然とした。ソロモンの債券を多数引きとって店頭取引していた日本では、債権者がこのニュースに接して呆気にとられた。一方ニューヨークでは、ソロモンが鳴りやまない電話に忙殺されていた。顧客、債権者、従業員、株主、保険業者、監督機関、メディア、各省庁の担当者が、いっせいにソロモンに説明を求めてきた。連邦準備銀行はソロモンに、プライマリーディーラーの資格を放棄してもらうことになるだろう、財務省の入札からも除外されるかもしれないと通告した。

のちに「十億ドルの判断ミス」と呼ばれるようになったこの一件は、ソロモンの主要関係者に連鎖反応を引き起こした。顧客の信頼は揺らぎ、多くがソロモンとはもう仕事ができないと感じた。債権者はソロモンの無担保負債をかかえていることを嫌がり、銀行は融資額の制限を検討しはじめた。それまで資金繰りに困らなかった会社が、にわかに予想もしなかった大きな金繰りの危機に直面した。同時に、ソロモンの株価はプレスリリースの数日前の三六ドルから、一週間で二二ドルに暴落した。

最初の公表から数日のうちに、ソロモンは多数の重要な顧客を失った。当時、世界最大の個人年金基金だったカリフォルニア州職員退職年金基金も、世界銀行も取引をやめた。アメリカとイギリスを中心に、ヨーロッパ各国にもいた顧客の一部は、これを信頼への裏切り、金融制度への深刻な脅威と見なし、罰としてソロモンとの取引を打ち切った。別の顧客は、自らの資産と評判を守るためにソロモンから離れた。多くの政府と準政府機関がソロモンとの関係を解消した。不正行為の嫌疑をかけられた会社との取引は法律でいっさい禁じられているからである。ソロモンは多くの取引から締めだされ、投資銀行としての業務も少なくなった。予定されていた総額八五億ドルというブリティッシュ・テレコムの公募も諦めざるをえなかった。不祥事によって倫理的権威が失墜したソロモンは、もはや取引で契約上の権利を強く主張できる立場にはなかった。ソロモンのある役員が言ったように、「この状況では［顧客の望みに」したがうしかない」のだった。

動揺は従業員にも波及した。「われわれの生活は根本から崩壊しました」と、あるマネジャーは回想する。事件が明るみにでると、上司は不安がる部下をなだめて離職を思いとどまらせる努力に追われた。これはある役員から教えられたジョークだが、そのころロンドンではヘッドハンターが履歴書の山を二つかかえており、一つはソロモンの従業員の山で、もう一つがそれ以外のものを全部合わせたものだったという。従業員は、疑惑を抱いた顧客や部外者に対応しなければならないストレスと不安にもさいなまれた。その経験を、ソロモンの従業員はさまざまな言葉で表現している。「恥ずかしかった」、「やる気が失せた」、「拷問だった」、「プロとしてのプライドを傷つけられた」等々……。

主要な取引関係が解消されていくなかで、ソロモンはつぎつぎと厳しい調査を受けた。証券取引委員会、財務省、司法省、連邦準備制度理事会、FBI、マンハッタン地区弁護士会、ニューヨーク証券取引所など、無数の権威筋にひっきりなしに情報を求められ、従業員はその対応に忙殺された。議会は公聴会と新法制定の準備を始めた。その一方で、顧客と株主および他の関係者は、さまざまな罪状でソロモンを訴え、損害賠償を求めた。

二度目のプレスリリースのあと、もはやソロモンの最高幹部に会社を指揮する能力がないのは誰の目にも明らかだった。上級役員と政府高官からの圧力を受けて、CEOのジョン・グットフレンドと社長はともに辞職した。グットフレンドがのちに語ったところによれば、自宅の玄関のドアを開けて手にとった《ニューヨーク・タイムズ》の一面に自分の写真が掲載されているのを見たとき、自分の時代はもう長くないと悟ったという。

その後、ソロモンの役員会のメンバーで、有名な投資家でもあるウォーレン・バフェットが臨時の議長となり、新しい経営チームを任命する緊急課題を担った。役員会による緊急会議の席で任命された新チームは、容易ならざる危機を目の当たりにした。最高執行責任者に任命され、のちにCEOとなったデリック・モーガンは、「どんなことも『保留』にしておけなかった」と言う。「動いているエンジンが一つだけの状態で、墜落しないように飛びつづけなければならなかったのだ」

当然ながら、この一連の出来事は経営陣の関心を倫理の問題に向けさせた。議長に就任して数日のうちに、バフェットはソロモンの上級管理者に書面を送り、駐車違反などのごく軽い違反行為を除いて「ソロモンの従業員が犯した法律違反や道徳に反する行為はすべて即座に、直接自分に報告するように」と告げた。モーガンは国債取引部で起きた事件に「会社の伝統的なバリューを回復する」必要性を感じていた。「私たちはどこかで道を外れてしまっていた」と彼は言う。スキャンダルが発覚したあと、ソロモンの親会社のCEOに任命されたロバート・デナムは、最悪の事態におちいりかけたことがCEOの責任者としての役割を改めて浮き彫りにしたと考えた。デナムの見るところ、会社の倫理基準を定め、維持することは、CEOにとって役員会の補佐や資産の配分や人材の活用と同じくらい重要な仕事だった。[14]

この危機を受け、ソロモンはさらに厳しい倫理基準の確立と自己規制に向けて多大な努力をした。会社の順守システムや管理システムを徹底的に見直し、役員会レベルの順守委員会を創設し、ソロモンのさまざまなビジネスの場での倫理問題を監督する企業レベルの商習慣委員会を設置した。一九九二年五月、政府のソロモンにたいする訴訟が二億九〇〇〇万ドルの罰金と賠償金が科されることによって決着したとき、経営チームはほっと息をついた。この和解により、ソロモンの刑事責任は問われないことになった。刑事告発されていたら、おそらく会社は破滅していただろう。

バフェット、モーガン、デナムのチームが実施した救済プログラムに大きく助けられて、ソロモンは危機を乗り切った。だが、スキャンダルの影響はそう簡単には消えなかった。危機から二年経っても、ソロモンは失った引受業務を完全に取り戻せずにいた。一九九七年にトラベラーズ・グループとの合併が発表されたときも、一部の人びとはトラベラーズ側の好条件をソロモンの不祥事と結びつけてみた。モーガンはその見方を否定していない。「建て直しに二年を費やさなければ再出発ができなかった」と彼は言う。「その機会費用は莫大だった[15]」

組織機能

一方、過失を防ぐためというよりも、組織を構築する目的でバリューに着目する経営者もいる。この場合、バリューへの着目は防御の手段ではなく、正しく機能する組織をつくるための前向きの努力だ。こうした経営者からすると、バリューは社員の協調をうながし、責任感を喚起し、創造性や革新性を育て、肯定的な自己イメージのもとに組織を活性化させるための欠かせない要素である。そこでは敬意、誠実、公正な取引といった理想が、パフォーマンスの高い文化を築く土台になると見なされている。

アメリカを拠点とする国際的な特殊包装材会社、シールドエア・コープには、このテーマが明確にあらわれている。保護包装用のプラスチック緩衝材シート「バブルラップ」で知られる会社だが、ほかにもクッション封筒や食品保護包装材、コンピュータメーカーの使うプラスチックの包装システムなど、製品は多岐にわたる。シールドエアの二〇〇一年の年商は三一億ドルである[16]。

シールドエアの場合、バリューへの着目をうながすきっかけとなった事件や危機はとくに見当たらない。むしろ、それはシールドエアの歴代のリーダーの認識から自然に育ってきたものだった。今日、シールドエアで強調されているバリューの多くは、会社の創立者たちから引き継いだものである。一九六〇年代末に、彼らはこれらのバリューを純然たる個性の力によって実践することにより、おのずと会社全体に浸透させた。一連の指導原則を最初に明確化して、経営者がつねに意識すべき重要な事柄としたのは、シールドエアの二代目CEO、T・J・ダーモット・ダンフィーである。一九七一年から二〇〇〇年初めまでCEOを務めたダンフィーは、会社の価値観と姿勢が組織に大きな影響をおよぼすことを直観的に感じとっていた。バリューを明確化するのは難しく、おそらく数字にあらわすのは不可能だろうとは思っていたが、それでもやはり経営者はバリューをおろそかにすべきでないと信じていた。

ダンフィーも、二〇〇〇年にCEOとなったビル・ヒッキーらをはじめとする同僚たちも、「善行は競争上の優位だ」（ヒッキー）と確信していた。一連の前向きな価値観を育てることにより、最高の考えと最善の努力で会社に貢献しようとする社員からなる、行動的で自律的な組織が築けるはずだと感じていた。しかし、彼らのビジョンを支える最大の鍵は、価値観そのものよりも、信頼だった。あるエグゼクティブの説明によれば、信頼は行動のうえに成り立ち、行動は価値観のうえに成り立つ。要するに、深い信頼とたがいへの配慮は、各自が自分の行動に責任をもち、相手に敬意をもってフェアに接することから初めて生まれるものなのだ。したがって、彼らが思い描いていたような組織を築き、維持するには、基本としてつねにバリューに目を向けていることが必要だった。

この考え方にもとづいて、シールドエアの歴代のリーダーは、バリューの固守を会社全体に浸透させようとした。とりわけ彼らが不可欠と見なしたのは、各自の説明責任、他人への敬意、真実、公正な取引だった。ヒッキーたちは、これらをシールドエアの「根本バリュー」と称する。この根本バリューを中心に、その他さまざまな個別の問題について、会社の姿勢を表明する補助的バリューがある。たとえば序列や官僚主義について（最小限にする）、開かれたコミュニケーションについて（習慣化し、奨励する）、仕事の心構えについて（「よく働きよく遊べ」、ただし家庭を犠牲にするな）。さらにシールドエアのバリュー体系は、実務能力（「少ない労力で多くをこなせ」）、革新性、顧客重視、ワールドクラスの製造能力などを強調してもいる。従業員は地域活動に参加することを奨励される――たとえばコネチカット州の小学校の「友達」プログラム、オランダでの癌患者支援プログラム、フランスでの修道院再建運動など――けれども、会社がそうした社会活動を誇大に宣伝することはない。「世間の顔色をうかがおうと思ってやっているのではありませんから」と、あるエグゼクティブは言う。「さもないと、認めてもらうことだけが目的になってしまいます」

シールドエアに長く勤める従業員は、このバリュー体系のおかげで創造性が発揮され、一般に両立しがたいと思われている二つの要素、すなわち各個人の深い自信と、チームワークや協調性の重視との健全なバランスが保たれていると言う。一九九七年に五ヵ所で行われたインタビューでも、各部署のベテラン従業員が口をそろえて、社内の自由、開放性、信頼、相互配慮の並み外れた幅の広さについて述べている。現場で働く者も販売員も管理者も経営幹部も、この会社では要求された仕事であれ自発的な仕事であれ、各人の貢献が正当に評価されて報奨を与えられると話す。だがそれだけでなく、シールドエアは協調性やコミュニケーションの面でも抜きんでているという。その証拠に、クロスファンクショナルチームがとても多く、意思決定は合意にもとづいてなされ、仲間同士はたがいに助けあい、コミュニケーションはオープンで、ＣＥＯにさえ率直にものが言えるのだそうだ。

シールドエアのバリューは、内部の従業員同士の関係をよくすることだけを意図していたのではない。顧客やサプライヤーや競争相手など、社外との関係でもそのバリューが貫かれなければならなかった。

たとえば信頼と公正な取引は、会社の対顧客方針の中心をなしてきた。シールドエアの販売部には、本当の意味での「プロフェッショナル」集団だという自負がある。知識の深さだけでなく、倫理基準の高さにおいても「プロ」だということだ。彼らが実践している販売方法は、社内では「助言販売」と呼ばれている。その目的は、単に包装に関する製品を売るだけにとどまらず、顧客の問題を解決し、顧客にとっての真のバリューを生みだす「包装に関するソリューション」を提供することにある。この手法の基盤には、持続的な成功は相互利益にもとづくという考えがある。つまりシールドエアとその従業員だけでなく、顧客にとっても利益がなければ意味がないのだ。

このようなプロフェッショナルの定義を、会社は教育プログラムと実際のビジネスで支えている。たとえば、販売員は顧客の問題を突きとめ、客観的で適切なソリューションを見つけ、たとえそれで売り上げが落ちることになっても、そのソリューションを顧客に勧められるように訓練されている。新人訓練の内容は多岐にわたり、約束の交わし方や注文の取り方から、健康、安全、環境などの問題提示のしかたまで、あらゆる技能が教えこまれる。同様の精神で、シールドエアの従業員は競争する場合でも正道を行くよう教えられる。メリットで競争することが求められ、力ずくで勝つような真似は眉をひそめられる。顧客獲得のための贈賄は、それが当然とされる地域でも厳禁されている。ライバル会社の従業員を情報取得の目的で引き抜くことも同様だ。

シールドエアの根本的なバリューは、練り上げられた行動準則にまとめられている。この準則の条項が組織の一員としての基本条件だ、とヒッキーは言う。それは「交渉の余地のない、神聖な原則」なのだ。準則は法の順守だけでなく、「基本的な道徳」と「常識的な礼儀」をすべての取引に適用することを組織の全員に求めている。ある従業員が言ったように、行動準則はただの「決まり」ではなく、「私たちが相互にどんな態度を求められているかを示したもの」と見なされている。

しかし準則の内容以外にも、シールドエアのバリューはさまざまな姿勢や行動に反映されている。進んで従業員に会社の株をもたせるのも、個人の説明責任と協力の姿勢の両方を認識させるためだ。会社の報奨プログラムも同様で、「キー・トゥ・サクセス（成功への鍵）」や「ウィニング・パフォーマー（業績優秀賞）」といった賞は、個人の貢献だけではなくチームの貢献にたいしても与えられる。会社のバリューは雇用や解雇にも反映されている。他社の買収にともなってシールドエアに入ってくる従業員を別にすれば、新人は徹底的な面接のあとに初めて役員室へ連れていかれる。「メイヨー・クリニック並みの面談ですよ」と管理者の一人が言うように、ここでは伝統的に、新人を雇うときには七名の同意が必要とされている。最近雇われたある従業員は、全部で五回、延べ一七名との面接を経て、やっと就職が決まったという。

採用時にこれだけ入念にチェックされるので、従業員が妥当な理由で解雇されることはめったにないが、やはりときどきは起こる。会社が「関係を断つ」のは、たとえばある従業員が説明してくれたように、準則違反のときである。また、別の従業員は解雇の理由として「従業員にたいして見下した調子で話す、ここで働いている人に敬意を示さない、機能よりも形式を重んじる、事情も知らないで偉そうに振る舞う」といったことをあげた。ある時間給従業員はこう言った。「よほど無能でもなければ、解雇はされません。解雇されたかったらドラッグでもやるか、他人に失礼な真似でもするしかないですね」。そういう場合でも、一方的な解雇とならないように厳しいチェックがなされ、当事者が不当に貶められないように配慮する。そして、従業員にはかなりの権限が委任されてはいるが、五年以上の勤続者を解雇するときには役員でさえＣＥＯに相談しなければならない。

シールドエアの最高幹部は、他人に求める説明責任の基準を自分たちにも課している。株式公開には有益な効果があると信じているから、乗っ取り防止策はいっさい講じないできたし、買収されたときの高額の退職金を当てにしてもいない。保身のための契約を結ぼうとしたこともない。実際、シールドエアはいかなるかたちの公式雇用契約も総じて避けてきた。

ダンフィーもヒッキーも、シールドエアのこれまでの成長と収益性は会社のバリュー体系のおかげだと言う。それによって会社の機能性が高まったからである。同じ規模の他社にくらべて少ない管理者で広範な管理ができ、間接費も少なくてすむ。これらの利点は、従業員の決断能力や自己調整能力を尊重し、育もうとするバリューを固く守ってきたことの直接の結果だというのだ。さらに会社のゆるい構造と、自己管理能力への信頼が、組織の柔軟性を大いに高めてもきた。

自由と責任が共存している独特の社風も、シールドエアの高い自主性と創造性を育んできたと思われる。アメリカのベテラン販売員の一人は、この会社では「まるで自分が事業主であるかのように仕事ができる」と言った。ある時間給従業員も同じような感想を述べた。「ここでは、みな自分の仕事に誇りをもっています……みなが会社に貢献し、立派な仕事をしています。私がこれまで勤めたところでは、みな自分の仕事をできるだけ減らそうとしていました。どれくらい会社を騙せるかを競っているみたいでした」。実験を奨励し、過ちから学ぶのがシールドエアだ、と多くの従業員が言う。こんなことを言う従業員までいた。「ここでは何かに挑戦すること、そして勇気をもってそれをやめることが、商売の成功と同じくらい高く評価されるのです」

だが実際、シールドエアは大きな商業的成功を収めてもいる。ここ数十年のあいだに、会社は新製品の開発と、専門分野と事業地域の拡大を目的とした五〇回以上の他社吸収と数回の重要な業務提携を通じて堅実に成長してきた。一九七一年には七六〇万ドルだった収入が、一九九八年にはＷ・Ｒ・グレース社の一部門、クライオバック社の買収で三倍となり、一九九九年には二八億ドルに達した。一九九〇年代、クライオバックを買収する以前も、シールドエアの普通株の年間収益は平均三九パーセント前後で、Ｓ＆Ｐ５００を充分に上回る額だった。一九九九年以降、全般的な景気後退に加え、クライオバック買収にともなう法的な問題が未解決だったせいで投資家が離れたこともあり、収益はそれまでのように安定しなくなったが、それでもシールドエアがバリューの重視をやめることはなかった。

それどころか、ヒッキーは会社の明言するバリューにもとづいた「シームレスな企業文化」こそがグローバリゼーションを成功させる鍵だと見ている。会社の多様な部門を結び合わせ、世界中の顧客とつながるためにはそのような文化が不可欠なのだ、とヒッキーは確信する。また、会社が中央集権化した官僚的な組織になることなく成長していくためにも欠かせない。さらにヒッキーの見方では、シールドエアのバリューは単に収益を増やすための道具にとどまらない。それは社の内外の人びとにたいするきわめて「人間的な」アプローチを象徴している。財務上の結果に貢献しているのみならず、彼の判断では、シールドエアを喜んで働ける職場にしているのである。

市場での地位の確立

バリューへの着目をうながす三つめのテーマは、市場を意識したものである。一部の経営者にとっては、自分の会社を市場で同業他社と対等に張りあえる位置にもっていくことが至上命題となっている。こうした経営者は、自社のアイデンティティを確立し、評判を高め、ブランドを構築し、顧客やサプライヤーなどさまざまなビジネスパートナーの信頼を得るために、バリューの重要性に着目する。彼らが最も知りたいことの一つは、顧客や市場で活動する人びとが購入する製品やサービスに何を求めているか、取引する会社に何を期待しているかである。

中国の代表的な家電メーカー、ハイアール・グループ（海爾集団）では、そのバリューへの着目が、中国初のグローバルブランドの一つに成長するうえでの重要な原動力となっていた。一九九〇年代初頭に、その目標はまだCEOの張端敏《チャン・ルイミン》にとって漠然とした夢にすぎなかった。だが彼は、当時から会社が世界的な評判を得るためには強力な企業文化が必要だと感じていた。そしてその文化は、個人責任、妥協のない品質、顧客の好みへの細心の注意、絶え間ない革新にもとづくものでなければならなかった。[17]

張端敏は、自身の経験、観察、学習を通じて、そうしたバリューに注目するようになった。鄧小平の経済改革によって外国への門戸が開かれたのち、一九八〇年代初めに中国に入ってきた大量の書物のなかから、張端敏は多くの経営書をむさぼるように読んだ。当時、中国北部の港湾都市、青島《チンタオ》市の家電機器部門の副責任者だった張端敏は、日本とアメリカの代表的な会社の経営書を読み、それらの会社の多くが、孔子、老子、孫子といった中国の古い思想家の知恵をうまく統合していることを知った。特に感銘を受けたのが、ゼネラル・エレクトリックの従業員に見られる自発性と自己監視能力の高さだった。

「従業員が自らを指揮し、自らを鼓舞することによって、自分のアイデンティティを確立していました。私も同じことを自分の会社でやりたいと思いました」

だが、これらのバリューを実践に移すとなると、それはまた別の問題だった。鄧小平のもとで改革が始まる以前には、個人責任、品質、顧客サービスといった概念は、中国の管理者の頭にも労働者の頭にも存在しなかった。中国の中央計画経済における管理者の役割とは、政府当局から課された製造量のノルマを果たすことだけであって、顧客やエンドユーザーの要望を満たすことでも、新しい手法や実験的な手法を採用して能率を上げることでもなかった。個人責任や自発性は、奨励されるどころか、何よりも眉をひそめられることだった。とにかく計画どおりに進めることが求められ、質ではなく量が追求されたのだ。

同様に、個人の貢献を評価するという考え方も未知のものだった。中国の労働者は、個人の努力や貢献度がまったく考慮されない、きわめて平等主義的な賃金配分と終身雇用に慣れていた。共産主義思想が浸透していたため、それ以外の報酬体系は不当と見なされた。さらに、ほとんどの従業員は自分の勤め先の存続を当然のことと受け止めており、自分が日々、貢献しなければならない対象だと思ってもいなかった。西洋流の顧客の概念もなく、顧客は地元の指定企業が大量生産する信頼のおけない粗悪品で満足するしかなかった。

こうしたシステムの帰結として、自主性のなさ、向上心のなさが蔓延した。従業員は勤務時間のほとんどを、お茶を飲んだり新聞を読んだりして過ごした。事業に貢献して向上を目指すよりも、将来の引き立てを期待して上司と政治的なコネをつくるほうが大事だったのである。管理者は個人的な関係を円滑にするために友人や縁故者に契約を与え、事業の必要性を満たすのは二の次だった。収益や生産高の管理は出鱈目で、現実とほとんど合っていない。在庫切れはしばしばで、使途不明で消えるものも多かった。売掛金もなかなか回収されない。しかも責任の所在があいまいなので、誰も説明責任を負えない。

ハイアール・グループの前身となる青島冷蔵庫総工場の工場長として、張端敏はこうした勤務態度を現場で経験した。一九八四年、青島総工場が生産する粗悪な品質の冷蔵庫を買い求めるために、客が長い列をつくるのを見てショックを受けた張端敏は、市役所の同僚を説得して自らを工場長に就任させた。それ自体は難しいことではなかった。工場は多額の負債をかかえていたうえ、金はでていく一方だったからだ。しかし張端敏は、経済改革によって生じた消費者需要の高まりにチャンスを見出していた。地元の他の製造業者は、それまでと変わらない劣悪製品を値引きして売ることで新しい環境に適応しようとしていたが、張端敏の見方では価格だけで競争するのは誤った戦略だった。張端敏は別の道をとることにした。他社との差別化をはかるため、品質と信頼性で評判を高めようとしたのである。張端敏は市役所の同僚だった楊綿綿《ヤン・ミャンミャン》女史を自分の新事業に引き入れ、市政府に支援されて瀕死の工場の変革に乗りだした。

第一段階として、張端敏はドイツの家電メーカーのリーブヘル社から近代的な冷蔵庫製造技術を取り入れた。しかし、大変だったのはそのあとで、管理者と労働者の価値観と態度を改めさせなければならなかった。「労働者はどうしたらいい仕事ができるかを考えることに慣れていなかった。個人責任や自発性の概念も知らなかったんです」と張端敏は言う。「彼らはただ組み立てラインから欠陥だらけの冷蔵庫を送りだすだけで、よいサービスとは何か、理解していなかった」。当時、彼の目標は中国第一位の冷蔵庫製造業者になることだった。そのためには従来のバリュー体系を変え、新しい行動基準を確立するしかなかった。ある日、張端敏はそれまでどうしても伝わらずにいた品質の重要性を知らしめるため、労働者に生々しい実演をしてみせた。在庫から七六台の欠陥冷蔵庫をだしてきて、それをハンマーで叩きつぶすよう従業員に命じたのである。「さすがに、彼らも気づきました」と、張端敏は言う。「私が売りたいのは、他の会社が売っている月並みの製品ではないということを、ようやくわかってくれました。わが社が売るのは最高のものでなければならなかった」

一九九一年までに、ハイアールは中国第一位の冷蔵庫メーカーとなった。当初の目標を達成したところで、張端敏は次の目標を設定した。外国の市場に進出し、ハイアールを世界中に知られるブランド名にすることである。政府の補助と支援を受け、ハイアールは国内企業の買収計画と国際企業との提携計画に精力的に乗りだした。一九九一年から九八年までのあいだに、ハイアールは約一八の中国企業を傘下におさめた。その多くは、彼のキャリアの始まりとなった冷蔵庫工場よりもひどい状態にあった。

第一に、それらの企業の文化を変えることが必要だった。張瑞敏はハイアールの成功に不可欠だったバリュー、すなわち個人責任、勤勉、革新、抜群の品質、信頼性、顧客への深い関心といった事柄を、どうにかして制度化できないかと考えた。そこでハイアールは、製品を買ってくれた顧客へのアフターサービスを行った。それは中国では聞いたことのないサービスだった。また、サプライヤーは基本的に競争入札によって選ばれた。従業員はそれぞれ自分の仕事に説明責任を負わされ、技能と実績が昇進の基準となった。楊綿綿によれば、従業員に自分の能力のすべてを使って仕事をしようと思わせることが目標だったのである。

同時に、ハイアールはテクノロジーの最先端を行きながら社会的貢献も果たす企業として名をなすことを目指した。その一環として、ノンフロンで低エネルギー消費の「グリーン冷蔵庫」のような環境に優しい製品ラインのプロジェクトも進めた。会社は信頼性と品質で国際的に認められるようになり、児童オペラ団や青少年向け科学雑誌など地域活動の後援者ともなった。だが張瑞敏は、最終的にはよりいっそうの公開性と財務面の透明性が求められるようになることも認識していた。とくに、集団企業のかたちをとるハイアールが中国以外の国から資本を集めるつもりなら、それは必須条件だった。

組織を望ましい方向に発展させるため、張瑞敏は従業員にハイアールの価値観と行動原則を教える「文化センター」を設けた。従業員を小人数のグループに分けて討論させ、社内報やビデオや電子掲示板などを使って新しい基準を浸透させた。他社を吸収するたびに、張瑞敏と経営陣は自ら手本となってハイアールのバリューを教えた。すでに確立されていた管理システムや作業プロセスも、同じ役割を果たした。もちろん、組織の目標もはっきりと示された。成功には報奨で、失敗にはペナルティで応える方式がそれを支えた。部下がまずい仕事をしたときには、上司が責任をとらされる場合さえあった。

中国人従業員の多くはハイアールの導入したバリュー体系を歓迎したが、反対がないわけではなかった。張端敏によれば、「われわれの目指す文化を従業員にわからせるのが最大の問題」だった。ある国有企業を買収したときには、そこの数名の従業員が、ハイアールの厳しい規律と実績重視の価値観に抵抗してストライキを起こした。以前の経営陣がとっていた販売員に大好評の――しかし未回収残高を大幅にふくらませていた――リベート制をハイアールが撤廃したことが、彼らに歓迎されなかったのである。また、業績の上がらない従業員が工場内の指定の位置に立たされて、失敗の理由を大勢の仲間の前で説明させられるという厳しいハイアールの規律も耐えがたいことと受け取られた。そうしたやりかたは、すでに否定的な意味でしか語られなくなっていた、かつての文化大革命を思わせた。しかしストライキの直接のきっかけとなったのは、以前の終身雇用制に代わって雇用契約制が導入されたことだった。

こうした抵抗もあるにはあったが、ハイアールは着実に、国際企業の名にふさわしいバリューを固めていった。その成長率を断言するには情報が足りないが、少なくとも二〇〇一年末の時点で、ハイアール製品は世界一六〇ヵ国以上で販売されており、そのうちの一つのアメリカでは、小型冷蔵庫市場の二五パーセントから三〇パーセントをハイアール製品が占めていたとされる。一九九八年に、ハイアールは《フィナンシャル・タイムズ》の選ぶアジア太平洋地域の最優良企業リストに名を連ねた。中国本土の企業がアジアのトップ・テン入りを果たしたのは、これが初めてのことだった。二〇〇二年の初頭には、中国のオンライン投票で最優良中国企業に選ばれてもいる。

ハイアールの拡大と急速な成長は、中国政府と銀行の寛大な支援を受けてのものだった。それにもちろん、最新のテクノロジーを積極的に取り入れたからでもある。しかし張端敏と楊綿綿は、[18]それらに加えてハイアール独自のバリュー体系が、今日までの成功に大きな役割を果たしたと考えている。

社会での地位の確立

バリューへの着目の背景にある第四のテーマは、企業の社会的責任、市民としての地位の確立に関連したものである。多くの経営者にとって、自社の評判を市場のなかだけでなく地域社会全体のなかで確立することは非常に重要な課題である。自分の会社を社会向上の旗頭として知らしめたいと思う経営者もいれば、政府やＮＧＯや地元社会など、市場の外の支持層とよい関係を築きたいと思う経営者もいる。また別の経営者は、単に自分の会社をよき市民として、すなわち法を守り、税金を払い、社会の基本的倫理基準を尊重する企業として認めさせたいと考えている。

たとえば最近、ロイヤルダッチ・シェルにバリューについて話を聞いたところ、彼らが最も重視していたのは市民性についてだった。一九九六年に、イギリスとオランダを本拠とするこの大石油会社は、自社のバリューとビジネス原則の大々的な見直しを行った。会社の評判を高める目的もあったが、そもそものきっかけは、立てつづけに起こっていたロイヤルダッチ・シェルへの批判にあった。[19]

批判の一つは、財務に関するものだった。石油業界の最も重要な財務測定基準――平均使用資本収益率――の点で競合他社に後れをとっていたシェルは、一九九四年から組織の全面的な見直しを始めていた。その結果が、複数年規模の遠大な改革計画だった。一九九五年、シェル・グループは組織構造を一新し、五〇年近く維持してきたマトリックス組織を捨てて、経営管理プロセスの多くを変革した。これらの変革は、イノベーションを進め、組織のもつ莫大な人的能力をもっと有効に活用することを目的としていた。だが、新しいプロセスが実施され、いよいよ計画の最終段階であるバリューと行動の問題に入ろうとしたとき、また別の批判が浴びせられた。今度は環境についての批判だった。

一九九五年六月、北海油田で使用されていた掘削・貯蔵用の浮標《ブイ》「ブレント・スパー」の処分計画をめぐって、シェルは国際的な抗議の矢面に立たされた。外部の科学者にいくつかの案を仔細に検討してもらい、その助言にしたがって決めたのが、ブレント・スパーを大西洋へ引いていって深さ六〇〇〇メートルの深海に沈めることだった。それが最も安全で、最も環境に優しい方法だと思われた。ヨーロッパ各国の政府の担当省庁にも前もって相談したが、どこからも反対はされなかった。イギリス政府もこの計画を承認してくれた。

だが、その計画が発表されてからまもなく、国際的な環境保護団体グリーンピースがブレント・スパーの問題を取り上げ、派手な演出でシェルの計画にたいする抗議の意思表示をした。グリーンピースの抗議活動は、テレビのニュースを通じてヨーロッパ中に伝えられた。ガソリンを買っている一般市民、とくに北ヨーロッパの人びとが、これに敏感かつ強い反応を示した。ドイツでは怒った自動車所有者がシェルの石油をボイコットし、メディアがこの問題を取り上げているあいだに、シェルのいくつかのガソリンスタンドは最大五〇パーセント売り上げを落とした。それだけならまだしも、なかには爆弾を投げられたり銃撃されたりするスタンドまであった。

市民の反応の激しさに、シェルの経営陣は呆然となった。当時のシェル・グループのヨーロッパ担当責任者で、二〇〇二年からグループの会長となったフィル・ワッツは、そのときのことを「企業人として人生を変革されるような経験」と言っている。「ドイツのCEOが市場シェアを失うことを心配しただけではない。社員はひどく動揺した。家に帰ると子供たちが聞くのだ。『お父さんの会社はいったい何をしているの?』と」。ワッツ自身も、「もっとありふれた小さい事件にも過敏になって、敏感度が一〇から一〇〇に上がった」という。

グリーンピースはのちにブレント・スパーの内容物の毒性に関する声明に誤りがあったことを認めたが、シェルの多くの人間にとって、これは忘れようにも忘れられない一件となった。「あれはじかに経験した人間でないとわからないだろう」とワッツは言う。「乗っていた飛行機が墜落するようなものだ」。違反を承知で財務省の入札ルールを破っていたソロモンのトレーダーとは違い、シェルの担当者はブレント・スパーの深海投棄を決めたとき、それがプロとして最善の仕事だと自負していた。それだけに、ショックはいっそう大きかった。猛反対にあって、シェルは当初の廃棄計画をあきらめ、代わりにノルウェー政府の承認を得てスパーをノルウェーのフィヨルドまで牽引して、そこのシェルターに格納した。

ブレント・スパーの騒動からほどなく、シェルはまたしても国際的な批判の的となった。一九九五年末、環境保護論者と人権活動家が結束してシェルのナイジェリアでの営業活動に非難を浴びせた。シェルはナイジェリア政府とヨーロッパの石油会社、エルフおよびアジップと組んで石油生産の共同事業を営んでいた。抗議の一つは、シェルがナイジェリアの環境、とくに事業の施設が集中するニジェール川デルタ地帯の環境を深刻に悪化させているというものだった。また、シェルがここでの石油生産で得た利益を地元社会に充分に還元しているかどうかも疑問だとされた。

だが何よりも痛烈に批判されたのは、精力的な環境保護論者で先住民グループ「オゴニ州民生存運動(MOSOP)」のリーダーだったケン・サロウィワを一九九五年にナイジェリア政府が裁判にかけ、処刑したとき、シェルがまったく介入しようとしなかったことだった。サロウィワはかねてシェルとナイジェリア政府を公然と批判しており、MOSOPは一九九〇年代の初めから、権利と賠償を両者に要求していた。シェル単独では、オゴニランドの環境破壊にたいする賠償として六〇億ドル、石油輸出歳入の損失分として四〇億ドル、合わせて一〇〇億ドルがMOSOPから要求されていた。サロウィワほか一三名のオゴニ族の活動家は、オゴニ族の首長四名の殺害を教唆したとして特別軍事法廷に引きだされたが、その容疑はどう見てもでっちあげとしか思われなかった。実施された裁判にも明らかに問題があり、その一部始終を観察していたとある人権派の著名な弁護士を含め、多くの人がそう感じとっていたが、結局、サロウィワは八名の共同被告とともに処刑されたのである。(20)

状況はまさに深刻だった。「ブレント・スパーは大きな警鐘だったが」とワッツは言う。「ナイジェリアでは鐘が鳴りっぱなしだった」。それまでシェルは人権や環境保護と開発の問題について公式に特定の立場を明らかにしてこなかったが、このナイジェリアでの一件で、自社の姿勢を見直さざるをえなくなった。同様に、政治への関与についてのシェル・グループの姿勢も再考を迫られた。一九七六年に正式に定められたビジネス原則のなかで、シェルは努めて政治への関与を避ける意向をはっきりと表明していた。しかし、一九九八年から二〇〇一年までシェルグループ会長の座にあったマーク・ムーディ・スチュアートは、ナイジェリアのような国で事業をする場合、「かならずしも政治にかかわらないことが正しいとは言えない」のだと認識した。

ブレント・スパーとナイジェリアでの批判を受けて、シェルの経営陣はいまこそ基本に立ち返るべきだと判断し、以前の改革計画の最終段階にあったバリューと行動の部分に、グループの倫理基準とビジネス原則の徹底的な見直しを含めることにした。ムーディ・スチュアートは言う。「われわれは原則をしっかり確立して浸透させていると思っていたが、外の世界はその原則が適切なのかどうか、われわれがそれを守っているかどうかを疑問視していた」。見直し作業は広範なものとなった。グループのあらゆる管理者と従業員から話を聞いたほか、社外の利害関係者、オピニオンリーダー、他の会社からも意見を求めた。

シェルのような会社に世界が何を期待しているのかをより深く理解するために、人権、腐敗、環境、政治や社会への関与など、さまざまな問題が討議された。そして重要なのは、そこからの認識を実行することだった。シェルはすべての分野でそれを実行した。「人権については、とくに時間をかけた」とムーディ・スチュアートは言う。「口先ばかりで現実とかけ離れていたら意味がないからね」

これらの討議を経て、最終的に修正されたビジネス原則ができあがった。健康、安全、環境の基準についての新しい方針が加えられ、それぞれに関する説明責任の構造も新たに定められた。だが最も注目すべきは、「持続可能な発展」という概念に企業として積極的に取り組んだこと、そしてその概念をビジネスの根本に据えるための五ヵ年計画を打ちだしたことだった。シェルの経営陣は、自分たちの活動をもっと幅広い文脈で考えはじめなければならないことを痛切に認識していた。「持続可能な発展」の概念は、社会や環境の問題と経済的関心とを統合するものとして、取り組みをつづけるに値するまたとないテーマだった。

それが実際にどんな効果をもたらすかを知るまでには、時間もかかるし、苦労も多い。しかしシェルの経営陣には他の選択肢がなかった。「多くの会社はそんな道を進みたがらない」と、計画立案にたずさわったメンバーの一人は言う。「しかし、それが現実を直視することだ、と私たちは思った。そういう期待はつねにある。その期待を満たせなければ、どんな事業も相手にされなくなるだろう。自分自身の価値観を裏切ることにもなるだろう」

ベターウェイ

ある種の経営者にとっては、バリューに着目するのに企業としての特別な理由など必要がない。彼らにはバリューという考えそのものが、それだけで価値あるものと感じられる。そういう経営者は、危機管理についても組織機能についても、あるいは会社の評判についてもほとんど語らない。彼らの言葉自体に責任や人間性や市民性があらわれている。彼らにとってバリューは根本的な原則であり、商業的優位に立ちたいから追求するものではない。彼らは最初からバリューを追求するように生まれついているのだ。その原則を守ることが結果として商業的優位につながったとしても、彼らにはもっと広い、もっと深い必然性がある。

故H・T・パレクはそういう経営者だった。のちの一九七七年にボンベイ（現ムンバイ）で設立することになる住宅金融会社の構想が最初に思い浮かんだとき、彼はまさにそのような意味でバリューを考えていたに違いない。経済開発をめぐる諸問題の研究に人生の大半を費やしながら、パレクはインドの切実な住宅需要をどうにかしたいと考えていた。ミドルクラスとロワーミドルクラスの人びとが自分の家をもつ夢を叶えるのに、一生かけて資金を貯めなくてもすむようにしてやりたかった。インドの代表的な産業融資機関の会長職を退いたのち、パレクはかつてロンドン・スクール・オブ・エコノミクスの学生だった一九三〇年代に思いついたことを実行に移した。彼は六十九歳にして企業家となり、積立金などの資源を集めてインドで最初の住宅金融会社を興した。一九七七年十月、住宅開発金融公社（HDFC）は株式を初めてボンベイ証券取引所に公開した[21]。

パレクは最初から、プロとしての誠実さ、顧客サービス、市民としての責任を行動原則とする会社を思い描いていた。それと同時に、会社は充分に効率的で効果的であるべきだとも思っていた。そうでなければ生き残れないからだ。パレクは開放性をとても大事にしており、顧客には新会社への信頼感をもってもらいたかった。さらに、彼は他のトップ企業にはほとんど理解できない見解、すなわち借り手のほうも大部分は誠実でありたいと思っているはずだという見解をもっていた。返済を滞納する借り手にたいしては、脅して債務を果たさせるような「取り立て」機能ではなく、借り手が債務を果たすのを助けるような「事後支援」機能を取り入れたいと思っていたのだ。

また、パレクはチームワークや従業員の参加といった、当時では考えられないことを重視してもいた。組織での地位にかかわりなく、すべての従業員が会社のしていることを知っているべきであり、質問や提案も自由にできるようでなければならない。一方、会社は全従業員に訓練や教育をはどこして、一人一人の潜在能力を引きだすべきである。それが彼の持論だった。HDFCは最初から、事業においても財務報告においても透明性を貫いた。パレクがHDFCの従業員にいつもする助言は、何があっても堂々と主張できる決断をせよ、公に知られて困るようなことはいっさいするな、というものだった。

一九七〇年代末には、パレクの計画は理想的にすぎるように思われた。当時のインドの実業界には、非効率性と腐敗がはびこっていた。HDFCがつきあわざるをえない建築業界も、その点で悪名が高かった。ほとんどのビジネスは閉ざされた扉の裏で行われ、権力にしっかりと守られていた。顧客サービスは皆無に近く、とくに金融サービス部門ではまったくかえりみられなかった。インドの銀行はお情けをほどこすと言わんばかりの態度で顧客に融資し、顧客のほうは取引を進めてもらうために「心づけ」を渡すのが普通だった。しかも大半のインド人はお金を借りることに慎重であり、自分からお金を貸したがるような相手は最初から疑ってかかった。当時のパレクのまわりの人びとは、彼の計画が成功する見込みはないと見ていた。Ｈ・Ｔ・パレクの甥で、一九九三年からＨＤＦＣの会長を務めるディーパック・パレクによれば、聞かされたのは暗い予測ばかりだったという。「人びとはお金を借りるだろう。でも返しはしない。法制度は脆弱だ。でていった金は二度と回収できないだろう」

その見方は間違っていた。もちろん、ＨＤＦＣを大きくするのは簡単なことではなかった。世界銀行からの二億五〇〇〇万ドルの融資をはじめ、国際金融機関からの支援が会社の成長に必要不可欠だったのも確かだ。だが、パレクがとったビジネスの進め方は、従業員にも顧客にも地域社会にも強烈な印象を与えた。一九八四年に管理職見習いとして入社した現在の地域担当マネジャーは、初めてパレクに会ったときの驚きを説明してくれた。パレクはすでに七十歳を過ぎていたが、大学をでたばかりの若者に向かって、どうか長い目で見てほしい、自分にチャンスを与えてほしいと懇願したという。「私たちはみな椅子から転げ落ちそうになりました」と彼は回想する。「目の前にいるのは教科書や新聞で読んだことしかない著名人です。インドの金融界で一目置かれている人が、私たちのような若造に向かってチャンスをくれと言うのです」

また別のベテラン従業員は、初期の顧客サービスが未熟だったことを認めながらも、当時の基準としては充分に「顧客を喜ばせるもの」だったと言っている。そのころは公共部門の銀行に融資を頼むと、承認をもらうのに六ヵ月から十二ヵ月も待たされるのが普通だったが、ＨＤＦＣの顧客は六週間しか待たずにすんだのである。ＨＤＦＣが顧客の秘密を守ろうとする姿勢も顧客を感激させた。借金につきまとう世間体の悪さを充分に理解していたＨＤＦＣは、防音壁で仕切った専用の相談室を用意して、顧客の恥じらいを軽減したのだ。しかし収賄行為に関しては、会社は強硬路線を貫いた。従業員は、顧客が賄賂を申しでたら即座に取引を停止するよう指導された。「きつかった」のは確かだ、と一九九三年から二〇〇〇年末までHDFCの常務を務めたディーパック・サトワレカーは語っている。「しかし、われわれは賄賂を受け取るような組織でないことを声を大にして言いたかったのです」

HDFCは急成長し、一九八〇年代半ばにはその仕事ぶりを認められるまでになっていた。ボンベイで唯一の住宅金融会社だったことも手伝っていたが、HDFCはその寡占状態を利用しないことを誇りにした。むしろ反対に、コストを抑え、顧客が無理なく融資を受けられるように低金利を維持した。八〇年代の終わりになると、HDFCの成功にならおうとするライバル会社もでてきたが、HDFCは相手を潰しにかかるどころか競争を歓迎した。健全な業界を目指し、無謀な貸付をなくしていくために、住宅金融子会社の創設を考えていた三つの公営銀行と組む決断もした。いずれの提携でも持ち株は二〇パーセント以内にとどめ、立ち上げたときの管理運営のほか、従業員教育にも協力した。

初期に確かな信頼を集めておいたおかげで、HDFCはのちの一九九一年に直面した、会社の存亡にかかわる危機を乗り越えられた。当時、インドは国内の経済的混乱を受けて国際的な信用度を低下させていた。同時に、経済自由化の一環として国内利率の規制が解かれたため、ものの数ヵ月で金利が数パーセント上昇していた。そうしたなかで、HDFCは二重の難問を突きつけられた。事業をつづけるのに大量の資金を集めなければならないが、貸付は人びとが返済できる程度の金利でつづけたい。会社には二つの選択肢があった。会社の門を閉ざすか、それとも新しい資金源を見つけるか、である。HDFCは後者を選び、インドの顧客がHDFCを信頼してお金を預けてくれることを期待して、預金の小売業務を始めた。試みは成功した。一九九六年、HDFCは銀行部門以外でインド最大の預金受託機関になっていた。

自由化によって生じた新たな競争に直面し、HDFCも他の多くの会社と同様、ここ数年をコアバリューの見直しに費やしてきた。一九九五年、社内での徹底的な討論と社外の専門家への相談を経て、HDFCの経営陣は公式の倫理規定をつくるという案を却下した。といっても、倫理を重要視していなかったからではない。規定することによって逆の効果が生じることを恐れたからである。サトワレカーによれば、規範は実例で伝えるのがベストであり、規定があっても実際には無視されることが多いと経営陣は感じていたという。「むしろ身をもって示すべきだと思いました」と彼は言う。「それがわれわれの創設者、H・T・パレクのやったことですから」

HDFCの従業員の離職率の低さと勤続期間の長さは、会社の創設時からのバリューの魅力を証明している。二〇〇〇年の段階で、従業員の平均勤続年数は八年から一〇年、離職率は約二・五パーセントだった。こうした忠誠ぶりについて、あるベテラン従業員はこう説明する。「ここの従業員の大半は、もっぱら月給のために働いているのではありません。私たちがここで働いているのは、独特な雰囲気が職場にあるからです……要するに、とても気高いことをしている気になれるのです。他の人びとが人生最大の目標を達成すること——つまり家を買うことを手伝えるのですから」

今日、HDFCはインドの最優良企業の一つとして広く認知されており、その信頼性を評価されて数々の賞を受けている。管理システム、会計慣行、顧客サービス、そしてインド社会の最下層向けの住宅開発をはじめとする社会活動など、事業のほぼすべての側面で信任を得ているのである。パレクのおめでたいと思われるほどの借り手への信頼は、返済滞納者にうまく債務を果たさせる精巧な対処システムに受け継がれている。その結果が、他に例を見ない不良資産の低さだ。二〇〇〇年のHDFCの不良資産はわずか〇・九パーセントである。HDFCはテクノロジーを活用することにより、人間性と効率性の両立という難しい芸当を実現させ、コストと収入の比率を低く保つことに成功している。アナリストによれば、ＨＤＦＣの損益比はアジアの金融機関で最も低い部類に入るという。

こうした成果に、外国の機関投資家もＨＤＦＣに目をつけ、九〇年代半ば以降、インドの法律が許容する最大限度までＨＤＦＣの株式を買い集めた。インドの金融自由化後の一〇年間に無数のライバルが出現したにもかかわらず、二〇〇一年現在、ＨＤＦＣはいまだにインドで最大の住宅金融機関であり、住宅金融市場の約五〇パーセントを占めている。新しいテクノロジーを取り入れ、激化する競争と向きあい、事業内容を拡大しながら、ＨＤＦＣはつねに行動指針に忠実であることを心がけ、誠実さ、透明性、共同参画、顧客サービス、社会的責任、目的の正当性を守ってきた。ディーパック・パレク会長は語っている。「これらのバリューは、それ自体すばらしいだけではありません。ビジネスの面でも有効なのです[22]」

バリュー不要の経営を超えて

こうして見てきたように、バリューへの道はさまざまである。危機や不祥事をきっかけとした会社もあれば、経営者の個人的な信念や、考えた末の論理的な帰結として着目した会社もある。バリューを問題解決の糸口と見た会社もあれば、機会をつかむ手段と見た会社もある。大半の会社は、ポジティブな要素とネガティブな要素の双方からバリューに着目するようになった。

しかし経路がどうであれ、各会社は従来の「バリュー不要」の経営論、ビジネスを「倫理の存在しない領域」と見なす考え方をつぎつぎに退けている。経営者たちはバリューをただの飾りや道楽とは見ていない。効果的な経営に不可欠なもの、会社の活動のあらゆる側面に影響するものだから着目されるのだと考えている。全世界にほぼ共通する倫理的伝統にもとづいた根本原則を守るのは、愚かなことでもなければ弱さのしるしでもなく、むしろ賢明なこと、組織の強さの源であると、いまや多くの経営者が確信している。そして道徳的な判断はビジネスを妨げるものではなく、逆に促進するものだという見方も高まっている。

こうした態度の変化を、どう説明したらいいだろう。これは一時的な流行なのか、それとも根本的な変化のあらわれなのか。動機は経済的なものなのか、それとも他の要素が働いているのか。これらの疑問に答えるためには、本章で紹介したテーマをさらに深く検証し、もっと広い文脈でバリューに着目する根拠を考えていかなければならない。

第二章

倫理は得になるか

DOES ETHICS PAY?

一九九一年にAESコーポレーションが株式を公開したとき、その目論見書には、会社の四つのバリュー――誠実、公正、充実、社会的責任――への取り組みが謳われていた。その内容自体はさして斬新でもなかったが、当時、AESのような独立系発電事業者がそうしたことを明言するのは異例であり、証券取引委員会もこれには驚いたらしく、これらのバリューは目論見書の「リスク要因」の部分で述べられるべきだと主張した。

おそらく証券取引委員会は、バリューそれ自体ではなく、目論見書にあったバリューについての見解に驚いたのだろう。「わが社は経済的成功を得る手段として、これらのバリューを守ろうとしているのではない。バリューを守ること、それ自体が価値のある目標だからである」。目論見書を見るかぎり、これらのバリューと収益のあいだに衝突が生じた場合、たとえバリューを守ることで「収益を減らし、機会を逃す」結果になっても、AESはバリューを優先させるつもりのようだった(1)。

AESの目論見書に見られた姿勢は異例なものである。会社のバリューに内在的な価値があるなどと無条件に公言する経営者はめったにいるものではない。さらに珍しいのは、場合によってはバリューの順守を収益に優先させると言っていることだ。確かに、近年はバリューが重要視されてきているが、経営者はおおむね経済的利益を強調するだけで、倫理の追求と収益の追求が衝突する可能性にはほとんど触れていない。第一章で見たように、多くの会社は「価値」を創造する一手段としてバリューに着目してきたが、それは危機管理をしやすくするため、組織内の機能を高めるため、市場での地位を確立するため、社会での評価を上げるためだった。

ここ数十年のレトリックの変化には驚くものがある。少し前までは、安全性、品質、多様性、環境上の責任といった問題は、配慮する余裕のない贅沢なテーマだと考えられていた。一九七一年、当時フォードの社長だったリー・アイアコッカは、リチャード・ニクソン大統領との会談で自動車の安全性が話題にされたとき、挑戦的な態度で次のように述べた。「ちょっとお待ちください……安全性が求められているというのはどういう意味ですか？　われわれは賃金の高騰という大きな問題をかかえているのに、同時に四年間の安全性を保証するなど、そう簡単にはできません」。しかし今日では、製品の安全性と従業員の安全性を両立させることが競争上の優位をもたらすと言われている。(2)

安全性や品質や環境など、もろもろの社会的利益への取り組みが最終的には経済的恩恵をもたらすことが広く認知されるにつれ、株主と他の利害関係者との潜在的な衝突についての懸念も薄れてきたように思われる。ビジネス・ラウンドテーブルは一九九七年のコーポレートガバナンスに関する報告書で、株主の利益と利害関係者の利益が衝突するとは思っていないとの見方を示した。経済協力開発機構（OECD）のコーポレートガバナンス・プロジェクトの顧問団も、一九九八年の報告書で同様の見解をとった。「正当な社会問題への参画は、長い目で見れば投資家を含むすべての関係者にとって利益になるはずだ」。一九九五年の《CFO》誌の投票で選出されたトップCFO（最高財務責任者）の大多数も、「利害関係者にたいして責任を負うことが株主価値に反するとは思わない」というハーニッシュフェガー・インダストリーズのエグゼクティブの意見に賛成した。(3)

これらの声明を額面どおりに受けとるならば、いまや多くの経営者が倫理的な姿勢は報いをもたらす——しかも比喩的な意味での利益にとどまらない——と確信するようになっている。これらの経営者は、一連のバリューを守って他者の利益を尊重することが、現実に金銭的な収入につながると考えているらしい。彼らの見方は、ジョンソン・エンド・ジョンソンの前CEO、ジェームズ・バークの見方と同じである。アメリカのこの健康製品会社は、バークの指揮によって一九八二年の有名なタイレノール危機を乗り超えた。

これはよく知られた話である。ジョンソン・エンド・ジョンソンの有名な鎮痛剤「タイレノール」のカプセルを服用した人があいついで死亡する事件が起こったとき、バークを筆頭とする経営陣はこの七人の不可思議な死の原因がつかめないまま、前例のない大胆な措置を講じた。タイレノールの瓶三一〇〇万個を、アメリカ全土の商店の棚と台所のキャビネットから回収したのである。この決断は、激しい討論の末に下された。その討論のなかで、エグゼクティブたちは全国的なリコールが会社の責任に最も即した行動だと結論したのである。当時、タイレノールはジョンソン・エンド・ジョンソンの最も有力なブランドで、鎮痛剤の市場をリードする商品だった。タイレノールは年間売り上げの約八パーセント、純益の一六―一八パーセントを占めていたのである。[4]

会社に一億ドル以上の損失をもたらした商品回収のあと、ジョンソン・エンド・ジョンソンはただちに業界を動かして、監督機関とともに新しい製品包装の条件づくりに取り組んだ。六週間後、タイレノールのカプセルは厳重な新包装のもと、再び市場にだされた。ジョンソン・エンド・ジョンソンは、製品に毒物を混入されたせいで失った市場シェアを取り戻したのみならず、以前にもましてタイレノールの売り上げを伸ばした。会社がどうやって危機を乗り超え、その後に目覚しい回復をとげたのかを聞かれて、バークは簡潔に答えた。「それはバリュー体系の結果だと思う……正しいものは機能する。そういうことですね。そんなにうまくいくかと言う人もいるだろうが、その見方は間違っていますね[5]」

こうした新しい姿勢をどう判断したらいいのだろう。倫理的な取り組みは株主価値を高めるのか、それともAESのバリューを投資家にとってのリスク要因と見なした証券取引委員会が正しいのか。もっと簡単に言えば、倫理は得になるのかどうか、ということだ。この疑問に答えをだすには、両者の言い分をもっと仔細に検討しなければならない。このあとの分析が示すように、バリューが金銭的な得になるという主張にはもっともな点がたくさんある。だが結局のところ、今日の世界でリーダーの地位を目指す会社にとっては、「倫理は得になる」という考えはあまりいい指針ではない。真に優れた業績をあげたければ、管理者はバリューの役割についてもう少し違った考え方をする必要がある。しかし、それはまだ先の話だ。「倫理は得になる」という主張のどこに問題があるかを見る前に、それがもっともだと思われる点をもう少しくわしく見ていこう。AESのその後については別の章で後述する。[1]

新しい計算式

第一章の例で見たように、バリューが金銭的な得になるという主張には、確固たる根拠がある。少しでも倫理的な取り組みをすれば、会社はさまざまな意味で経済的な利点が得られる可能性がある。試みに、二種類の会社をくらべてみよう。一方の会社は、バリュー不要の経営理論にもとづいて、倫理にたいして完全に中立ないしは無関心の立場をとる。このタイプの会社を「無関心企業」と呼ぶことにする。もう一方の会社は、倫理的な取り組みにもう少し積極的で、正直、信頼性、公正、他者への配慮、法の尊重を事業活動の原則としている。この会社の社員や代理業者は、これらの原則をおたがいにたいしても世間にたいしても守ろうとする。こちらのタイプを「積極的企業」と呼ぼう。

ただし「積極的企業」の人びとも、純粋な意味での利他主義者ではない。他人のために自分を犠牲にするつもりはまったくないからだ。しかし、彼らは各自に与えられた責任を果たすことがたがいの利益になると信じている。取引においても正直で公正であるよう努め、良心的におのれの責任を果たそうとする。一度同意したことや約束したことには責任をもち、破ったほうが有利になる場合でも破ろうとはしない。また、他人の努力にタダ乗りしようともしない。法を尊重し、法にしたがおうとする。法が間違っていると思った場合でも、その法を合法的な手段で変えようとする。公正と互恵主義を旨としているという点で、彼らは「互恵論者」と呼べるかもしれない。

一方、「無関心企業」の人びとも他人の不幸を喜んだり故意に誰かを傷つけようとしたりするわけではない。彼らはビジネスを「倫理の存在しない」領域と見なしているだけで、そこでは真実と虚偽、公平と不公平、利益と損害といった対立概念はまるで意味をもたない。自分の金銭的利益を最大限にすることだけに関心があるので、他人の権利、他人の利益、他人の都合などはどうでもいい。「無関心企業」の人びとの見地からすれば、法は自らの行為を律する一連の基準というよりも特定の行為の代償リストである。新古典派経済学の「合理的人間」と同様、彼らは罰金のリスクがある場合、すなわち法を守ったほうが賢い場合にのみ法にしたがって、そうでなければあっさりと無視する。他人の努力にタダ乗りすることにもこだわりがない。事業のコストを第三者に負わせておきながら、儲けだけは手にする自分たちを賢いと考える。

金銭的な成功という意味で、優位に立つのはどちらだろうか。「無関心企業」は「焦点が定まっている」（これはよいことだ）のか、それとも「近視眼的」（これは危険である）なのか。よく見れば、「無関心企業」の一途な追求にはいくつか重大な限界があり、「積極的企業」の取り組みにはいくつか重要な利点がある。バリューの追求はハンデになるとよく言われるが、実際には「積極的企業」は「無関心企業」よりも多くの経済的利点を得ている。

おそらく最もよく指摘されるのは、苦情のコストが低いという利点だろう。「積極的企業」は基本的な法的基準や倫理基準を守っているわけだから、会社の行為について苦情を訴えられることが少ないはずだ。したがって、会社の行為によって損害を受けた、傷つけられたという訴えにも、あるいは司法当局や弁護士や法制度機関全般との交渉にも、かける時間やお金が少なくてすむ。また、この数十年のあいだに多くの会社を弱体化させ、ときには破滅寸前にまで追いこんできた、不正行為をきっかけとする危機にさらされる可能性も少ない。無数の実例が示しているように、こうした大きな不祥事にともなう金銭的コストは莫大なものになる恐れがある。

第一章で述べたソロモンのケースは、「小さな」不正が経営陣の無策とあいまって、二度と会社を立て直せないような危機に発展する場合の好例である。あの「十億ドルの判断ミス」にどれほどのコストがともなったのか、正確な内訳はわからないが、おそらく実際に支払った費用と機会費用のリストには次のようなものが含まれていただろう。

●顧客離れと売上減による収入の減少。
●ニューヨーク連邦準備銀行との二ヵ月間の取引停止による収入の減少。
●生産性の低下による機会費用の増大。
●融資者と投資家にたいする資金コストの増大。
●従業員離れによる離職コストの増大。
●会社の評判の低下から生じた新規採用コストの増大。

●評判と信頼を回復するためのマーケティング支出とPR支出の増大。
●不正行為に関する疑惑の調査、および過去の過ちを正し、将来の不正行為を防止するために管理運営プロセスを変革するにあたってのコンサルティング料。
●合衆国政府、投資家など、会社の行為によって損害を受けたと主張する民間の関係者からの訴訟に関連した調査費用、弁護費用、和解費用などの法的支出。
●罰金、違約金、損害賠償金、和解金など、法的手続きにかかる経費。合衆国司法省からの訴えにたいする二億九〇〇〇万ドルの和解費用もその一部。
●一九九七年にトラベラーズ・グループに買収されたときの割引き。

しかし、ソロモンが幸運だったことを忘れるべきではない。E・F・ハットン、ドレクセル・バーナム・ランベール、キダー・ピーボディ——同じく不正行為で失墜したウォール街の三社——とは違って、ソロモンは危機を切り抜けた。これはソロモン取締役会のメンバーだったウォーレン・バフェットが、危機の発覚後に臨時の会長として乗りだしたことが大きい。「ウォーレンがいなければ、会社もなかった」とは、ソロモンの「反則」取引が新聞の第一面を飾ってから六ヵ月後に、当時のCOOだったモーガンが下した簡潔な評価である。(7)

バフェットは誠実な経営者としての確固たる評判と、並みはずれた商才をもってソロモンの悲惨な状況に対処した。ソロモンには「誠実さを取り戻す」ことが必要だと判断したバフェットは、無私と協力の姿勢をとり、たとえどういう結果になろうとも事実を追求するつもりだと宣言した。国債部の違反行為についての調査でも、弁護士‐依頼者間の秘匿特権すら放棄して、会社の弁護士が作成したすべての報告書を公開すると約束した。[8]

この画期的なまでにオープンな姿勢が、最終的にソロモンの再生を顧客に信じさせた。ある投資銀行の行員は言う。「持ち札は非常に悪かった。しかしバフェットがいい札をくれた」。バフェット、モーガン、デナムは、ソロモンと主要な利害関係者との関係をあらゆる面から再建にかかった。従業員と毎日密接に連絡を取りあい、世界中をまわって顧客や債権者や投資家や政府関係者と話しあった。だが前述したように、それでもソロモンが危機を切り抜けて再び前進できるようになるまでにはまる二年もかかった。

ソロモンの事例は派手ではあったが、これが明らかにしたパターンは特に珍しいものではない。違法行為、いや違法行為の疑惑であっても、それが公になった場合、財務面への影響は決して楽観できるものではない。事実、アメリカの会社を対象とした調査でも、不正行為で有罪判決を受けたたいていの会社はその後何年も収益の低下に苦しむことがわかっている。ソロモンの事例に見られるとおり、財務状況はときとしてきわめて急速に悪化する。世間に疑惑をもたれた時点で下方スパイラルが始まり、最も直接的な影響をこうむる利害関係者を皮切りとして連鎖反応が生じる。[9]

たとえば顧客がらみの疑惑は、たいてい顧客離れを呼ぶ。それがひいては収益の減少につながる。収益が減ると、従業員は会社の先行きと自分の将来に疑問をもちはじめる。一方で、損害をこうむった人びとは賠償を求める。訴訟を起こして、自分の苦情を広く世間に訴えようとする。いまでは伝統的なメディアに加え、電子メールやインターネットという強力な手段もある。まもなく調査機関が動きだし、管理者、弁護士、監督機関は、何が問題だったのか、誰に責任があるのか、どんな処置が必要かを協議しはじめる。

調査が入るようになると、従業員も管理者も忙しくなる。各方面からの情報要求の声に応じる必要が生じる一方で、前と同じように事業をつづけ、社員や顧客を安心させなければならない。隠れていた事実が少しずつ明らかになるにつれて疑念が高まっていく。そして当然ながら、誰が何をいつ知ったかについての噂も広まる。投資家はリスクの高まりを察知して、ハイリターンを要求しはじめる。格付け機関は会社の信用度を下げるかもしれない。資金コストが上がり、財務上のプレッシャーの高まりを組織全体が感じるようになる。そこに政治家や議員までが加わって公聴会や追加調査を要求してくれば、事態はさらに悪化する。

この悲惨な下方スパイラルのなかでは、どこかで信頼が失われると、やがて全員の信頼が失われることにもなる。ひどくもろい信頼の絆が不信と疑惑に代わるにつれて、主要な関係がつぎからつぎへと崩れていく。ひどい場合には、信頼の喪失が会社の最高経営陣にまで波及して、権威の基盤も指導能力も損なわれる。ソロモンの場合のように、主要なエグゼクティブが解雇されたり辞任を余儀なくされたりするかもしれない。専門的なサービス機関など、基本的に人と流動資産を頼みの綱とする会社にとっては、もう解体を食い止めるのは不可能かもしれない。

そして最終的には、破産に追いこまれることもある。その生々しい実例が、二〇〇一年十二月のエンロンの破綻だった。確かに、この有名な巨大エネルギー商社が破産したのは二〇〇一年の秋の終わりに発覚した倫理に反する行為のせいだけではない。不正な会計慣行とエグゼクティブたちの言語道断な私的取引が発覚する何ヵ月も前から、投資家はエンロンの経済的な将来に警戒感を強めはじめていた。二〇〇一年一月から九月までのあいだに、エンロンの株価は八〇ドルから三〇ドルに下落した。投資しても配当が支払われず、市況の変動がエンロンの収入実績に響いていたからだ。

だが、倫理に反する行為が発覚したことはとどめの一撃となった。不正な会計、疑わしい財務管理、経営陣の職権濫用の証拠が明るみにでると、エンロンの取引にたいする批判は新しい色彩をおびた。エンロンのCFOは数億ドル単位の簿外取引を画策していただけでなく、その画策によって四五〇〇万ドル以上とされる私的な利益を得ていたのだ。きわめて複雑で、非常によくできた提携関係のおかげで、エンロンは収益を増大させながら、同時に負債を隠すことができた。その負債が知られていたら、エンロンの野心的な成長計画に必要だった資金はとうてい集められなかっただろう。エンロンの取締役会はこの提携関係を了承していたばかりか、職権濫用を防ぐ会社の規則を緩和する措置を採決して、CFOに総括管理者としての権限を与えさえした。さらに、会社の財政が厳しくなるばかりだと知ると、高給取りのエグゼクティブは自分のもつエンロン株を売却するかたわら、従業員には健全な投資だとして執拗にエンロン株を購入するよう勧めつづけた。ある時期、エンロンの株価が急激に下落したにもかかわらず、従業員は退職金口座にもっていた自社株の売却を阻止された。理由は、資産の「凍結」ということだったが、そのあいだに会社は退職基金の管理人を変えたのである。[10]

前に述べたパターンにしたがって、不正行為の発覚は会社の関係者とさまざまな監視機関のあいだに一連の反応を引き起こした。監督機関は調査に乗りだし、株主、債権者、従業員、そのほか損害を受けた人びとはつぎつぎに法的な要求をだしはじめた。格付け機関はエンロンの信用度を下げた。その間に、顧客と投資家は大挙して逃げだした。連邦検察官は犯罪捜査を検討しはじめ、議会は公聴会の準備にかかった。不振の会社を買ってくれる人を集めることに最後の望みがかけられたが、それも失敗に終わると、信用度はさらに低下して、エンロンはもはや返済義務を果たせなくなった。最盛期には七〇〇億ドルの時価総額を誇り、フォーチュン五〇〇社の第七位にランクされた会社が、いまや債権者からの保護を申請するほどに転落した。二〇〇二年一月、ニューヨーク証券取引所がエンロン株の取引を停止したときには、株価は〇・六ドルになっていた。オークションサイトのイーベイでは、「一度も読まれていません」という冗談のきつい売り文句までつけられて、エンロンの倫理規定のコピーが一枚一〇ドルから二〇ドルで取引されていた。

エンロン破綻の総コストがわかるまでにはまだしばらく時間がかかるだろうが、その額は驚異的なものになると思われる。世界中の罪のない人びとにおよぼされる付帯的な損害を考慮しなくても、投資家や従業員や債権者が、このアメリカ史上最大の破産で数百億ドルを失ったことはすでに明らかである。その規模を考えれば、エンロンの崩壊はそれ以前のいかなる企業不祥事にもまして、バリューと企業財政との関連を浮き彫りにしたと言えよう。

目に見えない節約

どこの会社も、エンロンやソロモン・ブラザーズのようになりたくはない。だが、こうした派手な不祥事を避けたいという理由だけで、バリューの経済的なメリットを主張するには無理がある。確かに、こうした不祥事のコストは大変な額になるだろう。しかし一方で、純粋に金銭的な視点からすれば、リスクを承知で冒険するだけの価値はあるかもしれない。この情報時代においてさえ、不正行為の大部分はマスコミのトップニュースにならずにすんでいるからだ。世間に気づかれないまま、最高経営部にさえ知られないいまま、何年も不正行為がつづけられているケースもあるのだ。

だが、バリューの経済的なメリットを説く根拠は明白な不祥事を避けることだけにあるのではない。それよりもはるかに説得力があるのは、発覚していない不正行為や、一般にはあまり公にされない軽度の違反行為――しかし、ある経営者の言葉をかりれば「今日では誰も容認してくれない行為」――をめぐるメリットである。このカテゴリーには、職場の雰囲気を悪くして周囲の士気を挫くような行為も含まれる。たとえば見下したような言葉遣いをする、信頼を裏切る、約束を果たさない、保身のために真実をごまかす、裏で操作する、信頼を悪用する、本気で努力しない、不当な依怙贔屓《えこひいき》をする、怒りを爆発させる、感情にまかせて個人攻撃をする、不注意な仕事をする、責任を回避する、過ちを認めようとしないなど、多くの無分別な行為がこれにあたる。

多分にコストが軽減できるとわかっているから、「積極的企業」はこうした行為を会社の規則で禁じている。たとえば監視のコスト――他の人びとの仕事を監督するコスト――がその一つだ。「積極的企業」が採用している適度な倫理的取り組みだけでも、監視のコストを下げるのに大いに役立つ。社員が嘘を言わず、信頼できて、良心的に仕事をしていれば、監督作業に多額の金をかける必要性が小さくなるからだ。

さらに、社員が責任をもって行動する――会社のために最善の判断を下し、自分個人の利益よりも会社の利益を優先させる――とわかっていれば、重要な決断もまかせられる。したがって権限が一点に集中せず、組織に広く分散されて、社員の知識やエネルギーがより有効に活用される。シールドエアの例で見たように、こうしたバリューが会社に深く根づいていれば、監督の任にあたる者が少数でも広範な管理ができるようになる。他の人びととの仕事を監督するのに費やす時間も少なくてすむ。これらはすべて、現行のコストと累積コストの節約につながる。

あるいは調整コストを考えてもいい。組織のさまざまな構成単位をうまくまとめ、全体として円滑に、有効に働くようにするためのコストだ。この面でも、人びとが誠実で信頼でき、思いやりがあって公正ならば、効率はずっと高くなる。別の言い方をすれば、個人であれチームであれ部署であれ、組織の各単位が従事している仕事を調整するコストは、このバリューが守られない分だけ増えていく。人びとが誤った情報を伝えたり、真実を隠したりしたらどうなるだろう。期限を守らなかったり、自分の仕事をできるだけ少なくしようとしたり、報酬を不当に多く手に入れようとしたらどうなるか。あるいは自分の利益だけしか考えず、一緒に仕事をしなければならない仲間の要望を無視したら。その場合、おそらくサイクルタイムは長くなり、エネルギーは浪費され、はかばかしい成果が得られなくなる。これらはすべて、組織の顧客サービス能力を損なわせる。

同じ論理が契約コストにも当てはまる。取引する双方が、相手を誠実で、頼りになって、公正で、配慮に富んでいると思っていれば、おたがいをいっそう信頼できる。信頼度が高ければ、契約コストは低くなる。不慮の事態が生じた場合の対処など、かならずしも事前に交渉しておかなくてもすむからだ。合意形成のプロセスも円滑に進みやすく、外部から保証を得る必要もない。さらに、最終的な正式契約はより簡潔で、拘束力の少ないものとなるので、時間とともに状況が変わった場合でも、適宜に変更できることになり、改めて合意を形成するための再交渉にかかわる金銭と時間が省ける。これらの利点は、内部の従業員同士の合意についても、将来の顧客やサプライヤーといった外部の関係者との交渉についても同様である。

もちろん、双方はそれぞれ自分の目的をはっきりさせ、基本的な権利と責任を明確にしなければならない。その意味で、信頼はよく言われるような契約の代用にはならない。しかしたがいの信頼が大きければ大きいほど、合意形成にかかわる時間、努力、感情的消耗は少なくなる。相手にうまく誤魔化されないように、こちらの損にならないようにと、細部に細心の注意を払う必要が双方とも少なくてすむからだ。これはおそらく、真のご都合主義者――自分が結んだ合意などどうでもよく、隙あらば厄介な義務を回避しようとする人びと――にとっては絶対に損な取引だろう。

政治や規制にかかわるコストが軽減されるのも、あまり気づかれていない利点の一つだ。信頼できる、公共心があると見なされている会社は、たいてい監督機関や各種の公的機関との話しあいが円滑に進む。贈賄したりする心配がなければ（これは重要なポイントなので、あとで詳述する）、会社の言い分はより親身に聞いてもらえるし、もっともな意見だと信じてもらえる。ライセンスや製品の承認を申請するときでも同様だ。信頼度の高い会社なら、自分たちの事業に影響する規制問題や政策問題に関しても、会社の意見を反映させられることが多い。たとえばHDFCは、長いあいだインドの住宅金融部門の頼もしい代弁者と見なされていた。インド政府はしばしばそのことを考慮したうえで、住宅金融の借り手にたいして税制上の優遇措置を拡大するなどの政策提言を採用したのである。

全員が最善の努力をしていても、間違いが生じることはどうしてもある。そんなときでも、会社が誠実で信頼でき、よき市民であるという信望を得ていれば、とかく懲罰を科したがる政治家や司法当局や陪審にたいして最大の防御となりうる。ソロモンの二億九〇〇〇万ドルの和解金と、ドレクセル・バーナム・ランベールに科された六億五〇〇〇万ドルの罰金をくらべてみるといい。証券取引委員会委員長のリチャード・ブリーデンはこの違いについて尋ねられたとき、犯罪行為そのものの違いだけでなく、事件発覚後のソロモンの対応がオープンで、問題解決に協力的だったことを指摘した。ニューヨーク南部地区弁護士会も、ソロモンの協力を「ほとんど前例がないほど」だったと評している。したがって、問題が法的な罰金や違約金に発展した場合でも、倫理的な取り組みはコスト面での利得につながりうるのだ。[11]

「積極的企業」が自らに課している取り組みは、順守コストの削減にもつながる。この点でもソロモンがいい例だ。財務省証券の不正入札危機のあと、ソロモンは新しい順守システムを実施して、入札や注文を多くの書類で確認するようにした。また、各種の取引だけでなく財務省や連邦準備制度の通信にまで、順守部の承認を要するようにした。順守部はもとのオフィスから取引のフロアに移された。財務省証券の入札のあいだは数名の部員が取引デスクの近くに陣取って、違反行為がないかどうかを監督した。バリューが浸透していて自制力がある会社なら、順守機能がこれよりもずっと小さく、控え目なものですむ。

しかも、そうした自制力が会社にあれば法規制の必要も少なくなるから、結果として順守コストを軽減する役に立つ。企業の行き過ぎ、違法行為、疑わしい商習慣は、アメリカの多くの企業法や規制が世論の支持を集めるうえで決定的な要素となってきた。これまでに条文化されている、反トラスト、食品・医薬品の安全性、広告の真実性、証券規則、雇用差別禁止、職場の安全確保、消費者保護、腐敗防止、環境保護などの規制も、世論の支持によって成立したものだ。二〇〇二年春の時点で、連邦議会とさまざまな政府機関は、エンロンの破綻と前年度における多くの会社の粉飾決算によって明らかになった悪習を取り締まるべく、一連の新しい規制を検討しはじめていた。これらの会社が「積極的企業」と同程度の基準を採用していたら、法によって新たに規制することは不必要だと考えられたことだろう。[12]

しかし、こうした細かいコスト面の利点より、もっと根本的かつ普遍的なポイントがある。それは基本的なバリューと効率性とのつながりだ。真実、信頼性、公正、相互の尊重を重視した取り組みがいかに経営効率と集団効率を高められるかは、これまでにあげた事例が実証している。反対に、これらがなければどんな運営活動も円滑に進まずに、無用に時間を食う――したがってコストもかかる――ことになるだろう。提案を検討したり、意見の不一致を調整したり、チームをつくって重要な問題と取り組ませるといった日常業務でさえ、倫理に無関心な職場にありがちな汚いやりかた、自己宣伝、情報の歪曲などがはびこっている環境では、はるかに多くの支障を招くことになる。

こうした環境につきものの問題は、何事も額面どおりに受け取れないことである。管理者は情報に偏見や誇張がないかどうかを確認し、必要ならば修正するのに時間を費やさなければならない。人びとは本音を口にするのをやめ、思ってもいないことを言うようになる。表明される言葉に信憑性がなくなると、管理者は「本当に」言いたいことを別の方法でほのめかさなければならない。真実を口にしていた人びとも、お偉方の感情を害するのを恐れて自己規制するようになる。約束は当てにならないから、不測の事態に備えるための準備に余計な時間と労力が費やされる。約束されていたことが本当に果たされるように、絶えざるチェックと監視が必要にもなる。人びとは何にたいしても「文書で残しておけ」と言うようになる。異常なほど文書にこだわっておかないと、あとで口論になりがちだし、自分がひどい目にあうこともあるからだ。

それとは対照的に、正直、確実、公正が徹底されている会社の管理者は、こうした余計な手間に時間をとられることがずっと少ない。その分、彼らは部下のサポートや顧客サービスや新事業の開拓など、より生産的な活動に専念できる。人びとが人事をめぐって争う代わりに真実を追求していれば、より客観的に世界を見て、より冷静に物事を判断できる。このような会社では、よりよい立案、よりよい決断、より効果的な問題解決をうながすものとして、真実や正直さが高く評価されるはずである。なぜかといえば、正確な基本情報、客観的な分析、問題やリスクを正直に認めたうえでの決断が期待できるからだ。また、単にエゴを満足させるため、あるいは政治的な便宜を図るための非現実的なプロジェクトに資源が浪費されることも少ないだろう。

　真実や正直さに勝るものがあると公言する会社など存在しない。とはいえ、これらのバリューに何が必要だと考えられているか、これらのバリューがどの程度まで実践されているかという点では、会社によって大きな開きがある。少し前、私は飛行機のなかで、ふとしたことから隣に座った男性と話しはじめた。彼は外国出張からヨーロッパの自宅に帰るところだった。まもなく、彼が自分の仕事について話しはじめたので、私は彼の職業を尋ねた。それまで私の仕事についてはまったく話題にされていなかったから、彼は自分の話に専門的な関心が注がれていることに気づいていなかった。

　相手が驚くのを期待するような顔つきで、彼は自分を「嘘つき」だと答えた。かなり大きい会社のある部門の地域マネジャーとして、彼は毎月、本部に虚偽の報告書を提出していたのだ。彼の会社は数年前に世界的な大企業に買収されていた。新しい経営陣に彼が初めて提出した報告書は、嘘偽りのないものだった。しかし、その報告があまりにも冷淡にあしらわれたため、彼は真実を伝えることをきっぱりとやめた。でも、と彼は言う。嘘をつくのもあと数年で終わりです、もうすぐ定年になりますから、と。

　彼がますます暗い表情になって愚痴をこぼすのを聞きながら、私は彼の会社の現状について考えた。そこの上級管理者たちは、彼のつくった虚偽の報告にもとづいて計画を立てたり決断したりしているのだろう。その会社で嘘の情報を流しているのが彼一人だとしても――彼の話から察すると、おそらくそうではなさそうだった――そんな情報をもとにして組み立てられたシナリオがうまくいくとは思えない。財務報告が嘘ならば、隠れた負債もあるだろう。そのリスクを別にしても、会社は現実的な計画立案能力を失いかけている。正確な情報なしに、経営陣はどうやって適正な資源配分や戦略案を実施できるだろうか？　また、どれくらいの従業員がこの男性のように士気を挫かれ、冷笑的になって、ひとえに定年や次の買収を迎えるまでの時間稼ぎをしているのだろうか？

もっとくわしいことを知らなければ、この状況の責任が主に私の会った男性にあるのか、それとも会社の経営陣にあるのかを断言することはできない。確かに、彼は嘘の情報を流していたという点で責められるべきだろう。しかし彼の上司もまた、真実を受け入れない環境をつくったという点で責められるべきである。彼の最初の、そして唯一の偽りない報告にたいする管理者側の反応と、その後の彼が虚偽の報告をして得た満足は、明らかなメッセージを伝えていた。この会社では真実など犠牲にしてもよかったのである。

この例は、慢性的な軽い不正行為がもたらす有害な、しかし往々にして目につきにくいコストを教えてくれる。この会社が明らかな詐欺行為をしている証拠はないし、法的な異議申し立てを受ける可能性もきわめて薄い。だが、この会社が真実と正直さを軽んじていることは経営陣の対応にはっきりあらわれており、それは会社の財務実績にひそかなつけを回している。計画には穴があり、意思決定には誤りがあり、そしてあの日、機上で私の隣に座った暗い表情の男性のように、従業員が会社に幻滅してやる気を失っているのである。

ポジティブな視点

ここまでは、バリューがコスト（損失）を抑えるのにどう役立つかという、バリューの逆説的なメリットばかりを述べてきた。だが、バリューを支持する根拠にはもっとポジティブな面もあり、それは収入と生産性の向上にかかわっている。このポジティブな利点のいくつかは、正直、公正、個人への敬意といったバリューへの取り組みと関連する、従業員のやる気と創造性から生じるものだ。

すでに述べたように、これらのバリューがしっかりと守られているならば、従業員も管理者も自分の本来の仕事にエネルギーを投入できる。自分の身を守る心配や、アイデアを他人に盗まれまいとする心配がいらないからだ。また、自分から積極的に貢献しようとする気にもなる。つまるところ、自分の仕事に正当な見返りがあると確信できなければ、誰があえて最善の努力を傾け、最高のアイデアをだそうとするだろうか？　さらに会社の雇用プロセスが公正でオープンなら、最高の人材を招き、保持しておけるというメリットもある。

ここで重要な役割を果たすのが、従業員への権限委譲だ。多くの人にとって、尊敬され、認められることは前向きのエネルギーをひきだす源である。人から信頼され、公平に扱われていれば、もっと多くのいい仕事をしようという気になる。自分の貢献が認められれば、仕事にいっそう誇りが感じられ、自分の仕事が他人の仕事や全体の利益にどうかかわっているかに、もっと留意するようになる。多くの人は——自分の仕事に必要な技能や知識をもっている、あるいは獲得する力があるとするならば——自分の能力を示せる機会に接すればにわかに奮起する。事実、そのような従業員は、厳しく監視され職務をがんじがらめに制限されているときよりも、決定権や責任を与えられているときのほうが多大な貢献をする。権限集中型の会社が意思決定権を分散し、従業員の裁量権を広げれば、決定が早くなり、コストのかかる管理者層が不要になるだけでなく、豊富な人的エネルギーが有効利用されるようにもなる。

こう考えると、例の「積極的企業」のような倫理的取り組みは、従業員のやる気と創造性を大きく伸ばすはずである。「積極的企業」は全社員に責任ある態度を求め、正直かつ公正に、他人への配慮をもって仕事をするよう要求する。社員に倫理が必要だとは考えず、社員の素質にも無関心な「無関心企業」とは対照的に、「積極的企業」の社員は自ら進んで機会を見定め、自分の仕事に直接かかわらない問題でもその解決に努めようとするだろう。また「積極的企業」では、従業員がたがいに深く配慮しあい、信頼しあっているから、情報や知識を進んで共有しようとする。したがって「積極的企業」は原則として、今日の環境で収益性を支える重要な面――すなわち創造性、問題解決、機会の見定め、知識の共有――のすべてにおいて有利だと言える。[13]

このシナリオは理想的すぎると思われるかもしれないが、バリューとこうしたメリットとの関連は、多くの調査が明らかにしている。わかっていることのいくつかを、次にあげてみよう。

●信頼、助けあい、創造的な仕事にたいする公平な報奨は、職集団の高度な創造性と結びついている。創造性の低い職集団には、不正直なコミュニケーション、有害な競争、政治的な問題が多く認められる。[14]

●従業員は、経営陣が公正なプロセスを経て決断したことにはおおむね賛同する。同じ論理で、組織全体を犠牲にして特定の集団だけを利する決断にはおおむね反対する。[15]

●従業員は、上司が部下を公平に扱っていると確信でき、組織が公正に働いていると感じられた場合には、組織のために自由裁量によって行動（職務によって求められている以上のことを）する。[16]

●従業員は、上司に誠実さ、能力、リーダーシップを期待している。上司が信頼に値するかどうかは、行動で判断される。正直で、頼りになって、率直で、理に叶った信念があって、進んで他人を信用することが行動にあらわれていれば、上司は信頼される。[17]

●従業員は、最高経営層に高い信頼性があり、一連のバリューを守っていると感じられれば、より組織に誇りを感じ、組織のオーナーのような感覚をもつ。[18]

●従業員は、たがいへの信頼と敬意が感じられる職場なら、進んで知識を伝え、学びあうようになる。[19]反対に、信頼が低いと知識の流れはとどこおる。[20]

●組織のメンバーは、おたがいへの信頼があると微妙な情報も伝えあう。[21]

●製造業者と小売業者とのパートナー関係は、深い相互信頼にもとづいている場合のほうが収益性が高い。双方が正直で、頼りになり、相手の都合を考慮していれば、信頼度の高いパートナー関係が築かれる。[22]

これらはいずれも前向きの姿勢が基盤になっており、前向きの姿勢は一般に、正直、公正、思いやりから生じる。たとえばシールドエアのような会社には、そうした姿勢が顕著にあらわれている。前に述べたとおり、シールドエアは発展の基盤をこれらのバリューに置こうとしてきた。シールドエアの文化が他の会社の文化とどう違うのかを尋ねられたとき、多くのベテラン従業員は、第一章で紹介した時間給従業員と本質的に同じコメントを返した。あの従業員は、同僚たちが自分の仕事に誇りと関心をもっていると評していた。

●「ここには大きな自由があります。いいことをするのを誰も止めないし、気づいてもらえます……途中で手柄を横取りする人はいません。貢献すれば、認めてもらえます。創造性はこういうところから生まれるのです」

●「ここには制限がほとんどありません。自由にものが言えて、問題を提起できます。職務上の枠を超えたチームで仕事ができます」

●「必要なことを果たすために、どこのオフィスにも入っていって、誰とでも話すことができます」
●「ここでは話を聞いてもらえます。望む結果が得られなくても、少なくとも耳を傾けてもらえる……シールドエアは自分を大事にしてくれていると感じられます」
●「たとえいい結果がでなくても、シールドエアは正しいことをするはずだという信頼があります。従業員が解雇されるなら、それは正当な解雇なのです」
●「ここでは人びとがとても正直で率直です。会話の内容をあらかじめ考えて、『これでいいだろうか』などと心配しなくても、簡単に話しあいができます」
●「王様が裸でいたら、ここでは誰かがそれを指摘してあげます」
●「ここの人びとは、必要ならばいつでもどこでも協力します。私たちはできるだけ会社を柔軟に保ち、機会があれば即座につかめるようにしています」
●「ここは絶えず動いている会社です……ここではつねに成長し、向上していけます……」(23)
●「ここでは大人として扱ってもらえます……」

バリューと従業員のやる気とのあいだに関連があるならば、バリューと従業員の忠実さとのあいだにも関連があると考えていいだろう。そして忠実さは、離職率と新規採用コストの低さに置き換えられる。さらに従業員が長く勤続するということは、知識がよりしっかりと保持されることにつながる。自分の仕事と積極的に取り組んでいて、なおかつ正当に報いられていると感じている人は、普通は別の機会など探そうとはしない。たとえ機会があったとしても、そういう従業員は会社を離れたいとは思わない。この点でもシールドエアがいい例だ。シールドエアの離職率が昔から低いのは、仕事と会社にたいする従業員の姿勢を考えれば、驚くにあたらない。別の会社からもっと高い給料で誘いを受けながら、それを断わったある従業員は、その理由を簡潔にこう話す。「私は変化に対応できない人間ではありません。むしろ変化を好むし、変化にうまく対応していけます……ただ私が思ったのは……シールドエアはお金以上のものを与えてくれました。ここでこそ私は成長できたのです」

同じような姿勢はＨＤＦＣでも見られた。第一章で述べたように、ＨＤＦＣの従業員の離職率はつねに二・五パーセント前後を保っている。ちなみに他の金融機関では離職率が二〇パーセントだ。なぜ会社にとどまっているのかと尋ねられて、従業員たちはＨＤＦＣのオープンさ、大きな責任を担う機会、参加式の意思決定、事業そのものの性質をあげた。人びとの話と同じくらい重要なのは、その話しぶりだった――彼らはじつに熱心に、明らかな誇りをもって答えたのである。

近年のいくつかの研究も、バリューと従業員の忠実さとの関連を裏づけている。一九九九年のアメリカの従業員調査によれば、「真に忠実な」従業員――求められている以上の仕事を自発的にこなし、別の機会があっても現在の会社にとどまろうとする人びと――はかなりの割合で、自分の会社を非常に倫理的と考えている人びとと合致するという。後者の集団の約五五パーセントは真に忠実な従業員だったが、他方、自分の会社が倫理的に中立だと見なしている人の集団で、真に忠実な従業員に相当するのは二四パーセント、自分の会社が倫理的ではないと感じている人の集団では、わずか九パーセントだった。同じ機関が二〇〇〇年に行った三二ヵ国の従業員の貢献度調査では、世界各国の従業員が、職場での公正さ（公正な賃金を含む）、従業員への配慮、従業員への信頼を、組織への貢献度に影響する最大の要因にあげていた。また、従業員がこれらについて、雇用主が最も注意を払うべき分野だと考えていることもわかった。(24)

私が話を聞いた管理者の多くは、自分たちの倫理的な努力が品質向上をうながしたと言った。これから述べる論法が正しければ、そうした努力はまさに理に叶っている。生産物――品物でもサービスでも――の品質が、従業員の集中力、活力、誠実な努力の賜物であるとするならば、会社のバリューと品質とのあいだには好ましい関係があるはずだ。この関係性を裏づけるのが、前に述べたバリューと調整との関連である。品質の専門家はずっと前から、生産物の品質を高めるには個人、チーム、部署、部門間でハイレベルの協力が必要だと指摘してきた。そして最大限の協力をうながすには、ハイレベルの信頼が必要である。そして信頼は、これまで何度も見てきたように、正直、信頼性、他人への配慮といった基本的なバリューを守っているときにこそ生まれる。自分が信頼されるに足ることを行動で実証し、それによって、他人に自分を信頼しようという気を起こさせなければならない[25]。

バリューと品質との関連を裏づける証拠は、傑出したサービス会社の特徴について調べた最近の研究にも示されている。その結果によると、サービスの質の主要な決定因は、会社が従業員をどう扱っているかということだった。この調査によって、上司や雇い主から大事にされている従業員ほど顧客を大事にすることが判明している。顧客を大事にするというのは、それだけ顧客の要望を叶えるのに成功していることを意味し、ひいてはそれが、より忠実な顧客を獲得することにつながる。そして忠実な顧客が多ければ、それだけ収益が上がる。同様に別の調査でも、人道主義的なバリューを守っている会社にはきわめて忠実な顧客、従業員、投資家がつきやすいことがわかっている[26]。

これらの結果は、人間の相互作用の根本的な原則を反映しているように思われる。たいていの人は、自分がどう扱われるかに無関心ではない。多くの人は、相互関係の原則にもとづいて、一種の相互作用にうながされてモラルの清算をしているのである。たとえば自分が騙されている、あるいは利用されているように感じている従業員は、しばしば平気で他人に同じことをする。怪しい商法に巻きこまれたある従業員が言ったように、「自分が騙されていたと知った不幸な人［従業員］は、誰か別の人間を騙そうとするものだ」。ときには、その「別の人間」が騙していた当人となる場合もある。かつてのエンロンの従業員がそうだった。彼らは会社が破綻したのち、エンロンの機密情報をネット上で売りにだしたのである。この「別の人間」には、顧客、エンドユーザー、そして従業員のやるせない怒りをもろに浴びせられる家族のような、第三者も含まれるかもしれない[27]。

このパターンにはさまざまなバリエーションがある。競争相手の情報収集にたずさわっていたある従業員は、これが当然だというように、自分の会社の極秘情報をライバル会社に流していた。彼自身の上司が無遠慮な企業スパイ活動をしていたからだ。この従業員が考えていたように、管理者がそういう扱いを受けるのは、他人に同じことをしていたのであれば当然だった。この根本的な動機は、顧客とその他の関係者のなかにもある。ソロモンの顧客を考えてみればいい。ソロモンのあるエグゼクティブによれば、彼らは財務省証券をめぐる危機を利用して、過去に受けた無礼な仕打ちを埋めあわせた。「私はあるトレーダーに、いきなり電話を切られたことがあるんですよ」という証言もある[28]。

同じ論理で、礼節は礼節を呼ぶ。すでに述べたように、従業員は組織から公正に扱われていると感じるほど、自発的に組織のためになるような行動をする。同様に、これもいま述べたばかりだが、従業員は自分が大事にされていると感じるほど、顧客を大切に扱うのである。もう一つ例をあげれば、第一章で述べたＨＤＦＣの回収機能の成功もそうだ。このやりかたには、礼節ある相互関係という原則が反映されている。返済を滞納している借り手をやみくもに威嚇するのでなく、滞納の理由をよく聞いて、債務の履行を妨げている問題をどうしたら解決できるか、借り手とともに考えるのである。こうしたやりかたをしていると、ときには借り手を助けるために異例の措置を講じる必要が生じることもあった。あるとき、工場でストライキが起こることを知ったHDFCの職員は、午前一時半に門の前まで出向き、経営者側の工場閉鎖に巻きこまれていたHDFCの借り手たちを元気づけた。「彼らが［職場に戻ったとき］最初にやろうとしたことは、私たちにお金を返すことでした」と、回収部の部長は言う。

こうした前向きの行動をとらせるものは、逆の後ろ向きの行動でも同様だが、根本的な一般原則のほかに個別の相互関係でもあるようだ。要するに、多くの人は仕返しや相互援助をするだけでなく、別の第三者との相互作用にもモラルの貸し借りをするのだ。

人間感情に関する近年の研究でわかってきたのだが、人間は善行を目撃しただけで、自分もそうした善行をしようという気にさせられるそうだ。しかも、そこで喚起させられた反応からかならずしも自分が利益をこうむるとはかぎらない。これは単なる模倣の一例ではない。確かに実例には、良い意味でも悪い意味でもきわめて大きな影響力があるが、これはむしろ心理学的かつ生理学的な反応だろう、と専門家は言う。この研究は、なぜ美徳がリーダーシップの一部として古くから強調されてきたのか、そして人から尊敬を勝ち得るのに模範的行為がなぜこうも威力を発揮するのか、その両方を説明する役に立つかもしれない。なぜなら両方とも、どうやら人間の生物的特性に根ざしていると思われるからだ。[29]

ゲーム理論の分野における一連の研究は、礼節は礼節を呼ぶという考えをさらに裏づけている。倫理学者が昔から説いてきたことは正しかったようだ。つまり、互恵主義は利己主義よりも行動指針として優れているのである。この研究は、「囚人のジレンマ」という非常によくできた普遍性のある謎かけを扱ったもので、そこでは二人のプレーヤーがおたがいに協力することで利益を得られる状態にある。だが複雑なことに、どちらの側も相手が協力しようとしているのに自分だけが協力しなければ、さらに大きな利益を得られるのである。これをゲームの用語で「裏切り」という。ただしこの場合、相手が協力することが条件なので、そこに落とし穴がある。もし両者が「裏切り」という自己中心的な行動を選べば、最終的には両者が協力したときよりも、両者とも利益が少なくなる。要するに、両者が「ひとり勝ち」のゲームをすれば、双方マイナスの結果に終わるのである。

このゲームの構造からすれば、「囚人のジレンマ」を繰り返した場合の最終的な「勝者」は、相手が協力しようとしているのに自分は協力しないという作戦で多く勝ち抜けた側、ということになる。しかし研究の結果、つねに利己的な選択をするプレーヤーは、協力を選ぶ回数の多いプレーヤーよりも最終的に利益が少なくなりやすいことがわかっている。一つには、利己的な裏切りによって被害を受けたプレーヤーは報復する傾向があり、それによって利己的な行動をした相手がそれまでに稼いだ得点を無効にするからだ。つまり、純粋に利己的な視点からの最も有利な戦略は、研究者の言う「しっぺ返し」戦略ということになる。(30)

「しっぺ返し」は一種の互恵主義にもとづく戦略である。最初は協力を選ぶが、そのあとは相手がとった行動をひたすら模倣する。裏切りには裏切り、協力には協力で応えるわけだ。両者がこの戦略をとっていれば、協力が永遠につづく可能性がある。少なくとも、コンピュータがトーナメント方式でこのゲームをしたときの結果はそうなっている。もちろん、現実の人生はコンピュータよりもはるかに複雑だ。しかし、それでもこの研究は「積極的企業」が自分たちの採用しているバリューから利益を受けていることに、また一つの根拠を与えているのではないだろうか。

「囚人のジレンマ」の研究は、人間の相互作用の重要な原則をもう一つ言い当てている。このゲームのプレーヤーと同様に、現実の世界で生きるほとんどの人びとは、「協力者」、すなわち信頼できる人や会社とつきあうことを好む。別の言い方をすれば、正直でない、公正でない、信頼できない、反応がないと思っている会社と、いったい誰が好んで取引しようとするだろうか？　ほとんどの人は、そうした会社にはなるべく近寄るまいとする。モノを買うときも、雇い主を選ぶときも、投資するときも、ビジネスパートナーを選ぶときも、私たちは信頼性と反応性の証を求める。ときには自分の経験から直接的な証拠をもっていることもある。しかし、たいていの場合、私たちは間接的な証拠に頼らなければならない。それが人伝ての話や世間での評判なのである。

評判の効果

評判の恩恵もまた、バリューと売り上げとのつながりを示している。第一章で見たように、評判について考慮した結果としてバリューに着目した会社は多い。たとえば、シェルがブレント・スパーとナイジェリアでの一件のあとに行った改革も、そもそもの目的は失われた評判を回復することだった。ウォーレン・バフェットがソロモンの財務省証券危機のあとに臨時議長を引き受けたとき、最も意を用いたのも会社の評判だった。ソロモンの全従業員の法律違反や反道徳的行為をすべて「即座に、直接」報告するようにと上級管理者たちに指示したほか、バフェットは一部の社員を集めてこう告げた。「会社の金を失わせても、私は非常に寛大でいるだろう。しかし会社の評判を少しでも傷つけたら、私は決して許さない[31]」

バフェットやシェルのトップ経営陣のようなエグゼクティブは、研究者が明らかにしはじめたことを本能的に理解していた。正直、公正、責任といったバリューへの取り組みは、よい評判を築くのに不可欠なのだ。こうした資質を示す会社は、直接的な顧客の要望である偽りのない情報、公平な扱い、遅延なしの配達などを不足なく提供しているだけでなく、自分たちのビジネスパートナーとしての魅力を訴えるメッセージを送ってもいる。これらのメッセージを関係者や外部の第三者が受け取り、意味を汲みとって、また次へと伝えていけば、これは会社の評価を形成するうえでも、さらには将来の従業員や顧客や投資家や、それ以外の人びとが抱く会社の魅力についての全般的な印象のうえでも、重要な役割を果たす。このプロセスを通じて会社は評判を築き、信用を蓄積する。この信用は「評判資本」と呼ばれることもある。(32)

この流れから察すると、会社の倫理能力の高さと評判には密接な相関関係があると考えられる。この関連についての研究はいまのところ見当たらないが、企業の評判に関する専門家によれば、良い評判を得られるかどうかは、その会社の経営体質にかかっているという。要するに、評判を悪くするような不正行為を防ぎ、品質と顧客サービスを向上させ、自然環境に配慮し、企業の社会的責任を果たしているかどうかである。(33)これらこそ、会社の責任ある公正な態度、顧客への配慮を示す具体例ではないだろうか。また、定期的にアメリカの会社をランクづけしている《フォーチュン》誌の報告では、最も賞賛されている会社はたいてい「紳士的」だという。反対に、前に見た事例でも明らかなように、不正行為に関与したり、危機や災難に責任ある対処ができないと、会社の評判はほとんど一夜にして地に堕ちる。(34)

良い評判がたつに越したことはないだろう。しかし、それには経済的価値があるのだろうか。この点でも、第一章に述べたようなことを研究者が明らかにしつつある。良い評判は、多くの意味で得になるのだ。最も明白なのは、よい評判がたつことによって将来の顧客、従業員、投資家を引きつけやすくなり、したがってビジネスを拡大できるという利点だ。どこでモノを買うか、どこで働くか、どこに投資するかを決めるにあたって、直接的な情報を得るのがいかに難しいかを考えると、普通は評判に頼るしかない。少なくとも、評判を考慮しないことはないだろう。企業の意思決定者にとっても同じような問題があり、彼らもしばしば、この選択プロセスを単純化しようとして評判に頼る。重要な契約をまかせるなら、よく知らない会社や怪しげな評判のたっている会社よりも、評判の良い会社のほうが安心してまかせやすいに決まっている。[35]

評判の良い会社は、ビジネスパートナーとして魅力的でもある。とくに自社のイメージを高めたい会社や、現在の良い評判を傷つけたくないと考える会社にとっては、格好のパートナーになるだろう。最近の研究によれば、良い評判は現実に企業提携の成功に役立っているという。[36]

財務的な面で言えば、評判の良い会社には次のような利点がある。まず、収入の増加や市場シェアの拡大が見こまれる。優れた人材やアイデアにも恵まれやすい。そして、場合によっては、新規採用のコスト、マーケティングのコスト、資金コストがあまりかからずにすむ。会社の評判が良ければ、会社の製品やサービス——あるいは会社自体——にプレミアム価格がつくかもしれないし、他社よりも有利な機会が多く訪れるかもしれない。たとえば、タイで長らく良い評判を得てきたサイアム・セメントは、一九九〇年代初頭に戦略的パートナーを求めてタイに参入してきた外国の会社のあいだで引っぱりだことなった。その様子を、あるアナリストはこう説明した。「タイに進出する会社はほとんど例外なくサイアム・セメントをパートナーとして望むだろう。だからサイアム・セメントには毎日のように引き合いがきている。そのなかから、最もおいしそうなところを選べるのだ[37]」

反対に、ソロモンの例で見たとおり、評判が傷つくと多くの機会が失われる。コストはかさみ、会社の市場価値は下落する。財務省証券スキャンダルのあと、ソロモンの一部の顧客は自分自身の評判を守るためにソロモンと手を切った。その他の顧客も、ソロモンとの取引をつづけるかどうか、逡巡した。

引受業務におけるソロモンの評価と市場シェアは、危機のあとの一時期に激しく下降した。シェルの場合にしても同様で、ブレント・スパーについての抗議が噴出したのち、ドイツのシェルのガソリンスタンドの売り上げは急降下した。

投資家と同様、顧客やビジネスパートナーも評判の重要性をよく理解していることは、実際の調査が示している。ある研究によれば、単なる疑惑であれ事実であれ、企業の不法行為が公になると株価が下落するが、これは大部分、評判に負わされたダメージを反映しているという。罰金や民事の損害賠償といった法的ペナルティが科されそうだという理由は、全体の六パーセント強にしかならないそうだ(38)。

さらに、良い評判にはもう一つ利点があるが、これはもっと拡散した、つかみどころのないものだ。評判はそれ自体を糧にして肥大する傾向があり、尊敬されている会社はしばしば賞を受けたり、メディアから言及されたり、あるいはめったにない好機をつかんだりして、スポットライトを浴びることが多い。こうして、良い会社であることを確認されるたびに、会社のすばらしさはますます強調され、逆にマーケティングやリクルートやPR活動に精をだす必要は減っていく。しかも、すでに評判という資本を蓄えている会社は難局や危機に際しても、それまでの信用で充分にダメージを補えるかもしれない。この信用はさまざまな意味で役に立ち、ときには信じられないほどの効果を発揮する。たとえば、問題が生じたときに相手方が優れた交渉能力を駆使するのを控えたり、時間も費用もかかる形式的手続きは不要だと言ってくれたり、普通なら抗議するような過ちにも目をつぶってくれたりするのである。

ここでも第一章で触れたＨＤＦＣがいい例になる。ＨＤＦＣは、インドの金融サービス業界に蔓延していた悪しき習慣にならわず、正直かつ公正で顧客に配慮した行動を追求することによって、開業初日から好意的な評判を築きはじめた。企業としての社会的責任はただのおまけではなく、ＨＤＦＣのバリュー体系の中核をなしていた。つまり、最初からHDFCはプロフェッショナルな経営と顧客重視の姿勢という特色をもった、他社とは一味違う金融サービス機関であることを旗印としていたのだ。しかもHDFCは、実質的に一二年近くも住宅金融市場を独占していたが、独占事業体としての有利な地位を利用しようとしなかった。高圧的な金利を課する代わりに利鞘を低く抑え、低コストの維持に努めて、多くの消費者が融資を受けられるようにしたのである。競争が生じたときも、HDFCは自ら進んで競争をうながした。健全な業界が存在することは会社のためになると信じていたからである。

一九九一年に全国的な経済危機が起こったとき、HDFCはすでにインドの消費者から絶大な信頼を勝ち得ていた。この信用がなかったら、HDFCの預金受託事業が成功していたかどうかは疑わしい。だが、信頼するに足る金融機関だという評判を確立していたHDFCは、自分の貯金を喜んで委託してくれる顧客を充分に集めることができた。新事業は開始され、一九九六年には、前述したように、HDFCはインドの銀行業界以外で最大の預金受託機関となっていた。HDFCはその後も評判によって金銭的な恩恵を受けつづけた。二〇〇一年のHDFCのマーケティング支出は業界内で最も低い部類に属したが、それも一つには確固とした評判のおかげだった。経営陣によれば、会社の事業の五五パーセント以上は人伝ての紹介によるものだという。

タイレノール事件のときにジョンソン・エンド・ジョンソンを助けたのも、同じような評判の効果だった。このときも、会社は長年のあいだに蓄積しておいた絶大な信用に頼ることができた。タイレノールがらみの死亡事件の原因がまだわかってもいないときから、多くの顧客はジョンソン・エンド・ジョンソンに「疑わしきは罰せず」の態度を示していた。トークショーの司会者フィル・ドナヒューは、CEOのバークをゲストに招いて番組を「四八分間のコマーシャル」に仕立てあげ、ジョンソン・エンド・ジョンソン自身もこの悲劇の犠牲者なのだと説明した。

バークの見方では、ジョンソン・エンド・ジョンソンを好意的に見ようとする傾向があれほど広まっていたのは、世間が会社に大きな信頼を寄せてくれたからだった。その信頼は、つまるところ、それまでの代々の経営者と、個々の行動を通じてこの信頼の蓄積に貢献してくれたすべての人びとの遺産だった。バークは言う。「この会社を築いた代々の経営者たちが、会社のもちうる最も強力なツールを、すべてお膳立てされた状態で手渡してくれたのです」。そのツールとは、確立された信頼である。定義がしにくく、数字であらわすのも難しいが、それはバークの言葉をかりれば「リアルかつ明白で、銀行に受け入れてもらえるもの」だったのである[39]。

模範的行動が報いられることを明白に示したこれらの事例が、「倫理は得になる」という主張を後押ししてきた。ブランドの質にたいする関心の高まりも同じことだ。今日では、どこの経営者も強力なブランドの経済的重要性を認めている。ブランドの価値も評判と同じように他人が好意的な判断をするかどうかで決まるので、企業のエグゼクティブやブランドの専門家がブランド構築における倫理の役割を認めはじめたのも不思議ではない。例の「積極的企業」が採用していた基本的バリュー、とくに対顧客に関するバリューくらいは守らなければ、世間から好意的に受け入れられるブランドを構築できるとは思えない。さらに専門家は、環境保護や公正な雇用、地域社会への貢献といった市民的バリューも、これからますます必要になるだろうと指摘している[40]。

第一章で見たように、張端敏がハイアール・グループのバリュー体系を一新しようとした背景には、中国最初のグローバルブランドを構築するという大きな目標があった。ブランド構築をマーケティングや意見広告の問題としてしか認識していない一部の経営者と違って、張端敏はバリューの重要性をよく理解していた。自分の目標を達成するには、部品の買い取りや製造から人事や損害の補償にいたるまで、あらゆる活動をつかさどる一連のバリューを浸透させるべく、全社をあげて努力しなければならない。ハイアールは顧客の期待を上回る高品質の製品をつくらなければならないし、ハイアール・ブランドは品質の良さ、信頼性、説明責任や社会的責任を果たしていることで知られなければならない。これらのバリューを組織全体に浸透させたからこそ、張端敏の会社は押しも押されもせぬリーディング企業となり、経済的成功をおさめられたのである。[41]

価値観から価値へ

「倫理は得になる」という言い分は、この章で見てきた数々の関連性を根拠としている。これまで述べた証拠から見て、「積極的企業」のような取り組みから得られる経済的利益は非常に多い。とはいえ、価値観から価値への道をたどるのは容易ではない。これらの関連性のいくつかは間接的なもので、時間的にも隔たりがあり、利益を相殺するコストもからんでいるからだ。たとえば自分にとって不利な約束を顧客にしたとする。その約束を守ることで生じる経済的価値は、顧客との将来の関係から生じる価値であれ、評判効果の顧客基盤全体への広まりによって生じる価値であれ、認識されるまでに時間がかかるかもしれない。その一方、約束を果たすという行動は、即時的にコストを生じさせる可能性がある。「倫理は得になる」という言い分が通るには、もっと広い視点で長期的な効果を見なければならない。バリューというものを、ある程度の期間を通じての特定の思考パターンや行動パターン、他人との相互作用のパターンと見なしたならば、そのときに初めてこの主張の論理は意味をなす。たとえば「積極的企業」の取り組みは、直接であれ間接であれ、金銭的な利益につながる無数の効果を生みだせる。コスト管理やリスク管理が向上する、従業員の創造性が伸びて会社への貢献度が高まる、主要な関係者のあいだでの評判が確実になる、資源や機会を得る機会が拡大するなど、細かい効果をあげればきりがない。このそれぞれのなかで、経済的利益が確かに生まれ、維持されている例はすでに見てきた。苦情コストや監視コストや順守コストは減り、信頼は増し、知識は共有され、製品やサービスの質は上がり、ブランドの価値は向上し、人材は得やすくなる……。

この数々の望ましい金銭的効果を考えると、倫理能力の高い会社ほど、全体として優れた収益性を享受できるのではないだろうか。直感的には、決してそうとは思えない。会社の最終的な財務実績には多くの要素が影響をおよぼすからだ。過度に楽観的な株式市場が悪い会社をよく見せてしまうことがあるように、予想外の通貨切り下げが、良い会社の利益をたちまち損失に転じさせることもある。テクノロジーへの誤った賭け、予測のはずれ、主要顧客の破綻、政府の政策転換、市場の気まぐれ、洪水、テロ攻撃——これらはいずれも、バリューと収益性の単純な等式を混乱させうる要因である。また、この等式のどちらの項も、定義や測定がしにくいという問題もある。

とはいえ、多くの研究が明らかにしてきた示唆的な発見もある。たとえば、ある研究で、アメリカの一〇業種の会社の一九七七年から一九八八年までの生産力を調べ、生産力の高い会社群と低い会社群に分けて比較してみたところ、この二つのあいだには驚くほどの違いがあった。経済的成功度の高い会社は、リーダーシップ、公正さ、関係者の利益にたいして、生産力の低い会社よりも高い価値をおいていた。会社の内部にしか関心がなく、一部の関係者を他の関係者よりも重視する——最も高い価値をおかれているのが従業員であれ、顧客であれ、利害関係者であれ——会社は、あまり良い実績をあげていなかった。(42)

　同じような発見は、アメリカの高成長をとげた中規模の八一社について調べた一九八五年の広範な研究からも示されている。ここでもトップクラスの会社は、他社と異なる特徴をもっていた。その大半は、顧客のための価値をどのように創造するか、従業員の権利と責任は何か、組織が何を支持しているかを定義する一連の行動原則をはっきり提示していたのである。この研究論文の執筆者たちの見方では、これらの会社の経営陣が目指しているのは単にお金を儲けることだけでなく、優良な会社になることであり、基本的に収益は、他のことをうまくできたときの副産物と見なされている。といっても、これらの経営陣が財務実績に無関心なわけではない。財務実績、営業戦略、競争上の位置を把握する厳しい監視システムももっている。だが一方で、彼らは強い使命感を浸透させることをつねに心がけ、組織全体で価値観を共有しようとしていた[43]。

　アメリカの会社についてのもう一つの研究――こちらの対象は一八組の会社で、いずれも設立は一九五〇年以前――を見ると、バリュー体系は優秀な財務実績を長く維持するための主要な原動力であるようだ。ただし、この論文の執筆者たちの結論では、バリューの中身はさほど問題ではなく、重要なのはその信憑性だという。つまり、この研究者たちによれば、心からそのバリューを信じているかどうかのほうが実際にどんなバリューが重視されているかということよりも重要なのだ。とはいえ、金儲けだけにとどまらない崇高な目的意識は、リーディング企業のバリュー体系に共通する特徴だった[44]。

　これら三つの研究は、まず優秀な財務実績に着目し、そこから遡って、その先行条件を確定しようとする手法をとっている。一方、最初からある程度の倫理的取り組みに着目し、それが財務面におよぼした結果を追認しようとする研究もある。たとえば、最近の研究で、《ビジネス・ウィーク》一〇〇〇社のリストに載ったアメリカ大企業の上位五〇〇社を調べたものがあったが、それによると明らかに倫理原則と取り組んでいる会社は、そうでない会社より優れた実績を残していた。この研究では、データに一九九七年とそれ以前の二年にわたる財務実績を使い、倫理への取り組みに関しては、会社の年次報告書にでている声明で確認していた。だが、ある年次報告書の声明は、とうてい企業倫理の力を測定する手段として納得できるものではなく、さらに財務実績を見る三つの窓も非常に狭くて、ほとんど意味をなさなかった。しかも報告されていた結果の大部分は、明らかにそれよりも前の行動によって得られたものだった[45]。

倫理実績と財務実績の関連を最も客観的につかんでいると思われるのは、最近だされた、企業の財務実績と社会的実績の関係を調べた約九五種類の学術調査を概観したものである。これらの調査は、主にアメリカの会社を対象としているが、約七〇の異なる方法で財務実績を測定しており、社会的実績については、人事慣行、環境対策、製品の安全性、地域社会への投資を含む一一の領域で検証している。九五の調査のうち八〇は、「倫理が得になる」かどうか——つまり、社会的実績が良いほど財務実績も良いかどうかを確認しようとしていた。逆に一九の調査は、財務実績がしっかりしているほど社会的実績も高いかどうかを調べていた。(いくつかの調査は双方向で関係を検証していた。)

これらの研究には疑問点もたくさんあるが、九五の調査のうち、社会的実績と財務実績のあいだにネガティブな関係があるとしたものが四つしかなかったことは注目に値する。五五の調査は、優れた財務実績と優れた社会的実績のあいだに好ましい相関関係を見出していた。二四の調査は、両者のあいだに何の関係も見出さなかった。そして一八の調査は、良い関係と悪い関係の双方を見出していた[46]。

どの調査も、企業倫理の力を測定する点では充分でなく、倫理能力と財務実績とのポジティブな関係を証明してもいなかったが、一つだけ非常に明白なことがある。倫理と金銭的な利益は、もはやかつて言われていたような不倶戴天の敵ではない。わずか数十年前まで「倫理は損になる」と考えられていたことを思えば、この「倫理は得になる」という考え方の普及は驚くほどの変化である。今日では、多くの学術調査や企業実験が行われるようになったおかげで、会社のバリューと財務実績の関連にたいする理解はよりいっそう深まっている。

さて、倫理と経済的利点がしばしば手をたずさえて進むことはわかった。研究が明らかにしつつあるように、倫理的な規律を事業活動の柱とし、人びとの潜在的なモラルを引きだしている会社は、そうすることによってさまざまな経済的利益を得ている。これらの利益の多くは、前述した、とても単純な事実の帰結である。たいていの人は、できることなら正直で、信頼できて、公正で、配慮ある会社とつきあいたいのである。これまであげてきた事例や研究は、そうしたバリューの尊重が人びとの士気を高め、信用を築き、関係者の信頼を維持するのに不可欠であることを示している。これらの効果が、また次に、さまざまな報いをもたらすのである——組織内でも、市場でも、政府や社会全般とのかかわりの面でも。

第三章

ひとまず現実をチェックする

TIME FOR A REALITY CHECK

ここまでの論にもとづけば、「倫理は得になる」という主張は信じてもいいように思われる。確かに、魅力的な考え方ではある。しかし、そう結論するのはまだ早い。バリューが金銭的に得になるという主張はもっともだが、完全に満足のいくものではない。たとえば、倫理の経済学がなぜこの数十年で変化したのかが説明されていない。「倫理は損になる」という考え方が、どうして「倫理は得になる」という考え方に変わったのか？　何人かのエグゼクティブがバリューに着目した理由を前に紹介したが、その理由の背後にあるものについては見ていない。そこには何か、もっと大きな力が働いていたのではないだろうか。

また、前章ではバリューと金銭的な利益がいかにも調和しているように見えたが、そこにも根本的な問題がある。それが間違っているというのではない。ジョンソン・エンド・ジョンソンのジム・バークが言ったように、これまでに述べた経済的利益が「リアルでかつ明白で、銀行に受け入れてもらえる」ものであることは疑いない。ただ、それは全体像ではないということだ。たまたま収益とその他のバリューのあいだに生じる対立が描かれていないから、これまでの議論はいささか超現実的になっている。バリューを金銭面から支持する主張は、この対立の可能性をうまく論拠に入れないかぎり、最終的に説得力があるとは思えない。さらに言えば、確かに倫理的取り組みは金銭的に報いられるとはいえ、道徳に無関心でいながら大いに儲かっているところもたくさんあるのだ。

ほとんどの読者は、これを歴史や自身の経験から理解できるはずだ。歴史を少しでも学んだことがある人なら、詐欺や不正のうえに莫大な富が築かれた例をすぐに思い浮かべるだろう。南北戦争前のアメリカ南部の奴隷商人や農園主、あるいは十九世紀初頭のニューイングランドの商人が中国でアヘンを売買して築いた財産を考えてみればいい。ある商人は一八三九年に書いた妻への手紙のなかで、アヘン売買を約一五〇〇万ドルのビジネス（一八三九年のドルで）と見積もっている。彼は、この儲かる商売が――多くの「尊敬に値する」人びとが参加していたとはいえ――道徳的に唾棄すべきであることをあっさり認めていた。「法に反しているし……［人びとの］正気を失わせ、肉体を破壊し、この国からお金を掠め取っている」(1)

さらに、これ以上ひどい仕打ちはないと思えるほどの残虐行為を働いたのが、十九世紀末から二十世紀初頭にかけて、象牙や天然ゴムを求めてアフリカのコンゴに渡った欧米の商人たちである。身体的な暴力をはじめとする多くの野蛮な手段を用いて集めた労働者を屈服させ、自分と金主のために莫大な富を搾り取ったのだ。これにくらべればささやかだが、とても模範的な行為とは言えないのが、同じころにアメリカの金銭登録機会社ナショナル・キャッシュ・レジスターがライバルを相手に駆使した戦術だ。競争相手の製品を破壊して会社を機能不全におちいらせたり、ライバル会社にスパイを送りこんだり、競合他社の顧客になりそうな人びとを脅迫したりしたことである。どこの国のどこの業界にも、富が長い歴史を通じて招いた正義への負債の話が満ち満ちている。このテーマだけで何冊でも本が書けるくらいだ。(2)

それでも、と留保をつける人がいるかもしれない。それらはすべて過去のことではないか。いまは時代が違う。もっと透明で、もっと自由で、もっと民主的で、もっと法律が完備している――そうしたことが倫理的な取り組みと経済的な利益との収斂をうながしているのではないか、と。それは事実だし、本章で後述することを実際に言い当ててもいるが、その収斂はとても完璧とは言いがたい。これから示すいくつかの例が、収益とバリューがかならずしも合致しないことを、その理由とともに教えてくれるだろう。これらの例は、バリューを金銭面から支持する主張が、何ゆえにこの数十年間で強まってきたのか、バリューを支持するのに金銭的な根拠だけではなぜ足りないかを説明する助けにもなるだろう。これから見るように、倫理的行為が経済的に有利と言えるかどうかは、社会の期待と社会の制度のありかたにかかっているのである。(3)

話の裏側

数年前のある日の午後、私がオフィスで仕事をしていると、かつての教え子——かりに「エリック」と呼ぼう——が訪ねてきた。明らかに悩んでいる顔つきで、彼は事前に約束を取りつけなかったことを謝ると、外国から戻ってきたばかりなのだと説明した。彼は夫人とともに数年間その国で暮らし、仕事をしていた。彼は興奮しながら、どうして急に帰国することになったのか、その理由を話しはじめた。それはすべて、バリューの問題に関係していた——より正確に言えば、彼の勤めていた会社の財務状況について融資者にどう説明すればいいのかという問題に関係していた。

この問題が生じるまで、エリックは熱心に会社の方針を転換する計画と取り組んでいた。彼のチームは新しい戦略を実行するのに必要な資金を集めにかかっており、計画は順調に進んでいた——少なくとも、彼はそう思っていた。ある日、会社の最高経営部が彼をその計画から外すまでは。計画とは関係のないプロジェクトについて上司と話をしていたとき、そのエグゼクティブがエリックに、会社の「本当の」財務状況を示す記録を見たいかと尋ねた。それは極秘情報だった。そのときまで、エリックは自分が仕事で扱っていた口座は本物だと思っていた。実際、彼とチームの同僚はその口座をもとにして、先の見積もりをし、融資してくれそうな機関と交渉を重ねてきたのだ。

数字が一致しない複数の帳簿を突きつけられて、エリックはすぐ融資先のことを考えた。融資してくれそうな相手に、この会社の財務状況をどう説明したらいいだろう。彼は上司に、できるだけ早く融資してくれる会社に最新の財務情報を知らせるべきだと主張した。上司は明らかに驚いたような顔つきで、そんな説明は無用だと言い、そそくさとエリックを退出させた。

まもなくエリックは職場の空気がよそよそしくなったのを感じはじめた。重要な会議に呼ばれなくなり、日々の業務で相談を受けることもなくなった。これまで彼を頼りにしてきた同僚が、いまや彼を無視しているように見えた。だが、それ以上にエリックを悩ませたのは、自宅で奇怪な出来事——無言の電話、脅迫メッセージ——が起こりはじめたことだった。エリックと大人は生命の危険さえ感じはじめた。そして最終的に、この国から逃れるほかに道はないと決心した。

エリックと同じような経験をしたことがある人にとって、「倫理は得になる」という主張はひどく現実離れしていると思われるだろう。外から見るかぎり、エリックの会社は充分に儲かっている評判の良い会社だった。ところが実際は、組織ぐるみの詐欺行為に深くかかわっていて、それを改める気配がなかった。しかも、会社が成功しているように見えたのは詐欺行為のせいばかりではなく、告発しそうな人間をことごとく脅していたからだった。会社の事業政策には隠されたコストやリスクがあるに違いなく、それを考えると、おそらく収益は外見とかけ離れていそうだったが、関係者は財務状況のリスクを明らかに容認していたようで、とくに会社の財務状況を正確に報告するリスクにくらべたら、ずっと軽いと思っているらしかった。正確に報告していたら、借金のコストが確実にかさんでいただろう。計画していた事業拡大に必要な資金も集められなかったかもしれない。いや、会社の存続さえ危ぶまれたかもしれない。

　バリューを金銭的な根拠から支持する人たちは、こうしたジレンマを考慮しそこねているように思える。明らかな不正行為や有害な行為でなくても、疑問視される行為が金銭的な利益に結びつくことはしばしばある。私はこの問題を研究する過程でさまざまな釈明を聞いてきたが、そこに見られる倫理観の程度はそれこそ千差万別だった。ありふれた嘘や裏切り、帳簿の偽造や記録の改竄、何も知らない顧客に送られる欠陥商品や危険のある製品、不当な贔屓や差別、賄賂やゆすり、高圧的で不正な競争、情報の不正流用、環境破壊……。これらはごく一部である。

　今日、不正行為がどれほど広まっているかを突き止めるのは難しい。調査の結果にはかなりの幅がある。アメリカで一九九九年末と二〇〇〇年初めに行われた調査では、従業員の三人に一人（三一パーセント）が、前年に不正行為を「しばしば」あるいは「ときどき」目撃したことがあると答えている。[4]ほぼ同時期に実施されたアメリカの別の調査では、従業員の四人に三人（七六パーセント）が、法律や社内基準に違反する行為を過去一二ヵ月間に目撃したことがあると答えた。[5]回答者はこうした違反行為の多くを重大な問題だと考えていた。二番目の調査で違反行為を目撃した人のうち、約半数（四九パーセント）は、それが公に知られたら組織は「世間の信頼を失う」だろうと答えた。また別の調査では、多くのエグゼクテイブが、外見上の収益性の高さを維持するためなら虚偽の財務報告を発表してもかまわないと思っていることがわかった。だされた数字によれば、会社の財務状況について虚偽の報告をしてもいいと思っている人の割合は、一四パーセントから四七パーセントまでの幅があった。[6]これらの調査には不正確な面もあるが、組織のあらゆるレベル、あらゆる部署で、重大な不正行為がかなり頻繁に起こっていることは間違いないようだ。

認めたくないかもしれないが、こうした行為の動機が金銭的利益にからんでいる場合はかなり多い。かならずしも現実に利益が得られるとはかぎらないし、利益が得られたとしても、後日に発覚してペナルティを科されれば帳消しになるかもしれない。しかし実際には利益になることが多いので、それならやってみようかということになる。ここ数十年、価格協定で非難されてきたビタミン産業の世界的カルテルを考えてみればいい。巧妙に練り上げられた計画は、カルテルを運営するためばかりでなく、その存在を隠すためでもあった。それ自体、関与している諸会社が自分たちのしていることは不当で違法だと知っていたことを示している。しかし収益があまりにも大きいので、彼らはあえて、発覚し起訴されるリスクをおかすのである。ある会社などは、別の事業での価格協定で調査を受けていながら、そのあいだもビタミン事業における価格協定に加わりつづけていたくらいである。[7]

明らかに、法や規制を無視したりすり抜けたりする行為は儲けにつながる。状況によっては、最も基本的な人権さえ儲けのために無視される場合もある。そうでなければ、子供が働かされたり従業員の法的権利が無視されたりする理由がわからない。最近、児童就労についてのドキュメンタリーで南アジアの絨毯工場のオーナーが児童労働者を使っている理由を正直に説明していた。そこの子供たちは織機に縛りつけられ、朝から晩まで働かされていた。オーナーは言う。子供はコストが安くて大人の二倍も仕事をしてくれるうえ、大人よりも従順である。「大人はしじゅう休憩をとってトイレへ行ったりする」と彼は説明した。「私は彼ら［子供たち］をしっかり縛りつけているから、彼らは盗みもしないし、ドラッグにも手をださない」[8]

価格協定と児童就労はともに違法行為である。しかし完全に合法と見なされている活動でも、道徳への無関心から金銭的な利益がもたらされる例がある。
一例として、五〇億ドルから六〇億ドル規模のビデオゲーム産業で五パーセントを占める、いわゆるシューティングゲームを考えてみよう。[9] 大人も子供も含めて世界中の数百万人が楽しんでいるこのゲームは、もともとアメリカの軍隊で、殺戮にたいする徴募兵の自然な抵抗感をなくすために使われた技術から開発されたものだ。一九九九年、このゲームがトップニュースになった。コロラド州リッテルトンの二人のティーンエイジャーが、コロンバイン高校の同級生一三人を銃で殺害したときのことである。犯人の高校生は、特に人気があるシューティングゲームをつづけて何時間もプレーすることによって、武器の配置と射撃の腕を磨いていた。シューティングゲームの目的は、精選された殺傷兵器を使って視界に入るすべての者を殺害することだ。その二年前には、また別のシューティングゲーム・マニアが自分の通うケンタッキー高校で、三人の生徒を殺し、五人を負傷させていた。[10]
この分野の専門家によれば、これらのゲームは、その原型である軍隊のプログラムの作成者が意図していたことを正確にコピーしているという。つまり、殺戮への抵抗を徐々になくさせるのである。[11] その過程で、プレーヤーは殺傷兵器の操作に慣れ、兵器の致命的な威力にたいして鈍感になり、もっぱら射撃の腕に磨きをかける。実際、ある警察官はケンタッキー事件について触れ、十四歳の子供とは思えない射撃の技能に接して呆気にとられたという。ビデオゲームによるシミュレーションを除けば、少年はそれまで一度も拳銃を扱ったことがなかったのである。
生死をかけた戦闘に参加する徴募兵にとって、こうしたゲームは重要かつ正当な役割を果たす。しかし、それが高校や中学に通う子供だとすれば、話はまったく異なるはずだ。この専門家の話を多少割り引いて考えても、シューティングゲームが無条件に広く流通していることは、道徳的に検討すべき問題だろう。罪のない人びとにたいする力の行使は——特にそれが致命的な力なら——制限されるのが文明化社会の鉄則であり、その制限をおかすような活動は、警戒心をもって受け止めるべきだ。これらのゲームと校内殺人とのあいだに関係がないとしても、ゲームが広く流通することにはやはり問題がある。これらがどんな娯楽を提供していようと、そのメリットよりも、幼いプレーヤーの道徳的な感性が損なわれたり、殺傷兵器の威力に鈍感になったりするリスクのほうが大きいと思われる。せめて、節度をもって利用するよう注意するべきだろう。

「倫理は得になる」と言われたら、これらシューティングゲームのメーカーは間違いなく一笑に付すだろう。あるジャーナリストはこう語っている。「デジタルの血や内臓はたいそうなお金になるんだ[12]」。正確な数字はつかめていないが、シューティングゲームの市場が非常に儲かる分野であることは疑いない。しかも評論家の指摘によれば、このゲームの魅力は「殺しのスリル」だという。その特徴こそが、このゲームを道徳的に問題があるものにしている。

こうした懸念を、ゲームメーカーも承知していないわけではない。彼らは単に、反社会的な「バッドボーイ」のイメージを宣伝したがっているように見える。ある広告は「あなたのなかにいる銃をもった冷酷な殺人者を見つけよう」と謳う[13]。ある大手ゲームメーカーの社長は「数年後には、途方もない非難の的になるつもりです」と豪語している[14]。また別のゲームメーカーは言う。「これまでになく強烈なミューータント満載の、鮮血が飛び散るアクションを期待していてください。あなたはただプレーするだけではない——そこ「ゲームの世界」で生きるんです[15]」

複雑な関係

道徳への無関心には、間違いなく金銭的な魅力がひそんでいる。これらの例は、倫理的な取り組みと経済的な成功が両立しないことを証明しているのではないが、倫理と経済の関係には多くのバリエーションがあることを思い出させてくれる。ある状況では、倫理を重視することが経済的な成功に不可欠となる。別の状況では、いまあげた例のように、倫理を無視することが大きな儲けにつながる。倫理観に由来するやましさは、往々にして経済的に成功するうえで不利になる。

たとえば、腐敗した代理人は古典的なジレンマを提起する。ほとんどの会社は、注文をだす代わりに現金やバイクや休日の旅行を要求してくる取引先の購入担当者に会ったことがあるだろう。政府の高官のなかにさえ、大きな契約と引き換えに現金か何らかのかたちでの報酬を求める人間がいる。ある医療品会社のエグゼクティブは、主要な入札を担当している政府の閣僚から電話をもらい、きわめて率直に要求をだされたという。「この契約がほしければ、一〇パーセント払ってもらう」[16]

同じようなジレンマは、ライバル会社が競合しているなかで、どこかの会社が購入担当者や役人に個人的な誘いをもちかけるときにも生じる。この場合、高価な贈答品や豪勢な接待など、何らかの特別な返礼を申しでないことにしている会社は、注文から完全に外されるリスクを負う。これはお馴染みの「ペイ・トゥ・プレー（やりたければ金を払え）」現象である。こと腐敗がかかわると、高い道徳観を保とうとしている会社は、市場のシェアをもっているというように有効な影響力がないかぎり、たいてい不利な立場に置かれる。

こうした例は、第二章の議論から察せられる倫理的利点と経済的利点がぴったり収斂する場合を否定

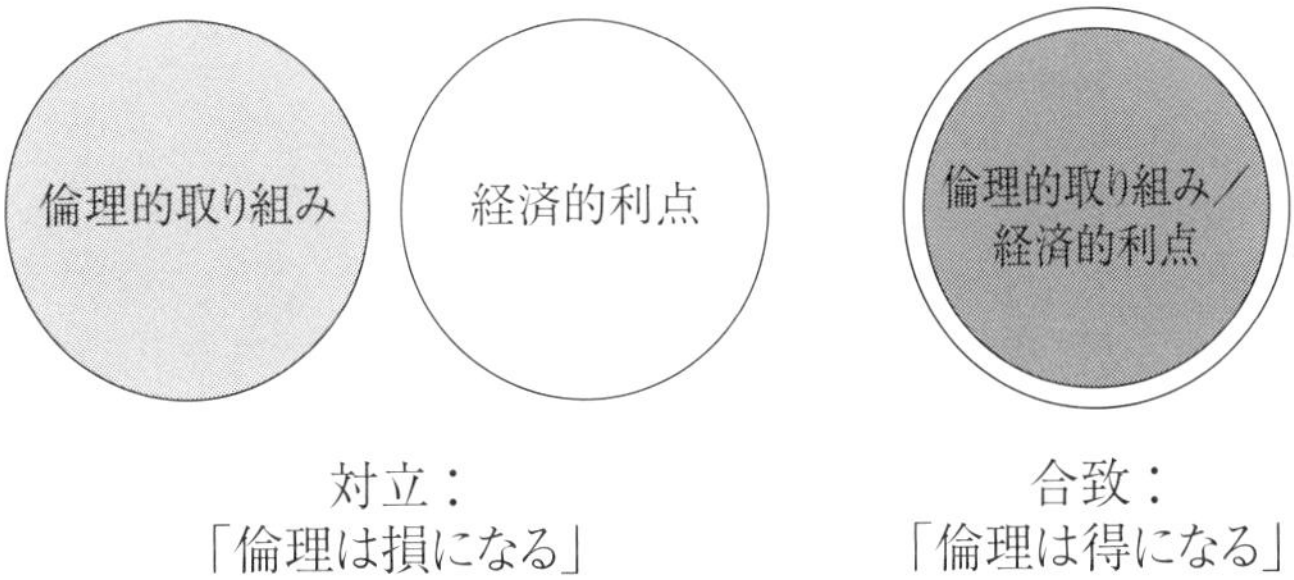

図3-1　伝統的な二つの見方

している。第二章で見たように、倫理的な取り組みと結びついた金銭的利益の例はいくらでもある。ベン図形で示せば、第二章の議論は図3―1の右側の、完璧に合致した二つの円に要約される[17]。だが、ちょうど第二章が「倫理は損になる」という見解に反駁したように、この章にでてきた例は「倫理は得になる」という見解に反駁している。最終的な分析では、図3―1に描かれている二種類の伝統的な知恵はどちらも不充分だということになる。

「倫理は損になる」の純粋な対立も、「倫理は得になる」の完璧な合致も、たいていの会社が直面する複雑な現実を反映してはいない。もっと現実的に描けば、ちょうど図3―2（次ページ）のようになる。

図3―2は、ある状況では倫理的な取り組みと経済的な利益が両立するが、別の状況では対立することを認めた図である。別の言い方をすれば、倫理的に望ましい行為の集合と金銭的に有益な行為の集合とをくらべた場合、一部の行為は両方のカテゴリーに属するということだ。その種の行為は、図の中心

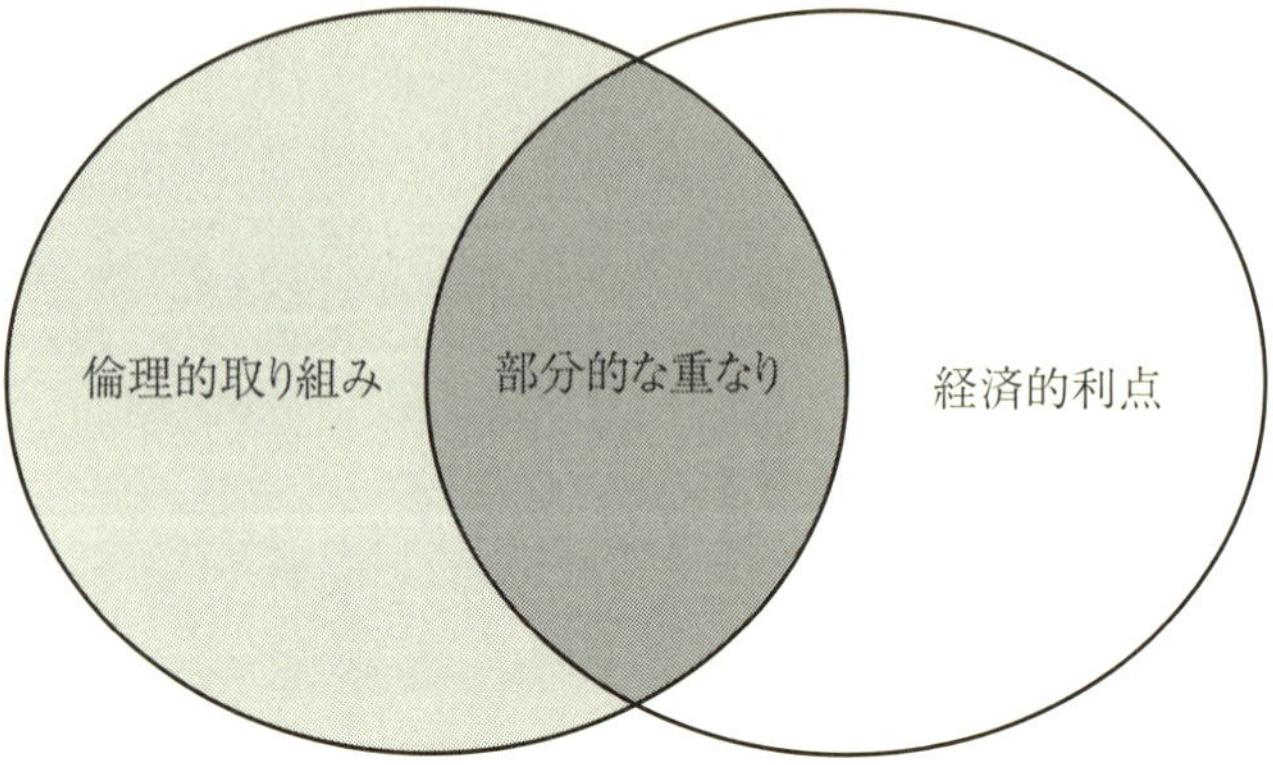

図3-2　現実的な見方

部にあたる二つの円の重なった領域に位置する。しかし重なった領域の外側には、二つの異なる領域が存在する。片方は、倫理的には問題があるが金銭的には魅力ある行為をあらわしている。前にあげたような、融資してくれそうな相手に会社の財政を偽って伝えたり、児童就労で搾取をしたり、社会構造に害をなすビデオゲームを販売したりといった行為である。もう片方の領域は、倫理的には魅力があるが金銭的には問題のある行為をあらわしている。たとえば腐敗した購入代理人の不法な要求に抵抗するなど、例をあげればさまざまである。

独立系発電事業者のAESが直面した状況を考えてみよう。第二章で触れたとおり、AESは自社のバリューを宣言して証券取引委員会を驚かした会社である。一九九四年、インドの新工場の設計に従事していたAESのチームは、会社の倫理的な取り組みと経済的な状況との厄介な対立に直面した。AESの環境保護バリューにしたがって、チームは新工場に、アメリカのいくつかの会社が最近のプロジェ

クトで使っているような循環流動層（ＣＦＢ）ボイラーを設置したいと提案した。(18)

ＣＦＢボイラーは標準的な粉炭（ＰＣ）ボイラーよりも環境面で優れていたので、それを使うことはＡＥＳのプライドにかかわる重要なポイントだった。実際、ＡＥＳはその当時、世界のどの会社よりも多くＣＦＢを採用していた。標準的なＰＣボイラーでも、地元と世界銀行の環境基準をすべて満たしていたのだが、チームはインドにＣＦＢプラントを建設することによって良い手本を示したかった。ＣＦＢでは融資を受けるのが難しく、政府の許可を得る手続きも煩雑になるとわかっていたが、予備調査において何とか実現の可能性が見えたので、チームはＣＦＢテクノロジーで入札を申請することに決めた。同時に、万一の場合に備えて標準的なボイラーを使う入札の手配もしていた。

残念ながら、ＣＦＢの入札はＰＣの入札よりもかなり高くついた。発展途上国で先進テクノロジーを使うリスクの保険として、請負業者が高いプレミアムをつけてきたからだ。また、電力価格を低く抑えるのが社会の緊急課題だったことを考えると、高い環境基準を満たすのに必要な高い資本コストをインドの役人が承認したがらないのも当然だった。この状況では、倫理的に望ましい行動をとることは金銭的に不可能だった。ＡＥＳのチームは代替策の検討に入った。望むところではなかったが、求められる環境基準をすべて満たすプランを考えることにした。しかし別の理由から、プロジェクトはそれ以上進まず、最終的に中止された。

こうした反対の事例を突きつけられると、「倫理は得になる」の支持者はしばしば長期的な展望をもちだす。確かに、長い目で見れば倫理的な姿勢がどれほど金銭的な利益をもたらすかの答えはずいぶん違ってくるだろう。一般に財務会計においてもそうであり、たとえば一年間のあいだに最も儲けた会社は、かならずしも五年間のあいだに最も儲けた会社と同じではない。同様に、倫理的取り組みをつづけること——嘘を言わない、約束を守る、法を順守する、環境に責任をもつ——の金銭的な効果も、短期的に見ればマイナスだが、長期的に見ればプラスになっていることがある。

第二章で述べたように、これはある一面において何らかの行為の直後にあらわれた結果だけでなく、もっと先の結果まで考慮に入れた効果である。倫理的な取り組みをつづけることの利益が認識されるまでには多少の時間が必要な場合もあるように、倫理を省略して近道をとったことのコストは時間が経たないと明らかにならないかもしれない。ひどい場合は、その利益が忘れ去られたころにやっと明らかになることもある。いまの利益を確実にするための嘘は、一年後にもっと大きい利益を得る機会を会社から奪っているかもしれない。今季の政府との契約を賄賂で勝ち取っても、政治的環境が変わったら、あるいは次の行政府が就任したら、その賄賂のせいで起訴されるかもしれないのだ。

どの時間枠を採用するかは重要なことである。全国的に有名なある建設業者の経験したことが、それを如実に示している。二〇〇一年八月、この会社に大勢の住宅購入者が詰めかけて、詐欺まがいの売りこみと手抜き工事への不満を訴えた。苦情が表面化するまで、この建設業者はウォール街から急成長と高い利益率を絶賛されていた。だが、かつては金銭的な利益につながっていたその体質が、ほぼ一夜にして金銭的な障害に転じたのである。[19]

長期的な展望は、「倫理は得になる」という言い分を別の意味でも強化する。一つの行動だけでなく、一連のバリューへの取り組みと見なされるすべての行動が見えてくるようになるからだ。取り組みとは、当然ながら一回かぎりのものではない。自分はつねにこう振舞う、他人とこう接するという誓約であり、態度、感情、信念をひっくるめた「パッケージ」になっていなければならない。たとえば正直とは、あまり嘘をつかないという意味では断じてない。正直な人とは、真実を大事にし、真実しか言わないように努め、嘘がつけず、人を騙したり誤ったことを伝えたりすると良心が咎めて居心地の悪さを感じる人のことである。

パッケージ全体の長いあいだの効果を考慮に入れると、金銭の計算ががらりと変わってくることがある。これは一部には、ある程度の期間にわたって行われる多くの行為の損失と利益を足していく単純な算術のせいである。しかし期間を延ばすことによって、ある種の利益も視界に入ってくる。これは累積的に一つずつ生じる利益ではないので、短期間の効果だけを見た分析ではしばしば見過ごされてしまう。

正直さの金銭的利益がその一例である。これは良心的な行為を長きにわたってつづけたときに初めて得られる利益だからだ。一回だけ正直なことをしても意味はない。それで金銭的に得になるなら、なおさらである。実際、あとで説明するように、自分のためにならないときに完全に正直でいることは、正直だという評判を得るのに最善の方法かもしれない。しかし、ここで言いたいのは、そうした評判を確立し、そのもとにある行為の利益を認識するまでには時間がかかるということだ。倫理と金銭的利益の分離は短期的には激しく見えても、長期的に見れば狭くなり、ひょっとすると消滅するかもしれないのである。

しかし長期的な展望と言われても、エリックのような現実主義者は納得せず、経済学者ジョン・メイナード・ケインズの有名な言葉を引用して反論するかもしれない。「長い目で見たら、われわれはみな死んでいる」[20]。長期的と言っても、どれほどの長さで測ればいいのか？　そのあいだに何をすればいいのか？　確かに長期的な展望は、倫理と金銭的利益が合致するという主張を強化する。しかし実際、経営者には長期的な展望をとるのが難しい、いや、不可能な場合さえあるかもしれない。AESのチームがインドで学んだように、将来の損害を防ぐための現在のコストは、会社がこのまま競争をつづけ、融資を受けられるようにしておきたいなら、とても支払いきれないものかもしれない。

変化の速さと、今日のビジネスで慣例となっている短い会計年度は、この対立をしばしば増幅させる。テクノロジーの急速な変化に代表されるペースの速い環境にあっては、会社は現在のコストに注意していなければならない。遠い将来の利益を期待して現在のコストを背負いこんでも、思い描いていた将来が現実になるとはかぎらないからだ。残念ながら、いまは短い期間で結果をだしていかなければならないのが現実だと考えると、倫理上の理想はかならずしも私たちの経済環境とは一致しないのだ。

しかも節操のないライバル会社が存在すれば、正々堂々と競争しようとする良心的な会社の努力は報いられない。ある会社が輸入品に課せられる関税をきちんと支払っているのに、ライバル会社が税関の役人に賄賂を渡して関税を逃れたらどうなるか。良心的な会社のほうはコスト構造が高いため、ライバルの低価格に対抗できず、結果として売り上げを落とし、市場シェアを減らすかもしれない。

これが一九九七年末に、ロシアのチェルキゾフスキー・グループに起こったことだった。ソビエト崩壊後のロシアの食品加工業界のなかで、とりわけ優良経営の会社として広く認められていたチェルキゾフスキーは、ここで厄介な状況に直面した。自社製品のなかでも価格の安いホットドッグとソーセージの売り上げが、にわかに従来の半分近くに落ちこんだのである。ライバルのもっと安い製品が市場を席巻したからだ。同じころ、妙な言いがかりがメディアに流れはじめた。チェルキゾフスキーと一部の食品加工業者が、傷んだ肉でつくったホットドッグを売っているというのである。チェルキゾフスキーのエグゼクティブは、この低価格製品と不可思議な噂の出所を探りはじめた。[21]

執拗に追跡調査をつづけるうち、やがて真相がわかった。ロシアの一部の食肉輸入業者がロシア税関の役人およびヨーロッパの食肉仲介業者と結託して、アメリカから入ってくる低価格のホットドッグの余剰分をロシア市場で投げ売りしていたのである。ホットドッグはめったに使われない関税表のカテゴリーに分類されて国内に入ってきたため、正しく申告され、適切に分類された品物に課せられる関税を逃れられた。この巧妙な手口のおかげで、陰謀に関与した者は商品に標準以下の値段をつけて、利鞘を大幅に伸ばすことができたのである。

チェルキゾフスキーのCEOは、会社が法にしたがって活動し、納税義務もきちんと果たしていることを強調した――それはロシアの会社としては異例の姿勢だった――が、会社が受けたダメージは決して些細なものではなかった。この陰謀のせいでモスクワ市場のシェアは縮小し、資金調達は難しくなり、生まれたばかりのブランドを育てるためには、さらに大金を投入しなければならなくなった。噂の出所はついにわからずじまいだった。

実際に倫理が得になる場合でも、充分に得になるとはかぎらない。南アフリカ共和国での例を見てみよう。一九九六年から九八年まで、この国の二つのトップ銀行は、それぞれまったく異なる戦略をとっていた。片方の銀行は、コストを減らして効率を高める計画の一環として、低収入の国民がもっていた八〇万の口座を閉鎖した。こうした「価値の低い」口座にサービスする代わりに、平均以上の収入がある南アフリカ人の利幅の大きい口座に力を注ぐことに決めたのである。同じころ、もう一方の銀行は二五〇万口の「価値の低い」口座を開設した。一九九八年末に、財務上の結果は「倫理は得になる」の支持者を失望させるものとなった。価値の低い口座を閉鎖した銀行は、株主資本利益率二三パーセントを報告したが、価値の低い口座を開設した銀行は、利益率が一八パーセントにしかならなかった。この財務実績の違いにはさまざまな要素が反映されているとはいえ、後者の銀行が価値の低い口座を多くかかえていたことは、やはり助けにならなかった。[22]

この状況は、お金のある人にもない人にも不可欠のサービスを提供している産業でよく起こる。銀行は一例にすぎない。医療関係などもそうだ。差額を補う方法を見つけられないかぎり、貧しい顧客を相手にしている会社は、豊かな顧客だけを相手にしているライバルの収益になかなか追いつけない。問題は、貧しい顧客を相手にしていると儲からないということではかならずしもなく、むしろ豊かな顧客を相手にしたほうが簡単に、大幅に儲かるということだ。あるウォール街の役員は、少し前に自分の会社のブローカーに宛てた電子メールのなかで、要点を簡潔に述べている。「われわれが成功している金持ちの個人や法人の財務コンサルタントになるとすれば、貧乏人に個人的なサービスをしてやる時間などないんだ[23]」

すでに見たように、南アフリカの二番目の銀行がやっていたような企業の社会貢献に、経済的な利益がないわけではない。市民としての責任ある社会貢献は、市場における会社の評判を高め、従業員の士気を上げ、民間の顧客層や役人のあいだに信用を生む。とはいえ、こうした要因から生じる経済的利益が、失った機会のようなコストをどれだけ相殺してくれるかはわからない。さらに言えば、そうした評判の利益は、かならずその元となる行為のあとに生じるものだ。したがって、この種の社会貢献が報われるときには、もう取り返しがつかなくなっているかもしれない。一九九九年、例の利益率二三パーセントだった南アフリカの銀行は、コスト削減の機会、国際舞台で競争できる銀行を創設する可能性と称して、ライバルを買収しようとしはじめた[24]。しかし一年近い論争ののち、南アフリカ財務省は買収計画にストップをかけた。銀行部門の競争をなくしたくなかったからだ[25]。

今日、世界中の会社は単に利益をあげるだけでは許されず、大きい利益をあげなければならないとのプレッシャーにさらされている。投資家は最も高い利益をだしてくれそうな会社を求めて思うまま世界中を転々とする。そうした投資家の期待を満たそうとすると、会社は地元社会への貢献について真剣に考え直さざるをえなくなる。変化する市況も会社を悩ませる。良き市民として非の打ちどころのない信用を得ている会社でも、競争から取り残されたくなければ、そうした貢献を手控えるしか経済的に選択の余地がないという状況に直面することがある。

アメリカのアパレルメーカー、リーバイ・ストラウスを例にあげよう。ここは従業員と地元社会にたいする高い倫理基準によって評判を勝ちえた会社である。昔から地元社会をリードしてきた進歩的な勢力として、一九〇六年のサンフランシスコの大火災と地震のあとも、一九三〇年代の大恐慌のときも、従業員を解雇しようとはしなかった。アメリカ南部で人種差別が当たり前だった時代に、リーバイ・ストラウスはあえて南部の自社工場の人種統合に踏み切った。一九九〇年代には、グローバル企業のなかでもいち早く供給チェーンの労働者の福利に目を向けはじめた。労働者の多くは、ひどく不衛生な状況で働かされていたのである。会社は一連のサプライヤー基準を設定し、基本的人権を尊重している国でしか事業をしないことにした。[26]

だが、良き市民としての一世紀にわたる評判をもってしても、リーバイ・ストラウスを一九九〇年代末の苦境から守ることはできなかった。九〇年代前半には大きく収益を伸ばしていたが、その後五年にわたる好みの変化で、カジュアル衣料市場における会社のシェアはしだいに低下しはじめた。若い顧客は、彼らの親たちが好きだったリーバイスのジーンズを見捨てて別のブランドに乗り換えたのである。売り上げの減少とコストの増加に直面した会社は、一九九七年にアメリカにおける二二ヵ所の工場のうち一一ヵ所を閉鎖し、労働力の三分の一近くを解雇する計画を発表した。二年後、会社はさらにアメリカの一一ヵ所の工場を閉鎖し、六〇〇〇人の従業員を解雇した。二〇〇〇年には、世界五一ヵ所の工場のうち三〇ヵ所を閉鎖、全世界の労働力の四〇パーセントにあたる一万五〇〇〇人を解雇していた。もちろん、会社は退職する従業員に配慮してかなり前から通告し、さまざまな手当ても用意した。教育や職業訓練や引越しの費用として六万ドルも提供し、健康保険は一八ヵ月も延長した。そして、影響をこうむった地元社会には八〇〇万ドルの交付金を提供した(27)。

倫理は得になるかもしれないが、この例からもわかるように変化する市況が強いる厳しい選択を排除するには充分でない。良き市民であることも、市場への敏感さの代用品にはならない。リーバイ・ストラウスの長年にわたる多大な社会貢献は、疑いなしに金銭的な利益を生んだ。売り上げは伸びたし、従業員は誇りと忠誠心をもてた。だが、かかったコストをその利益が上回っていたかどうかはわからない。しかし明らかに、消費者の好みのきわめて顕著な変化から会社を守るには不充分だった。リーバイ・ストラウスの例は、これから明らかになる重要な結論の予兆である。つまり、リーディング企業の事業モデルは倫理的にも財務的にも健全でなければならないのだ。実現可能な経済モデルにうまく適合しないかぎり、市民としての姿勢を維持できる会社など存在しえないのである。

もっと仔細に見ると

これらの例が示すとおり、倫理と経済的利点との関係は単純でもなければ一定でもない。もっと詳細な分析を検討すると、倫理的取り組みがどれくらいの金銭的な利益になるかを判定するには、いくつかの要因を考慮しなければならない。前段で述べたような、どの時間枠で見るか、どれほどの経済的利益が求められるかといった要因に加えて、どのような倫理基準をとるかも重要な鍵となる。この基準が何を必要とするかによって、金銭面からのバリュー支持の論拠は強くも弱くもなる。別の言い方をすれば、

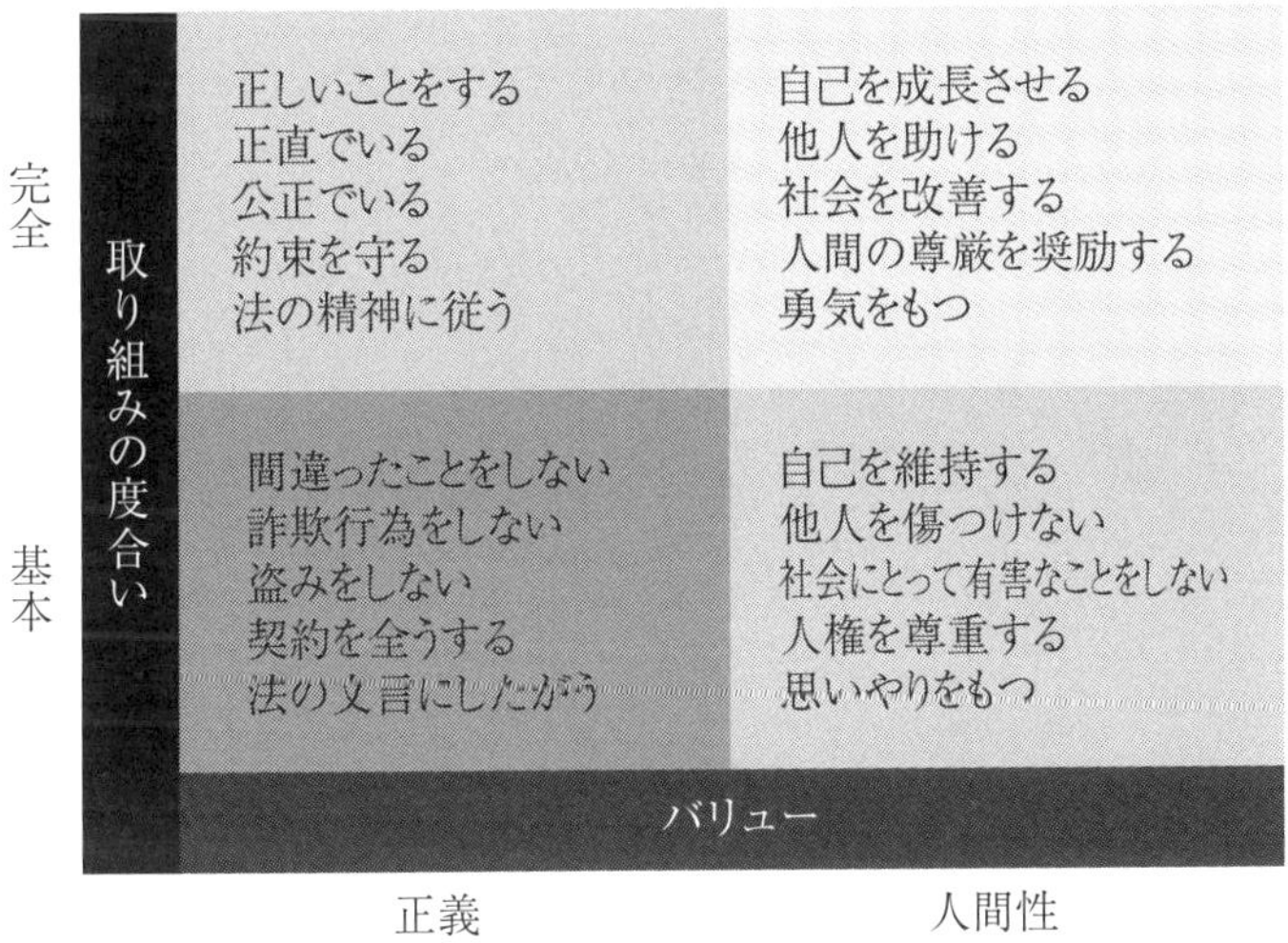

図3-3　取り組みの区分

倫理と経済的利点とのつながりの強さや重大さは、問題とされる個々のバリューによって、ある程度まで決まるのである。

たとえば一般的な原則として、公正や正直といったバリューを金銭面から支持する論拠は、利他主義や慈善活動を支持する論拠よりも強い。たとえば第二章の議論の大部分は、正直、公正、信頼性からの報いを強調していたはずだ。さらに言えば、間違ったことを避け、基本的権利を尊重することを支持する論拠は、公正や正直を支持する論拠よりも強い——少なくとも明白だ——と考えられる。不正行為の多くは公式に糾弾され、法によって罰を受けるからだ。図3―3は、倫理と経済の関係をよりシステマティックに見るため、倫理を四種類に区分したものである。

この図は、多くの倫理思想の伝統に見られる二つの区別をもとにしている。一つは横軸に示した、正義に関連するバリューと人間性に関連するバリューとの区別である。この図式で言う正義とは、何が誠実で、正しく、公平かということだ。これらは、私たちの正義感に訴えるバリューであり、私たちに道徳秩序や自制を求める気持ちがあるから成立するものだ。それとは対照的に、人間性にかかわるバリューのほうは、私たちの成長したい、自己を広げたいという思いから生じる。こちらのグループは、人間の成熟、他人への思いやり、社会の改善といった事柄と関連している。

この正義と人間性との区分、あるいはそれにきわめて類したものは、東洋と西洋の双方における倫理的伝統でも大きな役割を果たしている。中国思想にもこのような概念の対比があり、代表的なのが儒教の「礼」と「仁」である。「礼」はしばしば「高潔」や「礼儀正しさ」と訳され、丁寧さや、正しい行為の基準との合致というようなことを意味している。[28]「仁」は通常「人間性」や「慈悲心」と訳され、人間の幸せや同情心といったものに関連する。[29]

同じく西洋の倫理も、正直さや信頼性のような「誠実さの美徳」と、寛大さや慈善のような「思いやりの美徳」とを分けて考えようとしてきた。[30]この対比は、西洋の司法の伝統を貫いてきた「法」と「衡平」との区別を反映している。これに類する比較は、現在の道徳心理学の研究にも見られる。一部の研究者によれば、人間のなかには道徳的な問題を正義の観点から考える人と、他人への思いやりという観点から考える人がいるという。[31]

第二の区別は、図の縦軸に示した、取り組みの程度の差である。程度といっても実際には上から下までさまざまだが、この図では便宜的に両極端だけを示してある。基本的な取り組みのほうでは各バリューの最低限の基準だけを守ればいいのだが、完全な取り組みと見なされるにはもっと高い、もっと厳しい道徳基準を満たそうとしなければならない。この区別も、やはり多くの倫理的伝統に見られるものであり、知的障害のない人間なら誰でもできるはずのことをやればいいという基本的な基準と、もっと高い次元の能力や、もっと多大な資源や努力を求められる上級の基準とを分けている。
正義の枠で考えてみると、「基本」と「完全」の違いは、次のような対比をなす。

●間違ったことをしない―正しいことをする
●契約を全うする―約束を守る
●盗みをしない―公正でいる
●詐欺行為をしない―正直でいる
●法の文言にしたがう―法の精神にしたがう

人間性の枠で考えると、次のような対比になる。

●自己を維持する―自己を成長させる
●他人を傷つけない―積極的に他人を助ける
●人間の権利を尊重する―人間の尊厳を奨励する
●社会にとって有害なことをしない―社会の改善に貢献する
●思いやりをもつ―勇気をもつ

ここで注目したいのは、基本的な基準の多くが否定形をとっているのにたいし、上級の基準のほうは肯定形の、限定的でない言い方をしていることだ。この違いは、私たちの他者にたいする期待、および賞賛と非難の習慣に反映されている。私たちは誰もがこの最低限の基準を満たすことを期待し、満たさない人間を批判してしかるべきだと感じているが、財力や権力や能力のある人間には最低限以上のことを果たしてもらいたいと感じている。また私たちは一般に、厳しいほうの基準を満たせないことで人を非難しようとはしないが、満たせる人には賞賛や評価を与える。

多くのエグゼクティブは「倫理」や「バリュー」について語るが、その言葉に含まれる広大な領域をほとんど理解していない。この表に示されている基本的な違いでさえ、彼らにとっては初耳なのではあるまいか。かつてソロモン・ブラザーズのあるマネジャーが言ったことを思い出す。彼は前CEOが取引部の不祥事に関して何もできなかったことに、あからさまな当惑の念を示した。私は最初、彼の言葉に驚いた。理解不能とは言わないまでも、自己矛盾のように感じられたからだ。「でも、そうでしょう」と彼は言った。「ジョンは非情になってもよかったのに、倫理の問題に敏感すぎたんです[32]」。だが話をつづけるうちに、私にもわかってきた。彼の考えている倫理は、完全に左下の枠に限定されていたのである。

図3―3は、倫理と金銭的利益との関連が条件の違いによってどれほど変わってくるかを理解するための枠組みである。そして、バリューを金銭面から支持する論拠が最も強くなるのは、左下の枠を基準にしたときだということもわかるだろう。前述したように、世界の多くの法制度は、この基準を守らなかった場合に罰を科する。だが、法で支えられているかどうかにかかわりなく、この基準は一連の義務をはっきりと定義しており、それらを破れば公式にも非公式にも制裁を受ける。

自ら好んで騙されたり盗まれたりする人はいない。契約上の権利や法的権利を侵害されて平気な人もいない。そんなことをされたら、彼らは取引先を変えるだろう。あるいはそれだけにとどまらず、損害賠償を要求したり、犯罪行為として当局に訴えたり、法的賠償を求めたり、マスコミに通報したり、インターネットで不満をぶちまけたり、不買運動を起こしたりし、ほかにもいろいろな手を打つかもしれない。そういう手段がとれなくても、たとえば不当な扱いを受けた従業員は、黙って努力や貢献をやめることによって会社に報復するかもしれない。要するに、不当な扱いを受けた人間は、ただ相手にされなかったとか手厚く扱われなかったという場合より、ずっと熱心に報復する手段を探すものだ。そのためのルートもたいてい多く得られるし、第三者が同情的に話を聞いてくれる可能性も高い。これが反則を犯した者にとって非常に大きなコストになるのは、すでに見てきたとおりである。

右下と左上の枠に照らすと、金銭面からの論拠はもう少し複雑で微妙になる。どちらの枠においても、金銭面からの論拠の強さは、これらの規範を守ることからどれほどの利益が得られるかと同時に、これらの規範を破ることによってどれくらいの罰を受けるかによって決まる。もちろん、どちらの基準においても法的な罰はあまり大きな意味をもたない。正義の上位の基準は法や契約の求めを超えているので、それが守られなくても法的な手段には訴えられない。同様に、人間性の基本的な基準を満たさない行為、たとえば罪のない人びとを傷つけ、社会に害をなすような行為にたいしても、公式に訴訟を起こせる場合もあれば起こせない場合もある。市場の報復もあまり期待できない。とくに前述したシューティングゲームの例のように、じわじわと害が広まるようなものであれば市場はおそらく気づかない。

一方、これらの基準を守っていれば、関係者の肯定的な反応を得られやすい。第一章で見たように、多くの人は、敬意を示す、公平に扱う、正直に接するといった行為にたいして肯定的な反応を返す。こうした行為は、忠誠心、信頼、尊敬、信用などの形成につながり、それが次には、いっそうの努力、創造性、取引の再依頼、評判、効率性、柔軟性など、すでに述べてきたさまざまな経済的な報いを生む。

今日の法はこれらの基準の順守を求めていないかもしれないが、法は不変ではないし、法的な規則も一般に思われているほど明快ではない。したがって、これらの基準を守るほうが経済的に好ましいという主張は、将来の法的リスクにたいする予防措置の意味でなら成立する。以上のような理由から、これらの基準を経済的に支持する論拠は、見かけに反して、かなり強い。左下の基準を支持する論拠より強いとは言わないまでも、同程度には強いと言える。

金銭面からの論拠が最も危うくなるのは、右上の枠に照らしたときだ。ここの高い条件は、私たちに自己を成長させること、他人を助けること、社会に貢献することを要求する。これらは道徳理論家が一般に「完全でない義務」と呼んできたものだが、制限のない不特定な性質をよくあらわしている。基本的な正義（左下の枠）に関連する「完全な義務」と対照的に、「他人を助ける」とか「社会を改善する」といった要請は、特定の個人にたいする特定の義務を生みださない。したがって、それを無視しても、文句をつけたり何らかの手段に訴えたりする権利は誰にもない。

同じ論理で、これらを守ることから生じる利益はたいてい拡散的なので、受け取る側から見過ごされたり、正当に評価されなかったりする。受益者がわからない、少なくとも個人として特定できないわけだから、恩恵をほどこしても、それにたいする返礼がダイレクトに返ってくることはない。行為が経済的な魅力をもつためには、それが最終的に市場や職場の振る舞いに効果をおよぼさなければならない。たとえば組織の士気を高めるとか、市場で好意的な反応を喚起するとか、監督機関が好意的に計らうといったことだ。さもなければ、いかに模範的な行為でも、はっきりとわかる金銭的な利益を行為者に与えてやれない。右上の枠で求められることの性質を考えれば、善行と金銭的利益とのつながりは、あったとしても、ごく弱いものだ。

完全でない義務は、どの程度までやるかについて、おのずと決まった限度がないという意味でも拡散的である。貧窮者へのケアや援助について語るとき、一般に想定される基準は「多ければ多いほどよい」だろう。しかし、事業を営む人間にとっては、無制限に恩恵をほどこしていたら破産するしかない。一部の経済学者が企業倫理の話を回避したがるのは、間違いなくこのためだろう。経済学の辞書では、倫理はしばしば利他主義と同義であるとされ、無私無欲と解釈されている。まさにこの考えが、企業資産を只で与えるマザー・テレサのイメージを想起させる。

残念ながら、本当に無力な人びとを援助し、そういう人びとを困らせないように配慮しても、恩恵をほどこした人間に経済的な報いがめったにないのは事実である。誤解しないでもらいたいのだが、貧しい人や無力な人を支援すべき理由はたくさんある。だが、儲けられるからという理由はありえない。右上の枠で想定されているごとき普遍的な善行に取り組んでいる会社に、経済的な利益が生じることも確かにある。しかし、それは従業員のやる気が高まったため、あるいは顧客、監督機関、政策決定者などの第三者に評価されて良い評判を得たためなのである。

第二章で見たように、そうした経済的利益はしばしば現出する。さらにもう一つ例をあげれば、アメリカのアパレル会社ティンバーランドもそうだ。この会社は、一般的な顧客サービスのほかに地域社会への積極的な参画も含めたサービス文化に戦略の基盤をおいてきた。従業員のボランティアプログラムや、毎年恒例となっている全社をあげてのコミュニティサービス週間にも気前よく金をだしている。ティンバーランドの経営陣によれば、この戦略は新規採用やモチベーションやチームワークの面でかなりの報いがあるという。《フォーチュン》の「最も働きたい会社」に初めてランクされた一九九八年以来、ティンバーランドは毎年このリストの常連になっている。(33)

とはいえ、リーバイ・ストラウスや南アフリカの銀行の例が示しているように、右上の枠の取り組みを経済的な面から支持できるのは一瞬かもしれない。これらは財務への期待の高まりと、変わりやすい市況に弱いからである。この右上の行為の経済的な報いを会社がどれくらい得られるかは、その会社が属する社会や制度の事情に大きく左右される。

この図の分析からでてくるのは、三つの段からなる「取り組みの梯子」である。梯子を一段のぼるたびに範囲が広くなり、要求が厳しくなってくる。

●第一の段では、基本的な正義にかかわる最低限の基準を守ることが求められる。ここでは法的な規範が中心なので、この段は順守や相互自制の倫理というほうが近いかもしれない。

●第二の段では、基本的な正義のほかに基本的な人間性と正義の上位の条件を含めた、もっと深い取り組みが求められる。この段にいる会社は、言わば配慮や相互扶助の倫理を実践している。

●第三の段では、下の二つの条件に加えて、厳密な相互関係が求める以上の貢献が求められる。自分たちが生じさせたのではない社会問題の解決に貢献している会社や、よい手本を率先して示そうとしている会社はこの段に属する。ここは積極的なリーダーシップと自己改善の段、あるいは貢献の倫理の段と言ってもいいだろう。

それぞれの段で、経済的な主張の論理は異なる。第一の段では、コストとリスクに大きな論拠がある。第二の段では、罰と利益、およびリスク管理に基盤がある。しかし第三の段では、経済的な損失と利益が現実化するかどうか――そしてどれほど重大か――は、完全に相手の反応しだいである。

背景の重要性

社会や制度の事情は、倫理と経済的利点の関係を形成する最も大切な要因だろう。ここまでの議論はおおむね、経済的かつ政治的な自由があって、情報が自由に流れ、大衆に教育があり、法制度がしっかり機能している状態を暗黙のうちに仮定してのものだった。これらの条件がととのっていない場合や、力の差があまりにも大きくなった場合、経済面からのバリュー支持は、前の表のどの枠に照らしても大きく説得力がなくなる。これらの条件が満たされていなければ、詐欺行為や歴然とした不正がまたとない金儲けの手段となる。そうした状況のもとでは、倫理規範が成り立たないと言うのではない。ただ成り立つとしても、それは金銭的自己利益以外の理由による。しかも、規範を守る動機に金銭的利益の魅力に勝る強さがなければならない。

これらの背景的な要因の役割は、本章であげた例の多くにも内在している。しかし、その重要性をもっと明確に把握するには、これまで倫理と財務実績のつながりを示すのに用いてきた実際の事例を考えてみるのがいい。その実際の事例は――かりに「汚れた在庫」事件と呼ぼう――アメリカで起こった。ただし、興味深い結論がでてくるのは、これを別の状況で考えてみたとき、すなわち前にあげた重要な条件が揃っていない状況に置き換えてみたときである[34]。

この事件は、一九八〇年代初めになされた意思決定にかかわるものである。アメリカのあるベビーフード会社の経営陣が、メインベンダーから注文とは異なる原料を供給されていることを知った。当時、会社は全面的にヨーロッパの多国籍企業の傘下にあった。そのベンダーは供給契約に規定されているとおりに濃縮アップルジュースを納める代わりに、リンゴ風味の砂糖水を届けていたのである。この濃縮ジュースは会社のさまざまな製品に加工されており、その一つに会社の主力商品があった。「一〇〇パーセント天然果汁」というラベルをつけて売り出していたベビー用のアップルジュースである。誤魔化しが発覚して、会社は加工済みのアップルジュース七〇万ケースを在庫棚にかかえることになった。問題はこれをどう始末するかだった。

在庫を処分するコストを負うよりは、思い切って流通経路に流してしまおうと経営陣は判断した。会社の内部文書によれば、この決定が下されたのは、控え目に見積もっても三五〇万ドルの損失――新品の在庫を処分するコストの総額――を最小限にするため、そして「会社の評判にたいするダメージを最小限にする」ためだった。会社は数年前から業績が思わしくなく、当時も収益目標の達成に苦しんでいた。在庫を処分することになれば、その年の目標だった六〇万ドルそこその収益さえあげられなくなる。経営陣は会社の弁護士と相談し、不純なジュースを何も知らない一般顧客に売り払う一方で、食品医薬品局（ＦＤＡ）の監査官をどうにか誤魔化しておく方策を考えた。この努力に、会社はまんまと成功し、その年度末、破滅的な状況をどうにか免れられたと考えて経営陣は胸をなでおろした(35)。

だが、安心するのは早かった。六ヵ月後、一人の従業員がＦＤＡに内部告発の手紙を書いたのである。「ジョニー・アップルシード」という仮名を使って、従業員はことの全容を詳述し、自分の近くで進行していることを嗅ぎつけられない連邦捜査官に従業員たちがほくそ笑んでいるとまで書いた。ＦＤＡの担当者はただちに調査に乗りだし、この事件を司法省が犯罪として刑事訴追するに足る証拠を集めた。司法省は会社にたいしてだけでなく、最高経営陣に属する二名のエグゼクティブにたいしても刑事責任を追及することに決めた。一方、調査をきっかけとして、いくつかの民事訴訟も起こった。たとえば、この会社の製品を流通させていたスーパーマーケット業者のグループによる集団代表訴訟などである。

結局、会社は国から訴えられた詐欺行為と不正表示についての罪を認め、民事訴訟のほうは原告に相当の支払いをすることで決着させた。二人のエグゼクティブのうち、一人は収監された。もう一人は会社のCEOで、軽犯罪にあたるいくつかの訴因について罪を認め、罰金を支払って、五年の執行猶予を受けた。事件は全米の新聞で大々的に報道され、《ニューヨーク・タイムズ》日曜版の特集記事にもなった。報道は会社の売り上げと市場シェアに深刻な影響をおよぼした。信頼性を強調した新たな販促キャンペーンでブランドの回復に努めたが、会社は犯罪者の汚名を拭いきれなかった。そして事件から六年後、会社は事件と関係のない買い手にかなりの割引額で買収された。それだけ値が下げられたのも、例の不純ジュース事件で評判を落としていたためだというのが一般の見方だった。新しい経営陣も会社の評判回復に努めたが、さほどの成果はあげられなかった。

結局のところ、世間を騙そうとした会社の戦略は完全に裏目にでた。現金の出費だけでも約二五〇〇万ドルにおよび、不純な在庫を処分するコストの予測値をはるかに上回った。会社のブランドへのダメージと市場価値への影響を考えると、この事例は正直という基本的な規範を守ったほうが金銭的に賢明であることの強力な証拠である。

だが、この事件がまったく異なる状況で起こったとしたらどうだろう。たとえば、告発が文化的に許されず、従業員の転職が厳しく制限され、食品の純度や宣伝広告についての規則や規制がまったくない社会だったとしたら。さらに、その社会では法制度が有効に働いていないと仮定しよう。理由はなんでもいい。効力がないからでも、財源がないからでも、腐敗しているからでも、あるいはそのすべてでもいい。さらに報道機関が管理されていて、ぐあいの悪いニュースを流すのを禁じられていたり、売られている品物やサービスについての信頼できる情報を一般市民が得られない状態にあると考えてみよう。

また、きわめつけとしてそのジュース業者がジュース市場を独占している、または独占に近いくらいのシェアを占めていたとする。

この仮定のもとでは、汚れた在庫を世にだしつづけることの経済的な結果はずいぶん異なってくるはずだ。そもそも告発が文化的に許されていないから、従業員による告発はありえない。告発しても、当人が困るだけだ。有効な規制や法制度もないから、会社の詐欺によって害を受けても、頼りにできる具体的な手段がない。さらに情報が厳しく管理されているので、一般大衆に警告が発せられることもない。だが、いずれにしても別の供給者がいて競争しているわけではないから、消費者は別のところと取引することによって不満の意向を示すことができない。

要するに、会社に二五〇〇万ドルから七五〇〇万ドルのコストを負わせるどころか、ジュースを流通させることにしてもコストはゼロですむ可能性が非常に高いのである。そして間違いなく、会社が大変なトラブルに遭遇することもない。とはいえ、この決定の倫理的な質はまったく違わない。不純な製品を純粋な製品と偽って売ることは、仮定の状況でも現実の状況でも同じように詐欺行為である。

この点からすると、疑問のある製品を流通させるという決定は、さまざまな倫理体系に共通する基本的な規範に違反していることになる。[36] 学者の話では、詐欺はさまざまな宗教で一貫して認められていない——仏教、儒教、イスラム教、ヒンドゥー教、ユダヤ教、キリスト教のいずれでも認められていない——というし、ほぼすべての法制度で禁止されている。[37] 詐欺を禁じる教えは、古代エジプトの『死者の書』から十八世紀ドイツの哲学者イマヌエル・カントの『道徳形而上学』まで、まったく異なる書物にも共通して見られる。[38] さらに言えば、不純な製品を純粋な製品と偽って売ることは、現代の多くの企業倫理コードにも違反している。[39]

この例が示すように、倫理と経済的利点の関係は、その会社が属する状況を抜きにしては考えられない。この例から察するに、金銭面からのバリュー支持が最も説得力をもつのは、おそらく次のような条件を備えている場合だろう。

- ●情報が自由に流れている。
- ●権威が一点に集中せず、社会に広く分散している。
- ●社会の構成員に経済的な自由があり、雇用、投資、消費に関して自由な選択ができる。
- ●社会の構成員に教育があり、これらの選択にかかわる事柄をよく知っている。
- ●社会の構成員が企業に倫理的な枠組みにしたがった経営を期待している。
- ●社会に有効な法的規制制度があり、構成員に基本的な倫理規範を守らせている。

流動的な関係性

事実を事実として受け取れば、「倫理は得になる」という考えは、贔屓目に見ても不完全な一般論である。その真実性はときにより、またところによって、その場の支配的な考え方や制度によって変わってくる。これがある状況でどれくらい真実であるかは、かなりの部分まで、どれくらい社会の制度がこれを支えるように整備されているかによる。会社が活動している社会の状況や制度の状況がわからないかぎり、正義の基本的な規範でさえ、それを守ることが経済的利点につながるとは断言できないのだ。確かに倫理と経済的利点はある程度まで自然に重なるが、前に述べたような相互関係の原則に照らすと、この重なりは強くも弱くもなるし、広くも狭くもなる。もし相互関係の原則が妨げられたり効果を発揮しなかったりすれば、重なりがなくなることもありうる。

　本章で述べた例の多くは、実際にそうした障害にあった。あるケースでは、損害を受けた側に報復する能力がなかった。エリックの会社に騙されていた融資機関や、織機に縛りつけられている児童労働者や、税を逃れていたライバルのせいで不利になった食品加工会社を思い出してほしい。彼らはみな、情報や市場での影響力が不足していたために行動を起こせなかった。司法や政治や教育などの制度がないと、犠牲者は力と情報の格差を埋められず、騙した側が不正行為によって利益を得ることになる。

　別のケースでは、会社の善行が充分に報いられなかったために、倫理と経済的利点が好ましい関係を形成しなかった。これらの行為の受益者は、自分が恩恵を受けていることを知らなかったのかもしれないし、市場などを通じて金銭で感謝を示す手段をもたなかったのかもしれない。たとえば、AESが提案した環境予防措置の受益者はまだ生まれていないのだから、自分たちの幸せに貢献してくれた会社に報いようとしても報いられない。そして、すでに述べたように、貧しい人びとへのサービスの報奨は、豊かな人びとへのサービスへの報奨とくらべておおむね少ない。理由は明白で、貧しい人びとはお金を払う能力が劣っているからだ。貧しい人びとに奉仕して少なからぬお金を得るには、概して大きな市場と余分な努力が必要なのである。

　双方のケースが示しているように、正しいことと儲かることの食い違いは、情報や知識や力が不均等に分布しているほど大きくなる。有害な行為が罰せられず、恩恵をほどこす好意が報われないとき、美徳の道と収益性の道はどうしても分かれざるをえない。

　この分析は、「倫理は得になる」という主張がある状況では受け入れやすく、別の状況では受け入れにくくなる理由を説明するのに役に立つ。この哲学を、法や透明性や民主制度が欠如した自由放任の市場で広めようとする経営者は、頭にくるほど独善的な奴、あるいは信じられないほどおめでたい奴と思われるのが落ちである。いずれにしろ、こういう経営者――その多くは、メディアの監視、告訴、懲罰的損害賠償、消費者主義、競争市場を当然と考えている――も、それにたいして懐疑的な人びとも、倫理の金銭面からの支持に説得力をもたせるのに必要な状況と条件の重要性を理解していないように思える。言うまでもなく、どちらの言い分も正しいのだ。倫理がいつでもどこでも得になると考えるのは、確かにおめでたい。だが、バリューと収益性をあわせて追求するのは不可能だと考えるのも、やはりおめでたい。

おそらく、私たちが期待できる最善のことは、倫理と経済的利点の重なりが部分的で、いくぶん流動的であることだろう。社会のありかたや制度によって、重なりの度合いは大きくもなれば小さくもなる。だが、倫理の究極の関心である人間の幸せが経済的報酬以上のものを含んでいると考えられるかぎり、重なりは決して完璧にならない。しかも絶えず変わっていく社会では、図3―4（次ページ）に示したように、この二つの領域の関係はつねに変化し、重なりの度合いはつねに揺れ動くだろう。比較的安定した釣り合いがとれたかと思っても、姿勢、法律、テクノロジー、状況、考え方など、環境の変化ですぐに均衡は破れる。

ここで、例の仮定の社会における汚れた在庫事件に話を戻そう。社会に多少とも変化――姿勢の変化、競争の導入、有効な法制度の発達――があれば、倫理と金銭的利益の関係は変わってくる。アメリカで法と姿勢が変わるにつれ、公正で差別のない雇用を金銭面から支持する論拠が強まったように、仮定の社会においても同様の変化があれば、製品の純粋性や正確な内容表示を金銭面から支持する論拠は強まっていく。

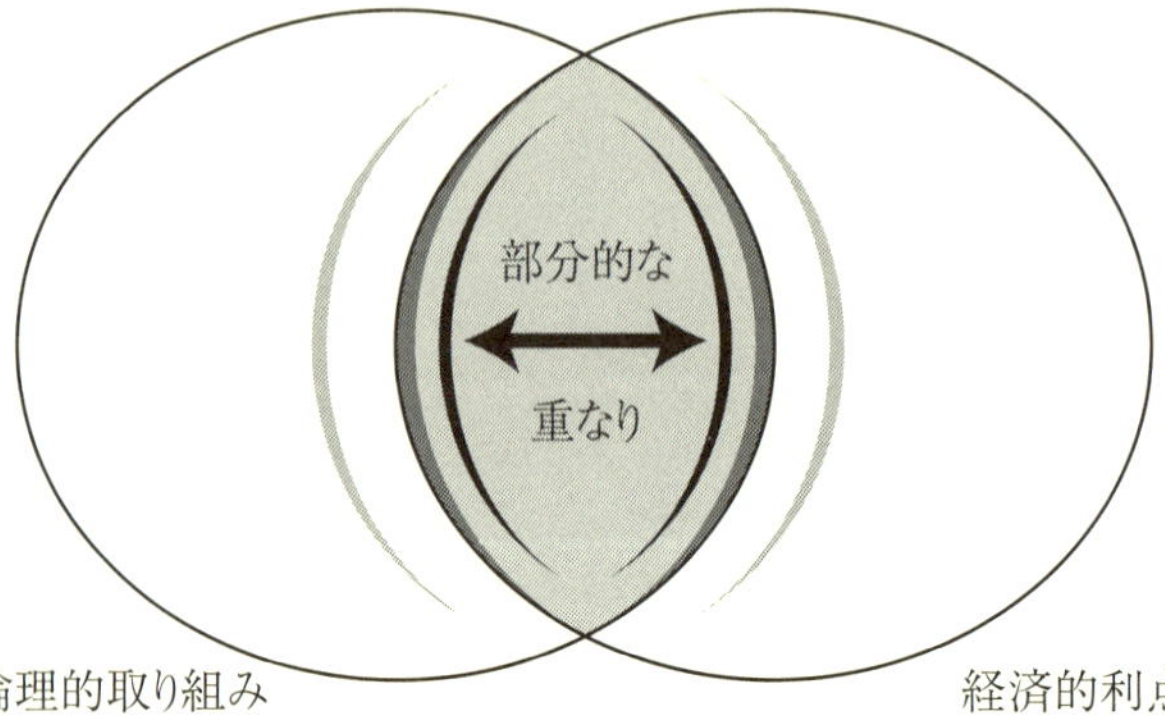

図3-4　流動的な関係性

少し前、公民権運動の指導者ジェシー・ジャクソンがウォール街のエグゼクティブたちに、もっとマイノリティやアフリカ系アメリカ人を採用してはどうかという話をした。公正さや権利や機会の平等といった倫理的な主張に訴える代わりに、ジャクソンはエグゼクティブの金銭的な自己利益に訴えた。差別はあなたがたのお金を失わせる、非白人区域に住んでいる優秀な人材をみすみす逃す余裕などないはずだ、と彼は言った。ジャクソンの主張は、五〇年前なら一笑に付されていただろうが、今日の経済環境、法環境、社会環境においてはまぎれもない真実だと感じられた。社会や制度が変わった結果、倫理面からの主張と経済面からの主張はずっと協調するようになったのだ[40]。

もう一つ例をあげよう。情報テクノロジーの革命は、儲けが目当ての盗み、詐欺、個人プライバシーの侵害に新しい機会を開いた。これらの機会がつぶされるまでにはしばらく時間がかかりそうだが、いずれ法や社会の姿勢はその方向へと進んでいくだろう。同時に、このテクノロジーの発達は逆の効果をおよぼしもした。かつては世間の目から隠せておけた企業のやましい行為のほとんどが、ずっと暴露されやすくなったのだ。この点で、テクノロジーの発達は倫理と金銭的利益の重なりを強めるのに貢献してきたと言える。良い行為と悪い行為の両方を、世間の目につきやすくしたからだ。

もちろん、倫理と経済的利点の均衡はつねに内部からの揺さぶりに弱い。第二章で見たように、基本的な倫理規範の尊重は社会的信頼を築く。だが逆説的に、信用の高まりは新たに便宜主義への誘惑を生む。信用してくれる社会は詐欺師にとって天国だからだ。

つまるところ、私たちは倫理的取り組みと経済的利点とのつながりがもろく、変わりやすいものであることを認めなければならない。この関係が調和に向かうか敵対に向かうかは、各会社の財務基準と倫理基準、および各会社の属する状況を反映している。だが好ましい条件のもとでさえ、倫理の金銭面からの支持が成り立つのはここまでである。金銭的なメリットは一般に考えられてきたよりも強いが、バリューへの着目を完全には説明していない。それには何か別のものが必要だ。

この章では、ここ数十年の倫理意識の高まりが倫理と経済的利点との内在的なつながりに由来しているというよりも、むしろビジネス環境の変化に関連していることを示してきた。次の章では、今日の代表的な企業に求められる根本的な変化のなかに、より深い説明を見つけていこうと思う。

第四章

企業人格の変遷

THE CORPORATION'S EVOLVING PERSONALITY

世界中の多くの企業で見られるバリューシフト（価値観の移行）が純粋に金銭的な観点からだけでは説明できないとしても、これ以上うまい説明がどこにあるのだろうか。より納得のいく説明を望むなら、まず認めてもらいたいことがある。ときに企業の「人格」と呼ばれるもの――企業の本質を定義すると考えられる一定の特質――に、あまり気づかれないけれども、驚くべき進展が見られることである。この企業人格の変化は、会社がどう思われるか、何を期待されるか、どう評価されるかといった事柄に影響をおよぼしてきた。歴史的な広い文脈でとらえれば、これはまさに革命的な進展である。ただ、この変化は本質的にゆっくりとしており、過去一〇〇年をかけて徐々に進んできたため、その重要性がいくぶん見えにくかったのである。

それがここ数十年で勢いを増してきたことを考えると、この進展は、倫理が得になるという考えがここ数十年で信憑性を増してきた理由の説明になる。それと同時に、この一見すばらしい金言が、今日の世界で業界のリーダーを目指す会社にとっては充分な行動指針にならない理由も説明している。この進展について述べるにあたって、まずは短いエピソードを紹介しよう。

一九九〇年代半ば、私は調査と講演の仕事でアルゼンチンへ行った。たまたま私の訪問の少し前に、ＩＢＭアルゼンチンが同国で糾弾されていた。国有銀行バンコ・ナシオンの理事たちに、二億五〇〇〇万ドルの情報システム請負契約を勝ち取るための心づけを渡したためである。話によると、この賄賂は、明らかにそうした支払いの経路となることだけを目的としたペーパーカンパニーを通じて理事たちに提供され、契約額の一五パーセントにあたる、総額三七〇〇万ドルが支払われたということだった。私はアルゼンチンの経営者や経済学部の学生と話をするうち、彼らの多くが腐敗の問題について話したがるのに気づいた。当時の世論調査の結果を思えば、それは予想されてしかるべきことだった。ギャラップの世論調査は、アルゼンチン国民が国内の三大問題として、失業と教育とともに、つねに腐敗をあげることを示していた。

私が企業バリューについて尋ねるたびに、話はいつのまにか蔓延する腐敗の問題と、アルゼンチンで事業を営むときの腐敗の避けがたさに移っていった。彼らが言うには、多くのセクターで賄賂やリベートや献金がごく当たり前に――そういうものだとでも言わんばかりに――受け渡しされるようになっているという。ＩＢＭの事件も当然その一例として引き合いにだされた。しかし、これに関する意見には、たいてい驚きと不満が入り混じっていた――ＩＢＭがそんなことをするとは！　彼らは賄賂が普通だと認めていて、その普通のことをＩＢＭはやったにすぎないのに、なぜ驚くのかと私が尋ねると、彼らはわけがわからないといった顔でこう答えた。「だって、ＩＢＭのようなワールドクラスの会社には普通以上のことを期待しますよ」

企業の性質についての伝統的な考え方に慣れている者からすると、そういう反応はじつに意外だった。この伝統の範疇では、企業がビジネス活動をするための便利な機関にすぎないことは昔からの了解事項である。企業は道徳とはまったく無関係であり、したがって倫理的な自己規制や道徳的な判断を下す能力もない。この視点に立てば、企業が生産機関と表現されようと金儲け機関と表現されようと、さほどの違いはない。この伝統的な観点からすると、会社に一連の倫理的基準にしたがって活動することを期待するのは――ましてや腐敗のような社会問題に先頭切って取り組めというのは――まさにお門違いである。たとえるなら、意識をもたない、道徳的な判断ができるわけもない機械装置にすぎない自動車に、交通規則を守ることや道路に飛びだしてくる子供をよけることを期待するようなものだ。

しかしアルゼンチンの経営者や経済学部の学生は、ＩＢＭが法にしたがうことを期待していた。どうやって賄賂を禁じる倫理基準に触れずに自分のビジネスを追求するのか、見本を示してほしかった。さらに言えば、ＩＢＭはグローバル企業であり、おそらくはワールドクラスの会社なのだから、一般にこうするべきだとされている規範以上のことをして、アルゼンチンの最大の課題の一つを解決するのに貢献してほしかった、ということになる。

そう考えているのは、私がアルゼンチンで話をした人びとばかりではない。一九九九年に、六大陸二三ヵ国の二万五〇〇〇人以上を対象として行われた調査「企業の社会的責任についてのミレニアム投票」によれば、三人に一人が、会社は利益をだす、税金を払う、雇用を創出する、法にしたがうといった伝統的な機能以上のことを果たすべきだと答えている。回答者はそれだけでなく、会社はもっと高い倫理基準を設定するよう努力し、もっと広い社会的な目標に貢献すべきだともいう。つまり、会社はよりよい社会を築く手助けをしながら収益をあげていくべきだというのだ。調査対象となった国のうち、三ヵ国を除くすべての国で、回答者の半数以上がこういう立場をとっていた。この見解を表明した回答者のうち約半数は、企業の役割を「あらゆる法を凌駕し、より高い倫理基準を設定し、万人のためのよりよい社会を築く手助けをすること」と定義していた。残りの半数にしろ、会社は伝統的な役割の定義ともっと厳しい定義との「どこか中間」で活動すべきだと答えていたのである。[1]

同様の、しかしより衝撃的な結果があらわれたのは、二〇〇〇年八月にアメリカで行われた調査である。[2]回答者の約九五パーセントが、会社は場合によっては多少の収益をあきらめても、従業員や地域社会のためになることをするべきだと答えたのだ。もちろん、どんな調査にたいしても、手法が悪いとか回答者が偏向しているなどと、ケチをつけようと思えばつけられる。しかし両方の調査の回答者が、会社が事業活動のなかで道徳的判断をするよう明らかに期待していることは注目に値した。

歴史を振り返ると

これらの回答者は、企業に道徳的判断能力があると見なすことで、長く尊ばれてきた由緒正しい教えに反対している。企業の超道徳性という信条は、古くは会社法に始まり、今日まで多くの経済学者や経営理論家の考えに中心的な役割を果たしてきた。この信条をおそらく最も見事に表現しているのが、十八世紀イギリスのある法学者の言葉だろう。彼は、企業には「蹴りつけるべき肉体」もなければ「地獄に落とすべき魂」もない、と毒づいているのである[3]。

強烈に表現されてはいるが、この考え自体は新しいものではない。十九世紀の初めに判決が下され、のちに大きな影響をおよぼしたある訴訟事件でも、同じくイギリスの著名な法学者だったサー・エドワード・コークが、企業には魂がないのだから反逆罪を犯せないし、追放されたり破門されたりすることもありえないと宣言している[4]。コークが書いていたのは公益企業である病院についてだが、その当時、職業ギルドを除いてビジネスを目的とするほぼすべての企業は、海外貿易の発展と植民地の拡大を目的として王室の特許状のもとで設立された組織だった[5]。実際、イギリスで企業の形態が広くビジネスに活用されるようになったのは、ようやく十九世紀の後半になってからである。

コークや彼の先人たちの多くにとって、企業に道徳的な責任があるとするのはナンセンスだった。企業のような「人為的」な「実体のない」存在がどうして道徳の行為者になれるのか？　なれないのは自明だと思えた。この論理はほぼ四世紀前にも、企業の「虚構説」(法人擬制説)を最初に提出した人物と言われる当時のローマ教皇、インノケンティウス四世によって明快に示されている。[6]彼は教会法人への罰の問題に悩んだあげく、罰を科してもあまり意味はないと結論した。本物の人間と違って、法人には罰の痛みを感じる肉体も精神もないからだ。[7]したがって、単なる「虚構の人間」にすぎない法人は、本質的に罰や破門の対象にならないのである。

この虚構説という考えは、もとの宗教的意味あいを失ってからも生きつづけ、一八一九年に再びアメリカ合衆国最高裁判所で宣言されることになる。有名な「ダートマス大学対ウッドワード事件」である。[8]この訴訟は公益企業に関するものだったが、当時のアメリカではすでにビジネス企業も広まっており、一七八三年から一八〇一年までのあいだに約三五〇社が設立されていた。[9]とはいえ、ビジネス企業は主に政府の代理機関と考えられており、政府の認可を得て橋や高速道路や運河をつくるところだった。そうした公的な必要を満たす代わりに、特別な権利や免除を認められるのだが、その特権の内容は時代とともに変化していった。

「ダートマス大学」裁判で、最高裁判所長官のジョン・マーシャルは、企業を「人為的な、目に見えない、実体のない、法的範疇のなかでのみ存在するもの」と定義した。[10]したがって、企業は設立特許状で与えられている特性しか所有できない、とマーシャルは書いた。そこには「不死」や「個性」などの特性が含まれていたが、これらはその企業が設立された目的を遂行するために必要なものだった。言うまでもなく、道徳人格は含まれていなかった。企業は「人為的」で「虚構の」存在と見なされているのだから、そんなものが含まれるはずはなかった。虚構の存在には、まさにその性質によって、道徳をもつものに必要な特質が欠けていたし、少なくともそう理論づけられていた。実際、マーシャルは別の訴訟において、企業は「目に見えない、実体のない、人為的な存在」なのだから、憲法のもとでの「市民ではありえない」と宣言している。(11)

十九世紀後半になると、移り変わる時代を反映して、虚構説には新たな装いがこらされた。世紀の半ばごろに始まった「一般法人設立法」の普及にともない、政府の企業設立の役割はもはや重要ではなくなった。この法のもと、州議会の特許状がなくても企業が設立できるようになったからだ。(12)一八七五年には、特許状はほとんど過去のものとなり、所定の用紙に必要事項を記入して提出し、定められた手数料を払いさえすれば、実質的に誰でも企業を設立することができた。(13)実際、多くの人がそうした。十九世紀後半にはアメリカ中でつぎつぎと新企業が設立されていった。同じくイギリスでも、企業設立の自由が確立し、有限責任の利点をもつ株式会社という形態が当然の権利としてとれるようになると、やはり続々と企業が設立された。(14)こうした企業設立を自由とする方針は、企業がマーシャルの宣言したような、特許状で与えられた力しかもたない州が認可したものではなく、私的合意の産物なのだという新しい考えが肯定されたことを意味していた。(15)

企業を株主の私的連合を守る虚構の傘と見なす新しい考え方は、政府の企業管理に反対する主張を強固にし、その権威のおよぶ範囲を大きくした。とはいえ、企業に道徳がないとする見方はいぜんとして変わらなかった。企業の虚構としての性質を改めて断言することによって、この新しい考え方も企業が独自のアイデンティティ、すなわち構成者である個々の株主のアイデンティティとは別個のアイデンティティをもてる可能性をゼロにした。企業は道徳人格はもとより、個人と見なされる株主の責任を超えたどんな責任ももてなかった。単なる媒介物と見なされていたのだから、企業が道徳の観念から評価されるはずもなかった。

もちろん、企業を虚構と見なす考えを誰もが認めていたわけではない。二十世紀の初頭、すでにアメリカとヨーロッパでは企業が華々しく成長しており、このころには大西洋の両側の学者たちが従来の見方に異議を唱えはじめていた。彼らは企業が「自然」で「リアル」な存在であると主張し、企業の力と影響が大きくなっているという社会学的な事実に目を向けさせて、巨大な鉄道会社や製造会社、そしてとてつもなく強力だった当時の石油トラストを引きあいにだした。

この「自然な存在」説には、企業の増大する影響力を批判する人びとと支持する人びとの双方から賛同者があらわれた。批判者はこれを、ますます進む資本の集中と地域社会への影響にたいする自分たちの危惧の念を正当化するものと見なした。そして支持者のほうは、企業の新しい権利の正当性を認め、株主にたいする役員や理事者の権威を高めるものと見なした。

この説は、十九世紀末までに企業に適用されるようになっていた数々の法原則にぴったり合致した。アメリカではこのころまでに、企業の訴え、訴えられる資格、契約の自由、憲法による保護を得る権利が確立していた。かつての最高裁長官マーシャルの主張に反して、企業は法的に市民であると宣言されたのである。さらに、株主の責任にかぎりがあるという原則をアメリカの法は明らかに認めていた。これで株主は、企業の負債にたいする個人的な責任など、企業の事業活動にかかわるさまざまな責任を負わずにすむようになった。同時に、株主が企業の日常業務を取り仕切ることは法で禁じられ、役員会のビジネス上の決定に異議を挟むことも、計画的な不正行為にかかわる問題でないかぎり禁じられた。[16]

これらの進展は、企業の法的人格を強固にし、株主の役割を縮小させた。したがって企業を虚構と見なしたり、投資家同士の純粋に私的な契約関係と考えるのは、ますます不都合になった。実際、「コーポレーション」という言葉自体が二通りの使い方をされており、あるときは株主の一団を集合的にあらわし、またあるときは企業のために行動する権限を備えた人びとをあらわした。

自然な存在説は、個人の道徳性ではなく企業の道徳性という新しい概念の基盤となってもよさそうだったが、実際はそのようには発展しなかった[17]。むしろ企業人格についての議論は本筋からそれ、「法人」は本当に「人」なのかといった厄介な問題をめぐる混乱におちいった[18]。一九三〇年代には、法学界もそうしたことを考えるのをほとんどやめており、企業人格の話は消えていった。とはいえ、自然な存在説はそのときまでに、大企業を法的に正当なものとして認めるという実際的な仕事を果たしていた[19]。企業は社会の不可欠な制度の一つと見なされるのに充分な発達をとげていた。当時の代表的な企業評論家の言葉をかりれば、「賢明な観察者にとっては、アメリカの企業がもはや私的なビジネス装置でなく、一つの制度になっているのは明白だった」のである[20]。

こうして企業を「制度」と見なす見解が主流となり、法解釈の基本的な枠組みとなっていった。それとともに、企業が社会の制度であるからには株主にたいする責任だけでなく、それ以外にたいする責任もあるはずだという考えがでてきた。この見解は、企業の道徳的な人格をほのめかしているようにも受け取れた。世間の見方が変わったらしいと気づいて、アメリカのある著名な法理論家は一九三二年にこう推測した。「……従業員、消費者、一般大衆への社会的責任の意識は［いずれ］ビジネスにたずさわる者が採用するべき態度と見なされるようになる［かもしれない］[21]」。だが、実際にこの意識が広まるには数十年がかかった。一九五八年の段階でも、社会責任運動の反対者は、これはまだ「若くて控え目」だが、勢いをつけたらまさに問題を招く恐れがあると言っていた[22]。

一方、企業を虚構と見なす説もまだ完全に消えたわけではなかった。経済界の一部では、この古いボトルが新しいワインで満たされつつあった。前に述べた法律上の進展も気にしなかったのか、企業のユニークなありかたを認めないこの一派は、私的契約の新たな配合を企業の本質として提案した。最終的にでてきたモデルによれば、企業は単なる投資家同士の私的合意ではなく、生産に必要な資源の提供者たちのあいだで交わされる一連の私的合意なのだという。[23] 新たな活力を注入されて、虚構説は再び一九六〇年代と七〇年代に注目を浴びた。

企業の虚構的な性質にフラストレーションの原因を見ていたイギリスの法学者とは違って、虚構説の新しい支持者はこれを、そのころに高まっていた企業の責任を執拗に求める声に対抗する盾と見ていた。[24]「責任をもてるのは人間だけだ」と、ある著名な経済学者は一九七一年に書き、企業の社会的責任にたいする反論を冷静に展開した。[25] 企業は「人為的な人間」にすぎないのだから「人為的な責任」しかもちえない、と彼は主張した。この論法によれば、企業の社会的責任の支持者は形而上学上の深刻な間違いを犯していることになる。法律上の虚構という、まさにその性質により、企業は従業員や消費者や地域社会にたいする責任などもちえないのである——。

この主張は、サー・エドワード・コークやインノケンティウス四世の不気味なエコーを響かせていても、いまの人間の耳にはうつろに響くだけだ。今日の企業の規模と影響力はかつてにくらべてはるかに大きく、初期の虚構説の支持者にはとても想像だにしえないものになっている。しかし今日でさえ、一部の弁護士や経済学者は企業が「法律上の虚構」にすぎないと主張して、暗に道徳的な評価の対象にはなりえないと言っている。会社はあくまでも道徳とは関係のない商業装置であり、株主の財産権の延長であるというのが彼らの主張だ。何百年も昔の見解そのままに、道徳的な責任は個々の人間だけに付随するもので、ゆえにそうしたものを企業と関連づけて語るのはまさにナンセンスだ、と彼らは主張する。

もちろん、こうした形而上学的な難しい問題のせいでアルゼンチンの人びとがＩＢＭの行為について道徳的な判断を下すのをやめたり、前述した調査の回答者が会社にもっと高い倫理基準の設定を求めるのを控えたりすることはなかった。同じように、世界中の何百万という従業員、顧客、投資家、地域社会、および社会的意識をもつ一般市民も、それぞれの関係する会社の行為に道徳的な判断を下すのをやめていない。

実際、企業の規模と重要性が増すにつれ、企業の活動が道徳的な観点から見られる傾向も強まっている。いまの私たちは道徳に関する基本的な疑問をもたずにはいられない。会社は社会にどんな影響を与えているのか、そしてどんなときに会社の活動が有益になり、どんなときに有害になるのか。会社は自分が享受している権利や特典を正当化するのに充分な恩恵をもたらしているだろうか。他人の権利を尊重しているだろうか。基本的な倫理規範に即して行動しているだろうか。これまで述べてきた法的な歴史を考えると、今日の人びとが個人の私生活での行為よりも会社の行為に道徳的な関心を向ける傾向があるのは、皮肉なように思えるかもしれない。だが、会社の果たす役割が今日の社会ではずっと大きくなっていることを考えれば、それも当然かもしれないのである。

理論と現実の差

理論家が、道徳に無関心な世界で活動する「虚構」の会社というモデルを組み立てた一方で、現実の会社の経営者は道徳に無関心とされた世界で毎日のように道徳の問題と向きあわねばならない。第一章の例で見たように、今日の会社は道徳的な判断ができる道徳の行為者と見なされており、実際にそうしたものとして扱われ、論じられ、判断されている。ソロモンの経営陣が証券取引部の不正行為を公表したとき、関係者がどんな反応を示したかを思い出してほしい。顧客も債権者も投資家も従業員も、みなソロモンから離れはじめた。ソロモンの顧客だったある会社のCEOは、ソロモンの担当者にこう説明した。「あなた個人が倫理的なのはわかっていますが、役員会でソロモンを勧めるわけにはいかないんです。それはおわかりでしょう」[26]

あるいはシェルにたいして起こった批判を考えてもいい。道徳的な判断ができると見なされていなければ、シェルが環境を害したとかナイジェリアで人権尊重を訴えなかったという理由で非難されるのは見当違いである。同様に、企業がまったく道徳と無関係なら、シールドエアの従業員が公正に扱ってもらったといって会社に感謝するのもばかげている。また、HDFCの過去の行為から会社に信頼を寄せ、貯金を預けることにした顧客もおかしいことになる。こうした反応——非難、逃げ、感謝、信頼——はみな、会社が道徳的な評価や憂慮のまともな対象であることを前提としたものだ。

会社がどれほど道徳の行為者と見なされるようになってきたかは、毎日のニュースから明らかである。道徳心を疑うような事件、不正行為の疑惑、倫理的な行動の実例などは、日々のビジネスニュースで収益報告や経済トレンドや企業合併の話題と同じくらいの割合を占めるようになっている。記事の量はさまざまでも、《ウォール・ストリート・ジャーナル》の第一面にこの種の話題がまったく掲載されない日はほとんどない。

たとえば、特に大きなニュースもなかった二〇〇〇年九月のある日の《ウォール・ストリート・ジャーナル》を見てみよう。左手のトップ記事は、いくつかの住宅金融専門会社が顧客にサインを求めていた仲裁契約が公正かどうかを検討していた。[27]右手の囲みのなかのもう一つのトップ記事は、マクドネル・ダグラスのジェット機に関する安全性の問題を検証していた。二番目と三番目の囲みでは、各紙面にある詳細記事の要約として、知的所有権の侵害、ヨーロッパの反トラスト問題、新薬の安全性、安全性に疑義があるタイヤのリコール、ヨーロッパにおける不当な燃料価格にたいする抗議、タバコ会社の新しいエグゼクティブの任命を取り上げていた。タバコ会社についての要約記事は、この新しいエグゼクティブが前任者と違って規制問題にくわしく、喫煙の安全性について世界貿易機関の担当者と喜んで話しあう用意があることを伝えていた。その同じ日、同紙の第二部の一面には特集記事が二つあり、一つは電子商取引におけるクレジットカード詐欺に関するもの、もう一つは企業の諜報活動についてで、競合するハイテク企業のあいだで急増しているコンピュータを通じた情報窃盗に焦点を当てていた。

企業の活動によって罪のない人びとが被害を受けたとき、その企業が道徳心を問われないことはめったにない。二〇〇〇年八月、日本のブリヂストン株式会社のアメリカの子会社であるブリヂストン・ファイアストンが、アメリカで約六五〇万本のタイヤを回収したときに始まった騒ぎを考えてみればいい。回収されたタイヤの大半は、フォード自動車製の人気ＳＵＶ（多目的スポーツ車）「エクスプローラー」に標準装着されたものだった。急増していた事故の原因が、どうやら特定のタイヤのトレッド面がリムから剝がれたための問題らしいとわかって、フォードとブリヂストン・ファイアストンは、これ以上事故を起こさないためにはリコールしかないと決断した。そのころ、タイヤに関係する事故によってアメリカで二五〇人の負傷者と八八人の死者、ラテンアメリカ、中東、東南アジアの各国で少なくとも五一人の死者がでているとされていた(28)。

企業の社会的責任の問題はほぼ一夜にして主役におどりでて、新聞の第一面を飾った。両社はこのリスクをいつから知っていたのか？　なぜもっと早く公表しなかったのか？　何も知らぬ世界中の人びとの生命を危険にさらした決断は、誰に責任があるのか？　両社はどこまで有罪か？　その後の発表で、フォードとブリヂストン・ファイアストン双方の役員がリコールのしばらく前からトレッド剝離のリスクを知っていたことが明らかにされると、ファイアストンブランドにたいする消費者の信頼はさらに落ちた。リコール開始から一ヵ月未満の時期に発表されたある調査は、消費者の信頼がアジア太平洋地域で三九パーセント、南米で四七パーセント、アフリカで一四パーセント低落したことを伝えていた。(29) 九月初めの《ニューズウィーク》の世論調査では、アメリカ人回答者の八〇パーセント以上が、ブリヂストン・ファイアストンに主として責任がある、あるいはフォードと同等の責任があると答えた。(30) その理由は、タイヤに関係する横転事故の危険を消費者に警告しなかったから、というものだった。

これらの評価は、双方の会社にとって打撃となった。フォードの「エクスプローラー」の売り上げは失速し、ファイアストンのタイヤの売り上げは、代理店と消費者が別のメーカーに乗り換えはじめると同時に急落した。ブリヂストンの信頼度と投資推奨度はともに下がった。被害者はつぎつぎに訴訟を起こしはじめた。議会は公聴会の開催を求め、ある上院委員会の議長は、タイヤの安全性の問題を最初に知ったときすぐに公表しなかったフォードとブリヂストン・ファイアストンはともに大衆への道徳的義務に違反したと宣言した。どちらの会社の株も打撃を受けたが、特にブリヂストンのほうは大打撃で、リコールから一ヵ月で五〇パーセント以上も下落した。(31)

第二章で述べた二〇〇一年のエンロンの破綻も、人びとに同じような反応と感情をかきたてた。ウォール街のアナリストはエンロンに騙されたと言い、仕事と老後の蓄えを失った従業員は裏切られたと言った。保守派のある政治評論家は、「義憤」こそエンロンの行為にたいする適切な態度だ、と断言した。他の専門家たちも、エンロンと同社の会計監査をしていたアーサー・アンダーセンの行為を「企業の品位を疑わせる深刻な違反」、「倫理とコーポレートガバナンスの全面的な機能停止」、「アメリカの経済システムの根本である……倫理基準維持の失敗」と評した。(32)

この理論と現実の格差を、どう受けとめたらいいだろう？　これらの人びとはみな間違って、会社を道徳的な評価の適切な対象として扱ってしまったのだろうか？　被害にあった人びと、一般大衆、政府の役人、会社のエグゼクティブはみな明らかに、過失や責任や信用が会社に関係のある概念であるかのように話していた。企業が事業を営むための便利な装置にすぎないこと、「人為的な存在」であるがゆえに道徳とは本質的に無関係であることに、彼らはまだ気づいていないのだろうか？　そして《ウォール・ストリート・ジャーナル》や《フィナンシャル・タイムズ》や《ビジネス・ウィーク》の記者やコメンテーターは、どういうつもりでビジネス活動の道徳的な側面について書いているのだろうか？　おそらく彼らも間違って、道徳の概念や道徳的な論説を会社とその行為に適用しているのだろう。

前に触れた経済学者と同じように、この見解をとっている人もいる。企業の行為にたいする道徳的な批判を提出されると、彼らは企業の本質についての伝統的な仮説に根ざした本質主義者流の主張に立ち返る。イメージはさまざまだが――機械、装置、魂のない人間――結論はほとんど同じだ。「企業は機械である。……人間ではなく、感情ももたない企業に、道徳心があるわけはない」と、ある評論家は言い、こうつけ加えた。「企業のエグゼクティブに、道徳的に弁護できる態度で振る舞えと言うのはばかげている。企業および企業に属する人間は、道徳的な行為の支配下にはない[33]」。また別の意見によれば、「……大きな組織は道徳と無関係である。これはおそらく、この時代で最も重要な技術的発明だろうが、あくまでも道具であり、意思はもたない[34]」。さらにこう断言しているものもある。「企業には本質的に善悪の概念がない。企業はただゴールを目指すだけだからだ[35]」

だが、こうした本質主義者的な主張は大事な点を見逃している。伝統的な考えや習慣がどうであろうと、今日の人びとはますます新しいものを要求するようになっている。会社の行為によって害を受けた人にとって、企業の超道徳性という原理は慰めにもならない。存在や魂の吹きこみについての中世の考えに根ざしたこの原理は、すでに時代遅れのものとなっている。実用科学でも専門科学でもよく起こるように、現実は理論よりも早く進んでしまった。そして、ここが重要な点なのだ。多くの理論家がひたすら伝統的な教えに磨きをかけてきたあいだに、世界は劇的に変わってしまった。今日の社会では、企業の超道徳性という原理はもはや批判に耐える力をもっていないのである。

広く行き渡った存在

すでに多くの人が認めているように、今日の企業は単なる経済活動を取り仕切るための道具ではない。いまや、企業は私たちの暮らす環境そのものになっている[36]。私たちの多くは起きている時間のほとんどを、直接ないし間接的に会社のために費やしている。会社は私たちの暮らしの基本であり、私たちが生活するのに必要な給料と投資収益を生みだしてくれる。ここで私が言っているのは、企業とその付随組織に雇われている人のことだけではない。企業に専門的なサービスを提供している人——弁護士や会計士や投資銀行家など——もそうだし、企業を監督する人、企業について論評する人、企業を研究する人、企業に反対する人も含まれている。

働いていないときでさえ、私たちは会社を代表し、会社のために行動する個人として、ほとんどの時間を会社とのつきあいに費やしている。企業は、私たちが家庭を営むのに必要とする基本的な品物やサービスのほとんどを提供しているが、さらに私たちは交通や通信やエネルギーなど、日常生活の構造を維持するのに不可欠な公共施設についても企業に頼っている。そして私たちの多くは、子供の保育や老人介護、医療、学校教育といったさまざまな社会サービスを、ますます企業に求めるようになっている。

企業は私たちに多くの娯楽や情報を提供してもいる。私たちの観る映画、読む本、聴く音楽は、ほとんど企業から提供されたものだ。企業は私たちにニュースや解説も届けてくれる。さらに私たちの貯金や年金基金や各種の投資は、ほとんどが最終的に企業の手に押さえられているため、私たちのお金の安全も引退後の生活も、かなり企業に依存していることになる。税金と慈善献金は別として、中流家庭が手にする収入のほとんどは、最終的に企業の金庫に入っていく。

だが、私たちの企業とのかかわりは、こうした個別の取引だけにとどまらない。私たちの生活のほぼすべての側面に、企業ははっきりと見える手を伸ばしている。たとえば企業の販売担当は、マーケティング努力を通じて私たちに服の着方や身の処し方を教えようとする。健康や個人的衛生についても助言している。企業の意思決定者は、会社の雇用方針を通じて私たちがいつ仕事にでなければならないか、いつ子供の先生と会えるか、いつ医者に行けるかを決定する。企業の営業担当は、運動への寄付やロビー活動やＰＲ活動を通じて私たちの公的な秩序や公の対話を形成する。企業の建築士やプランナーは、私たちの周囲の環境や市街の景観や公共スペースを設計する。企業のデザイナーは、一定の美的基準をもうけて私たちの美的感受性を形成する。学問の世界の科学者や研究者は、仕事をつづけるための資金援助をますます企業に頼るようになっている。これらの貢献を通じ、また主要大学と組んでの研究開発を通じて、企業は私たちが共有する知識の基盤と教育カリキュラムの発達に大きな影響をおよぼしている。

どう見ても、今日の企業は広く社会に行き渡った存在となっている。一九九七年の[37]アメリカの事業収入一八兆ドルのうち、約八八パーセントは非法人企業ではなく法人企業のものだった。小売部門に関して言えば、その割合はもう少し高い[38]。一九九二年の国勢調査のデータによると、就労しているアメリカ人の八七・九パーセント、つまり七九〇〇万人余りが法人企業に雇われていた。[39]一九九八年にはアメリカ人の約半数が、ミューチャルファンドや退職金口座を通じて、直接ないし間接的に上場企業の株式を所有していた。[40]一九〇〇年に株式所有者が約一パーセントしかいなかったのとは対照的である。一九七〇年でさえ、株式所有者の割合はわずか一五パーセント程度だった。

前世紀の経済活動のまれに見る大成長は企業の力によるところが大きかったから、非法人部門にくらべて、社会における法人企業の役割と地位はどちらも高まった。たとえば、一九三九年に個人経営者と共同経営者の収入総額はその年のアメリカの事業収入二兆ドル（一九九九年のドルで）の約二二パーセントだった。一九九六年になると、非法人企業の収入が占める割合は一一パーセントに下がっていた。アメリカの人口が二倍になった一九三九年から一九九六年のあいだに、個人経営者と共同経営者の収入はそれぞれ三倍と七倍になっていたが、法人企業の収入は約一〇倍に成長していた。[41]

特許の認可も、企業の重要性の高まりを示す指標の一つである。アメリカで企業に発行された発明特許の割合は、個人や政府への発行にたいして、一九八〇年の七五・七パーセントから一九九八年の八四・一パーセントに上がった。[42]（ちなみに、世界の特許システムのなかでも、総じてアメリカのシステムは最も個人を優遇すると言われている。特許を「最初の申請者」ではなく「最初の発明者」に与えることにしているからだ。）

アメリカの研究開発の割合も、企業の支配力と影響力のもとで大きくなった。全米の産業、政府、大学、非営利組織が研究開発にかける総費用のうち、企業の研究開発費の割合は一九五三年の四四パーセントから一九九九年の六七パーセントに上昇している。[43]高等教育の場で行われる研究開発に企業がだす資金に関しては、一九九〇年代半ばになってもあいかわらず総資金のなかで小さな割合しか占めていなかったが、それでも一九八〇年の二・五パーセントから一九九六年の五・八パーセントまで、二倍以上の伸びを示している。[44] 実際、一九九九年にはいくつかの学校が研究予算を一〇パーセントも企業に負担してもらっている。また、大学と企業のあいだで年に一回取り交わされるライセンス契約や選択権つきの契約は、大学のライセンス契約の専門家が集めたデータによると、一九九一年から二〇〇〇年までで一三〇〇件から四〇〇〇件以上と、三倍以上になっている。[45]

　企業が連邦議会選挙の運動に寄付するのは法律で禁じられているが、それでも企業は選挙運動の資金調達に重要な役割を果たしている。一九九八年の選挙期間に、各企業の政治活動委員会（ＰＡＣ）が従業員から集めた寄付金と、財界からの「ソフトマネー」〔訳注　選挙管理委員会の規制を受けない選挙寄付金〕との合計額は、ＰＡＣの寄付金とソフトマネーの総額の七〇パーセント以上を占めていた。[46] 企業の政治的影響力を示すもう一つの指標は、連邦所得税の領収書を繰ると見えてくる。個人と企業が納めている連邦所得税の総額のうち、企業によって支払われている割合は、一九五四年の四二パーセントから、一九九九年のわずか一七パーセントにまで下がっているのである。[47]

　別の数字も、会社がいかに社会での生活において大きな存在であるかを物語る。一九九六年のある調査によると、業務詐欺や職権濫用——雇用されている組織の資源を意図的に悪用すること——による損失は、毎年四〇〇〇億ドル前後にのぼるという。ちなみに、強盗や窃盗といった路上犯罪による損失は、およそ四〇億ドル程度である。[48]

　営利目的型の組織の隆盛は、多くのアメリカ人が生活の基本的なサービスを企業から受けるようになってきたことの表れである。たとえば二〇〇〇年には、アメリカの何らかの保健組織に入会している人の六三パーセントが営利目的型の組織に加入している。[49] その一二年前の一九八八年では、大多数が非営利組織と契約していた[50]。地方行政府も民間部門のサービス業者を使うことが多くなっている。アメリカの郡政府から下請けにだされるサービス契約の割合は、一九八七年から一九九二年までのあいだに二四パーセントから三五パーセントに上昇した。また、この期間に生まれた新しいサービスのうち、半数以上は民間部門の業者へ下請けにだされた[51]。

他のさまざまな指標も、企業の広く行き渡った存在と、世界規模で高まる影響力を示唆している。データは散発的で印象論の域をでないが、見えてきた世界像は取り違えようもない。そこで企業がますます中心的な役割を果たしていることは、次のような点にあらわれている。

- 一九八〇年から一九九六年のあいだに、発展途上国を中心とする八〇ヵ国以上で二〇〇〇を超す公共事業が民営化された[52]。金銭に換算すると、約一兆ドル相当の国有企業が一九九〇年代に民間部門に移行している[53]。
- アメリカ以外では、総じて民営化された会社がその国の株式市場で最大の会社となっている[54]。いくつかの小国では、一九九〇年代の民営化から得られた利益の総額が国内総生産（ＧＤＰ）の一五パーセントから二五パーセントになっている[55]。
- 一九八三年から一九九九年のあいだに、アメリカを除く世界の株式市場の時価総額は一兆四九〇〇万ドルから一八兆三六〇〇万ドルに成長した。この一二倍という増加のうち二〇パーセントから二五パーセントは、民営化による効果と見積もられている。アメリカを含む世界の市場の時価総額は、この期間に三兆三八〇〇万ドルから三五兆ドルに成長し、その上昇分のおよそ一〇パーセントが民営化によるものだと目されている[56]。

●発展途上国の株式市場で取引されている株式総額は、一九八三年の二五〇〇億ドルから一九九九年の二兆三二〇〇億ドルに成長した[57]。

●発展途上国では、民間部門を参加させたインフラ事業への投資が、一九九〇年の一六〇億ドルから一九九八年の九五〇億ドルに成長した[58]。

●一九九九年の世界最大手企業二〇〇社の売り上げは総額八兆三〇〇〇万ドルで、世界のGDPの二七・五パーセントに等しく、一九八三年の二五パーセントよりも上昇している[59]。別の報告によると、一九九九年の世界最大手の上場企業二〇〇〇社の総売り上げは、二一兆一〇〇〇万ドルである[60]。

●一九九九年の世界最大企業五社の売り上げは、それぞれ一八二の国のGDPを上回った[61]。上位五社、すなわちゼネラル・モーターズ、ウォルマート、エクソン・モービル、フォード・モーター、ダイムラー・クライスラーの売り上げは、それぞれ一六〇〇億ドルから一七七〇億ドルのあいだである[62]。

●一九九〇年代と一九八〇年代を比較して、OECD（経済協力開発機構）加盟国の研究開発への企業部門からの資金提供は、政府およびその他の財源とくらべて増大している[63]。一九八一年、民営部門はOECD加盟国の総研究開発費の五一パーセント余りを提供したが、一九九九年では約六三パーセントまで上昇している。一九九〇年代に政府の資金提供の割合が増えたのは六ヵ国だけである。

企業の超道徳性という原理が信じられていたころ、企業は珍しい風変わりな存在だった。数世紀が経過して社会が変わってくると、企業は資本をプールし、ビジネス活動を取り仕切るのに便利なものへと進化した。かつては王様や議会の特権だった企業という形態が、十九世紀後半に企業設立の自由が立法化されるとともに一般に普及したのである。

今日の企業は、確立された法的地位、有限責任、設立の容易さなどのおかげで、やはりビジネスを営むのに便利な道具ではある。しかし、それだけではなくなった。企業は社会の重要な制度となり、社会から好まれる組織形態となっている。非営利組織よりも、政府よりも、非法人のビジネス組織よりも、営利目的型の企業はますます社会の活動を遂行してくれるものとして頼られるようになっている。それと同時に、巨大な多国籍企業はさらに大きく成長し、さらに影響力を強めている。

もちろん、企業は一部の評論家が言っていたように、全権を有する万能の存在になったわけではない。会社は総じて特定の市場で活動しているだけで、国家のような強権はもっていない（ときには国家転覆の企てに巻きこまれたりもするが）。また、後述するさまざまな力によって自らの力を相殺されることもある。とはいえ、今日の企業の影響力のかつてない大きさは、世界のいたるところで、生活のあらゆる側面で明らかになっている。政府でさえ、いまやビジネスの習慣や革新的な企業を真似る必要にせまられている。

今日の社会における企業の役割の幅広さと重要性を考えると、企業の超道徳性という原理は、かつてのような正当性をあらゆる面で失っている。企業に道徳の免除を与えたら、今日の世界で行われていることの八〇パーセントから九〇パーセントは免責されてしまうだろう。そして結局、例外がブラックホールのように規則を飲みこんでしまうのである。

企業が本質的に道徳と無関係だとする人びとは、概念としての企業と継続事業体としての企業とのあいまいさにつけこんでいる。企業を一つの法的な形態や抽象的な概念と考えるなら、企業を「超道徳的」と称してもまったく害はない。より正確には「道徳以前の」と称するべきかもしれないが、いずれにしても企業を概念と見なすなら、あらゆる抽象概念がまったく道徳と関係しないのと同じく、企業もまったく道徳とは関係がない。道徳の問題がでてくるのは、企業を多くの理事やエグゼクティブからなる行動主体と見なし、意思決定をしたり、品物やサービスを市場にだしたり、外の世界と相互作用をしていると考えたときである。継続事業体としての企業は、かつてそうだったように、道徳とまったく無関係に振る舞うこともできる。だが一方で、責任を自覚する、自発的に貢献する、価値判断をするなど、総じて道徳的な行為者のものとされる特質を示すこともできる。本質主義者の主張に反して、企業が実際の活動において超道徳的でなければならないという内在的な根拠は企業の「概念」にはないのである。

私たちが生きている世界を考えると、ますます多くの人が企業に道徳的な行為者としての振る舞いを期待するようになっているのは決して意外ではない。企業の役割が拡大するにつれ、かつては個人や政府や非法人組織が担うべきだとされていた機能の多くを、企業が引き受けるようになった。そして、企業ではない行為者に適用されていた道徳基準も、新しい行為者となった企業に受け継がれた。たとえば医師は、企業に雇われているからといってヒポクラテスの誓いをしなくてもいいわけではない。同様に、公共事業を担うことになった企業は、かつてそのサービスの提供者だった政府に期待されていたような公益への配慮を期待されている[64]。

しかし、ここで考えなければならないのは、企業の行為が実に社会のすみずみまで行き渡っていることである。今日の企業があらゆる領域にかかわっていることを考えると、もし企業が道徳の原則内で活動しなくてもよいとされてしまえば、ほとんどの人は非常に生きにくい、非常に不安な社会で生活することになる。

十七世紀の哲学者トマス・ホッブズが超道徳的な社会での生活をなんと表現したか思い出せばいい。「貧しい、ひどい、野蛮な、欠乏した[65]」社会が「自然な状態」になる、とホッブズは言った。そこには工業も商業も農業もなく、知識も芸術も文学もない。そして最もおぞましいことに、人びとが「つねに恐れを抱き、暴力的な死の危険を感じながら……」生きていかなければならないのである。[66]

ホッブズが描いた憂鬱な予想図はいくぶん大袈裟かもしれない。しかし現在の研究も、ホッブズの考えを支持する結果をだしている。いくつかの調査によれば、社会への信頼と国家の繁栄には明らかに関連がある。一般市民の社会への信頼が高い国ほど、総じて経済的にも豊かなのである。[67]

ホッブズの見方を支えるもう一つの証拠は、腐敗と国家の先進度との関連を調べた研究にあらわれている。その結果は、立法者が長らく信じてきたことを裏づけるものだった。腐敗の程度が高ければ高いほど、投資がされず、成長が遅くなり、民主制度が成立しにくく、貴重な公的資源が別のところに流用されてしまうのである。[68] 腐敗と外国の直接投資との関係を調べた最近の調査では、腐敗の影響が税に置き換えられている。投資データとさまざまな腐敗の指標を分析して得られた公式から計算すると、シンガポールの軽度の腐敗とメキシコの重度の腐敗との差は、国内への投資にたいして税率一八パーセントと五〇パーセントの差に等しい悪影響をおよぼすという。[69] 別の研究では、腐敗が政治不安と同じくらいマイナスの影響力を経済成長におよぼすとされている。[70] もちろん、テロリストやギャングや無知蒙昧な破壊者がはびこる社会に住んでいる人なら、超道徳性が生活のあらゆる面にコストとして跳ね返ってくることを身にしみて知っているだろう。

倫理はしばしば、誰も最初の存在理由を思い出せない規則の集まりだと思われている。「感覚」や「感情」の領域に追いやられた道徳は、ある種の不可思議なものと考えられたり、いいことだけれど日々の営みに不可欠なわけでもないお飾りのように考えられたりする。しかし道徳というシステムは、各種の研究が示しているとおり、実はきわめて実用的な発明物である。人間の根本的な直観が道徳というかたちで体系化されれば、個人も社会もずっと効率よく機能するようになる。異なる倫理体系にはそれぞれ異なる長所と短所があるが、人間の活動に意味を付与し、行動の基準を定め、人間同士の望ましい接し方を規定しているという点で、いずれも同じような機能を果たしている。倫理体系は、それを守る人びとのあいだに信頼を生じさせ、それによっておたがいに協力させる基盤をつくるのである。

ますます大きくなる企業の影響力を前にして、またおそらく超道徳性のはびこる危険を本能的に察知して、私たちは企業に道徳的な人格を備えるよう求めるにいたった。もちろん、この人格を「具体的」に表現するのは企業そのものではなく、理事やエグゼクティブや従業員など、その企業を代表する人びとでしかない。しかし、どんな集団であっても、実際に行動するのはその構成員である。その点では、会社もチームやオーケストラや議会のような一定の目的を達成しようとする集合体となんら変わりがない。企業の道徳性を説明するのに、わざわざ「企業の良心」を想定する必要はないのだ。私たちは「企業の頭」など想定せずに、企業の戦略や企業の知識を語っているではないか。

つまるところ、企業に道徳的な人格があると見なすかどうかは、形而上的な問題ではなく、実際的な問題なのだ。純粋に実際的な問題として、この最も影響力のある、最も広く行き渡った制度に社会が道徳的な考慮をいっさい免除してしまえば、その社会は繁栄どころか存続さえも怪しくなる。これこそ、理論家が長らくありえないと主張してきたにもかかわらず、結果として企業が社会から道徳的な人格を与えられた最大の理由である。

ゆっくりとした進化

この企業人格の再定義は、ゆっくりと、あまり注目もされないまま進んできた。そんな進展が起こったことさえ、ほとんどの経営者は気づかずにいる。社会が企業の行動に期待することが変わってきたというのに、人びとはこれを大きな流れとしてとらえず、新しい別個の問題がつぎつぎと生じているかのように対処してきた。したがって、多くの会社でも、一定の問題に特化した無数のお役所仕事が生まれ、品質、安全性、環境、差別、多様性、市民性、賄賂、法順守、倫理、バリュー、文化、仕事と家庭、社会的責任、人権といったテーマをそれぞれ機械的に扱ってきた。同じように、各種の擁護団体も自分たちを別個の存在ととらえていたから、たがいに反目することもしばしばだった。

だが、もっと広い視点に立てば、これらのさまざまな「テーマ」も、すべて一つのプロセスの側面であることが見えてくる。企業の超道徳性という信条に代わって、企業は道徳的であるべきだという考えが主流になってきたのである。この企業への「道徳性の付与」とも呼ぶべきプロセスを通じて、会社は道徳に即した行動をとるのが当然であるという暗黙の了解が広まった。したがって、いまの会社は品物を生産して利益を生むといった原理的な機能だけでなく、責任や目的や価値観や貢献など、道徳的な特質もあわせもつと考えられている。この観点からすれば、品質や安全性や環境などにたいする会社の姿勢は、その会社の道徳的な人格の多様な側面にほかならないのである。

企業に道徳性を付与するプロセスは、ゆっくりと進んできた。その起源は十九世紀から二十世紀初頭にさかのぼると思われる。少なくとも、ある「自然な存在」論者が初めて著作のなかでこの考えを表明したのは、十八世紀から十九世紀への変わり目だった。[72] もちろん、企業の超道徳性という「公式」の信条にたいする例外はつねにあり、この信条が全盛期のころにさえ存在していた。たとえば一八六〇年代、アメリカのある会社（現アームストロング・ワールド・インダストリーズ）は「購買者に信頼をもたせよ」を自社のモットーとしていた。当時の主流だった「買い手危険負担」（「購買者に用心させよ」）の原則との差別化を狙ったのであろう。[73]企業の慈善活動があらわれはじめたのも十九世紀で、鉄道会社がYMCAと協力して鉄道の通っている地域にコミュニティサービスを提供したりした。[74]たとえば第三章で触れたリーバイ・ストラウスをはじめとして、慈善活動と社会貢献の長い伝統は多くの会社に見ることができる。

一九二〇年代と三〇年代にビジネスの倫理基準をつくろうとする動きが起こったのも、こうした傾向の最初のあらわれと考えられる。ある評論家は、一九三二年に書いた文章で、これらの倫理基準を「強大な社会集団が自らに誇りをもとうとし、社会の他のメンバーからも尊敬を勝ち得ようとした最初の試み」だと賞賛した。[75]ビジネスは「倫理の欠落した卑しい親から生まれた」ものだから、この基準は歴史的にきわめて重要な意義があるというのだ。[76]基準の大部分は企業努力というよりも業界の努力でつくられたと思われるが、それでも当時ビジネス活動に何らかの道徳的な秩序をもたらす必要性が感じられていたことは確かである。[77]

実際、法理論や経済理論においては優勢でも、「魂のない会社」という概念はマーケティングのテーマとしてまったく有望ではなかった。そして十九世紀末の大規模企業の出現とともに、企業の人間的なイメージを広めようとする組織的な企業努力が起こった。[78]かつてない大きな規模をもつ会社にたいする大衆の疑念と不信を払拭することこそ、初期の広報の使命だった。初期の無数の企業が道徳的に承認されることを求め、従業員の福利厚生や社会貢献、イメージ形成キャンペーンなどを通じて、社会に認められた組織の仲間入りをしようとした。特に目覚ましかったのは、一九〇八年に始まったAT&Tのキャンペーンである。AT&Tは会社のパブリックイメージを人間味あふれるものにして、恐ろしく憎らしい独占企業という評判を払拭しようとした。[79]AT&Tのあるエグゼクティブが一九三〇年代に語ったところによれば、このキャンペーンは「反トラスト運動の時代の……魂のない……企業」というパブリックイメージを、「サービス第一という……明るい衣服」を着せることによって変える試みだった。[80]

このように、企業が道徳性を獲得していく過程における初期の段階は、明らかに企業側の一方的な努力によるものだった。顧客と一般大衆からの支持を求めていた各会社は、自分たちが人間的で、公共の福利に敏感であることを認識させようと必死だった。だが、そうした宣伝が繰り返されるうちに、やがて会社自身のプロジェクトやPRキャンペーンをはるかに超える企業責任への期待が生じた。この傾向が一九三〇年代にはより明白になり、たとえば前述した法理論家のように、いずれ社会的責任が当然の企業倫理になる日が到来するという考えが広まった。

一九五〇年代から六〇年代には、企業は西洋社会の制度の枠組みにしっかりとおさまっていた。有名な一九五三年の訴訟でニュージャージー州最高裁判所が下した判決は、当時の雰囲気をよくあらわしている。企業が慈善目的で寄付をするのは企業の権限を越えた行為であるとの訴えにたいし、最高裁がそれを合法と判断したのである。裁判所は、公共福利の支援のために「妥当な範囲の」寄付をするのは企業の権限だとする意見のなかで、企業の管理下で富が増えることに言及し、「現代の状況」は「企業が自らの活動するコミュニティの一員として私的な責任とともに社会的な責任を自覚し、それにふさわしく行動すること」を求めている、と指摘した。[81]

企業の魂についての話はすでに沈静していたが、企業が成長して影響力を伸ばすにつれ、都市部の荒廃や公民権運動の高まりといった新しい社会問題を前に、企業の責任を問う声は新たな緊急性をおびはじめていた。[82]広く読まれる本のなかで企業の力の増大が強調されることも多くなり、学者やエグゼクティブやジャーナリストが企業の社会的責任を取り上げるようになって、この種の文章はますます増えていった。[83]

すでに述べたように、そのような要求を見当違いだと批判する声も一部にはあった。しかし多くの人の見方では、前途に立ちはだかる危機を回避するには企業にもっと責任感をもってもらうしかなかった。一九六四年に、当時の代表的な企業研究者がこう書いている。「これらの巨大な力はたいへんな助けになるはずだが、目下のところその力を行使する正当性をほとんど与えられていない」[84]。そうした正当性、責任、釈明義務はゆるぎない権力体系に必須であるから、これからの企業はどうにかして「正当性を要求」しなければならないし、それはまた社会全般にたいする「責任の領域と釈明義務の領域を見つけることでもある」と彼は断言した。三〇年前、この研究者は企業の大衆への責任や株主以外の関係者への責任という考えに異議を唱えていた。だが、時代は変わったのである。[85]

実際、一九六〇年代末から七〇年代初頭になると、企業がさまざまな社会問題に影響をおよぼしうる道徳の行為者であるという見方は、もはや明白になっていた。世間の誰もが企業責任を当然と考えるようになって、多くのアメリカ企業や多国籍企業が各種の道徳違反を糾弾された。消費者の安全への配慮の欠如、市民権の無視、環境汚染、政府官僚への賄賂、選挙違反、不正な投資家誘導、さらには発展途上国の政府の転覆を非難される会社もあった。[86]

企業倫理という新しい分野が生まれ、少数の学者のあいだで道徳の行為者という前提が正しいのかどうかの議論が始まったが、そんな議論も実際の出来事の前には無意味だった。[87]ベトナム戦争、石油危機、インフレ、人種間の緊張、新たに出現した環境問題、都市部の秩序の不安といったことから、アメリカの制度全般への信頼感は急速に下降した。[88]企業は新しい期待をもった世代からの攻撃にさらされ、海外での贈賄スキャンダルが発覚すると、企業への見方はさらに厳しくなった。実に四〇〇以上もの会社が、海外での契約を取りつけるために不法な選挙献金をしたり、外国政府の要人に賄賂を贈っていたことを認めたのである。
超道徳性の信条にしがみついていることの欠点と、それが自己破滅的な結果をもたらす可能性の高さは、いくつかの世論調査が明らかにしたとおりだ。[89] 一九六八年から七七年のあいだに、アメリカ企業は世間の好感度を約八〇パーセントも落としている。一九六八年、企業が収益と公益の適正なバランスをとろうとしていると見ていた人は全体の七〇パーセントだった。それが一九七七年にはわずか一五パーセントに減少したのである。[90]
贈賄スキャンダルは、そうした不正行為を取り締まる新しい法律を生むとともに、企業責任についての関心をいちだんと高めさせた。[91] 一九七〇年代には、いくつかの大企業が役員会レベルの委員会を創設して、倫理や公共問題や責任について話しあうという画期的な取り組みを始めた。[92]
また一九七〇年代は、社会問題に熱心な株主が出現した時期でもあった。一九七〇年の連邦裁判所の判決により、株主が代理人を通じて社会問題を提起できるようになったことも大きかった。[93] 代理人を通じて社会的な懸念事項を役員会に提出したゼネラル・モーターズの投資家の例に刺激され、社会的な関心をもつ株主がつぎつぎと他の会社で同じことを始めた。「社会的に責任のある」投資信託が登場したのもこの時期だった。[94] これらの手段を通じて、株主は会社の雇用方針や製品の安全性から海外での投資、特に、まだアパルトヘイトが法的強制力によって存続していた南アフリカでの投資にいたるまで、企業のさまざまな側面にたいする自分たちの見方を表明しはじめたのだ。[95]
一九七〇年代末には、アメリカ企業と多国籍企業の多くが倫理的な自己規制を取り入れてみせなければならないと感じたらしく、会社の行動規範を定めるようになっていた。前述したように、規範自体は決して新しいものではなかったが、より一般的になったのがこの時期だった。この傾向はその後もつづき、一九八〇年代と九〇年代にいっそう大きく広まった。[96] 一九八六年には、アメリカの防衛産業の主要一八社からなるグループが、規範の概念からさらに進んだ「倫理プログラム」を作成した。「経営倫理と行動に関する防衛産業イニシアチブ」に加盟した企業は、規範を文書化するだけでなく、そこで求められている内容について従業員を教育し、違反の報告を徹底させ、一般社会への説明責任を果たすことに合意した。また、各企業がイニシアチブの条項を順守しているかどうかについて外部の評価を仰ぐことも決まった。「倫理プログラムはなければならない」の題目のもと、年に一回、業界全体での優良実施例を報告しあうフォーラムもつくられた。[97]

ほぼ同じころ、アメリカとカナダの化学産業は、健康、安全、環境に関する化学製品メーカーの基準を向上させる努力に乗りだした。化学業界は以前から健康と環境に無関心だとの非難を受けており、一九八四年にインドのボパールでユニオン・カーバイドの工場から毒物が漏れだし、地元住民三〇〇〇人が死亡してからというもの（従業員の死者はゼロだった）、「多大な不信と誤解にあえいでいた」。そこで開始されたのが「レスポンシブル・ケア」というプログラムで、業界の各企業は取り決められた一連の原則を順守し、排出削減、廃棄物処理、地域社会への対応、従業員の健康と安全などの分野における新たな実施基準を満たすことを求められた。加盟企業は、これらの分野の法的基準を満たすよう改善の努力を傾けるとともに、最先端の技術を導入し、業界の調査で特定された社会の懸念にたいして前向きに取り組むことを義務づけられた。[98]

一九七〇年代は企業人格の変遷における分岐点だった。以後三〇年のあいだに、バリューや配慮や責任のような、道徳の行為者だけにあるとされる特質を企業がもつのは当然として語られるようになった。

一九七〇年代以前には論文くらいにしかでなかった「社風」や「企業文化」といった言葉が、いまではすっかりビジネス用語の一部になった(99)。会社の目的が金儲けだけではないことを明白に示すのは、いまや経営者の重要な仕事である(100)。会社のさまざまな利害関係者との関係を重視したステークホルダー戦略は、多数の支持者を獲得している(101)。企業の「魂」をめぐる議論が復活し、最近でた本のうち、少なくとも十数冊がその手のタイトルをつけている(102)。そして信頼や評判といった道徳的、準道徳的な徳目が、経営論や企業調査のテーマとされるようになった(103)。

これらの題目は、企業研究のさまざまなサブフィールドの専門家によって別個に扱われることが多いため、そのつながりはあまり気づかれなかった。しかし、はっきりそうとは言っていなくても、企業が道徳的な人格をもった道徳の行為者であり、それにふさわしく行動する能力と使命があると暗黙に仮定している点で、これらの題目はいずれも共通の前提をもっている。

道徳的な人格という仮定は法の領域にまで浸透しはじめている。英米における次のような進展を考えてみればいい。

●一九九一年にアメリカで制定された新法に、初めて「組織の過失性（有責性）」という概念があらわれた。この法律は、裁判所が組織の犯罪行為に有罪の判決を下すときの指針となるものである。判事はこれにもとづいて、会社の過失性を考慮してから適切な判決を下さなければならない。不正行為の防止と発見を目的とするプログラムを実施している会社はそれだけ過失性が低いので、罰金もそれだけ少なくなる。同様に、自らの不正行為に自発的に責任をとろうとする会社も「倫理控除」を与えられるため罰金が減額される(104)。

●アメリカを代表する学者、弁護士、判事による一四年以上の議論を経て、一九九四年にアメリカ法律協会はコーポレートガバナンスの原理を発表した。これにより、企業は意思決定の際に倫理的な問題を考慮に入れて、公共目的と人道目的に妥当な範囲で会社の資源を充当することが認められた。[105]

●一九九〇年代に、不正行為で訴えられた企業の訴訟に参考人として呼ばれる専門家のリストに、企業倫理の専門家が加えられた。

●一九八九年に、アメリカの代表的な裁判所によって「明白な、独自の、有利な」企業文化の維持は企業が意思決定をする際の合法的な要因である、という判決が下された。[106] 企業法の権威として知られるデラウェア衡平法裁判所は、株主の大多数が歓迎する敵対的株式公開買付を取締役会が阻止する権限を認めた。取締役会の主張によれば、すでに取り決められていた提携のほうが会社の文化と社会貢献能力をよりよく維持できるということだった。これにたいして裁判所は、企業文化を維持する権利がかならずしも法的に認められるわけではないが、この場合は正当な懸念だと結論した。場合によっては「会社の使命は関係者から完全に経済的なものとして見なされず、会社独自のアイデンティティの存続も無関心の対象としては見なされない」というのが裁判所の意見だった。[107]

●一九九〇年代末までに、アメリカの三一州が、企業の取締役会が意思決定、特に買収されそうな状況での意思決定において株主以外の関係者の利害を考慮に入れることを認める（うち一州では必須とす

る）法律を制定した。(108)

●一九九〇年代半ば、証券取引委員会（SEC）は、株主が代理人を通じて社会問題を提起する能力を制限しようとする努力をやめた。一九九〇年代初頭にその種の提案が数多くだされ、企業が聞き入れなければならないものと、不適切だとして無視できるものとを正当に区別するのが難しくなったため、SECは当初、企業と従業員の関係に関する提案を一律に対象外とした。(109) 重要な社会問題を提起した提案を聞き入れるよう求めていた以前の姿勢を忘れたかのように、企業と従業員の関係にかかわる提案はすべて「通常のビジネス活動」に属するものであり、これは対象外にしてもよいと認められた分野だから、したがって提案の社会的重要性にかかわりなく会社の代理委任制度のテーマから削除できるという理屈をつけたのである。このSECの見解は法廷でも支持されたが、株主からの圧力は強く、最終的にはSECも態度を変えざるをえなかった。(110) 撤回表明のなかで、SECはこう述べた。「充分に意義のある社会政策問題を提起する従業員関係の提案に関して、会社の経営陣に見解を表明する機会を得ることに株主がいかに深い関心をもっているか、われわれもいまではよくわかっている」(111)

●一九九八年、アメリカ労働省は、年金基金の受託者が投資先を選択するにあたり、リスクが同程度の別の機関に投資した場合と同じ程度の収益をだせるなら、投資に社会的な基準を用いてもよいとする勧告的意見をだした。(112) これが発表される以前、社会的な投資は明らかに年金管理者の受託責任不履行であり、したがって容認されるべきではないというのが大方の意見だった。

●組織への判決の指針となる一九九一年の新法で組織の過失性という概念が導入されたのは前述のとおりだが、この概念は一九九〇年代を通じてアメリカのさまざまな政府機関に採用され、細目が規定されていった。たとえば一九九五年に初めて発表された環境保護局の「自己規制についての方針」は、順守プログラムや自己規制プログラムを実施して成果をあげている会社が訴えられた場合、民事刑罰を軽減するとともに刑事制裁を完全に免除することを決めていた[113]。また、証券取引委員会は二〇〇一年、連邦証券法違反で告訴するかどうかを決める場合に、その企業の順守プログラムの成果を考慮すると宣言した[114]。

●イギリスでは二〇〇〇年に施行された新しい年金法のもと、民間部門の年金基金の受託者は、自社の投資戦略が環境面、社会面、倫理面の配慮をしているかどうかを公開しなければならなくなった[115]。政府当局によれば、この変更は政府の次のような意向を反映しているという。「その投資の価値に影響をおよぼす可能性のある多様な要因を受託者にもれなく認識してもらうようにするためである[116]」

●二〇〇〇年に発効したロンドン証券取引所の新しい上場基準により、上場する企業は重大なリスクの取り扱い方針を開示しなければならなくなった。このリスクには、金銭面、テクノロジー面でのリスクだけでなく、法律、健康、安全、環境、評判、および「事業の誠実さ」に関連するリスクも含まれる[117]。

これらの進展からわかるのは、企業がますます道徳の行為者として——すなわち他者の利害を考慮でき、自らへの賞賛も非難も引き受けられ、自己評価、自己規制、自己修正ができる、独自のアイデンティティをもった行為主体として認識されるようになったということだ。言い換えれば、一般に社会の遅行指標と見なされる法律でさえ、企業に道徳性を付与した見方を取り入れはじめているのだ。

もちろん、企業にたいする伝統的な見方もいまだ根強く残っている。企業が道徳の行為者であるという前提が広く認知されるようになったとはいえ、あいかわらず古い教えを信じている人びともいる。たとえば二〇〇一年三月、ある書評家は《ウォール・ストリート・ジャーナル》で、ホロコーストへの企業の関与を批判する著者にたいし、本質的に道徳性をもたないものに道徳的判断を適用するのは誤りだと批判した(118)。同じように、道徳的無関心を当然の前提とするモデルだけにこだわりつづける経営学者も多い。企業の超道徳性という前提は、伝統的な経営理論のほとんどに、いまだに深く根づいている。そして同じように、その確信から抜けだせない組織も数多くある。これについては追って述べよう。

とはいえ、企業の超道徳性のモデルだけにもとづいた経営コンセプトが不備であることは、間違いなく明らかになってきた。一九九〇年代に大流行した企業の「リエンジニアリング」を考えてみればいい。この概念の主唱者だったある人物は、一九九六年にある種のリエンジニアリングの予想外のマイナス効果について触れ、こう認めている。「私は工学畑の人間だったから、人間的な側面をあまり考慮していなかった。しかし、それは非常に重要だったのです(119)」

企業を超道徳的とする見方がまったくの誤りだと言うつもりはない。この見方に結びつく専門家の客観的な視点は、往々にして不可欠である。妥当な戦略、機能する構造、入出力の効果的なプロセスなど、これらはすべて専門的な細部への理解がなければできないことだ。実際、会社の技術的金銭的な機能性をしっかりと把握していない経営者に、道徳的な機能性を指導する能力があるとは思えない。会社が技術的、金銭的に達成できない道徳的スタンスを採用するのは無謀というものだ。いくら会社が投資家やさまざまな関係者に責任を果たそうとしても、会社が存続していなければお話にならない。そして、高い技術能力と強力で安定した収益がなければ、会社が長きにわたって存続することは――少なくとも市場経済では――不可能である。したがって、企業の超道徳性という伝統的な見方に付随する冷静な分析能力は不可欠である。ただし、それは道徳の行為者としての企業の理解の代用とはなりえない。

超道徳的なモデルが完全で自己充足したものだと見なせば、問題が生じる。今日の人びとは、会社が技術的にすばらしく、効率もよく、富の創造もしていることを実証してくれるものと思っているが、同時に会社が道徳の行為者として振る舞い、他の道徳の行為者に求められるさまざまな能力を示すことも期待している。その能力とは、たとえば自分たちの目的を明確化する能力、自分たちの行為を基本的な倫理基準に適合させる能力、他者への配慮を示す能力、自分たちの誤りや不正行為に責任をとる能力、そして彼らの属する社会一般に貢献する能力である。

企業への道徳性の付与は、近年のバリューへの着目を理解する鍵となっている。本章で見てきた進展にあらわれているように、企業が道徳の行為者であるという前提が広く認識されてきたことにより、会社の行為にたいする期待が変わり、実際の行為にたいする評価基準も高くなった。次の章では、その証拠をもっと詳細に見ていくことにしよう。

第五章

高い基準

A HIGHER STANDARD

企業のバリューへの着目は、前章で述べたような進展を反映している。会社が世界に浸透した強力な行為者になると、社会はこれに新たな性格を与えた。会社はますます人間と同じように、道徳的な枠組みのなかでやるべきことを実行しなければならない責任ある存在として見られるようになったのである。この変化とともに、企業の実績を評価する新たな尺度が生まれた。今日の会社は財務面だけで評価されるのではない。道徳面と財務面の双方を含めた基準で測られるようになっている。最も優れた会社とは、どちらの面においても秀でている会社のことなのだ。

こうした「倫理的かつ経済的」な基準が一般的になっている証拠はいくらでもある。企業の評判についての研究、優良企業ランキング、従業員の貢献度調査、世論調査、株価の動きなどは、それを示す指標の一部にすぎない。前に触れた調査の回答者は、会社は伝統的な機能を果たすだけでなく高い倫理基準を設定し、もっと広い社会的目標の達成に貢献するべきだと答えていたが、他の人びともみな企業評価に道徳的な基準を当てはめている。これは、さまざまな集団が会社とかかわるさいに期待すること、懸念することからも見て取れる。どこで働くか、どこからモノを買うか、どこに投資するか、どういう会社を地域社会に招き入れたいかを判断するとき、多くの人は財務面と同時に道徳面についても考慮しているのである。

各関係者の期待

さまざまな関係者の視点から多面的に企業を眺めてみると、確かに財務面と道徳面の双方の考慮が合わさって、企業への態度や判断が形成されているのがわかる。

従業員の視点

まずは従業員を考えてみよう。言うまでもなく、従業員はできるだけ高額の賃金で雇われたい。賃金や給料、手当、ボーナス、そして近年着目されるようになった株式の面で、相場並みか、できればそれ以上のレベルを期待している。また、自分がうまく仕事をこなすのに必要な資源もほしい。そしてもちろん、雇い主の長期的な財政展望も気にかかる。特に勤め先で覚えなければならない技能がその会社特有の、他の職場ですぐに役に立たないものだった場合はなおさらである。

しかし同時に、従業員は敬意をもって公正に扱われること、自分の働きを正当に認められることを求めてもいる。同僚は信頼のおける、約束を破ったりしない人びとであってもらいたい。いまの従業員は、業務上の危険をあらかじめ知らされるのは当然だと思っているし、健康や安全などの福利全般に充分な配慮が認められるのをよしとする。学習や昇進や個人的成長の機会があることも高く評価される。世界をよくすることに自分の才能を生かしたい、自分が誇りをもてる会社に所属したいと考える従業員も多い。そしてほとんどの従業員は、家族や私生活のための時間を欲している。

雇い主の魅力の一部として財務面と道徳面の双方が考慮されていることは、さまざまな調査や研究で実証されている。たとえば《フォーチュン》誌で毎年発表される、働きたいアメリカ企業のベストランキングを見てもいい。一九九八年の開始以来、上位一〇〇社の中身は年ごとに変わっているが、その特徴となる性格にはほとんど変化がない。最高とされる職場は一貫して、賃金が高く、会社内部の充実にお金をかけ、敬意をもって従業員に接する会社である。望ましいとされる会社では、経営者が信頼できると評価されており、従業員同士のあいだに深い信頼がある。従業員はその会社で働いていることを誇りにし、その会社の製品やサービスにかかわっていることを誇りにしている。このような会社では、仲間意識が育ち、従業員が楽しんで職場にいられる。《フォーチュン》の二〇〇一年のレビューでは、これは従業員が敬意をもって処遇され、大人として扱われ、会社に配慮されていると感じられる企業文化があるからだとまとめられていた[1]。

このような傾向は、第二章で触れた三二ヵ国の従業員の貢献度調査からもうかがえる。この調査によれば、従業員の自発的な貢献をうながす要素は六つある。賃金や方針や実務における公正さ、従業員への配慮、従業員への信頼、会社の評判、仕事の資源、そして日常業務の満足度である。世界共通の傾向として、これらの要素に関して自分の会社を高く評価している従業員は、そこを離れず、他人にも推奨し、また、自分の仕事にいっそうの努力をしていることが多かった[2]。

別の調査では、学生が将来の雇い主の魅力を地域社会との関係、従業員との関係、および製品の品質で測っていることがわかった[3]。また別の調査では、地域社会と積極的にかかわっている会社ほど、従業員の多くが自分の会社に誇りを感じ、忠実で、自発的に貢献しようとしていることが明らかになった[4]。

これらの調査を考えあわせると、企業が道徳の行為者であるという前提から予測されるとおりの結果がでていたことになる。従業員の立場にある人の多くは、雇い主の行為に道徳的な判断を下しており、財務面でも道徳面でも健全と判断される会社とかかわりたがっているのである。

顧客の視点

顧客もまた、倫理的な面と経済的な面の双方を考えて取引する会社を選ぶ。もちろん顧客としては、低価格と、金額に見合った価値を求めている。そして従業員と同じく、特定の会社と長くつきあいたい、高い切替コストを払いたくないと思うから、つきあう会社が将来も順調に業績を伸ばすという保証を求める。と同時に、やはりつきあう会社は信頼がおけて、こちらを公正に扱ってくれ、個人情報やビジネス情報の秘密保持を大事にしてくれる会社であってもらいたい。そこの提供する製品やサービスが、品質や機能についての要望を満たしていることも大切だ。ほとんどの顧客は、自分が買うものに健康や安全や環境を害する要素がないかどうかを知りたがっている。世界の一部の地域、特に先進諸国では、各社の製品やサービスがどのように生産されているかに消費者が大きな関心を払っており、ある程度の社会的、環境的な基準に沿ってつくられたものが好まれている。

ここでも、いくつかの研究や調査が顧客の全般的な見方を証明している。すでに見てきたように、会社にたいする顧客の忠実度には、その製品やサービスを買うのにどれくらいかかるかということと同じくらいに、顧客がどんなふうに扱われるか、顧客が買うものにどの程度の品質があるかが影響する。[5] 評判研究の専門家によれば、消費者から最も高い評判を得ている会社は、財務実績、職場環境、製品やサービス、ビジョンとリーダーシップ、社会的責任、全般的な魅力など、さまざまな面において優れた実績を示しているという。[6] 当然ながら、消費者はこうした要素について判断を下すのに、自分自身や親しい知人の実際の経験をもとにしている。さらに、メディアからの情報も判断材料の一つになる。[7] アメリカで最も賞賛されている企業についての《フォーチュン》の報告によれば、第二章で述べたとおり、評判研究の対象として優れている会社はおおむね財務面で傑出しているうえ、「紳士的」でもあるという。[8]

別の研究では、消費者は自分が関心を寄せている社会的目標を支援している会社に好感をもつことがわかった。[9]また、消費者は倫理的で社会的責任感があると思える会社からモノを買う傾向もある。[10]マーケティング研究によれば、消費者は誠実と公正と信頼性を理想的な会社の第一の資質にあげている。[11]

従業員の場合と同様、消費者の倫理的な関心にも二つの領域があるようだ。一つは、その会社が製品にきちんと責任をもっているか、公正な取引をしているかなど、会社の倫理的姿勢が自分自身の直接的な利害にかかわってくる部分である。第二は、その会社が良い市民であるか、環境に有害なことをしていないか、納入業者などにたいして公正な取引をしているかなど、第三者や社会全般にたいする会社の姿勢を問うものである。

この二つの領域にたいする消費者の敏感度を比較した研究はないが、どちらも消費者の意思決定に影響していると思われる。一般常識から考えれば、消費者は第二の領域よりも第一の領域のほうに大きな関心があるだろうし、第二の領域についての関心の大きさは国によってさまざまだろう。実際、ある研究によれば、フランスとドイツの消費者はアメリカの消費者にくらべて、買い物をするときに社会にたいする会社の姿勢を考慮に入れる傾向が強い。[12]しかしアメリカでも、二五〇〇人を対象とした最近の調査では、三六パーセントが会社の市民性を真剣に考慮したうえで製品を買うかどうかを決めると答えている。[13]

消費者の関心度は地域によってかなり異なるが、「企業倫理」や「企業の社会的責任」がさまざまな問題にかかわってくると世界中の消費者が見なしていることは、数々の調査からうかがえる。実際、消費者はこれらの概念を企業のエグゼクティブよりもよほど広範に解釈しているようで、エグゼクティブが専門上の問題としか見ていないものまで、消費者は倫理上の問題と見なしている[14]。いくつかの調査にあらわれている消費者側の重要な問題は、たとえばアメリカでは広告の真実性や、製品の安全性、環境保全であり[15]、フランスとドイツでは雇用保障であり[16]、香港では贈賄や納税回避や偽造品の製造流通である[17]。

また、消費者は自分が賛同できない会社とはつきあおうとしない。アメリカの消費者を対象とした一九九九年の調査では、回答者の四分の一近くが、会社の方針や行動に賛同できないという理由で前年に製品のボイコットをしたことがある、あるいは他人にそうするよう勧めたことがある、と答えていた[18]。イギリスの消費者にたいする一九九八年の調査にも同じような傾向が示されており、回答者の二八パーセントが、過去一年のあいだに倫理上の理由でどこかの会社の製品をボイコットしていた[19]。そしてほぼ同じ割合の人びとが、会社の倫理的な評判をもとにして製品やサービスを選んだと答えていた。第四章で触れた二三ヵ国でのミレニアム世論調査では、回答者の約二三パーセントが、前年の購買のさいに会社の社会的貢献度を基準にして買うか買わないかを決めていた。こうした消費者行動が顕著だったのは北米（五一パーセント）と北ヨーロッパ（三九パーセント）で、比較的少ないのは東ヨーロッパ（一五パーセント）とアジア（一四パーセント）だった[20]。

地域社会の視点

このような傾向は、地域社会の視点に移っても同じようにあらわれている。地域社会も会社に雇用の創出や税収を期待しているし、会社がこのような恩恵を地域にもたらしてくれるよう寛大な誘致条件を提示することもしばしばある。しかし、すでに見たとおり、地元が会社に期待するものはこうした基本的な経済上の利益だけにとどまらない。多くの地域社会は、企業が自分たちのかかえている問題――前の政権がつくりだした混乱も含めて――を一掃し、その他さまざまなマイナス要素を軽減してくれることを望んでいる。さらに、会社は地域社会の法律にしたがうこと、自然環境を保護すること、地元の社会問題の解決に寄与することも求められる。地域社会が求める内容は世界各地で異なるが、いずれにしても役人や市民団体の指導者は、政府部門の縮小によって開いた穴を企業に埋めてもらいたがっている。(21)とはいえ、会社に勝手な行動をされても困るので、地元に重大な影響がおよぶ場合は自分たちが会社の意思決定に参加するつもりさえある。

前述のミレニアム調査でも、世界中の回答者が財務的な要素と社会的な要素の両面で会社を判断していた。各会社の印象はどのように形成されるかという質問で、回答者の半数は、労働習慣、企業倫理、社会的責任、環境への影響といった条件をあげた。調査対象となった二三ヵ国のうち二〇ヵ国では、第四章で述べたように、過半数が会社は収益をあげる、税金を払う、雇用を創出する、法律にしたがうなどの伝統的な役割以上のことを果たすべきだと答えている。また、世界的な関心事項のなかには、従業員の健康と安全、従業員への公正な扱い、贈賄などの腐敗行為の禁止、環境保護、児童労働の廃止などが含まれていた。これらの結果は、他の世論調査が示唆していることとも一致する。つまり今日の人びとは、会社がどこの国で営業活動をするにせよ、そこの市民として――社会的な責任を有する道徳の行為者として――行動することを期待しているのだ。(22)税金を納め、法を順守するのはもちろんのこと、今日の会社は社会全般のさまざまな問題の解決に積極的な役割を担うことを期待されているのである。

こうした世間の期待は、企業責任の問題を審議したアメリカの陪審にたいする最近の調査からも裏づけられる。(23)調査された陪審員の約半数は、企業は個人と同等の道徳的基準を満たすべきだと答えた。たとえば典型的なコメントは以下のとおりである。「企業はわれわれ個人と同じ倫理的責任、道徳的責任をもっているのだから、その基準にしたがうべきだと思う[24]」。このグループは、企業に個人以上の基準を期待するのは不公平だと感じていたが、陪審員の四〇パーセントは、企業は個人よりも高い道徳基準を満たすべきだと答えている。これら要求の厳しい陪審員の言い分は、個人よりも企業のほうが資産も多く、知識も多く、規模も大きく、影響力も大きく、社会で特別な役割を担っているのだから、その点を考慮に入れるべきだというのである。

いくつかの世論調査と、少なくとも一つの模擬陪審では、さらに大多数が企業に個人よりも高い基準を求めていた[25]。たとえば、一九九六年にワシントンと東京とモスクワで行われた調査では、企業は個人よりも大きな事故防止責任があると答えた人が三都市すべてで過半数にのぼった。また、企業は個人よりも慎重に意思決定をするべきであると答えた人も、三都市のすべてで過半数に達している[26]。

投資家の視点

それでは投資家はどうだろうか。疑いなく、株主の目当ては相場を下回らない、できれば上回るくらいの収益である。しかし投資家の大半は、それ以外のことも期待している。透明性、タイムリーな情報、信頼性のある予測、公正な扱い、そして意見を聞いてもらえる機会などだ。また、投資家は多かれ少なかれ、基本的に敬意をもって扱われることを期待している。自分の利益は知識ある献身的な経営陣によって真剣に考慮されるべきであり、経営者側の勝手な都合で軽んじられたりしてはならないのだ。さらに一部の投資家は、自分の投資する会社が別の関係者をどのように扱っているかにも関心をもちはじめている。

この数十年のあいだに、投資家の関心はますます幅広くなり、企業のさまざまな面におよぶようになった。株主の数が増えて結束が固まるにつれ、株主は自分の投資する会社の経営に積極的な関心を示すようにもなった。今日の多くの投資家は、もはや会計資料や財務資料についてだけでなく、企業の統治機構や乗っ取り防止対策、エグゼクティブの報酬、雇用習慣、環境や社会的責任や人権についての企業方針などに関しても情報の提示を求めるようになっているのだ。[27]

前述したように、投資家の意見を表明する一手段となっているのが、一九四二年にアメリカの法律で正式に定められた株主代理人制度だ。[28]投資家責任研究センターによれば、二〇〇〇年に代理人制度を通じて投資家からだされた提案は、約八二〇件あった。そのうち二四二件は社会的な問題に関するもので、アメリカの主要企業一八〇社以上がこれらの提案の対象とされている。[29]そこに反映されていた二〇〇〇年の投資家の社会的関心は、環境、雇用の平等、国際的な労働基本権や人権などを中心に、多岐にわたった。アメリカ以外の国を見ると、投資家がこうした提案をするようになったのはごく最近のことで、提案のしかたも国によって大きく異なっている。しかし、アメリカ以外の国の投資家の行動を調べたある研究によれば、二〇〇一年に株主からだされた提案一四一件のうち、四九件が社会問題に関することだった。[30]その四九件のうち、四二件は日本企業八社にたいしてだされたもので、主に電力産業の会社に向けられていた。

また投資家は、社会的な関心を非公式にも表明するようになっている。イギリスで二〇〇〇年に行われた企業と地方自治体の年金基金に関する調査では、基金の三九パーセントが社会的な問題に関して経営や運営に関与する方針を採用していた。[31]一九九九年のアメリカでは、社会改善に積極的にかかわっているといると主張する機関や基金が約九二二〇億ドルもの資産を動かしていた。[32]多くの機関投資家も、特に社会改革者を自称してはいなくても、実際にはさまざまな問題について経営に関与している。

ここ三〇年の社会投資の成長も、投資家の関心の広がりを示す一つの指標だ。財務に関する基準とともに道徳に関する基準が投資先の決定に用いられるのはいまに始まったことではないが、第四章で述べたとおり、これが投資信託業界における明確な投資戦略として初めてでてきたのは一九七〇年代初めのことである。[33] 当時は、財政的に成功するはずのない無謀なアイデアと見なされていた社会基金部門だが、一九九九年には全米で約一七五もの社会基金があり、一九九五年に一二〇億ドルだった総資産が一五四〇億ドルまで増えている。[34]「社会意識ファンド」、「道義にもとづく投資ファンド」、「倫理的な投資ファンド」など呼び方はさまざまだが、こうした基金の数が最も多いのはアメリカである。しかしカナダやヨーロッパや南アフリカ、そして最近では日本でも、このような社会基金があらわれてきている。[35] 二〇〇一年半ばのヨーロッパには、一般人が投資できる社会基金が二五〇ほどもあり、約一二八億ドルの資産を擁している。[36]

投資信託だけでなく、社会投資を目的とした金融資産すべてを考えると、アメリカの一九九九年末の総資産額は一・五兆ドル近くに達していた。当時、専門家の管理に託されていた資産総額一六・三兆のごく一部にはすぎなかったが、社会基金部門は一九九五年から九九年のあいだに複利年率七四パーセントで成長していた。同じ期間に投資信託の全資産が成長した率は二五パーセントである。[37] 社会投資目的の金融資産はほとんどテクノロジー関連株に投資されていたので、成長のどの程度がこの要素によるものので、どの程度が投資家基盤の広がりによるものなのかは明らかでない。

おそらく大半の会社にとってもっと重要なのは、伝統的な金融界においても確実に従来よりも幅広い見方がとられつつあることだろう。新しい株価指数がその一例である。一九九九年、ダウジョーンズは

SAMサステナビリティグループと協力して新しい株価指数、ダウジョーンズ・サステナビリティグループ・インデックス（DJSGI）を開発した。このインデックスは、環境や社会への配慮を経済的な目的と統合した戦略をとっている会社を追跡したものである。この地域指数と世界指数に採用された会社は、活動場所の地域社会を含め、さまざまな関係者への貢献を実証しなければならないだけでなく、健全な収益と長期的な経済成長も示さなければならない。今日の投資家は、経済、環境、社会の発展への関心を通じて長期的な株主価値を創造する会社に魅力を感じるようになっているとの前提にもとづいて、最高級の実施基準を設定しながら優れた財務実績も維持している会社がこの指数の対象になっている[38]。

二〇〇一年、《フィナンシャル・タイムズ》とロンドン証券取引所も同じような指数を開発した。このFTSE4グッド指数という「倫理的な株式」指数の銘柄となるためには、環境や人権、およびステークホルダーとの関係を含む社会性にかかわる基準を満たしていなければならない[39]。

一九九〇年代を通じて、多くの主要証券会社が一般投資家に訴えるこの種のファンドや商品を開発した。メリルリンチやスミス・バーニー、バンガード、UBS、クレディスイスなどの大手資金運用会社も、独自の社会投資基金を創設した。二〇〇一年に、全ヨーロッパの三〇二人の証券アナリストとファンドマネジャーを対象として行われた調査では、回答者の三分の一が社会投資市場に商品をだしていた[40]。この分野の成長はまだまだつづくというのが評論家の見方であり、その根拠として、たとえば最近イギリスで行われた年金加入者への調査があげられる。回答者のほぼ三分の二が、受託者に社会投資をしてほしいと望んでいたのである[41]。

大手金融機関は宗教にもとづいた新しい基金も開発している。たとえばイスラム教基金なら、イスラム教の倫理原則にしたがって営業している会社だけに投資するのである。メリルリンチの試算によれば、この市場だけでも六〇〇〇億ドルの未開拓な資金があるという[42]。

しかし、こうした特殊な基金は別としても、投資家はたいてい不正行為や有害な活動にかかわった会社を嫌うものである。ソロモンの財務省入札危機のあとやブリヂストン・ファイアストンのタイヤ回収のあと、あるいはエンロンの虚偽財務報告と私的金融取引の発覚のあと、いっせいに株式が売却されたのも意外なことではない。これまでの章で見てきたように、不正行為が——特に高級官僚がかかわっていた場合や、不正行為が蔓延していると考えられた場合に——投資家の信用を損ない、その会社の市場価値を大幅に失わせることは、いくつかの研究によって実証されている[43]。会社がマイノリティ優遇措置で賞賛されれば株価が上がり、雇用差別訴訟を示談にすれば株価が下がることもわかっている[44]。そして多くの個人投資家は、会社の倫理観を考慮したうえで、そこの株式に投資するかどうかを決めると言っている。アメリカの投資家を対象としたある調査では、七二パーセントがそうすると答えていた[45]。また別の調査では、二六パーセントが会社のビジネス習慣と倫理観をきわめて重要な投資決定のポイントにしていると答えていた[46]。

こうした証拠が示すのは、投資家自身が企業の行為に関心をもっているかどうかは別として、彼らは他の人びとの関心がえてして自分の投資する会社の財務業績に反映されるのを理解しているということだ。望ましいバリューを守ることの利益を投資家がまだ完全に認識してはいないとしても、不正行為が信頼の喪失、売り上げの低下、雇用困難、法的問題、信用度の低下につながって、会社の市場価値を損なうという因果連鎖に、投資家はますます気づいてきたように思われる。したがって、シェルなどの会社が気づいたように、主要アナリストは社会問題や環境問題といった財務に関係のない問題についての企業方針に関心を示しはじめている。主要経済雑誌のページをめくってみれば、評論家が公共・民間のファンドマネジャー向けに、リスクアセスメントの枠組みを広げて「国の安全、人権、信教の自由などの問題」まで含めるようにと助言していることがわかる。[47]

新しいパフォーマンス・パラダイム

関係者の期待についてのさまざまな調査が示しているように、今日の会社はますます厳しくなる各方面からの要求を満たさなければ、人材、顧客、世間の支持、そして資本そのものの市場で競争していかれない。これら各方面の要求を考えあわせると、企業のパフォーマンスに新たな基準が生まれつつあることがわかる。今日の企業は財務面とともに道徳面においても優れた業績を残さなければならないのだ。一般に「パフォーマンス・パラダイム」や「パフォーマンス・モデル」には二つの要素があると考えられている。それは大まかに分類すれば、いわゆる結果と手段に相当する。「結果」の要素とは達成すべき目標のことであり、「手段」の要素とは目標に達するための最良の理論である。道徳の行為者という前提が浸透してくるにつれ、伝統的なパフォーマンス・モデルの二つの側面には疑問が投げかけられ、企業のパフォーマンスとはこれだという従来の概念も、それを達成するための昔ながらの教えも、ともに再考を迫られるようになった。

超道徳的な商業手段という伝統的な会社観と一致して、一般に「企業パフォーマンス」は「財務結果」の同義語と考えられてきた。収益、株主資本利益率、使用平均資本利益率、経済付加価値など、数ある財務指標のいずれで測られようと、つまるところは業績基準とは純粋に財務上のものであり、少なくとも資本主義の世界ではそう解釈されてきた。共産主義社会では少し話が違い、間接的に測られることに変わりはないが、生産高が事業パフォーマンスの測定基準となっていた。しかし、どちらの制度にせよ、求められている結果がどのように達成されるかは、あくまでも専門的な問題としてとらえられ、何らかの道徳的な問題とはまったく結びつけられていなかった。

この基準の枠内では、他のすべて――各個人、地域社会、自然環境――は、結果にいたるまでの手段にすぎなかった。財務上の結果をだすためだけに邁進して顧客や従業員のような株主以外の関係者に利益が生じるのなら、それに越したことはない。そうはならずに有害な副作用が生じたとしても、それはそれでかまわない。企業の立場からすれば、そうした副作用は他の誰か、政府や学校や家族や教会や慈善団体や個人が処理すべき問題であり、パフォーマンスの良し悪しと混同されるべき問題ではなかったのだ。実際、私は経営学の世界でおよそ二〇年を過ごしてきて、誰かがパフォーマンスの概念に疑問を投げかけるのをほとんど耳にしたことがない。この概念は、従来の考え方にそれほど深く根づいているのだ。

しかし、立派な血統書がついていても、こうした企業パフォーマンスの解釈はどんどん現実からずれていった。企業の行動が道徳的な面から判断されるようになるにつれ、パフォーマンスは財務結果とイコールではなくなり、財務上の目標を達成するための手段にも厳しい検証の目が向けられるようになっている。今日の環境でワールドクラスを目指す会社は、もはや第三者への有害な影響を管轄外の問題として無視してはいられない。重要な社会規範に背いているとか、公共の利益を損なっているといった非難にたいし、優れた財務結果をだしているからいいではないか、と片づけてもいられない。言葉を変えれば、いくら会社がすばらしい業績をあげても、それが不正な競争、従業員の搾取、市民としての役割の無視によってあげた業績なら、すばらしい業績と言えなくなっているのである。

これは財務結果が重要視されなくなったという意味ではない。むしろ前述した各関係者の期待を考えるなら、財務結果は以前にもまして重視されている。最近、株主価値は終焉に近づいていると断言した本があったが[48]、それを支持する証拠はほとんどない。ただし、もはや会社が財務結果だけで判断されることはなくなっている。今日の会社が真にすばらしいと認められるには、優れた財務結果をだすだけ、高い生産目標を達成するだけでは不充分である。今日の会社は収益を気にする株主からだけでなく、他の関係者からも高く評価されなければならない。そしてそのためには、これまで見てきたように、経済的な基準と倫理的な基準の双方を満たさなければならないのである。

おそらく、この新たな基準の出現を最も明白に示しているのが、この一〇年のあいだにあちこちで行われてきた「最も賞賛される」会社や「最も尊敬される」会社についての調査結果だろう。さまざまなビジネス誌が主催する一年ごとの調査から、企業のエグゼクティブ、理事、ビジネス専門家が、企業の優良性をどのように定義しているかがうかがえる。これらは言わば、専門の経営者たちに「同業者評価」を見せるものとなっている。

最もビジネス寄りのこうした読者のあいだでさえ、最高の栄誉は多くの関係者層を満足させられた会社に贈られている。図5―1（192〜193ページ）は、特に有名な調査で用いられている判断基準をまとめたものだ。どの調査にも共通する優良企業の条件は、複数の面でよい成績をあげていることだ。そして、わずかの例外を除いて共通するもう一つの条件は、投資家の意向だけでなく従業員や顧客や地域社会の意向にも目を向けていることである。

各調査にはそれぞれの基準があるが、相違点よりは共通点のほうがはるかに目立つ。これらの調査における代表的な判定要因は、財務上の基準と財務にかかわりのない基準の双方が重要であることを明らかにしている。財務結果はもちろん不可欠だが、それだけではこの厳しい批評家たちから最高の評価を得るのに充分でない。「最も賞賛される会社」の名簿に入りたいのであれば、複数の面で優れた業績をあげなければならない。くわしくは図5―1を見ていただきたいが、簡単にまとめれば、その複数の評価基準は次のようになる。

●全般的な機能性：組織全体の有効性に関する評価基準
●投資家へのアピール：財務上の実績と潜在能力に関する評価基準
●従業員へのアピール：従業員にとっての魅力に関する評価基準
●顧客へのアピール：顧客の意向に関する評価基準
●地域社会へのアピール：地域社会の意向に関する評価基準

近年では、経営の専門家まで財務にかかわりない面でのパフォーマンスの測定を奨励しはじめている。ただし一部には、完全に財務上の理由から幅広い測定基準を用いるべきだと主張する意見もある。この考え方によれば、経営者は何が優れた財務結果をもたらすかを理解して、その要因を追求すれば、それだけ思いどおりの結果が得られるという(49)。第二章で見たように、この原動力の多くは財務とかかわりの

	調査の主催者とタイトル	開始日	判定基準（*） 全般的な機能性(1)	投資家にたいして(2)	従業員にたいして(3)	顧客にたいして(4)	地域社会にたいして(5)	回答者
アジアの調査	エイシアンビジネス「アジアの最も賞賛される会社」	1992−2002	●	●	○	●	●	《エイシアンビジネス》の発行データベースから任意に選出された上級管理者、CEO、役員
アジアの調査	ファーイースタンエコノミックレビュー「レビュー200：アジアのリーディング企業」	1993	●	●	○	●	○	《レビュー》、およびアジアの他のビジネス誌（6）の購読者から任意に選出
ヨーロッパ	マネジメントトゥデイ「英国の最も賞賛される会社」	1994	●	●	●	●	●	最大手の株式会社のエグゼクティブ、主要投資会社のアナリスト
ヨーロッパ	フィナンシャル・タイムズ「ヨーロッパの最も尊敬される会社（7）」	1994−7	●	●	●	●	●	会長、最高経営責任者、財務担当役員
アメリカ	フォーチュン「アメリカの最も賞賛される企業」	1983	●	●	●	●	●	エグゼクティブ、役員、証券アナリスト
アメリカ	米国商務省「マルコム・ボールドリッジ国家品質賞」	1988	●	●	●	●	●	産業、教育、政府、非営利組織の各分野からの専門家
世界	フォーチュン「世界の最も賞賛される会社」	1997	●	●	●	●	●	エグゼクティブ、役員、証券アナリスト
世界	インダストリーウィーク「最優良経営企業100社」	1996−2000	●	●	●	●	●	《インダストリーウィーク》編集者、世界の専門家（ビジネスリーダー、アナリスト、学者）
世界	フィナンシャル・タイムズ「世界の最も尊敬される会社」	1998	●	●	●	●	●	最高経営責任者とファンドマネジャー（2001年に消費者、メディア、NGOが追加）（8）

注記

（*）判定基準は年ごとに変わる。たとえば《エイシアンビジネス》の場合、2000年に「雇用主の望ましさ」の項目が削除された。この図は2000年、または2001年に採用された基準を反映している。

（1−5）反対側のページを参照。
（6）2001年は《ビジネスレビューウィークリー・オブ・オーストラリア》、《ビジネスインディア》、《エイシアン・ウォールストリートジャーナル》。
（7）1998年に、より広範な調査「世界の最も尊敬される会社」に統合された。
（8）2001年に回答者層が拡大され、消費者、メディア、NGOを含むようになった。ファンドマネジャーは財務実績に関してだけ質問された。

図5-1　企業の優良性についてのエグゼクティブの見方

図5-1の判定基準の説明

1. 全般的な機能性

経営品質、革新性、強力かつ緻密な戦略、長期展望、変革能力、組織的なアプローチ、誠実性と倫理観、組織の効率性、グローバル度などの基準で判定される。

2. 投資家へのアピール

財務の健全性、収益性、投資収益力、資産利用、成長性などの基準で判定される。

3. 従業員へのアピール

人材を集め、育て、保持する能力、職場環境、組織および個人の学習の奨励、雇用主の望ましさ、活気ある人間的な企業文化、従業員福利などの基準で判定される。

4. 顧客へのアピール

顧客サービスの品質、製品やサービスの品質、顧客の忠実度、顧客の満足度、顧客の要望への敏感度、市場開発、顧客への関心度などの基準で判定される。

5. 地域社会へのアピール

市民性、地域社会や環境への責任感、環境への配慮、社会貢献、地域経済への貢献、法規制の順守などの基準で判定される。

ないものである。したがって、たとえば顧客の忠実さが財務上の業績に大きく影響する事業では、経営者は顧客の忠実さを測る手段を考えるよう助言される。また、従業員の離職にコストがかさんでいる事業なら、従業員の満足を追求するようながされたり、あるいはさらに因果連鎖をさかのぼって従業員の満足を生みだす要因を突きとめるよう求められる。財務と無関係な変数にたいするこの種のアプローチは、実は伝統的なパフォーマンス・モデルとまったく変わりない。財務以外の要素が財務上の結果をだすための手段としてしか考えられていないからだ。

しかし、これまでの章で見てきた証拠からして、いくつかの非財務的な変数はそれ自体が重要なのであり、財務結果の直接の原因でなくても成功の不可欠な要因であるかもしれない。したがって、経営者は財務上のパフォーマンスを気にかけるのと同じ理由から、これらについても気にかけなければならない。これらは本質的に重要なものであり、今日のリーディング企業に期待されていることの一部だからだ。正直な会計、従業員の尊重、製品リスクの開示、市民としての自制といった事柄は、すばらしい業績をあげるための手段にとどまらない。これらは「すばらしい業績」そのものの一部になってきているのだ。

この企業パフォーマンスの拡大概念は、ここ数十年で当たり前のこととなってきた、企業の説明責任を求める声にも内在している。道徳の行為者という前提が浸透するにつれ、今日の会社は財務結果の悪さについてだけでなく、重要な人間的価値を侵害する（と見られる）行動についても、答えを求められるようになってきた。場合によっては納入業者や流通業者など、ビジネスパートナーの行為についてまで回答を求められる。これらの説明要求は、さまざまな形態をとって行われる。メディアの追及、法的な異議申し立て、不買運動、さらには消費者団体、労働団体、市民団体、宗教団体など、さまざまな非政府組織による直接行動もある。

前に見たように、シェルは一九九〇年代半ば、ぱっとしない財務パフォーマンスについてだけでなく、環境面での前歴、人権に関する姿勢、ナイジェリアの野蛮な独裁政権との協力についても非難を浴びた。スウェーデンの世界的な家具会社のイケアも同じような経験をしている。一九九四年、スウェーデンのテレビで手織り絨毯産業の児童労働についてのドキュメンタリー――第三章を参照――が放映されると、イケアの部品調達方法に批判が向けられた。映像のなかの絨毯商人が、顧客としてイケアの社名を明かしていたのである。イケアはすぐさま疑惑の的となった。真実であるかどうかはともかく、この映像はイケアが南アジアの児童労働者によってつくられた絨毯を売っているという印象を与えていた。過酷に働かされている子供たちのなかには六歳から八歳くらいの幼児も含まれていて、絨毯織機に鎖で縛りつけられている子供もいた。工場主は昔からの習慣にしたがって、親の借金のかたに子供を拘束していたのである。[50]

もう一つの有名な例は、アメリカの巨大製靴会社、ナイキである。一九九〇年代のほとんどを通じて、ナイキの部品調達方法は批判と論議の対象になっていた。主に労働団体によって火をつけられた反ナイキ・キャンペーンは、納入業者の雇用慣行への批判を中心に展開された。ナイキの使う納入業者はすべて貧しい国々の独立請負業者だったのだ。法定最低賃金を下回ることさえある不充分な支払い、安全とは言えない職場環境、肉体的虐待やセクシャルハラスメントを含む監督者による酷使、未成年者の採用などが槍玉にあげられた。

ただし、これらのケースで批判された方法の多くは、いまに始まったものではない。むしろ何年も前から普通に行われていたことだった。イケアの材料調達は、コスト、品質、遅れのない納品を中心基準とした、いわゆる最良実施例として他の多くの会社で行われていることとまったく変わらなかった。シェルにしても、ナイジェリアで一九七〇年代からずっと同じことをやっていたにすぎなかった。当時は、シェルとブリティッシュペトロリアム(BP)の二企業が入っていたが、このときからナイジェリア政府は両社の事業に出資していたのである。

ナイキについて言えば、運動靴の製造を海外の低コストの工場に外部委託するやりかたは、一九九〇年代の「バーチャル企業」の先駆としての栄誉をナイキにもたらしていた。恥ずべきことであるどころか、ナイキの製造戦略は何年ものあいだ、会社が世界的企業に躍進するための不可欠な要素として絶賛されていたのだ。この製造方法は、一九六〇年代に初めて導入されたときにはきわめて革新的なものだったし、創立者であるフィル・ナイトの企業理念の根本をなすものでもあった。この方法をとることで、ナイキは同業他社よりもずっと低くコストを抑え、成功のもう一つの不可欠要因であるマーケティングに力を集中できるようになったのだ。一九八〇年代の末、ナイキは最も安い製造業者を求めて国から国へと積極的に製造元を移していった。それにともなって、収益はみるみる伸びていった。このナイキ旋風は世界中で成功のシンボルと見なされた。ナイキへの批判が目に見えてあらわれてきたのは九〇年代の初めだったが、そのころにはナイキ・ブランドは約三五億ドルの価値をもち、九二年から九三年だけで一八パーセントも成長していた。[51]

こうした背景を考えると、各種の抗議運動で槍玉にあげられた企業がしばしば応戦姿勢をとったり、批判者はビジネスを知らないだけだと片づけたりしたのも不思議ではない。「それはわれわれの責任ではない」という返答が、少なくとも当初はきまり文句だった。(ただし、イケアはこのかぎりでない。児童労働で儲けているという批判を受けて、イケアは納入業者を変更し、児童労働者を積極的に支援する対策で応じた。）たとえば一九九一年、納入業者の労働条件について問いつめられたナイキのマネジャーは、こう答えた。「それはわれわれの関知するところではない……それを知る必要が果たしてあるのだろうか[52]」

これらの論争は、古い規範と新しい規範との避けがたい対立を浮き彫りにした。企業は超道徳的な商業手段だという伝統的な見方と、企業は自らの行動に責任をもつ道徳の行為者で、他者の正当な主張に耳を傾けるべきだとする近年の見方との断層が、くっきりと見えるようになってきた。

新しい企業観の支持層は、かなり順調に味方を集めてきている。世間一般、顧客、従業員はもとより、投資家のあいだでもこの見方を支持する人が増えている。シェルはブレント・スパーとナイジェリアの一件で売り上げを落とし、デモの標的となったが、おそらくそれよりも衝撃だったのは、自身の内部調査の結果だろう。シェルの多くの従業員が、会社は人権や環境の問題に関して明確な立場をとるべきだと感じていたのである。一部の株主も、これらの問題を放置しておけないと感じたらしく、環境と企業責任に関する会社の方針を実行して報告するよう経営陣に求める決議を提出した[53]。この決議は通らなかったが、一〇・五パーセントの票を集めて、ロンドン《タイムズ》の社説に「会社への大打撃」、「業界全体への強烈なメッセージ」と書かせた[54]。これらの出来事から、シェルは投資家に財務面の情報だけでなく財務とかかわりのない情報まで伝えるようになった。機関投資家のあいだで社会的責任への関心が高まっていたからでもある。

一方、ナイキは一九九八年に、会社の地位が大きく揺らいでいることを自覚した。この年、アメリカの靴市場におけるナイキのシェアは三二・九パーセントに落ちた。それまではずっと右肩上がりで、前年には四七パーセントのシェアに達していたのである。ナイキの株式は、過去五年間に莫大な収益を株主にもたらしていたが、その価値を二〇パーセントも落とし、S&P500や同業他社よりも低い収益しかもたらさなくなった[55]。アナリストはこうした低迷の原因として、製品の新鮮味のなさ、新しいライバルの出現、アジアの金融危機などをあげ、消費者の反発についてはそれほど重視しなかったが、ナイキはこの年、納入業者の労働条件に関する会社の姿勢をきっぱりと変更した[56]。

それは突然の方向転換だった。ナイキは従来の「われわれの責任ではない」という見解を捨て、六項目からなるプログラムを開始すると宣言した。その目標は、納入業者の労働条件の改善、アジアの小規模事業融資プログラムの支援拡大、そして責任あるビジネス習慣に関する大学の研究を支援することだった。また、環境、健康、安全に関する新しいプログラムを開始して、その運営に必要なツールと教育をすべてのナイキの工場に提供すると発表した。こうした活動を宣言するなかで、CEOのフィル・ナイトはこう語った。この会社とそこで働く人びとは「スポーツが大好き」で「競争をいとわない」が、「よい企業市民としての責任感から……われわれの製品をつくっている五〇万人の労働条件を改善するために力をつくす[57]」。

企業の説明責任を、株主に財務結果を説明する責任としか考えていなかった経営者にとって、こうした進展を受け入れるのは難しいかもしれない。これは伝統的な枠組みにうまく嚙みあわないうえ、さまざまな点において経営者の新たな注意を必要とすることになる。企業の説明責任がどこまで拡大されてきたかをあらわしているのが、**図5－2**の概念図である。

この図に示されているように、道徳の行為者という前提をとるならば、企業の説明責任の範囲は株主にたいする財務上の説明責任をはるかに超えることになる。図の二つの軸、「誰にたいする説明責任か」と「何についての説明責任か」によってあらわされる領域は、伝統的な範囲と比較して、より多くの要

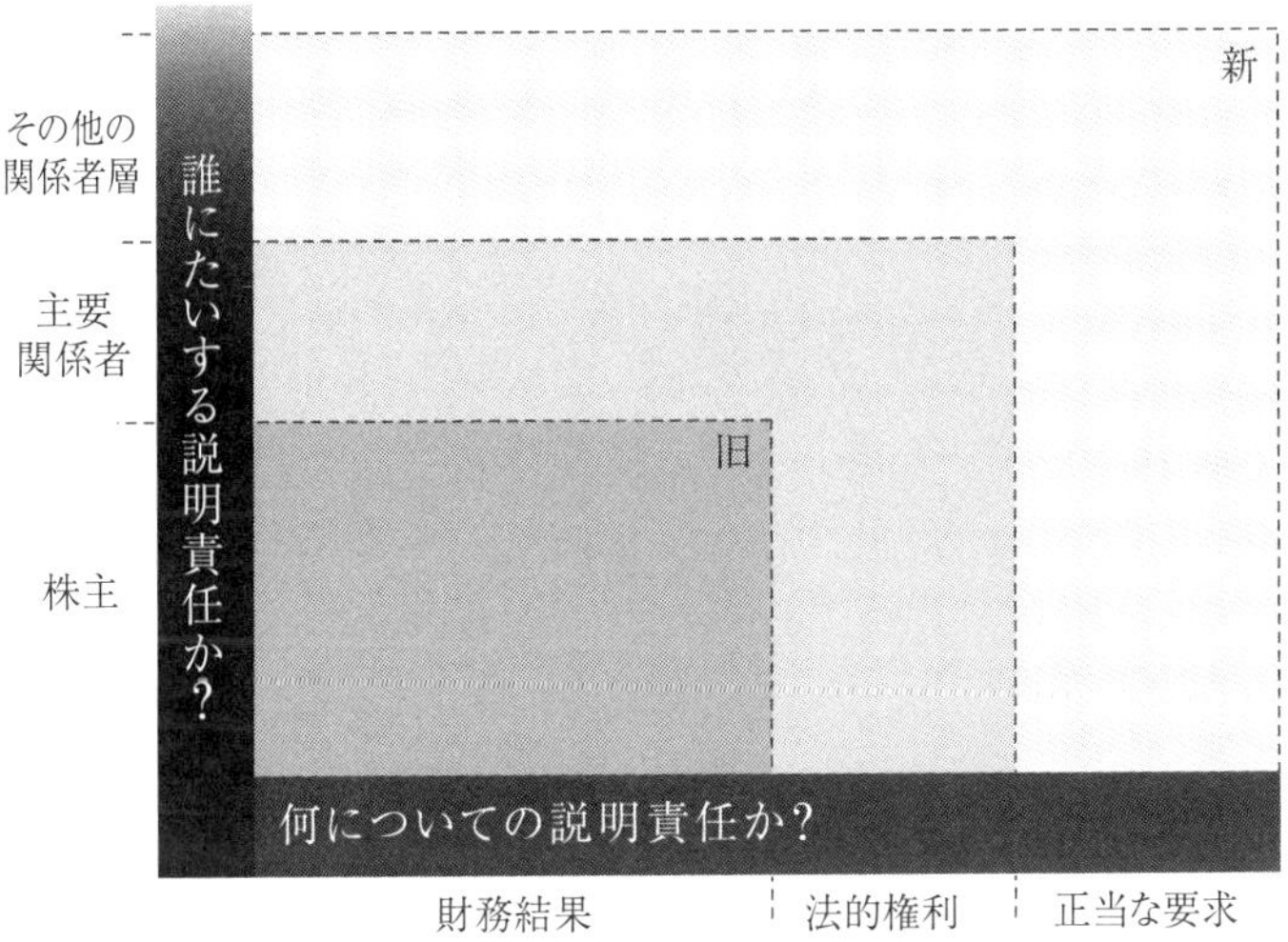

図 5-2　説明責任の範囲

素を含んだ拡大されたものになっている。つまり、今日のリーディング企業に期待されているのは株主にたいする返答だけではなく、直接的にかかわりのある主要関係者への返答だけでも不充分だ。企業の行動によって影響を受ける第三者――もっと正確に言えば、企業の行動によって損害を受ける第三者にたいしても返答を期待されているのである（というのも、何か問題が起こらないかぎり説明責任についての疑問はめったに生じないし、生じるとしても、賞賛に値するすばらしい仕事をしたのは誰なのかという嬉しい疑問のかたちでだされることが大半だからである）。そして、これらの関係者の正当な財務上の要求を満たすだけでも充分ではない。彼らの法的権利はもちろん、公正、人権、社会的責任といった道徳的な考えにもとづいた、法の範疇外の要求にも関心を払うよう期待されている。

なすべきことは明らかだ。原則として、各関係者の期待は着実に高まっている。その変化に遅れないようにするために、会社は各方面での最新の変化を見逃さないようにしなければならない。市場やテクノロジーの変化をとらえるのは昔から重要だったが、いまではそれに加えて、社会、政治、法律、文化における変化にもいっそうの注意を払わなければならない。経営者はテクノロジーの変化にともなう財務上の影響だけでなく、倫理面や法律面にも関心を高めなければならない。特に情報工学や生物工学など、テクノロジーの最先端で活動している企業ならばなおさらだ。これらの分野のパイオニア企業で、倫理的な問題や法的な問題と無縁でいられた会社はほとんどない。ビジネスモデルを構築するにあたっても、これらの問題を考慮に入れていなければ、持続可能なモデルはつくれないだろう。そして何か支障が生じてから、あわててつけ足すことになる。あとの第八章で見るように、新しいソフトウェア製品に最初からプライバシー制御機能を備えておくほうが、世間に激しく抗議されてから組み込むよりもよほど容易なのである。

複数の事業を異なる社会的背景のなかで営んでいる会社は、なすべきことも複数になる。会社の活動によって誰が影響を受けるかは、主要関係者も含め、事業内容や活動場所によって違ってくるだろう。したがって、彼らの正当な要求や関心の内容もそれぞれ違ってくるはずだ。ある事業では、消費者の安全が最大の問題であるかもしれない。そして別の事業では、最大の問題が顧客のプライバシーとなるかもしれない。いくつかの国では、従業員は健康の保障を雇い主である企業に求めている。しかし別の国では、従業員がその保護を政府に求めている。ある地域では、環境問題が最も大きな懸念事項であるかもしれないが、別の地域では市民の関心が教育や失業や腐敗との戦いのほうに向いているかもしれない。図5―2に示されているような枠組みでは、それぞれの事業体ごと、活動場所ごとの分析が必要になるわけだ。

この枠組みに反映されている説明責任の基準は、恐ろしく高いものに見えるかもしれない。確かに基準は過去にくらべて厳しくなっている。しかし別の見方をすれば、ことさらに厳しいわけでもない。本質的に、この基準はすべての道徳の行為者に期待されていることを会社に求めているにすぎないのだ。すなわち、事業を営むときには他者の正当な要求を尊重せよということである。

この新しい基準の何が「新しい」かと言えば、これが従来のように個人だけでなく、会社にも適用されたことである。その点を除けば、これは昔から広く支持されてきた説明責任の原則を改めて宣言しただけにすぎない。十八世紀スコットランドの哲学者で、近代経済思想の父と呼ばれるアダム・スミスも、この説明責任の原則の支持者だった。超道徳的な市場思想を考えだしたのはスミスだとも言われるが、同時にスミスは、企業経営における「汚職」や不正行為の悪影響について警告してもいた[58]。道徳哲学を説いた有名な著作『道徳感情論』のなかで、スミスはこう主張している。他者の幸福を侵害するものは、故意であろうとなかろうと、何らかの償いを求められる――この考え方は、図5―2の枠組みとまったく矛盾しない[59]。

とはいえ、ほとんどの会社は今日のパフォーマンス基準を満たすことを意識してつくられたわけではない。したがって、多くの会社にはこの拡大された説明責任の定義を満たすのに必要な能力が欠如している。いまの会社にどんな修正が必要なのか、経営者はどうしたら必要な能力を組織に備えられるのか。それについては、第七章以降で見ていくことにしよう。

変化の力

今日の多くの会社に見られるバリューの重視は、本章で説明した新しいパフォーマンス基準の出現を反映したものであり、その結果である。企業が道徳の行為者であるという考えが承認されるのにともなって、企業のパフォーマンスにたいする期待も変化してきた。そして企業のほうも、提出されるさまざまな問題に積極的な取り組みを見せることで、これらの新しい期待に応えてきた。

それが、第一章で見た多くの活動である。バリューの重視、倫理プログラム、文化の構築、利害関係者との対話促進、社会的責任の遂行、多様性の奨励、環境プログラム、順守プログラム、評判管理、企業アイデンティティの確立、商習慣委員会、サプライヤーの行動規範など、企業はさまざまな取り組みを見せてきた。前述したように、社会面や環境面での自社の業績を公に報告しはじめた会社さえある。また、これも前述したことだが、コンサルティング業という新しい商売や、研究機関、専門組織なども、会社のこのような努力を支えてきたように思われる。

この新しいパフォーマンス基準は、いまも細部で変化しつづけており、多数のグループがつぎつぎとビジネス原則や行動規範や業績指標などのかたちで会社への倫理指針を示してきた。ある試算によれば、この一〇年にそうした提言が二〇ほど、各ビジネス団体や環境機関や非政府組織からだされている。そして実際にはこのほかにも、多くの企業団体や宗教団体などが、あまり人目に触れないかたちでさまざまな基準の設定をしている。(60)

これらの取り組みのいくつかは、コーポレートガバナンス(61)や労働者の権利(62)、腐敗行為(63)、環境(64)など、一定のテーマや関心に特化したものだが、そのほかは企業の行動基準を包括的に示したものだ。近年の特に有名な包括的声明には、次のようなものがある。

●**国連グローバルコンパクト：**人権、労働、環境に関する九原則。一九九五年に発表(65)。

●コー円卓会議・企業の行動指針：ヨーロッパ、日本、アメリカのビジネスリーダーによって発案された世界ビジネスの包括的原則。一九九四年に発表[66]。

●OECD多国籍企業ガイドライン：OECD（経済協力開発機構）によって発案された多国籍企業のガイドライン。一九七六年に発表、二〇〇〇年に改訂[67]。

●GRI（グローバル・リポーティング・イニシアチブ）：環境面、社会面、経済面での業績報告に関する包括的ガイドライン。環境団体、企業、NGO、識者が連携して一九九七年に開始[68]。

●WBCSD（持続可能な発展のための世界経済人会議）：企業の社会的責任の概念と実施に関する包括声明。一九九八年に開始、二〇〇〇年に発表[69]。

このほかアジア太平洋経済協力会議の行動指針など、現在作成中の声明もある。これらの文書から見てとれるのは、「広く承認された倫理原則」の出現である。今世紀初めに、財務面でのきちんとした説明責任を求める投資家の声に応じて「広く承認された会計原則」が出現したのと同じように、倫理原則を明確化しようとする今日の動きは、新しい種類の説明責任を求める声を反映している。もちろん、会計基準の場合もそうだったように、さまざまな提案のあいだには違いや対立も存在している。たとえば、自由連合の権利と団体交渉の権利などもそうだ。採用された原則と実際の行為とのあいだに明白な食い違いもある。しかし全体の印象としては、一定の中心的な原則にたいして合意が生じてきているように思われる。

企業の力と影響力の高まりが、企業の業績評価に用いられる基準をつくり変えるのに主要な役割を果たしてきたのは確かだ。しかし、その高まりは、それ自体、この二十世紀の世界を押し流してきた別の力の産物である。この力の影響がなかったら、おそらく企業パフォーマンスにたいする社会の期待は現在のようになってはいなかったろうし、今日の会社が図5－3に示したような変化の力に対応を迫られることもなかったろう。そもそも企業の力が完全に他を圧倒していたならば、企業はそんなプレッシャーなど無視できたはずなのだ。

因果関係は複雑だが、ともあれ民主主義と社会の自由化の世界的な広まりは、企業パフォーマンスの新しい基準の形成に決定的な影響をおよぼしてきた。ここ二〇年間の民営化への動きは、自由化によるものだ、と私は見ている。二十世紀における他のさまざまな進展も同様で、その結果、社会における個人の役割が強まってきた。共産主義の衰退、市場の自由化、情報の流れの自由化、財産権の強化などはその一例だし、女性や少数民族など、かつては社会から疎外されていた成員に市民権や経済的機会が拡大されたこともあげられるだろう。

確かに、万人に機会が行き渡るまでにはまだ長い道のりがある。こうした進展がほとんど見られない地域もあるし、一日一ドル以下で暮らしている人が約一二億人もいる。[70] とはいえ、この二十一世紀の初頭において、機会は一〇〇年前にくらべても五〇年前にくらべても確実に広まっている。あらゆる背景の男女が、必要からであれ自分の意志からであれ、経済的な自立を目指すようになっている。ある推計によれば、世界一九二ヵ国のうち、普通選挙権と複数政党による選挙の競争水準から判断して、民主国家と分類される国が二〇〇〇年には一一九ヵ国あった。一九五〇年にはわずか二二ヵ国であり、一九〇

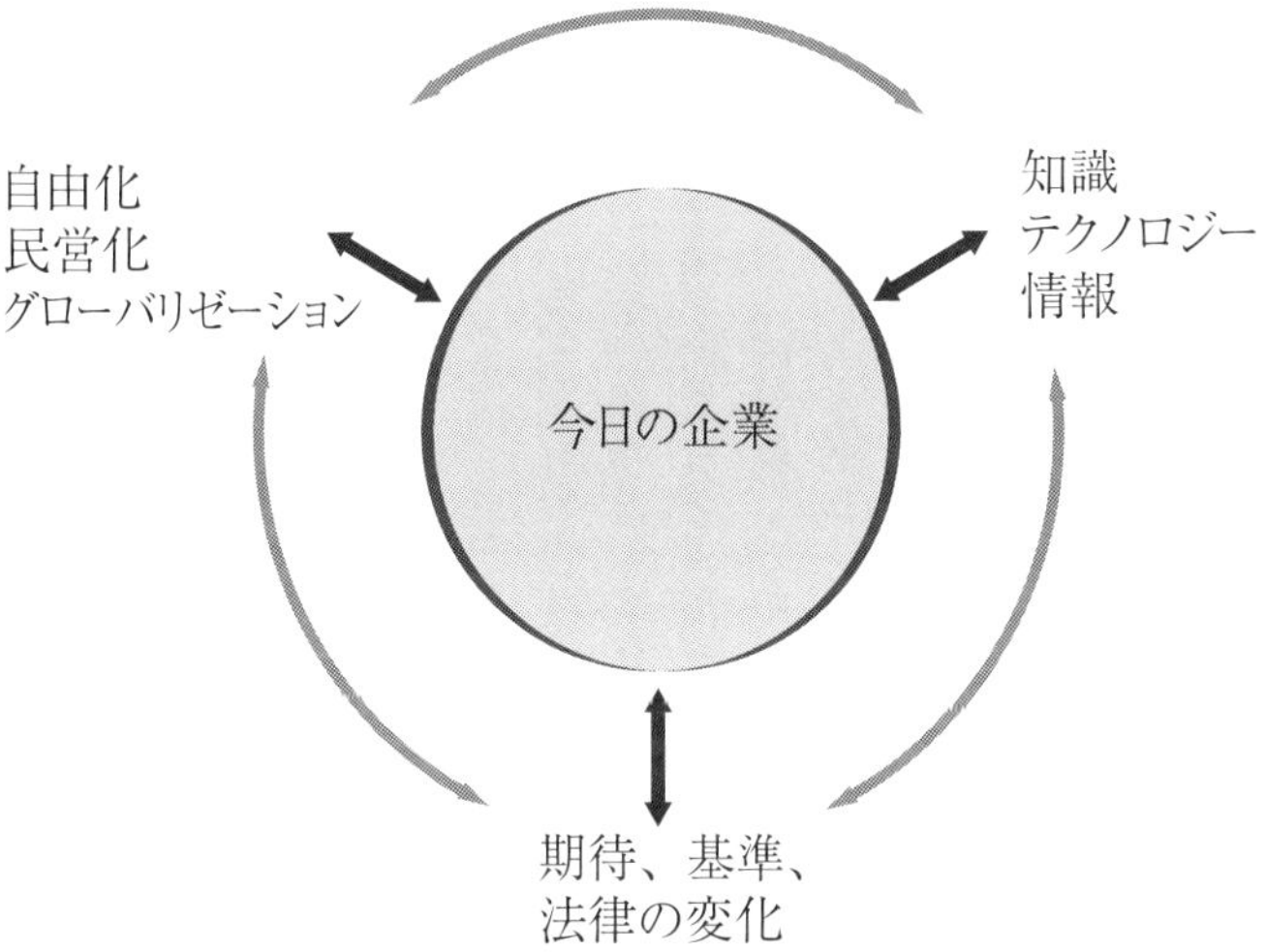

図 5-3　変化の力

〇年にはゼロだったのである。[71] 別の調査では、「自由民主義国家」の数が一九〇〇年で一三ヵ国、一九六〇年で三六ヵ国だったのにたいし、一九九〇年では六一ヵ国になっている。[72] 用いられている基準の違いによって数字は変わるが、全体的な傾向は間違えようもなく明らかだ。

　経営者からすると、これらの変化は状況をさまざまに、場合によっては理不尽に変えてきた。一方、民営化によって政府の権力と権限は大幅に民間の商業部門に移行された。一九八〇年代初頭から、一〇〇以上の国の政府が多かれ少なかれ民営化を進め、政府資産の売却、国有企業の株式の発行、国営部門での競争の開始、公共部門の設備の外注などを行ってきた。[73] この新しい環境のなかで、企業リーダーは、かつてないほど大きな自由裁量権を手にしている。自分の好きな道を進める一方、成功するも失敗するも、自分自身の才覚で決まる。国内事情は各国それぞれだが、ロシア、アルゼンチン、日本のように別々の国の経営者がみな同じような課題に直面している。いまや企業家を見つけられないところは世界のどこにも存在しない。

しかし、会社が政府の制約をあまり受けなくなると、今度は別の層、特に投資家や顧客や従業員にたいする責任が大きくなってきた。これらの層の支持なしに、いまの会社は成り立たない。つまり自由化は、ビジネスにおける政府の役割を縮小してきた一方で、競争の役割をほとんどの分野で拡大し、投資家や顧客や従業員に会社の成功を左右できるだけの大きな発言権を与えてきたわけだ。市場や市民運動においても同様で、今日の個人は共通の関心のもとに結集し、自分たちの意見を効果的に通すことができるようになっている。こうした声を無視する会社は、そのために深刻なリスクを負うことになる。世界的な大企業でさえ、気配りを怠ってはいられない。もっと要求に敏感なライバルが出現してくるかもしれないし、不満をもった関係者層がそれまでの支持を撤回したり、団結して反対の意思を表明するかもしれないのだ。繰り返しになるが、つまるところ持続可能な成功には、会社を支持してくれる大勢の投資家や顧客や従業員が必要なのだ。

とはいえ、政府が新しいかたちで介入してくる可能性はつねにある。会社がその権力を濫用していると見なされたり、責務をしっかり果たしていないと見られれば、再規制や国営化がふたたび解決策として浮上してくるかもしれない。多くの人は自由主義の勝利を信じたがっているが、そう断言するにはまだ早い。自由市場はかつての厳しく統制された計画経済に取って代わったが、自由市場も決して「自然」なわけではない。どちらにしても、政府の支える枠組みのなかで成り立つものであり、最終的には被統治者の総意による承認がなければならない。そしてどちらにしても、健全な倫理的枠組みがなければ効果的に機能できない。将来は、自由主義がその名のとおりの結果をだせるかどうかにかかっている。

近年の情報・通信テクノロジーの発達も、企業パフォーマンスへの新たな期待に大きく影響してきた。

これらのテクノロジーは、会社の効率性を高めると同時に、会社の透明性を高めてきた。今日では、内部関係者も外部関係者も、会社の活動についての大量の情報をいつでもどこでも入手できる。企業にたいして不満があれば、評論家でも顧客でも従業員でも、その批判をすぐさま世界中に伝えられる。私のところにも、ときどき自分の会社のやりかたや方針に納得できない従業員から自発的に電子メールが送られてくる。最近では、オーストラリアのある女性従業員が、職場で受けた嫌がらせと屈辱について書き送ってきた。農業関連企業のある従業員は、自分の働く工場には健康と安全性に関して深刻な問題があるのに、会社に訴えても取りあってくれないと怒っていた。

情報テクノロジーは会社のグローバリゼーションを促進しているが、同時に会社の各関係者や、会社の行動を監視している権利擁護団体のグローバリゼーションも促進している。環境団体、人権擁護団体、消費者団体、労働組織、集団代表訴訟の弁護士などは、いずれもテクノロジーを駆使して情報を発信し、世界中から支持者を集めている。伝統的なメディア——新聞、テレビ、ラジオ——も、つねに企業の不正行為についての報告を待ちかまえ、さらに広める準備をしている。こんなことは史上初めてである。いまや世界中の企業関係者や監視団体が、共通の関心について即座に討論できるようになっている。

その結果、多くの会社は金魚鉢のなかで活動しているのも同然となった。すべての行動が丸見えになって記録され、場合によってはさらに広範な検証にかけられる。この透明性によって、会社間の競争が高まる。建設的なものを提供できる会社はそれだけ多くの利益を得られるだろう。それと同時に、問題のある行動があらわになり、より多くの人の知るところとなるリスクも増大する。許されない行為の篩として多くのエグゼクティブが掲げる「新聞テスト」——地元の新聞の第一面に自分の行為についての記事がでていたときの恥ずかしさを考えてみる——は、もはや「もしそうなったら」という仮定の考えの練習というよりも、現実に未来を反映するものに変わりつつある。今日の会社は、すべていつかは知られると思っているのが最も安全だ。

知識とアイデアの重要性がほぼすべての経済分野で高まってきたことも、新しい基準の確立にはずみをつけた。伝統的な製造業からハイテク産業まで、どんな種類の産業においても、情報や創造性や純粋な知力がかつてなく必要になっている。会社が知識のレベルをあげて、顧客により高度な価値を提供するには、それを可能にする従業員、すなわち新しいアイデアを発案できて、顧客の問題を解決するうえで創造性を発揮できる従業員を見つけなければならない。

しかし、そうした必要な人材を集めて維持するためには、従業員が喜んで参加したくなる組織を構築し、知性や創造性を育む職場環境を提供しなければならない。本章の初めで見たように、今日の多くの従業員が求める会社とは、誇りにできて、周囲から敬意を払われ、報酬がよく、公正に扱ってもらえ、新しい技能や知識の習得を奨励される会社である。そして第二章で見たように、従業員の貢献や協力や創造性は、会社が人としての基本的な価値観を守っている場合に高くなるのである。

一世紀前とくらべて、今日の従業員ははるかに教育があり、深い知識を必要とする仕事をしている。たとえば一九一〇年には、二十五歳以上のアメリカ人のうち大学卒はわずか三パーセントだった。しかし一九九八年には、それが二四パーセントになっている。(74) これとほぼ同じ期間に、知的専門職や経営管理やサービス業など、特殊な技能を要する職業に従事する男性労働者は二一パーセントから五八パーセントと、約三倍に増えた。(75) こうした従業員を望ましい存在にしている資質——知識、知性、創造性——そのものが、しばしば彼らを雇い主である企業にたいして批判的にさせ、要求を厳しくさせる。実際、工業時代の企業にくらべて今日の企業に期待されるものははるかに大きい。結局のところ、社会が知識主導型で情報豊富であるということは、換言すれば、多くの人が物知りで情報通になっているということなのだ。その結果として、人びとはより批判的になり、より厳しい要求をだすようになる。

企業の超道徳性という信条はつねに寄生的な考えだった。この考えには、社会の道徳秩序が家庭や学校や教会や政府や市民団体によって支えられ、維持されているという前提がなければならなかった。社会がそうした道徳的枠組みを追い求めているかぎり、企業はつねに例外でいられた。しかし、いまや力のバランスは変わった。企業はもはや例外ではなく基準であり、その社会への影響力は、政府や学校や市民団体のそれを上回っている。その結果こそ、いま私たちが目にしていることなのだ。

自由化は、ビジネス界と政府とのあいだの境界線をずらしただけでなく、これまで明らかに存在していた営利団体と非営利団体との区分をも解体した。たとえばアメリカでは、非企業によって慈善的に行われていた保健サービスや保育サービスがつぎつぎと商業化され、企業化されてきている。一九八二年から九七年のあいだに、営利目的のサービス業者に支払われる保育費の割合は四八パーセントから五九パーセントに増えた。(76) 一九八八年から九四年のあいだに営利目的の保健組織の加入者は九二パーセント増となったが、非営利組織の加入者の伸び率は二五パーセントでしかなかった。(77) また前述したように、営利目的の健康管理機関は二〇〇〇年には全加入者の六三パーセントを獲得している。(78) 一二年前には、非営利目的の健康管理機関が過半数（五三パーセント）を集めていたのだ。また、あまり知られてはいないが、営利を目的とするサービスの隆盛は地域社会の病院においても見られる。一九七五年には七・七パーセントだった有料ベッドの割合が、一九九八年には一三・五パーセントに上昇しているのである。(79)

さらに自由化は、家庭と職場との境界線もぼかした。家庭の領域と商業の領域とをへだててきた壁が、女性の企業世界への進出と、男女双方が仕事と家庭の両立を目指すようになったことによって崩れたのである。アメリカの職場における既婚女性の割合は、一九〇〇年の六パーセントから一九九八年の六一パーセントに増大している。[80] アメリカの会社に関する一九九八年の調査報告によると、従業員一〇〇人以上の会社の九パーセントが、職場内かその近くに保育施設を用意していた。[81] これらの事実や、通信機器を利用した在宅勤務の広まりなどは、企業の超道徳性という信条を支えるのに必要だった職場と家庭との明らかな区分をなくしたのである。[82] この支えがなければ、企業の超道徳性という信条はほとんど意味を失う。論理的にも整合しないし、現実的にも成り立たない。道徳的判断がどの場合にふさわしく、どの場合にふさわしくないかが、ますます確定しにくくなるからだ。

かつてはビジネスを、健康や家庭や地域社会の倫理を免除された別の領域と考えることも可能だったかもしれない。一九六八年でも、あるコンサルタントが《ハーバードビジネスレビュー》で、「通常の基準」から判断すれば「道徳的に問題のある」ビジネス習慣を擁護していた。その根拠は、ビジネスにはビジネスなりに「ゲームの規則」があるからだという。この筆者はそれだけでなく、家庭の倫理体系と職場の倫理体系との明確な線引きができないことこそ身体に悪い、とエグゼクティブ向けに助言していた。[83]

今日では、そのような議論はもはや成り立たない。ビジネスは人生のあらゆる側面と複雑に絡みあっているため、そのもつれをほどくどころか、それぞれを識別することさえ難しくなっている。いまの企業は、当たり前のように通常の道徳の基準で判断される。誰も企業に聖人のようなことを期待してはいないが、たとえば有害な可能性のある成分が製品に使われていること——これを前述のコンサルタントは擁護していた——が世間に発覚すれば、今日ではその企業は四方八方から非難されるだろう。

これらの力——企業の台頭、世界中での自由化の広まり、知識とテクノロジーの発達——を考えれば、要求の厳しい新たな企業パフォーマンス基準の出現は避けがたかっただろう。とはいえ、企業がその新しい基準を完璧に理解しているとは言いがたいし、その基準を満たすのが容易なわけでもない。あるジャーナリストが労働搾取工場とグローバルな小売店についての記事で書いていたように、「消費者は、適正な賃金を支払う適正な工場でつくられた衣服を求めている一方で、できるだけ安い品物を求めてもいる。その両方の希望を満たすのは困難だ[84]」。確かにこの考えを受け入れるには、意識を劇的に変える必要があるだろう。もちろん、経営習慣を根本的に変える必要があることは言うまでもない。だが、この新しい基準の実際的な影響を見る前に、やり残したことを片づけておこう。ここまで述べてきたことには反対意見もあるはずだから、まずはそちらを考慮してみたい。

第六章

新しいバリューの提示

THE NEW VALUE PROPOSITION

数年前、私の助手が「緊急」の伝言をもってきた。新しい行動準則を発表しようとしていた会社のエグゼクティブが、私にその文書の推薦文を書いてほしいと依頼してきたのだ。一行か二行でいいから、倫理は得になるという主張を支持する文章を寄せてくれないかという。理由はおわかりかもしれないが、私はその依頼に応じられなかった。これまでと違い、いまの時代に一流を目指す会社はバリューに関して積極的な態度をとろうとする。バリューを優れた実績をあげるための一手段ではなく、実績そのものの一部分と見なしているからだ。バリューを財務戦略の一部としか考えない会社は、新しいバリューの提示を読み違えている。しかし、「倫理は得になる」という考えに注意しなければならない理由はそれだけではない。

すでに述べたように、この魅力的なスローガンは過度に一般化されている。かつてアインシュタインは言った。「物事はできるだけ単純化するべきだ——しかし、単純化しすぎてはいけない」。残念ながら、事実を踏まえれば「倫理は得になる」とも言いきれないのである。もちろん、現実に倫理が得になっている面は多い。第二章で見たように、倫理と経済的利得のかかわりはこれまで考えられていた以上に強く、幅広いものだった。多くの面で、バリューが財務パフォーマンスを高めるのは事実である。自由化が広まり、民主的な制度が普及するにつれ、経済的利得は大きくなる一方だった。とはいえ、倫理と経済的利得は部分的に重なりあうだけであって、完全に合致するわけではない。場合によっては双方が大きくずれることもある。正しいことは儲かることとつねに同義だと言って「倫理は得になる」と主張するのは言い過ぎである。それでも「充分に近い」と言い張る人は、航海士のコンパスや測量士のトランシットがほんの数分ずれていただけで何が起こるかを考えてみたらいい。

さらに言えば、倫理と経済的利得が、何もしなくても自動的に合致するという考え方は、両者を結びつける努力の重要性を失念している。「倫理は得になる」という言い方が正確に現実を映しているとすれば、それはおおむね、現実に倫理が得になる条件を生みだすための努力がなされているからなのだ。倫理的な枠組みを一般化し、オープンな社会をつくり、一般市民に教育を広め、自由市場を形成し、有効な法制度を確立する――こうしたことは自動的になされるものではない。しかし第二章で見たように、バリューと経済的成功が合致するには、つまり「倫理は得になる」という言い方が成り立つには、こうした努力が必要なのである。

これらの条件が欠如していたり希薄だったりすれば、経営陣がいくら努力しても前途は暗い。秘密主義、腐敗、無知、不法行為がはびこっていれば、バリューと経済的成功が合致する可能性はほとんどない。ある程度まで必要な条件がととのっている場合でさえ、倫理的にも財務的にも持続可能な戦略を立てるには知性と想像力が必要だ。もちろん、それ以前に努力が必要であることは言うまでもない。また、組織外の関係者との連携や、業界全体の協調、政府および非政府諸機関との協力も必要になるかもしれない。多くの場合、問題は倫理が得になるかならないかではないのだ。倫理が得になるようにできるかできないかということなのだ。(1)

「倫理は得になる」というのは誤解を招く自滅的な言い方でもある。企業はこれまでひたむきに経済力や専門的な能力を養ってきたが、今後はそれと同じくらい高い倫理的な能力をもたなければパフォーマンスの高い会社とは言えなくなる。たとえば、経済的な論拠を示せるのと同じように、倫理的な論拠も示せなければならない。モチベーション構造も、高い財務目標を達成することとあわせて、道徳の実践者として世界に訴えていくことを目的にしなければならない。「倫理は得になる」という言い方は、両方の必要性を微妙に損ねる。スローガンが必要なら、むしろ「倫理は重要である」と言うほうが正確だろう。

勝利のコンビネーション

バリューの財務上の利点に訴えるエグゼクティブは、たいていそれが自分の主張を強めることになると思っている。しかし実際には、そう単純に受け取ってはもらえない。彼らは自信満々で「倫理は得になる」と言い張るが、そこにはつねに「もし得にならなかったら？」という疑問がつきまとう。倫理の財務上の利益を強調する話にたいしては、自然と次のような具合の悪い反問がでてくるものだ。

- 自社製品について詐欺まがいの宣伝をしたり、競争相手に関する誤った噂を広めたり、競合他社と談合して価格を固定したりすることによって売り上げを伸ばせるとしたら？
- 児童労働者を使っているサプライヤーと契約したり、廃棄物を公共の水源に投棄したり、財務当局に賄賂を贈ったりすることによってコストを削減できるとしたら？
- 低収入の顧客を意図的に相手にしないことによって利鞘を伸ばせるとしたら？
- 財務記録を偽ることによって、商業資金を容易に確保できるとしたら？
- 来年度の予想売り上げを今年の歳入に記録したり、怪しげな会計手法を用いてバランスシートから負債を除いたりすることによって自社の株価を維持できるとしたら？

●野蛮な独裁者と手を結んだり、材料や成分を偽った製品を販売したり、重要な社会的バリューを損なう娯楽を提供したりすることによって収益を伸ばせるとしたら？

すでに見たように、こうした行為は場合によっては非常に見返りが大きい。実際、いくつかの行為は確かに儲かったことが過去に実証されている。訴えられるリスク、評判を落とすリスク、従業員を失うリスクを考慮に入れても、あえて賭けるだけの財務上の価値はあるかもしれない。そうした場合、バリューにはあっさり目をつぶるべきだろうか？　「倫理は得になる」が運営哲学なら、答えは「イエス」であるように思われる。実際、バリューが財務上の一般則でしかないのであれば、経済的に意味をなすときだけはその指針にしたがって、そうでない場合は一時的に忘れるのが賢明な方針というものだろう。(2)

しかし、会社が倫理的にも財務的にも健全であることを要求される世界で、それがはたして賢明なことだろうか。正直、公正、市民性といったバリューが優秀さの不可欠な一要素とされるかぎり、それらは財務上の大まかな指針以上の意味をもつ。単なる優秀さの一因ではなく、優秀さの本質的な構成要素ということになる。これらのバリューが優秀さの一部となった現在では、それを培おうとしない会社は世界に通用する一流企業にはなれないのである。前述したように、不正な競争をしたり、従業員を不当に扱ったり、環境を無視したりする会社を「優秀なパフォーマー」と称するのは明らかな矛盾となりつつある。たとえ財務上の利得があろうと、こうした行為は今日のリーディング企業に求められる高い基準に合致しないのである。

ここで、問題の根幹に逢着する。一見、「倫理は得になる」という言い方はバリューの重要性を裏づけているかのようだが、よく考えてみれば反対のことを言っている。聞こえはいいが、実際には何も支持していないに等しい。財務上の利得があるという理由だけで倫理的な取り組みをする経営者は、お決まりの論法を踏襲しているだけにすぎず、そんな安易な正当化をしても、人はその倫理をとても真剣に顧慮する気になれない。この論法は、経営者の判断の倫理面を曖昧にし、優れた実績をあげる動機を損なってもいる。「倫理は得になる」という主張は倫理を道理にかなった規律と見なしてもいなければ、バリューを本質的に重要なものと見なしてもいない。むしろ、バリューは経済的な目的に役立つかぎり重要だと言っているのに等しい。つまるところ、この言葉から読み取れるのは、経営者にとって唯一の道理に叶った判断基準はやはり経済的な思惑であり、本当に重要なのは財務実績だけということなのである。

とはいえ前の章で見たように、今日の会社は道徳面での基準と財務面での基準の双方からなる「倫理・経済的」な物差しで測られるようになっており、両方の面を満たしていなければ優れた実績とは見なされない。中国の思想では、「優れた」人物とは他人の最もよい部分を引きだす人物と定義されることがある。優れた会社の条件も、まさにそれと同じである。技術と知性と道徳など、あらゆる面で人びとの最もよい部分を引きださなければならない。新しい基準での優秀を目指すなら、それ以下では意味がないのだ(3)。

優れた実績とは、図6―1の右上の部分にあたる。この領域は、財務上は傑出した結果をだしていて道徳面でも優れている会社をあらわしている。

だが、それぞれの面の実績をどうやって評価したらいいのだろうか? 財務上のパフォーマンスの測定方法は非常に発達している。さまざまな指標や尺度のなかから適当なものを選べばいい。第二章で述べたように、最近のある研究では学者が企業の財務上の実績と社会的な実績の相関関係を検証するのに、

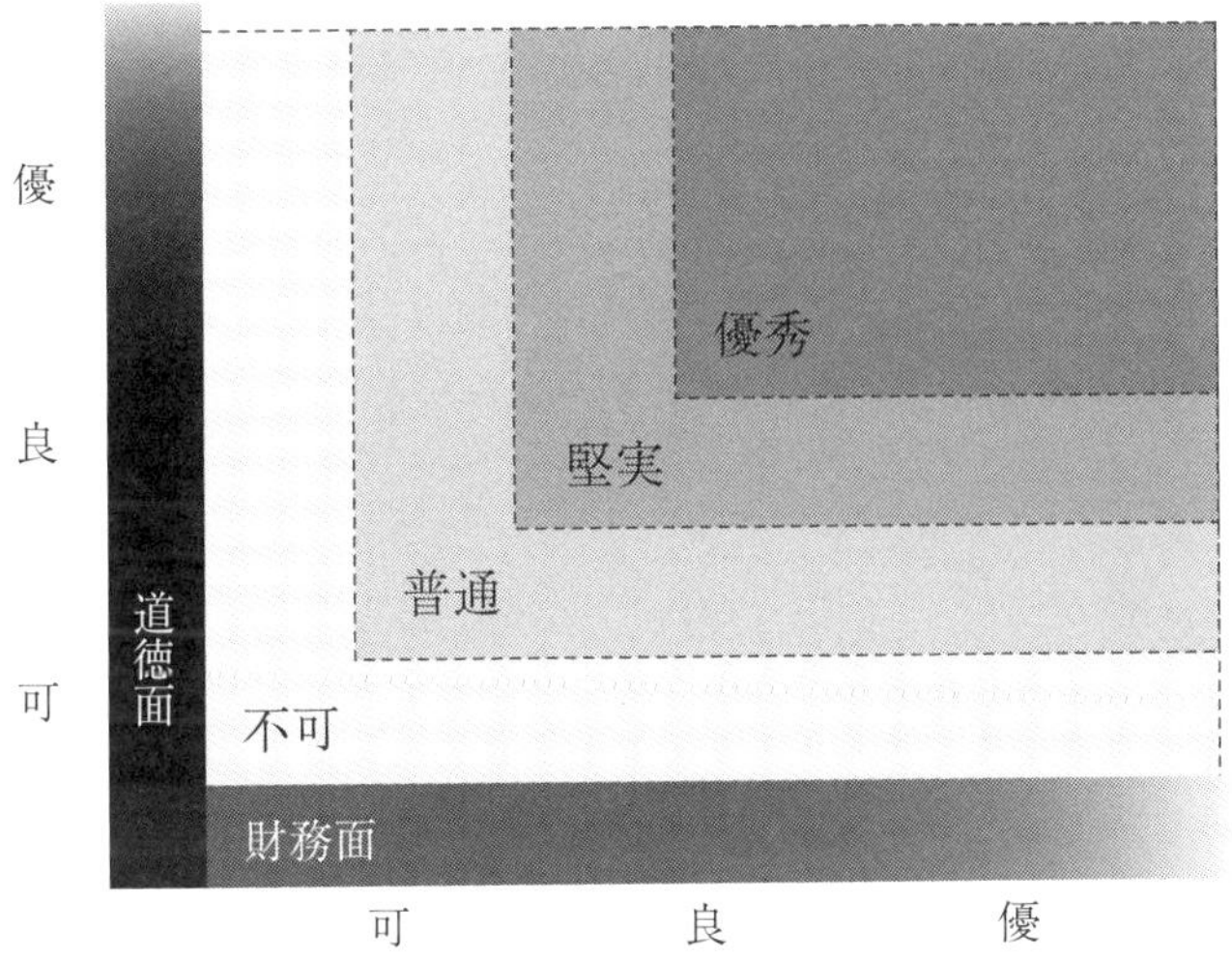

図6-1　企業パフォーマンスのマッピング

市場を基盤にしたものから会計を基盤にしたものまで、七〇におよぶ基準を用いて企業の財務実績を割りだしていた。どの基準が望ましいかは専門家によって意見が分かれ、専門家同士が争ってよりよい新たな基準を採用しているが、この面における企業の評価方法を考えるのはそれほど難しいことではない[4]。

それよりも道徳面の実績を測定するほうが本質的に難しく、ここでどんな指標が役に立つかもまだ確定されていない。前に触れたGRI（グローバル・リポーティング・イニシアチブ）などいくつかのグループは、標準化できそうな基準を検証しはじめている。自社のバリューに合わせて独自の評価手段を考案した会社もある。たとえばジョンソン・エンド・ジョンソンは、何年も前から年に一度社内調査を行って、自社の信条を守っているかどうかを評価している。ロイヤルダッチ・シェルも一九九八年に自社の社会面と環境面での実績を公表しはじめて以来、財務とかかわらない実績を測るさまざまな指標を模索している[5]。

もっと発達した手段がほかにないので、道徳面については第三章で述べた取り組みの梯子を想起し、一般的な市民団体の会員レベルから類推して考えてみるのがいいかもしれない。

●最初のレベル（「可」）に属するのは、最低限の義務として会費を払っているだけの会員である。このレベルに相当する会社は、法にしたがい、基本的な正義の侵害にあたるような甚だしい不正行為をおかさないという、取り組みの梯子の第一段にあたる順守の倫理を実践している。

●次のレベル（「良」）に属するのは、実際に組織の維持に貢献している会員である。このレベルの会社は、互恵主義にもとづく配慮の倫理を実践している。法を順守するだけでなく、「一般に受け入れられている倫理原則」にもとづいて公正と責任の一般基準を守り、他者とかかわるときには意識的に相互利益を見つけようとする。

●第三のレベル（「優」）に属するのは、貢献の倫理を実践する後援会員である。このレベルの会社は、自社が得るよりも多くを与え、「当然の負担」以上のものを提供する。会費を払っているだけの会員や組織の維持に貢献している会員と同じく、法を順守し、他人との関係において配慮を示すが、そればかりでなく、自分ができることをもっと見出そうとする。たとえば、自分がつくりだしたわけでない問題と取り組んだり、自分が恩を受けていない相手を助けるといったことである。

●「不可」にあたるためにレベル外となるが、このほかに第二章で触れた「タダ乗り」の人びとがいる。担うべき義務を担わずに会員としての利益だけを手に入れようとする人びとである。また、もっとたちの悪い「破壊活動分子」もいる。会員としての利益を利用するだけでなく、会員であることの利益をなくすようなことをする人びとである。違法なことをしている悪徳企業など、これに相当する会社を図の縦軸に当てはめれば、下にはみでた認められない行為のレベルに配列される。

この梯子が示すように、一段上の実績を目指す会社は、これまで企業の成功に不可欠と見なされていなかった能力を発達させなければならない。道徳の行為者として振る舞うためには、次のようなことが必要とされる。

●自分の価値観とアイデンティティを積極的に生かして、自己管理、自己評価、自己修正、自己改善を行う。
●自分の行動を一般に受け入れられている倫理原則と合致させる。
●計画や意思決定に道徳的な判断を反映させる。
●過ちも含めて、自分のしたことに責任をもつ。
●自分が営業している地域社会に貢献できる機会を探す。

こうしたことを実践するために、会社は「倫理は得になる」という考えにともなう経済的な論理を、別の認識、理解、論理、姿勢で補足しなければならない。まず必要なのは、道徳にもとづく論理的思考と分析ができる人材を雇うことである。道徳的な見地から論理を組み立てられない会社は、道徳の行為者に求められる他の特質も示せないだろうし、自分の行為が道徳的な見地から判断されやすいことにも気づかないだろう。

よりよいスローガン

ＩＢＭアルゼンチンの事例を思い出してほしい。第四章で触れたように、ＩＢＭのアルゼンチン子会社は一九九〇年代半ば、二億五〇〇〇万ドルの情報システム請負契約を勝ち取るために、国有銀行バンコ・ナシオンの理事たちに賄賂を渡したことを糾弾された。実際に何があったかは断言できない――二〇〇〇年にＩＢＭはこの問題に関連してアメリカの証券取引委員会（ＳＥＣ）から告訴されたが、ＳＥＣの申し立てを肯定も否定もせずに和解に達して問題を決着させた――が、純粋に財務的な見地から言えば、うまく狙いを定めた賄賂は間違いなく魅力的な選択肢である。前述した世論調査などにあらわれているように、アルゼンチンが腐敗にたいして非常に寛容だとすれば、会社の役員がこう推測したとしてもおかしくはない――競合他社も同じような心づけを考えているのだし、賄賂が発覚して罰せられる可能性は非常に薄いではないか。巨額の契約が確実に取れるなら、罰せられるわずかなリスクを冒してでも、やってみる価値はあるだろう。つまり、経済的な論理から考えれば、この状況で賄賂を決断するのは非常に合理的な行動方針なのだ(6)。

しかし倫理的な見地から考えれば、贈賄は明らかに不合理な選択である。理由はいろいろあるが、第一に、この状況にも間違いなく適用される正当な根拠にもとづいた行動規範に背いているからだ。贈賄はほとんどの企業の行動規範で禁止事項とされており、ほとんどの国の法律でも同様である。アルゼンチンとアメリカも例外ではない。こうした禁止措置は社会制度を有効に機能させるのに不可欠なものだ。それによって公共、民間の受託者――他人に代わって利益を守る権限を与えられた機関――が独立した偏りのない判断で職務を遂行できるからである。これらの規範が正当な民主的プロセスを通じて法制化されているかぎり、それを適用するのは法律にしたがう義務という点からも正当化される。健全な行動原則と一致することを合理的だと定義するなら、贈賄の決断はいくつかの基本的な検証で選択肢から外されるだろう。(7)

この分析から、経済的な論理だけに頼ることの危険性がわかる。経済的な合理性しか認識していない会社は、明らかな不正行為でなくても倫理的に問題のある多くの行為にたいして説得力のある反対理由を見つけられない。たとえば、前述したような状況で贈賄を申し入れられたり、本章の初めに示した「具合の悪い」質問をされたりしても、どう反論しようがあるだろうか。

そうした質問にたいし、真実や品位やフェアプレーや市民としての責務といったバリューに訴えることによって対抗できたらいいかもしれないが、これらの概念は経済的な論理の範疇ではあまり使いものにならない。「責任」や「品位」や「市民性」といった言葉は、「収入」や「経費」や「利鞘」の世界では直接的な妥当性をもたない。何らかの提案を評価するときの通常の基準がNPV（正味現在価値）やROI（投資収益率）やEVA（経済付加価値）であるときに、公正、透明性、義務、社会的影響というような言葉を使って分析するのは、外国で自国語を話そうとするのと同じくらい無益なことだろう。

これらの具合の悪い質問に答えるには、一般に思われている経済学の範疇には入らない概念や論理を適用しなければならない。こうした問いは伝統的に人文学の世界、特に倫理学や道徳学の分野で追求されてきた。もともと経済学が焦点を合わせるのは富の創造や有効な資源利用などにかかわる問題だが、倫理学は幅広い意味での人間の発達や幸福や充足感といった問題から発展してきた。この明らかに異なる動機からスタートした二つの分野は、おのずと別個の概念や方法論を発達させ、どちらの側の概念も容易にもう一方の側の言葉には移し変えられない。(8) 図6―2はそれらの違いを示したものである。

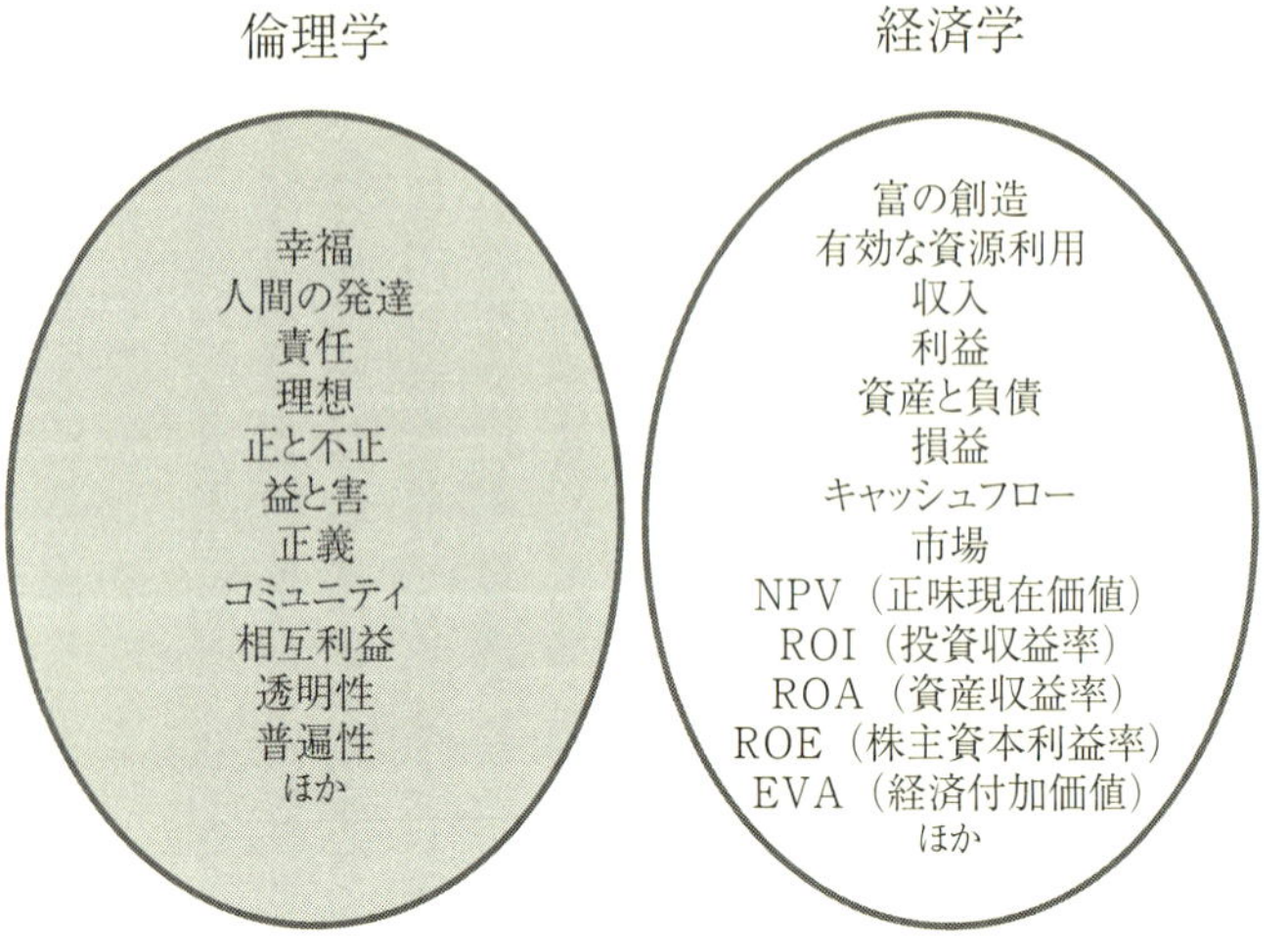

図6-2　相補的な両分野

それぞれの分野で学んできた者は、往々にしてまったく別の世界観をもっている。経済学者が世界を見れば、おのずと市場や投資の機会が目にとまる。人文学者が世界を見れば、目にとまるのはコミュニティや文化である。油田にヘリコプターが墜落したと聞いたとき、投資家がまず考えるのは生産損失だが、同じニュースを社会事業家が聞けば、まず考えるのは安全性とセキュリティである。経済的な見地からすれば、契約を勝ち取るための賄賂は顧客獲得の経費にすぎない。しかし、倫理的な見地からすれば、贈賄行為は腐敗である。ウォール街の大手証券会社だった旧E・F・ハットンの経営陣が有効な現金管理のための「ドローダウン公式」と称したものも、最終的にハットンを起訴した弁護士たちからすれば、倫理に反する違法な「手形詐欺計画」だった。[9]

新しいパフォーマンス基準を満たそうとするなら、会社はこの両方の視点をもたなければならない。結論から言えば、倫理学が経済学に屈服することはない。人間の理想形には効率や経済的繁栄とともに正義や人間性も含まれている。真実、フェアプレー、品位、市民性といったバリューが充分な——財務上の利得とはまったく別の——行動の理由となりうることを認識しそこなった会社は、世間から倫理的と見なしてもらえず、前述のような問いを突きつけられても答えようがないだろう。かつて私が演壇をともにした「反倫理的」なエグゼクティブがそうだった。コスト面で得になり、しかも世間にばれなければ鎖でつないだ児童労働者を使うのかと聞かれれば、そうした会社は黙るしかない。

「倫理は得になる」という考え方は、お馴染みの視点にとどまりながらバリューを受け入れるには都合のいい方法だ。しかし、この視点にとどまって安心するのは間違いである。新しいパフォーマンス・パラダイムのもとでは、さまざまな理由づけの技能をもつことが必要とされる。これからの会社は道徳の行為者として振る舞うことを期待され、他者から道徳的な判断を下されるのだから、道徳の行為者として物事を受け止め、論理の筋を通して決断をしなければならない。見解にも業務にも道徳的な視点を取り入れ、経済的な言語と同じくらい淀みなく倫理的な言語を操れなければならない。道徳的な考え方を財務的な考え方と同じくらい事業活動に反映させなければならない。財務上の利益を得ることだけが目的でバリューを唱導するエグゼクティブは、新しいパフォーマンス・パラダイムのもとで会社が成功するのに必要な能力を逆に弱めるリスクを冒しているのである。

したがって、「倫理は重要だ」と言うほうがスローガンとして適切だ。「倫理は得になる」では倫理的な取り組みを財務上の利益の手段にしていることになるが、「倫理は重要だ」と言えば、傑出した実績をあげるための全面的な協力者としてバリューを歓迎していることになる。「倫理は重要だ」という考えをとるならば、バリューの本質的な価値を認識し、道徳的な配慮を当然のこととして真剣に実行しなければならない。「倫理は重要だ」という考え方は、第二章で見たような相乗作用や相関関係の利点を評価していると同時に、第三章で見たような対立や矛盾も認識している。そして何よりも、企業戦略が道徳的にも経済的にも妥当でなければならないことを理解している。倫理は重要だ――が、堅実な収益性もまた重要なのである。

倫理的な配慮を当然と考えると、道徳的な視点と財務的な視点が対立する可能性がでてくる。こうした対立をもれなく解決する万能の策はない。判断力と想像力を駆使して、矛盾する考えのあいだにどうにか道筋をつけるだけだ。とはいえ、筋道立てて考えるのは無駄なことではない。そのプロセスを導く枠組みについては、あとの章で示そう。厳しい選択が求められるが、この二つの視点がまともにぶつかったとき必要になる妥協は、それだけ筋道の通った妥協になる。また第九章で見るように、煩わしい問題について真剣に考えて独創的な解決策を見つけることをうながしもする。いずれにしても、こうした対立は認識されようがされまいが、そして前述のように対処されようがされまいが、必然的に起こるものだ。「経済学だけ」からのアプローチは、理論的には対立の問題を「解決」するかもしれない。すべての選択を同じ尺度で測れるようにするからだ。しかし実際には、これはさほどの解決にはならない。道徳的によいことが金銭的にも明らかによいという場合は少ないのである。

矛盾するようだが、「倫理は重要だ」という考え方には経済的な利点もある。ここで再び、バリューと財務結果とのつながりに不可欠な動機の問題がでてくる。第二章で見たように、公正、正直、敬意、思いやりなどは、しばしば経済的な面で大きな見返りをもたらす。なぜかと言えば、一つにはそうした姿勢を示された相手は信頼感や忠誠心、感謝の念、敬意などをかきたてられるからだ。なぜ人びとは思いやりのある雇用主のためなら「もうひと頑張り」しようと思うのか？　なぜ公平かつ正直に扱われているワークグループは普通以上に創造性を発揮するのか？　なぜ人びとは信頼できて頼りになる会社に忠誠を誓うようになるのか？　もちろん、そこには具体的な利益もあるだろう。思いやりのある会社なら勤務時間を融通してくれるかもしれない。正直な会社なら必要な情報を与えてくれるだろうし、公平な会社なら賃金も上げてくれるだろう。しかし、こうした具体的な利得をもたらす動機の認識は、しばしば活性化効果をもっている。この効果のほうが利得それ自体の価値よりもはるかに人きいのである。

この「付加価値」は、バリューが尊重されている場合に生じる人間対人間の偽りのない関係からもたらされる。人びとがおたがいに道徳の行為者だ――責任があって創造的で、尊敬と配慮に値する――と認識しあっていれば、その副産物としてエネルギーが生まれる。要するに、バリューがバリューを生むのである。電気のプラスとマイナスがぶつかったときに火花が生じるように、人と人との接触は人的エネルギーを生む。これは一種の価値創造だが、金銭的な尺度では測れないものであり、経済学でもたいてい無視されている。しかし、これには明らかな効果があり、多くの場合は人と人との絆を強め、いっそうの努力をうながし、使命感や義務感を高めるのである。

ここで重要なのは、偽りがないということだ。もし本物ではないとわかれば――保身のため、他人を操るためなど、何らかの利己的な意図が感じられれば――正直も公正も配慮も、あるいはどんなに立派な善行も、活性化効果を大きく損ない、絆を強める力を失う。たとえば、正直を例にとってみよう。前に述べたように、正直であることから得られる経済的利益の多くは、信頼を醸しだせるかどうかにかかっている。たいていの人は信頼できる人間と仕事をしたがるから、正直は概して競争上の利点となる。しかし、本人に金銭的な自己利益があるときだけ信頼がおけるような人間は、正直とも信頼できるとも見なされない。むしろ、信頼がおけないのはまさにそのような人びとである。そういう人はただの日和見主義者で、都合が悪くなれば真実も仕事相手も切り捨てると考えられる。

正直であることの経済的利益を確実にするには、何があっても正直であると思われなければならない。つまり、本人が真実を本質的に望ましいものと見なし、状況によって評価を変えるものではないと思っていなければならない。これは絶対主義とは違う。事情によっては、他のことを考慮したうえで、あえて真実を優先させない場合もある。たとえば、いまさら道徳論者が論じてきた古典的な疑問をむし返して、テロリストに標的の所在についての真実を告げる必要はない。かといって、本物の信念は正直を財務上の一般則と見なし、機会が許せば例外をつくってもよいと信じることでもない[10]。

　この二つの姿勢の違いを見定めるのは、かならずしも容易ではない。だから簡単に人を正直だとか信頼できるとは言えないのである。そう断言するには、その人をよく知っていなければならない。あるいは、正直であることが経済的な自己利益に反する困難な状況で、その人がどう対応するかを見るのも一つの方法だ。その人が正直であること自体に価値を見出しているのだと感じられたときに初めて正直が信頼を生み、経済的利益につながるのである。したがって、矛盾するようだが、正直の経済的利益を確実にするには、経済的利益などどうでもいいという印象を人に与えること、すなわち倫理こそが本当に重要であるように振る舞うことが必要なのである。グルーチョ・マルクスの名言を思い出してほしい。「人生の秘訣は、正直と公平な扱いだ。そのふりができれば、その時点で成功している[11]」

　同じことが他の資質にも当てはまる。誰かが私のために何らかの配慮をしてくれたとしても、それは私の協力がほしいからにすぎないと感じられれば、私は自分が得られそうな利益のためにその人の計画に乗るかもしれないが、配慮してもらったことにたいして感謝や信頼や忠誠心をかきたてられはしない。この取引はそこで完結し、プラスであれマイナスであれ、新たなエネルギーが生じることはない。それどころか、私を気遣っての提案だとされたものが、実は私を操るための策略だったと感じられたら、おそらく私は疑念と不信を抱くだろう。そして最終的には、その取引を断わるかもしれない。

この力学は企業レベルでも働く。たとえばジョンソン・エンド・ジョンソンがタイレノール危機に対処したときに送られた喝采の大部分は、この会社のもつ動機によるものだった。ジョンソン・エンド・ジョンソンは、それまで一般市民を配慮して行動してきたことを広く認識されており、このときも自社製品に関連した死者をそれ以上ださないようにするだろうと思われていた。危機が起こってからの数週間に、ジョンソン・エンド・ジョンソンの行動を称えるおびただしい記事がアメリカ中の新聞に掲載された。タイトルからして内容がわかるものだ。「ブラボーJ&J」、「市民の安全が第一」、「人間の心をもった会社」……。ある記者はこう書いていた。「ジョンソン・エンド・ジョンソンは金儲けを目的とする企業である。これまで多くの金を儲けてきた。しかし、形勢が厳しくなると、この企業は人間的になる。そこが血も涙もない企業世界においてジョンソン・エンド・ジョンソンが特別な会社であるゆえんなのだ」。食品医薬品局にとって、危機の際にこうした公共心を示す会社はたいへん有難い存在だった。食品医薬品局の副局長だったマーク・ノヴィッチ博士は、ジョンソン・エンド・ジョンソンとの仕事を在任中の最も忘れがたい経験だったと語っている。ジョンソン・エンド・ジョンソンが完全に保身のため、あるいは純粋に金銭的な動機からそうしたのだと思われていたら、その行動の評判がもたらす効果も、ひいては財務上の結果もまったく違ったものになっていただろう[12]。

同じように、企業の市民的行動から得られる評判の効果も、その行動が多少でも社会意識に根ざした本物の市民的行動だと認められるかどうかにかかっている。動機が純粋に利他的である必要はないが、大衆はよき市民のふりをした販促活動は容赦できない。別のところで受けた悪評から大衆の目をそらすことだけを目的とした社会活動はすぐに見抜かれる。同様に、社内におけるバリューの推奨が上層部や取締役会の告訴防止プラグラムの一環でしかないと従業員に感じられれば、創造性やエネルギーや積極的な貢献など、第二章で見たようなプラス効果はまず触発されない[13]。

これらを考えあわせると、本当に倫理的な志向をもっていないかぎり倫理的な志向の経済的利益を実現させるのはきわめて難しい。倫理行動の経済的利益は、そこに倫理的な動機が感じられるかどうかにかかっているため、手段として「倫理は重要だ」という態度をとっているだけでは自滅を免れない。つまり、純粋に財務上の見地から言っても、バリューの本質的な価値を認識するのは理に叶ったことなのである。

批判から学ぶ

企業がバリューに着目しはじめてから、その取り組みはたいてい二種類の反応をかきたてた。一部からは熱烈に歓迎され、一部からは懐疑的に見られたのである。一部の人びとのあいだでは、経営者が倫理に取り組むべきだとする考えにたいして、いまだに根強い抵抗がある。破壊的、あるいは何となく危険だとまでは思わなくても、直観的にどうしても受け入れがたいのである。

ある程度の懐疑はどんな場合でも健全だが、この場合、前に述べたような企業の歴史からして一部に懐疑的な見方があるのは意外なことではない。企業の超道徳性という信条は容易に消えない遺産を残している。事実、主流の経営理論のほとんどは、いまだにこの伝統にのっとっている。職場には「人間」ではなく「手」があればいいと考えていたヘンリー・フォードのような工業時代の経営者の考え方に即して、従業員は長いあいだ、バリューは家庭で実践するものだと教えられてきた。この伝統にのっとって働いてきた人びとからすると、企業レベルでバリューを実践すると言われても、どこか奇妙な、非現実的な話に聞こえてしまうのである。[14]

さらに言えば、倫理自体が純粋に個人的な問題であって企業が追求するものではないとも教えられてきたのだ。「企業の価値観」、「企業の倫理」、「企業の責任」といった概念はいずれも歴史が浅く、前に見たように近代工業化社会で必要になって初めて生まれた概念である。当然ながら、これらの概念は古典的な倫理観にはでてこない。したがって職場でのバリューの話も概して組織の問題ではなく、あくまでも個人の問題として解釈されることになる。

何らかの倫理的伝統のなかで育った人の大半は、倫理的に求められることを直観的に理解しているが、倫理と体系的に接してきた人はそう多くない。それにくらべて、たとえば経済などは一つの分野として教えられることが多いはずである。アメリカでは毎年一四〇万人ほどの大学生が経済学の入門講座を受講して、経済学の基礎的な概念と分析手法を学び、超道徳的な市場という古典的な概念を習得する。倫理学の入門講座を何人が受講しているかは確認されていないが、おそらく年間を通じて倫理学の基礎的な概念と分析手法を学ぶ学生の数はずっと少ないと考えていいだろう。高校でも、大半の学生はさまざまな経済制度の長所と短所を教えられるが、それと同じようにさまざまな倫理体系の長所と短所を教えられることはない。[15]

世間に倫理的な顔を見せようとする企業努力が懐疑的に見られる原因の大部分は、経営陣がそうした努力をする合理的な理由を明確に示せないことにある。企業全体を考えての全社的な努力と位置づけられなければならないはずのものが、単なる上層部のための告訴防止プログラムや新種の販促キャンペーン、もっとひどい場合には人びとの個人的バリューへの攻撃として受け取られる場合が非常に多いのである。

ここでてくるのが、支持者も批判者もしばしば見落とす重要な違い、すなわち社会的存在と見なされている企業のバリューと、実際に企業活動をする個人のバリューとの違いである。企業の行動はあくまでもその会社の人間を通じてなされるため、企業と個人を完全に切り離すのは理論上も実際上も無理ではある。しかし、決して両者を混同するべきではない。社会における道徳の行為者としての会社には、それぞれに取り組まなければならない課題やバリューがある。債権者への義務や顧客への契約上の義務といった責任もある。これらは会社の個々の構成員の責任とは別物だ。これらの企業責任は、会社の構成員や代理人が変わっても変わることはない。一方で、会社の個々の構成員や代理人には仕事から離れた場における個人的な義務や責任があり、他の社員や雇用主と共有する必要のない個人的なバリューがある。企業のバリューへの着目を批判する意見の多くは、総じてこの違いを認識していないのである。

社会的な変化、特にこの場合のような規模での社会的な変化が、当事者全員の納得するかたちで円滑に起こることはない。そこにはつねに異論や反論がともなう。新しいパフォーマンスの基準を満たすための実際的な方法を考える前に、まずはいくつかの代表的な反論や批判の内容を見ていこう。詳細に検証すればどれも通らない言い分だが、どれにも一縷の真実がある。そこから重要なことが学べるはずだ。

感傷的な心理「もう遅すぎる」

バリューを推進しようとする企業努力に批判的な人びとの一部は、大人の環境でそれをすることの価値に疑問を投げかける。倫理は子供のころに学習されるもので、幼少期を過ぎたらもう学習されないと確信しているこれらの人びとは、企業の倫理促進を時間や資源の無駄ではないかと考えている。ときとして感傷的に言われるように、バリューが「母の膝元で」学習されるものなら、この問題に取り組もうとする経営陣の努力はすでに遅すぎる――つまり時間と資源の浪費でしかない。どうせ失敗するのに、どうしてわざわざそんなことをする必要があるのか？　これが彼らの考え方だ[16]。

この反論は一見もっともらしい。確かに幼少期の経験が成人してからの姿勢や価値観に大きな影響をおよぼすのは事実である。さらに言えば、成人してからの姿勢や習慣が変えにくいのも周知の事実だ。しかし、企業のバリュー・プログラムの目的を従業員のモラル改善だと考えている点で、この反論は新しいパフォーマンス基準によって投じられた問題の焦点からいくぶんずれている。一般に受け入れられている倫理基準に即して行動しようとする会社にとって、重要なのは従業員の価値観を改革することではなく、昔から道徳の行為者同士の文明化された関係に適用されるものだと認識されていた職場外でのバリューを、職場でも有効にすることなのである。

とはいえ、この反論はまったく見当外れでもない。新しい企業人格の発達によって、幼少期に学んできたのとは別の価値観や基準を尊重し、適用することを覚える必要が生じれば、この反論は目下のテーマと直接関係をもつ。実際、この反論がほのめかしているように倫理観の発達が幼少期で止まるとすれば、多くの企業プログラムや改善計画にとって深刻な問題が生じる。

しかし「もう遅すぎる」という考えは、倫理観の発達に関して過度に悲観的な見方を前提にしている。幼少期の経験が大人になってからの姿勢に強烈な、場合によってはやり直しのきかない影響を与えるのは疑いないとしても、かなりの数の調査が示しているように、倫理観の発達は幼少期を過ぎても止まることなく、生涯にわたってつづくとされている。研究者によれば、たいていの個人はいくつかの発達段階を通過したのち、人生の最終段階においてようやく道徳的にも心理的にも統合された本当に完全な自己にたどりつくという。道徳的な成長には明らかに段階があり、一般には自己中心的な倫理観から始まって、伝統的な倫理観、原則にのっとった倫理観へと進歩する。さらに言えば、道徳教育プログラムの効果が大きいのは青少年よりも成人のほうだというのが、各種の研究に一貫して見られる結果である[17]。

企業のなかにおける個人の倫理観の発達については、それほど研究がなされていない。しかしアメリカの四〇〇〇人の労働者を対象とした一九九四年の調査では、回答者の半数近く（四九パーセント）が、キャリアとともに自分の職業倫理が向上してきたと答えている。この意識が最も強かったのは、包括的な企業倫理プログラムを実践している会社の従業員で、そうしたプログラムを実践している会社に勤務している回答者の約二〇パーセントは、自分の個人的な倫理意識が職場の倫理に影響されて高められたと答えていたのである[18]。

私たちの大半は自らの経験から、倫理観の発達が幼少期で終わることはないと知っている。自分の子供の成長を見ていても、子供たちの価値観が日増しに発達し、成熟した責任感が芽生えてくるのがわかる。また、私たちの多くは社会的意識の大きな変化、たとえば明らかに人種差別主義的な考えがもっと平等主義的な価値観へと徐々に変化したりするのを経験してもいる。大人になってからの価値観が発達しないかぎり、こうした変化がそんな短期間に起こるはずはない。本書でも、すでにシェルのフィル・ワッツのような人びとを見てきた。彼らは職場での経験から、企業の責任についても企業エグゼクティブとしての個人的な責任についても、考え方を新たにしたのである。

ここでビル・セルズの話を例にあげよう。マンビル社の元エグゼクティブで、現在プロダクト・スチュワードシップ（化学物質の総合安全管理）を積極的に推進している彼が、どんな経験をして現在にいたったかを聞けば充分に納得がいくだろう。一九九〇年代初め、セルズは三〇年近く勤めたマンビル社を退社した。マンビルは一九八二年に、破産保護を申請したアメリカ史上最大の工業会社となって実業界を驚かした。(マンビルは一九九七年に創業時の名称に戻ってジョンズ・マンビルとなった。)かつては世界を代表するアスベスト繊維メーカーだったマンビルだが、一九八二年にはアスベスト関連の死者と発病者をめぐる長きにわたる訴訟によってすっかり窮地におちいっていた。[19]

アスベストの危険性は何十年も前からわかっていながら、マンビルはそれを認めて公表しようとしなかった。すでに一九三〇年代に、マンビルの医療部はアスベストと癌の関連を示唆する研究を聞いていたが、会社も医療部も意図的にその情報を握りつぶし、アスベストを扱う労働者に知らせないようにしたのである。一九六〇年代になってようやく、マンビルは自社製品に警告ラベルを貼りはじめたが、アスベストを含む全製品にラベルが貼られるまでにはさらに七年もかかった。

一九七〇年代から一連の訴訟が始まり、マンビルが当初、アスベストの危険についての情報を握りつぶそうとしたことがわかって、陪審はつぎつぎと原告に有利な評決をだしていった。アスベスト関連の発病には四〇年の潜伏期間があるため、原告の訴えはずっと前に受けた被害についてのものだった。裁判の一つでは、ある弁護士が約四〇年前にマンビルの顧問弁護士とした会話について証言した。マンビルがどういう方針で胸部エックス線写真の結果を従業員に隠したのかをその弁護士が尋ねると、会社の顧問弁護士は、従業員を死ぬまで働かせれば会社が大金を節約できるからだと答えたという。最終的に、マンビルの予想法的債務が資産を超過することが明らかになったとき、マンビルは当時の新しい手段だった破産法一一条による更生申請を行った。[20]

マンビルは法的にも財務的にもたいへんな窮地におちいっていたが、それもセルズからすれば、それ以前の経験の比ではなかった。ある意味では、アスベスト訴訟も会社の破産も、彼が人生で「最も強烈」だと言う個人的経験の公的な側面でしかなかった。一九六〇年代末、セルズがまだ若いマネジャーだったころ、マンビルはアスベストの危険性に気づきはじめた。セルズは業績の芳しくないある工場の工場長に任じられたが、そこでは何年も前からアスベストセメント管が製造されていた。彼の任務は工場の生産性を高めることだった。しかしセルズが着任したころには、すでにベテラン労働者がアスベストに関連した原因で死亡しはじめていた。そして、中皮腫という、激しい痛みをともなう致死率の高い病気の最初の患者があらわれはじめていた。

労働者がつぎつぎに病気で倒れるなかで、まもなくセルズ自身も定期的に地元の病院に通うようになっていた。アスベストが原因の死亡者数が増えていくと同時に、工場の存続はますます危うくなった。付近の工場がつぎつぎに閉鎖されるのを見て、まだ健康な労働者は失業を恐れはじめた。セルズは工場と病院を行き来するうち、ほどなく工員たちが死の危険を恐れながら「同時にもう一つの危険である失業を恐れてもいた」ことに気づいた。その両方の危険から労働者を守るのが工場長としての責任だ、とセルズは考えた。それは収益を取るか健康を取るか、株主を取るか労働者を取るかの問題ではなかった。両方を守らなければならなかったのである。(21)

しかし最終的に、セルズの管理スタッフの全員がアスベストが原因の癌で亡くなった。彼はこの経験から、プロダクト・スチュワードシップの熱烈な推進者となった。セルズはこれを「製造責任の商業全体への拡大」と称する。(22)この考えの基本にあるのは、リスクを隠さず、人びとの健康と安全を配慮し、自然環境を守ることである。製造者は自らの責任を明確にし、将来への影響を考えたうえで、その責任を果たさなければならないことを、何よりも自分自身の経験から学んだ、とセルズは言う。「産業にはプロダクト・スチュワードシップが必要だという信念を、私は何があろうと死ぬまで捨てません」(23)

セルズの場合は、一連の衝撃的な痛ましい経験を通じてこの考えにいたったが、倫理観の発達がゆっくりと、いつのまにか起こっている場合もある。それがウェザリル・アソシエーツ・インク（WAI）の購買部長、キャロル・シーハンのケースだ。自動車再生用の電気部品メーカーであるWAIは、誠実な営業が有効であることを実証するという明確な目的をもって創立された。一九七八年の創業以来、WAIは「正しい行い」、すなわち「関係者全員にたいして論理的にも正しく、便宜的にも正しく、道徳的にも正しい」態度を営業のモットーとしてきた。従業員は「誠心誠意、できるかぎり高潔な態度でその場の必要性を満たす」よう教えられている。(24)

WAIに入社したとき、シーハンはその姿勢に少なからず懐疑的だった。前の会社では詐欺まがいのことが当然のように行われており、特に彼女のいた購買部ではそれが顕著だった。たとえば、ライバル会社についての情報を得るために、彼女のグループはライバル会社の名をかたってサプライヤーに電話をかけ、ファックス番号を変えたからと偽って、その会社の価格情報をファックスで送信させていた。就職面接でWAIの哲学を説明され、嘘をついたり人をおとしいれるようなことをしたら解雇すると言われ、シーハンは驚いた。「冗談でしょう？　私はバイヤーですから、嘘をつかなければ仕事になりません！」。もちろん、WAIの幹部がまじめであることは最初からわかっていたが、それが実際に通用するとは信じられなかった。そのほかにも、すべてが前の会社で教えられたことと相反していた。しかし時間が経つうちに、彼女はWAIの考えを受け入れた。会社はそれで繁栄していたし、彼女自身も新しい仕事のやりかたに慣れたのである。それは「浸透のような」プロセスだった、とシーハンは言う。「じわじわと自分の一部になって、しばらくすると無意識のうちにそう行動するようになっているのです」

弁護士や医者のような専門職と同様、企業人も自らの社会的役割に応じた特別な責任を担っている。

これらの責任は、知的にも道徳的にもある程度の成熟に達してからでないと認識できない。子供は親の膝元で重要な価値観を習得する――そして多くの人は企業に入ってからもその価値観をもちつづける――が、エグゼクティブの特別な責任や経営者がしばしば直面させられる複雑な道徳的問題への取り組みが、幼少期に教えられていることはめったにない。事実、これまで「母親の膝元で」受託者義務や利害相反やプロダクト・スチュワードシップについて教えられたという経営者には出会ったことがない。こうした感傷的な道徳発達観が幅広く行き渡っている理由はわからないでもないが、結局のところ、それは人間の成長や企業倫理の現実とはほとんど関係がないのである。

慰めの自己欺瞞「それは必要でない」

関連するもう一つの反論は、企業を個人の集合でしかないと考えている人びとからだされるものである。この種の批判者は、企業のバリューに着目する必要がそもそもあるのかとの疑問を呈する。「われわれはみな良識ある人間である」と彼らは言う。「それなら企業バリューに何の意味がある？」。会社が良心的な人間だけを雇っているかぎり、企業倫理など考える必要がないというわけだ。

前の反論と同様、これも一見もっともらしく聞こえる。優秀な企業が優秀な個人によって成り立つのは事実だからだ。良識があって良心的で有能な人間がいなければ、会社が優れた業績をあげることは望めない。したがって、強固なバリュー体系を築くためには雇用が大切な要素となる。とはいえ、前に述べたように、会社の道徳的人格を形成するには単に良識ある良心的な人材を集めるだけでは不充分である。新しいパフォーマンス基準を満たすには、企業全体としての道徳的人格を示せるように社員が協調して機能しなければならない。社員の協調的な行動を通じて、会社が組織として責任をはたす道徳の行為者であることを示さなければならないのである。

企業責任の明確な概念がなかったら、良識ある人びとがいくら最善をつくしても、社会全般の期待に応えられない自分をもてあますだけである。この危険を明確に示したのが、一九七七年にウォートンスクールのスコット・アームストロング教授が行った企業の意思決定についての調査である。アームストロングのチームは八ヵ国五七グループの企業エグゼクティブと経営学専攻の学生に、仮想の製薬会社の取締役になったつもりで質問に答えてほしいと要求した。各グループは架空のシナリオを渡され、その場面で取締役会としてどんな行動をとるかを質問された。この会社の代表的な医薬品が年に一四人から二二人ほどの「無用な」死者をだしている。そのために本社が存在する国の監督機関に販売を禁止されそうな状況にある。問題の医薬品は会社の売り上げの約一二パーセントを占めており、収益の割合はさらに大きい(25)。一方で、ライバル会社は別の処方薬を売りだしている。効果も価格も同じだが、深刻な副作用のない薬である。

この状況において、「取締役会」の八〇パーセント以上が問題の製品を国内でも国外でも販売しつづけると決断した。そして同時に、当局から販売を禁止されないようにするうえで必要な法的措置や政治的措置を講じると回答した。残り二〇パーセントのうち、一部は監督機関が実際に禁止するまで販売をつづけると回答し、そのほかは製造を縮小するか、販売を依頼のあった医療機関だけに限定すると回答した。製品のリコールを決断したグループは皆無だった。この調査結果に、グループの年齢や国籍による違いは、特にあらわれていない。

アームストロングはまた別の調査対象者を集め、経営学専攻の学生、経営者、大学教授からなる七一名に前の調査の内容を聞かせて、薬の輸出をつづけるという決断を個人としてどう評価するかを質問した。すると全体の九七パーセントが、この決断を「社会的に無責任だ」と答えた。これらの個人のなかに、前のロールプレーイング調査を受けた人は一人もいない。彼らはただ状況の説明を受け、製品の販売をつづけながら製品が市場から締めだされないように法的措置や政治的措置を講じるという会社の決断を聞かされた。要するに、企業の立場で行動した回答者の八〇パーセントが下した決断を、個人の立場で行動した回答者の九七パーセントが道徳的に容認しがたいと判断したのである。この驚くべき相違から、企業という枠がいかに強烈に——かつ微妙に——行動に影響するかがわかるだろう。

「それは必要でない」という反論は、企業倫理の問題を従業員の個人的な倫理の問題にすりかえることによって、もう一つの重要な疑問を回避している。良識ある人びとが超道徳的な環境におかれたらどうなるか、ということだ。もっと一般的に言えば、良識ある人びとは道徳に無関心な環境と道徳を積極的に評価する環境のどちらにいるほうが良識をもって行動できるだろうか？

この疑問を具体的に考えるために、私が多くの経営管理相談に使ってきたシナリオを例にあげよう。このシナリオはフィクションだが、実際の出来事にもとづいている。「デール」は全国的な自動車修理チェーンの整備士をしている。彼の仕事は自動車の点検、修理の勧め、実際の修理作業などである。チェーンの経営陣はデールとその他の整備士に、アラインメント、スプリング、ショックアブソーバ、ブレーキなどの修理注文を八時間の勤務のあいだに一定数とってくるよう指導していた。整備士がこのノルマを達成できないと、異動させられたり勤務時間を短縮されたりする。さらに、決められた最低限の時間を超過して働いた場合は作業一時間ごとに特別手当が支払われる。デールは他の整備士たちが目標を達成して追加手当を得るために、不要な修理を勧めて余計な作業をしているのではないかと疑っている。実際、一部の整備士は顧客に自動車のストラットが「壊れてオイル漏れしている」などと言っているが、実は異常などないのである。[26]

この状況を倫理的な見地から考えてみてほしいと経営者たちに言うと、彼らはほとんど例外なく、デールが他の整備士と同じことをするのは容認しがたいと答える。その理由は概して三つあげられる。第一に、それは不正直である。第二に、顧客との暗黙の合意を破っている。そして第三に、顧客の信頼を裏切っている。しかし、デールがどう行動するかを予測してみてくれと言うと、経営者の二分の二から四分の三は、デールが他の整備士と同じように顧客に嘘をつくだろうと答えた。言い換えれば、ほとんどの経営者はデールが誰から見ても倫理的に容認しがたいことをするだろうと、たとえデールが良識ある人間でないと信じる理由がまったくなくても、そう予測するのである。経営者の大半は自分の予測の裏づけとして、経営陣によって定められたノルマと報奨制度をあげる。つまり、判断材料はデールの人格ではないのである。

場合によっては、ジョークのつもりで自動車整備士のデールに個人的な倫理があるのかと言う経営者もいるだろう。そこで私は、デールの例え話につづけて、もう一つのシナリオをもちだす。これもフィクションだが、やはり実話にもとづいている。「パット」は大きな病院組織に属する外科医である。パットは契約で定められている「生産割り当て」として、毎月五二回の手術と一五〇回の外来診療をこなす。手術の回数を七八回に増やせば、追加手当として税込収入の三〇パーセントのボーナスが得られる。この割り当てを達成できないと、パットも他の外科医たちも職業上の貴重な機会を与えられず、成績があがらなければ仕事を失いかねないことを示唆されている。このシナリオにおいても、経営者たちが予測するパットの行動はデールについて予測された行動とほとんど変わらない。外科医であれ自動車整備士であれ、行動をうながす原動力はまったく同じなのである。

これらの予測にあらわれているように、私たちは直観的に、個人を超道徳的な環境におくと本人の価値観が歪められやすいことを知っている。ある従業員が私に言ったように「自分のすべきことがわからなくなって善悪の判断能力を失ってしまう」のである。程度はさまざまかもしれないが、価値観が歪められる危険は確実に存在し、本来は思いやりのある良心的な人であっても、その危険は免れえない。超道徳的な機械の部品として扱われると、人はたいてい超道徳的な機械の部品のように行動してしまう。洋の東西を問わず、ほとんどの倫理的伝統が人を道具や手段のように扱ってはならないと教えているのも、一つにはこのせいかもしれない。もちろん、人はみなさまざまな面でたがいの役に立っており、市場メカニズムはまさにその点を利用している。問題は、この社会生活の有益な特徴が極端に解釈されて、人びとが手段としてしか扱われず、道徳の行為者でもあることが忘れられてしまった場合である[27]。

　売り上げや生産性を伸ばさせる企業文化を築くことをこだわりなく誇りとするエグゼクティブは、たいてい同じくらい単純に、不正行為をうながす文化を築くことの責任を一も二もなく否定する。彼らは倫理にたいして伝統的な見方をしている。つまり、倫理は純粋に個人的なもので、経営陣が構築する組織環境とは何の関係もないという見方である。しかし、企業の不正行為が組織のつくった要因、たとえば非現実的なノルマの圧力、誤った報奨制度、軽率な雇用習慣、不充分な教育、指導の失敗などに端を発した事例はいくつもある。そして実際に、組織の文化は企業犯罪の大きな原因となっているのである。近年では法学者も、社会規範が公式の法的規範と変わらないくらい個人の行動に強い影響をおよぼすと認めはじめている。ちなみに、デールの会社とパットの病院は、次章で改めて見るように、どちらも最終的に詐欺と強引な売りこみを摘発されて訴訟沙汰にまきこまれたのである[28]。

「それは必要でない」という反論は、人間の行動にたいする見方が単純すぎるから成り立つ言い分である。この論法にしたがえば、悪い行為は悪い人がすることであって、良識ある良心的な人は自分の置かれた境遇にかかわりなく、自動的に最善のことをする。しかし各種の研究は、一貫してこの見方を否定している。有名なのは、一九六〇年代にエール大学の社会心理学者スタンリー・ミルグラムが行った実験だろう。これは人間がいかに権威の命令に盲従しやすいかを実証している。結果として他人に危害を加えることになっても、人はえてして権威の命令には逆らわないのである。ミルグラムは記憶と学習についての研究という名目で被験者を募った。被験者は実験者の命令に応じて匿名の「学習者」に苦痛をともなう電気ショックを与えるように指示された。多くの被験者は、「学習者」の苦しそうな悲鳴が聞こえても躊躇せずにショックを与えつづけた。実験後、どうしてショックを与えたのかと聞かれて、多くの被験者はこう答えた。「自分の意思しだいだったらあんなことはしない。そうするように言われたからそうしたまでだ」[29]

これよりあとの「傍観者の行動」についての研究は、人間の行動がいかに他人の例に強く影響されるかを示している。プリンストン大学の社会心理学者ジョン・ダーリーは、無力な個人が襲われて残酷に殺されるところを大勢の人間が何もせずに傍観していたという悲惨な事件がつづいたことに興味をそそられ、見知らぬ他人が窮地にあったときの人びとの反応における仲間の行動の効果をもっと深く理解したいと考えて、一連の実験を行った。最初の実験では、被験者が一人でコンピュータルームに入れられ、与えられた作業をしているところに、隣の部屋から悲鳴が聞こえる。第二の実験では、被験者が見知らぬ他人と数人のグループで作業をしているところに悲鳴が聞こえる。被験者以外のグループのメンバーは、悲鳴に反応しないようにあらかじめ指示されていた。調査の結果、一人で作業していた被験者の八〇パーセントは作業の手を止め、助けを求めていた人の様子を確認しに行った。それとは対照的に、グループで作業していた被験者のうちで同じことをしたのは二〇パーセントにすぎなかった。悲鳴に反応しなかった被験者たちは実験後の面接で、他の人びとを見てどうすればいいかを確認したと説明した。[30]

これらの調査結果は、人びとが自分の行動の指針をどれほど他人に求めているかを示している。言い換えれば、良い人が良いことをして、悪い人が悪いことをするという単純な相関関係に疑問を投げかけていることになる。これは良い人と悪い人がいるということを否定するものではない。良い人と悪い人がいることは誰でも知っている。悪意のある人、ずるい人、嫌悪をもよおす人はどこにでもいる。しかし重要なのは、悪い行為が悪い人の専売特許ではないということだ。企業レベルであれ個人のレベルであれ、無数の不正行為の例が示しているように、良識ある善意の人びとが自分の倫理基準に反するような、自分でも是認しないような行為をする可能性はいくらでもあるのだ。

ちょっとした判断の過ちや単純な不注意から、人は簡単に問題のある行為をおかしてしまう。おそらく決定的な注意事項を見過ごしてしまったか、考慮すべき重要な点を考慮しそこなったのだろう。あるいはプレッシャーがかかっていたり情報が不足していたりして、つい性急に行動してしまったのかもしれない。恥をかかないため、面子を保つためという場合もある。熱心になりすぎたせいや、自信がありすぎたせいもあるだろう。あるいは無知で、自分の責任を認識していなかったり、状況を理解していなかったり、自分の扱っている技術への知識が不足していたせいもあるだろう。場合によっては、故意に不正行為をすることもある。それは会社のためなど何らかの「大義」のためかもしれないし、規則を破っても罰せられずにすむかどうかを確かめるという、純然たる実験のためかもしれない。ときにはどうしても――あとから考えても――説明のつかない過ちをおかすこともあるだろう。[31]

新しい基準のもとで優れた実績をあげられる会社をつくるには、「われわれはみな良識がある」という信念よりも、もっと現実的な見方が必要だ。どれほど良い人でも過ちをおかす可能性はあり、道徳的な過ちをおかす危険は道徳に無関心な環境であるほど増大する。ほとんどの人間は、自分で思っている以上に周囲の人びとの行動や考えに影響されやすく、自分で認識している以上に難しい道徳的な判断を他人に依存しやすい。組織としての一連のバリューを形成し、維持する努力を積極的にしなければ、個人のバリューはいつしか周囲の無関心に侵食されてしまう。いずれにしても、組織全体で道徳の行為者となるためには、個々の人びとの努力を統合することが必要なのである。

創造神話の誤解「それはわれわれの権限を超えている」

これまで見てきたように、会社が道徳の行為者という基準を満たそうとするなら、営業するにさいして社外の関係者の正当な要求を聞き入れなければならない。しかし一部の人びとは、そんなことをする権利が経営者にあるのかと反論する。「経営者は株主のために財務上の利益を最大限にするという受託者義務に縛られているではないか」と彼らは言う。どんな権利があって、経営者は第二者の要求を聞き入れられるのか？　こうした見方をする人びとにとって、企業倫理はいささか反倫理的に聞こえる。企業倫理を守ることによってコストがかさんだり、収益を得る機会が失われたりする場合があるからだ。

この反論──「受託者の反論」と呼ぼう──は、株主以外の関係者に代わってだされた道徳的要求を退けるのに、よく使われてきた。数年前、私はある学術討論会で、危険性のある農業用化学製品の生産者は、彼らが世界中の貧しい国で販売している製品に関連する健康面と環境面のリスクを軽減する道徳的責任があると主張した。それらの製品のなかには先進工業国で販売禁止になっているものもあったが、当時は教育的指導や警告さえ与えられないまま、その製品の使用にかかわるリスクや犠牲について何も知らない人びとに販売されていたのである。その結果、深刻な環境問題が生じ、毎年何千という人が死亡したり病気になったりしていた[32]。

ただし、こうした販売活動はまったく法に触れていなかった。多くの輸出国では、農業用化学製品の安全性を管理する法律が輸出用の化学製品には適用されていなかったのである。そして、発展途上国や貧しい国が大半を占める輸入国の多くでは、当時そのような問題に関する規制は存在していないか、まったく機能していないかのどちらかだった。しかも農業用化学製品に過度に依存したときの健康や環境への影響を知らない人びとが世界中にいるということは、危険と効果の両方を備えていることがわかっている製品を広く販売できることを意味していた。

私のこの分析に、ある経営学の権威が反論した。そうした化学製品に関連する健康や環境の問題に取り組むコストを自発的に負担するのは、株主にたいする経営者の受託者義務に反することである、と彼は主張した。受託者として、経営者の義務はただ一つ――株主の資産を法律の範囲内で最大限にすることなのである。したがって、経営者が第三者に害をおよぼすのを防ぐための措置を講じることは、それによって売り上げが落ちたり、コストが増えたり、そのほか何らかの悪影響が収益におよぶならば、誤った行為となるのである。

このような主張は、企業の超道徳性という信条の名残としか理解できない。会社が超道徳的な存在であり、したがって会社の代理人としての役割から、経営者は自分のすることの道徳的な側面を無視できるというなら、この主張ももっともらしく聞こえる。そうでなければ、導きだされる結論を正当化できるような一貫した論法を組み立てるのは難しい。実際、一般に考えられている道徳の概念を会社とその経営者に当てはめれば、導かれるのは反対の結論だ。すなわち、会社には罪のない顧客やユーザーやその他の第三者に危害をおよぼさないようにする義務がある。

会社を道徳の行為者と見なすなら、結論として加害禁止の原則をそのまま会社にも適用するしかない。罪のない生命を損なったり破壊したりしてはならないとする考えは、私たちの知るかぎり、ほぼすべての社会に昔から共通する基本的な倫理規範の一つである。条件によっては、この原則が適用されない場合も確かにある。たとえば、被害者側が承知している場合、被害者側にもっと有利なことがある場合、あるいは別の関係者にもっと有利なことがある場合だ。しかし、加害者側が得られるであろう財務上の利益は、罪のない他者に承諾なく害を与えるのを正当化する充分な理由とは見なされてこなかった。第一、そんなことが理由になるような社会が長いあいだ存続できるとは思えない[33]。

加害禁止の原則のような規範を構成員に守らせるのは、有効に機能する社会を持続させるために不可欠なことだ。少なくとも構成員同士のあいだでこの原則が守られていなければ、社会は成り立たない。アダム・スミスもこの原則を強調していたことを思い出してもらいたい。たとえ故意でなくても、他人の「幸福」を侵害すれば何らかの「償い」が必要だ、とアダム・スミスは言っていた。経営者が企業の代理人と見なされ、企業がこの原則の適用対象だと見なされるなら、経営者は必然的に、企業活動が罪のない他者に害を加えないようにし、もし害を加えたら適切な償いをする責任を負わなければならない。実際、これは近年の多くの営業規範でとられている姿勢である[34]。

仮に経営者を企業の代理人ではなく株主の代理人と考えても、経営者が罪のない第三者を傷つけてはならないとする普遍的な社会的義務の対象であることに変わりはない。この義務は、社会の構成員すべてに付随するものであり、個人が契約や約束などによって特別の義務を負ったとしても、免じられることはない。株主の代理人になるからといって、この普遍的な義務が消えるわけではない。それは親の義務と同じことだ。親は自分の子の利益を守る義務があるが、だからといって市民としての通常の義務が免じられるわけでもなく、他人を傷つけてもいいと認められるわけでもない。

これは義務の基本的な論理から導かれる結論である。さしせまった状況でもないかぎり、誰かにたいする義務が別の誰かにたいする義務を負ったからといって消滅することは通常ありえない。同じ論理で、社会全般にたいする普遍的な義務——他人を騙したり傷つけたりしてはならない、他人の権利を尊重し、法にしたがわなければならない——が特定の個人にたいして特別な義務を負ったからといって消滅することもありえない。言い換えれば、自分が儲かるために盗みをするのが悪いなら、他人を儲けさせるために盗みを働くのも正しくないのだ。

経営者が株主の代理人になっているからといって、古くから存在していた経営者の義務が免除されるわけではないように、経営者を代理人にしているからといって、株主が自分の資本を自分で運用していた場合にもたなければならない責任が免除されるわけでもない。他者の正当な要求を聞き入れながら資産を運用する義務が個人にあるなら、誰かを雇って自分の代わりに資産を運用させた場合でも、やはり個人はその義務を負わなければならない。たとえば、私が隣人の環境を損なうようなかたちで自分の資産を運用するのが悪いことなら、私の代理人が私に代わってそれをしたとしても同じように悪い。おそらく合衆国最高裁判事ルイス・D・ブランダイスも同じ考えで、一九一一年に議会にたいしてあのように宣言したのだろう。株主は自分の代理人が公益と一致する方針にしたがっていることを確かめる責任がある、とブランダイスは言ったのだ[35]。

経営者の義務はただ一つ——株主のために働くこと——だとする見方は、しばしばもう一つの見方と対になっている。株主の関心はただ一つ——手段を問わず最大限にお金を儲けること——だとする見方である。この種の投資家は確かにいる。だが、すでに見てきたとおり、近年の投資家はもっと広い見方をしはじめている。株式の所有が一般的になるにつれて、投資家の関心は多方面に広がってきた。いまでは多くの投資家が、自分の株主としての関心と、顧客や従業員や債権者や請負業者としての関心を完全に切り離すことはできないと認識するようになっている。同時に、投資家は市民でもあり、家族の一員でもある。これらどの立場からも、投資家は有効に機能する安定した社会を維持することに関心をもっている。したがって、たとえ経営者を株主の代理人としてしか見なくても、経営者はただ一つの目的を追求していればいいと結論することはできない。伝統的に理解されてきたように、受託者の義務は依頼人のために働くことであり、依頼人がどのような関心をもっていようと、そのために便宜をはからなければならない。そして実際、今日の多くの投資家は複数の関心をもっている。従業員や外の世界にたいして丁寧に接するという一般的な原則を会社に守らせることもその一つである。

経営者が株主の代理人なのか企業の代理人なのかについては大いに議論されてきたが、受託者義務をはたす目的からすると、この議論に特に決着をつける必要はない。先ほど私が分析したように、どちらの見方をしようと導かれる結論は同じなのだ。経営者は自分の決断の道徳的な側面を無視してはならず、関係各方面の正当な要求を尊重しなければならない。とはいえ、経営者は企業の代理人と考えるのが最善ではないだろうか。この見方は今日の会社についての認識とも一致し、社会における道徳の行為者としての役割にも一致するほか、第五章で見たような、企業が成功するためにはたさなければならない複数の責任をも説明している。純粋に実際的な問題として、このほうがパフォーマンスの高い会社を築きたい経営者にとっては有益な見方なのである。

受託者の義務はただ一つだという解釈を支持する人びとは、ときおりその裏づけとして法律を引き合いにだす。しかし現代の法体系は、少なくともアメリカでは、この狭い解釈にほとんど正当性を与えていない。過去に受託者義務の法律がどんなことを言っていようと、今日の法律は一般的に、企業エグゼクティブが第三者の道徳的な要求を無視することを求めてはいない。第四章で触れたように、企業の意思決定者は「企業の収益や株主の利得がそれによって高められない」としても「責任ある企業行動にふさわしいと妥当に判断される倫理的な配慮」をすることが法的に認められている。また、「公益、人道、教育、博愛という目的に妥当な範囲で資源を充当する」ことも認められている。[36]

ごくかぎられた場合――企業の売却や分割が「避けられない」とき――のみ、法廷は株主以外の利益を考慮に入れることを不適切だと言ってきた。取締役会が会社の売却や分割など、経営権の移譲にかかわる決断をしたときは、「株主に妥当な範囲で最高の補償が提供される」ような取引にすることが取締役会の義務である。しかしそれ以外では、法廷は企業の意思決定者がさまざまな要因を考慮することを認めてきた。その決断が会社におよぼす効果、株主への影響、および株主以外の関係者への影響などである。[37]

通常、法廷は「経営判断の法則」にもとづいて、企業の意思決定者が情報を充分に集めたうえで誠実に行動し、会社にとって最善だと信じる決断を下していたならば、たとえその決断が間違いだったとしても意思決定者の責任は問わない。さらに第四章で見たように、アメリカの三一の州は、それまで禁じられていた株主以外の利益への配慮を経営権の移譲や買収が起こりそうな状況にあっては認めてもよいとする法律を制定している。こうした「別の関係者層」を認めた法律により、この種の訴訟においても取締役会は株主以外の関係者を考慮することが認められる。[38]

その言葉どおりに受けとれば、受託者の反論は分析によって却下される。しかし、そう簡単にこれを無視するべきではない。はっきりと表現されてはいないが、この反論はある事実を思い出させるものとして有益なのだ。それは、第三者の要求を尊重することが財務上のパフォーマンスの低下の言い訳にならないということである。同様に、株主への配慮のなさを正当化する言い訳にもならない。株主が経営者に自分の資本を委託するとき、株主は暗黙のうちに財務上の利益を期待している。そして株主には、自分の投資した資金を守って増やすために、経営者が最善の努力をしてくれると期待する権利がある。株主のためにも、また株主以外の会社関係者のためにも、経営者は確固とした収益性を保持する道徳的な義務があるのだ。

この論理からすると、株主への義務が第三者への義務を消滅させないのと同じく、第三者への義務が株主への義務を消滅させることもない。どちらの方向からたどっても、行き着く結論は同じである。経営者には複数の義務があり、その延長として、それらの義務を会社の戦略的な営業プロセスに統合する責任がある。ここで各関係者――株主、顧客、従業員、さらには社会全般――の順位を固定しようとしても、それはとうてい無理な話だ。順位は状況に応じてそのつど変わるものであり、和解しえない対立がある場合にどこの要求を優先させるかを前もって理論的に決めておくことなどできないからである。そのような調整は、相反する利害の性質、その場の状況、別の選択をした場合に予想される結果を考慮して道徳的に検討したのち、初めてなされるものなのだ。

もちろん一般的な意見として、基本的な人権の尊重を財務上の自己利益の追求よりも優先させると言うことはできる。あるいは基本的な原則の順守を慈善目的の寄付よりも優先させるとか、自分で生んだ混乱を解決することを他人が生じさせた混乱を解決することよりも優先させるとは言えるだろう。とはいえ、経営者の義務の性質や範囲に関してつねに分別ある人びとの合意が得られるとはかぎらない。提案された新製品にたいする市場の潜在能力や、提案された合併の経済的メリットについて議論するときと同じである。それでも会社が道徳の行為者として振る舞うことを期待されている世界では、対立する義務を調整し、不確実な状況下で価値判断を下すのが経営者の重要な仕事である。受託者の役割の単純すぎる解釈に頼ってこうした仕事を避けようとしても、決して避けられるものではないのだ。

経営者の受託者義務をただ一つの義務と解釈することに魅力を感じる人の多くは、十九世紀末の企業の起源の話を思い浮かべている。第四章で見たように、これは資本の所有者が何人か集まって、企業を形成することに合意し、資金を共同出資して、プールされた資本を彼らに代わって運用する人間を雇ったという話である。ここでの主役は、あくまでも資本の所有者である。経営者は取締役会を通じて「資本家」や投資家から権限を委譲され、投資家にたいして報告義務を負う。この見方では、企業が存在できるのは投資家のおかげである。投資家は企業の「構成員」であり、投資家の財産が「主体財産」として運用される。投資家の権限自体も、投資家の財産所有者としての力に由来するものである。

それ以前には、企業は国家の創造物と見なされていた。勅許状によって創設され、そこに付与されている権限を主権者によって与えられる。この場合、投資家は重要な役割をはたしてはいるが、あくまでも脇役にすぎない。企業が存在しているのは主権者のおかげであり、経営陣が最終的に説明責任を負う相手も主権者である。そして、なぜ主権者にそのような権限があるかと言えば、公益の保護者という役割を担い、権力を独占しているからである。

今日の創造説では、主役は資本家でも主権者でもない。企業家である。この場合、企業は企業家の創造物である。企業家のエネルギーと、ビジネス・アイデアを現実の継続事業体に転換する技能から生じるものである。ただし、企業家の権限は権力の独占に由来している（国家のように）のではなく、資本の所有に由来している（投資家のように）のでもなく、会社をうまく機能させるのに必要な人材と資源を集め、調整するための実用的な知識に由来しているのだ。したがって経営者の権限は、煎じつめれば主権者や投資家の集まりのような単一の出所に由来しているのではなく、会社の存続に不可欠なすべての関係者層によっているのである。

今日の自由主義社会では、大半の会社はいくつかの基本的な集団に支えられ、「経営許可」をもらうことによって成り立っている。事情の違いは多少あっても、ほとんどの会社は次のような集団の一部、あるいは全部とかかわりをもっている。

●政府。会社は政府の法律と方針によって社会における行動主体と認定され、設立奨励の意味で有限責任や破産保護などの特権を与えられる。

●投資家。株主と債権者の双方を含めて、投資家は会社の活動を支えるのに必要な資本を提供する。

●従業員。会社の活動を遂行するのに必要な技能、知識、人的エネルギーを提供する。

●サプライヤー。新しい資材、原料、専門知識など、会社の活動を遂行するのに必要な各種の資源を提供する。

●顧客。会社の製品やサービスを購入してくれる。それによって得られる収入が、投資家、従業員、サプライヤーへの報酬、および政府に納める税金に充てられる。

●一般市民。他の関係者層は一般市民からなる集まりであり、一般市民に受容されることが会社の存続には欠かせない。

これらの集団はすべて会社の成功を左右する重要な存在であり、どの部分の支持を失っても致命的な影響がでかねない。政府の調査が入る、投資家が株式を売却する、従業員が辞めていく、顧客を引きつけられない、サプライヤーを失う、NGOに公然と批判されるなど、いずれも経営者にとっては指導力を失いかねない重大事である。これらが実際にどういう影響をおよぼすかは、すでにいくつかの事例で見てきたとおりだ。たとえば、ソロモンが財務省証券にかかわる不正行為を明らかにしたときに何が起こったか。さまざまな関係者層がソロモンから離れていって、最高経営幹部は辞任を余儀なくされたのである。

各関係者層の好意と自発的な協力がなかったら、会社の将来は先が見えている。そして少なくとも現代の民主主義社会では、営業に際して道徳的な姿勢をとらず、会社の活動に影響される人びとの正当な要求を聞き入れない会社が、そのような好意や協力を得られるとは考えにくい。経営者には株主のために価値を創造する義務があるのだから、会社の活動によって誰かに害を与えたとしても無視してよい——無視するべきである——という考えは、どう好意的に見ても、すでに時代遅れとなった創造神話の名残でしかない。

恐ろしい曲解「それは世界の貧しい無力な人びとに害をなす」

バリューへの着目がさかんになるにつれ、また別の批判者の一群がこの展開に内在するという危険を言い立てはじめた。彼らの主張によれば、企業倫理や企業の社会的責任といった概念は潜在的に会社をだめにするだけでなく、世界の貧しい無力な人びとにも害をなすという。企業倫理を懐疑的に見ていた前述のグループと同様、この一派も企業倫理をある意味で反倫理的と見なしている。しかし、こちらの主張の根拠は、受託者義務にあるのではなく、これらの新しい概念がおよぼす、彼らが言うところの有害な影響にある。勘違いしたNGOやご機嫌取りの多国籍企業が、その有害な影響をおよぼしているというのである。彼らの言う「危険」のなかには無理なこじつけと思えるものもあるが、いくつかは検討に値するもっともな危惧の念を提起している。

このグループの主張の一つは、会社がバリューを大事にすることにより、政府が会社活動にコストのかかる規制を課することをうながしている、というものである。一九七〇年代にも企業の社会的責任を批判する人びとが同じようなことを言っていたが、これも無理なこじつけの一つと考えられる。会社が責任ある行動をしているからという理由で政府による規制が導入された事例は思いつかないし、あったとしても、それは通則でなく例外である。少なくともアメリカでは、第二章で見たように、政府による規制はおおむね企業の社会的無関心、不正行為、営利追求の行き過ぎを修正するための方策として導入されている。反トラスト法、食品安全法、広告規制、証券規則、消費者保護、環境保護、腐敗防止法、雇用機会均等法、職場安全基準など、企業の社会的問題への無関心が原因で制定された規制はいくらでもある。過去の事実から判断して、企業の倫理的な姿勢は政府による規制導入の可能性を低めこそすれ、批判者たちが言うように高めることはないと思われるのである[39]。

実例をあげれば、前述したアメリカ防衛産業の企業倫理への取り組みも、政府に規制を課されないようにするために始められたものだった。一九八六年に、防衛産業は激しい攻撃にさらされていた。業界全体の「詐欺、浪費、乱用」に関連する不正行為について、あることないことを批判されたのである。既存の規制が拡大され、さらに厳しくなる可能性に直面して、業界は自己管理をもっと徹底することを誓い、組織的な取り組みに着手した。この取り組みに初めのころから参加していた政府も、業界の努力を認め、提案されていた規制の多くを先送りにした。この例をはじめとして、過去のさまざまな事実から考えると、企業の社会的責任の「規制にかかわる危険」にたいする危惧は大げさすぎると思われる。

これほど無理なこじつけではないが、本来の論点をずらしていると思われるのが、倫理基準を高めることによって世界各地の無力な人びと、特に政治的に公民権を奪われている貧しい人びとに有害な影響がおよぶという説である。この主張をする人びとは、おおむね二つの点にこだわっている。児童労働を主とする労働習慣と環境保護である。職場を安全にし、成人労働者だけを使い、クリーンな技術を導入しようとすれば、そうではない場合（危険な職場、児童労働、環境を汚染するテクノロジー）よりも費用がかかるのが普通である、つまり、バリューは高くつく、と彼らは主張する。したがって貧しい国は、これらの分野で求められる厳しい基準を満たさなければならなくなると、競争に後れをとることになる。さらに、女性と子供をはじめとして職を必要とする人びとが完全に雇用から締めだされる可能性もある。不思議なことに、こうした批判をする人びとは、まったく同じ論理が当てはまるにもかかわらず、貧しい国の企業にはとても採用できない高価な新技術を多国籍企業が採用することには同じ危惧の念を表明していない[40]。

これらの批判者が好んで指摘したがるのは、児童労働者を使うサプライヤーと取引しないようにすると、職を失った子供が売春や違法な麻薬取引などに追いやられ、いっそう有害な結果になるかもしれないという点である。その実例として、しばしば引き合いにだされるのがハーキン法案の結末だ。違法な児童労働によって製造された製品の輸入禁止を求めたこの法案は、一九九二年に連邦議会に提出され、一〇年たってもまだ法制化されていないが、所定の年齢に達しない子供を働かせていたバングラデシュの衣料品製造業界は、いち早く五万人から七万人の子供を解雇した。子供たちの生活を支えるための代替案が何も準備されていなかったため、その結果は悲惨だった。子供たちの一部はさらに劣悪な状況に追いこまれ、それまでよりも安い賃金で危険な仕事につき、売春を始めたりするようになった[41]。

だが、この事例から言えることは何だろう？　会社はバリューを忘れるべきなのか？　職場の安全や児童労働、環境破壊、公正な賃金など、倫理的な問題は無視するべきなのだろうか？　それは恐ろしい曲解である。言うまでもなく、論理的な結論はバリューを捨てることではなく、もっといい解決方法を見つけることだ。バングラデシュでの悲劇のあとに児童保護団体と労働団体と衣料品業界が協力して児童労働問題を再考したように、問違いがあったときに修正するための行動をとらせるのが、道徳の行為者としての基準なのである。

もちろん、できれば最初から間違いをおかさないほうがいいに決まっている。輸入禁止を提案した結果がどのようになるかをもっと深く考えていたなら、この間違いは避けられていたかもしれない。輸入禁止と同時に何らかの保護措置を講じることは可能だったはずだ。あるいは教育面の支援をしながら雇用機会を提供することもできただろう。だが最終的に、国際労働機関（ＩＬＯ）と国連児童基金と衣料品業界はどうにか一九九五年に合意に達し、被害を受けた子供への学校教育と、その家族への収入を支援することにした。プログラムは完璧とは言いがたいが、複雑かつ緊急の問題を解決するにさいして、妥当な第一歩だったとは言えるだろう[42]。

子供におよぶリスクを認識して、他の会社も児童労働問題に慎重に対処するようになった。リーバイ・ストラウスやイケアのように、児童労働者への教育プログラムを提供している会社もある。あるいは営業地域の恵まれない子供たちのために福祉や教育のプログラムを用意したり、政府やＮＧＯに協力して児童労働者に教育用携帯端末を支給したり、その家族に収入を生む方法について教育したり、中等

学校への輸送手段を提供したりするなど、児童労働をなくすためのさまざまな運動を多くの会社が支援している。(43)

確かにコストは無視できないが、たとえ小さな貢献でも、この分野では大きな効果が生じることを忘れるべきではない。少し前、私は何人かの向上心にあふれた若い経営者たちと児童労働問題について討論会を開いた。そこで、ある小さな会社の現状が問題にされた。その会社の製品の多くは、非常に幼い児童労働者を多く雇っていることで知られる地域でつくられていた。ほどなく議論の中心は、児童労働はその会社がやっていることではないという点に集まった。拘束されている子供たちがいかに哀れに思えても——実際、それがきわめて非人間的であることには全員が同意したが——その会社がそうしたわけではないのである。会社がこの問題に取り組まなくてもいい理由が長々と論議された——コストがかかりすぎる、問題が大きすぎる、受託者義務の違反になると指摘された——のち、それまで黙っていた参加者の一人が挙手して発言を求めた。

彼女はまず、議論がこのような方向に進んだことへの失望を表明した。そして、自分自身の家族がいかに貧困と戦ってきたかを話しはじめた。それによると、彼女のキャリアで決定的な役割をはたしてくれたのは、彼女の祖母が子供のころに働いていた工場の所有者だった。工場主はそこで働いていた子供たちのために教師を手配し、工場内で一日二時間の教育を授けた。その結果、子供たちの多くは文字が読めるようになった。希望とよりよい未来へのチケットを得たのである。この話をした若い女性は、世界有数のいくつかの大学で教育を受けており、一見ささいな貢献がいかに大きな力をもつかを示す生きた実例だった。彼女の話は議論に明らかな影響をおよぼした。その後にわかに、倫理的にも経済的にも説得力のある独創的な解決策がいくつもだされはじめたのである。

結局のところ、貧しい無力な人びとを代弁して企業倫理を批判していると主張する人びとの言い分は、何ら説得力をもちえていない。おざなりの解決策を戒めるという意味では、これらの批判も有益な役割を果たしてはいる。しかし、その目的がバリューへの着目に不信をもたせることであるなら、この批判は目的を達していない。有効な解決策を見つけて実行するうえでの知性や想像力や勇気の重要性を強調しているだけである。問題が児童労働であろうと環境破壊であろうと、その解決策は倫理的にも経済的にも受け入れられるものでなければならない。技術の進歩と同じように、道徳の進歩もすぐには実現しないだろう。絶えざる努力のなかで、ときどき独創的な名案がでてくるのである。確かに間違いは避けられないし、行き詰まることもあるだろう。しかし、だからといって批判者たちがほのめかしているように、努力をやめてもいいという理由にはならないのである。

この種の批判者たちが想起させるイメージ――勘違いしたNGOにそそのかされて大手多国籍企業が倫理促進を始める――は、まさしく誤解を招くものである。これまで見てきたように、バリューへの着目は一世紀以上も前に始まった発展の過程から生じている。自由化や民営化、知識とテクノロジーの進歩などによって企業パフォーマンスにたいする新しい期待が生まれ、その影響からバリューへの着目が進んだのである。豊かな国の消費者は不買運動や特定の購買行動によって影響を与えてきたが、その他多くの運動団体にしても同様である。労働問題や環境問題の提起にNGOが有効な働きをしてきたとすれば、それはその努力を支える下地がすでに確立されていたからにほかならない。

さらに言えば、社会的責任について関心をもっているのは大手多国籍企業だけにとどまらない。それは大きな会社と同じように小さい会社にも、そして世界のどの地域にも見られるものである。サイアム・セメント・グループの環境保護への取り組みや、インドの最貧困層に向けたHDFCの住宅ローン・

プログラムなどがそれを実証している。

懐疑派のなかには、企業責任を企業の権力と影響力の危険な延長と見なして反対する人もいる。会社は経済活動だけに専念するべきであり、社会的な問題はよそにまかせておくべきだ、と彼らは言い張る。権力が一点に集中し、生活のあらゆる側面が商業化され、企業化されることの悪影響についても、進化が社会制度の多様化を促進するものであることを根拠に警戒を示す。経済的な役目をはたす機関と社会的な役目をはたす機関は厳密に切り離しておくほうがよく、企業の社会的責任はその区別を曖昧にさせるという点で、社会全般にとって危険なのだ、というのがこれらの批判者の言い分だ。

企業の権力が強大になりすぎる危険を強調している点では、これらの批判は正しい。過度な企業権力は確かに危険である。しかし、企業がすでに生活のあらゆる側面にかかわっている以上、問題はその力で何をするかである。経済活動は自分の領域を守って社会問題にはかかわるなという言い分は聞こえがいいかもしれないが、いまの時代にそんなことが実際に通用するだろうか？ 前述したように、職場での生活と家庭での生活が混じりあい、営利活動と非営利活動の境界が曖昧になり、企業が社会のあらゆる機能に影響をおよぼすようになった現在、経済的な領域と社会的な領域に壁を設けるのは実際問題として不可能である。

確かに、企業にしろ政府にしろ民間組織にしろ、権力がどこか一点に集中するのは危険である。しかしそれ以上に危険なのは、権力が道徳意識のないまま行使されることだ。今日の社会的責任を求める声は、会社に新しい役割を担えと言っているのではなく、むしろ既存の役割を新しい方法で遂行せよと言っている。企業はすでに、社会福祉も教材もニュースも娯楽も提供している。クローンをつくったりゲノムをマッピングしたりと、科学技術の進歩を先取りするビジネスにもたずさわっている。公的な論議、公的な政策、公的な空間の形成にも一役買っている。これらの現実を考えれば、企業の社会的責任を社会的懸念による経済領域への侵害と見なし、新しい有害な現象だと断定する主張は、どう控え目に見ても奇妙である。とはいえ、これらの批判が権力の集中に抵抗することの重要性を説き、企業の傲慢を戒めているところは正しい。

企業倫理の有害な影響を実例としてだしてくる懐疑派に全面的に対抗するには、実際の経験にもとづいた研究の蓄積が必要である。いまのところ、これらの警告が正しいかどうかを判断する材料は、歴史と論理、およびバリューを日々の業務に組み込もうと真剣に努力してきた企業の体験しかない。この視点からすると、問題は企業が道徳の行為者としての基準を採用することによって世界の人びとが――顧客として、従業員として、投資家として、市民として――幸せになるのか、それとも不幸になるのかということだ。これまでの証拠を見るかぎり、道徳的な見地からも経済的な見地からも、バリューへの着目はかなり分がいい。

別の言い方をすれば、将来はどんな世界になる可能性が最も高いかということだ。会社が道徳の行為者として振る舞うことを期待される世界になるのか、それとも企業の超道徳性の信条が復活するのか。これまでの六つの章で見てきたことのすべてを考えあわせると、後者の展開はきわめて考えにくい。おそらくこれからは、会社が道徳性を外の世界に示しながら、同時に富の創造者、生産者、雇用者としての役割をはたすことが期待されるようになるだろう。多くの会社にとって、今後はその基準を満たすのに必要な能力を涵養することが課題となる。では、いよいよその問題に移ることにしよう。

第七章

高い基準のもとで実績をあげるには

PERFORMING AT A HIGHER LEVEL

新しいパフォーマンスの基準を満たすには何が必要か？　多くの経営者がバリューに注目するようになってきたが、私の経験では、前に述べたような道徳的配慮の重要性や、それが会社におよぼす深い影響をどう受け止めるべきかを完全に認識している経営者はそう多くない。新しい期待に応えるためにさまざまな活動がなされているが、その多くは装飾的な追加措置の域をでていない。たとえて言えば、野球チームが成績を伸ばそうとして国歌を歌わせる新しい歌手を雇うようなものだ。そのような努力は無駄ではないかもしれないが、望んでいる結果につながるとも思えない。

たとえば、私はある会社から一連のバリューを実行する場合について助言を求める電子メールをもらったことがある。おそらくその会社は法的な問題やＰＲ上の障害にぶつかっていて、それで広報部の誰かがバリューこそ必要だと判断したのだろう。一連のバリューが案出され、経営陣も承認した。さて問題は実行である。いかにしてそのバリューを組織全体に「広める」か。そのプロセスは円滑に、効率よく、会社の通常業務を妨げることなく進められると思われていた。うまくいけば、数週間で完了するかもしれない、と。

冗談のように聞こえるかもしれないが、こう考える会社は決して珍しくないのだ。多くの会社は自分たちに求められる基準が高くなったことに気づいているが、「バリューをもつこと」をバリューのリストをもつことだと解釈し、バリューを「実行」することを実際のライン管理とは関係のない、別部門による活動だと思いこんでいる会社は少なくない。無数の会社がやみくもにミニ官僚組織を量産して各種の特別プログラム――倫理、多様性、コンプライアンス、環境など――を進めながら、それらの分野を向上させなければならないと思って焦っている。これらのプログラムの大半は、基本的に外縁部で行われているだけであり、会社の本質的な運営体制とはほとんど関係のない自己満足的な活動で終わっている。

問題は、これらの努力に関与している各個人の誠実さや献身の度合いではない。そうした人びとの多くを知っている私から見ても、彼らの能力や意図には少しの疑いもない。しかし、新しいパフォーマンスの基準を満たせるようになるにはもっと包括的で根本的なことが必要なのだ。道徳の行為者としての基準を真剣にはたそうとするならば、会社運営の姿勢はもちろん、企業構造や企業戦略の選択からパフォーマンスの測定基準や報告基準にいたるまで、経営のあらゆる側面への見直しが必要なのだ。それを説明するために、いくつか例をあげよう。

落ち着かない経験

まずはシアーズ・ローバック・アンド・カンパニーの場合を考えてみよう。シアーズは長年にわたりアメリカ小売業界のトップに立ってきた会社だが、一九九〇年には深刻な問題をかかえていた。その年、シアーズの販売部門――デパート、電化製品事業、自動車センター――の収益は、前年より六〇パーセント低下して二億五七〇〇万ドルになり、投資家から収益の向上を厳しく要求されていた。ウォルマートやKマートなどのライバル会社が八〇年代に堅実な成長をとげた一方で、シアーズはしだいに市場シェアを落とし、一九九〇年にはアメリカ小売業界の第三位に転落していた(1)。コストを削減して業績を伸ばそうとする努力の一環として、経営陣は約四万八〇〇〇人の解雇計画を発表し、会社の報奨制度を大幅に見直した(2)。

計画のなかには、会社の自動車修理センターの人員への報奨制度の変更も含まれていた。一九九一年の販売部門の収入三一四億ドルのうち、自動車修理は二八億ドルしか占めていなかったのである。修理センターのサービスアドバイザー——自動車を点検して必要な部品や修理を顧客に勧める人びと——はそれまで固定給をもらっていたが、固定給と歩合給の二本立てに切り替えられた。売り上げに応じて歩合給をもらうことになっただけでなく、八時間の勤務のあいだに一定額の製品やサービスを売り、さらにブレーキやアラインメントなど、特定の修理の注文を一定の数だけ確保しなければならなくなったのである。

シアーズの自動車整備士も同じような変更をせまられた。一九九一年にシアーズが請け負った二〇〇〇万台の自動車修理を実際にこなしていた整備士たちに適用されたプログラムには、さらに厳しい生産割り当てと新たな生産奨励策が含まれていた。それまで時間給だけを支給されていた整備士たちは、時間給を削減された代わりに達成した仕事量に応じて特別手当を支給されることになった。新しいシステムは出来高払いによく似ていたが、結局は整備士の負担を増やすものだった。前の時間給と同じ収入を手にするには仕事を約六〇パーセントも増やさなければならない。しかし、それ以上に仕事をすれば前よりも多くの収入を得ることも可能になった。

一九九二年の夏、状況はよくなるどころか、さらに悪くなっていた。シアーズの自動車修理——当時は企業所有の自動車サービス機関としてアメリカで最大規模だった——に関する顧客の苦情は処理しきれないほど増えており、シアーズは四四の州で当局による不正行為告発の標的になっていた。現従業員や元従業員がつぎつぎと「収入を得るためのプレッシャーの嵐」を語りだし、そのために採用されていた習慣について証言するようになった。[3] シアーズにたいする係争中の集団訴訟は、全国で一八件もあった。訴えの内容は、顧客を騙した、不要な修理を売りつけた、勝手にやった作業について料金の請求をした、虚偽の請求明細を発行した、修理が杜撰だったなど、さまざまな不正行為にたいするもので、自動車修理業を管轄する各種の法令や規制への違反も申し立てられた。

最初に告発が表面化したのはカリフォルニア州だった。顧客の苦情が激増したのをきっかけに、州の消費者問題担当局による調査が入った。和解交渉が決裂して、州当局がカリフォルニア州内にあるシアーズの七二の修理センターの営業許可を取り消す訴訟を起こすと、シアーズの問題は大きなニュースになった。数日のうちに、同じような申し立てがフロリダ州とニュージャージー州でも起こった。一週間後、シアーズの自動車修理の売り上げはカリフォルニア州で二〇パーセント、全国で一五パーセントも低下した。会社の株価も九パーセント下落した。事態はますます悪くなり、ついには夜のニュースショー番組でジョークの種にされる始末だった。司会者のコメディアン、デビッド・レターマンは視聴者に彼の選んだ「シアーズ自動車部門お勧めの修理作業トップ10」を発表した。第一〇位は「灰皿に潤滑油を塗りましょう」で、第一位は「名木レッドウッドのデッキを追加しましょう」だった。[4] その夏の終わりには、さらに四一の州で不正行為の証拠が指摘されていた。

何がいけなかったのだろう？　長いことアメリカ小売業界のトップを自任してきた会社が、どうしてこれほどまで顧客の期待に応えられなくなったのだろう？　答えは、新しいパフォーマンス基準とシアーズ経営陣が会社の活動指針とした体制とのずれにある。この体制が、もっと顧客や従業員や投資家や世間全般にたいする会社の責任をはたさせるように働いていたなら、シアーズは一九九二年の夏に全国の注目を集めたような過ちを避けられていたかもしれない。おそらく最も問題があったのは、一九九一年に始められた業績向上計画だろう。誰も最初から倫理に背く気はなく、結果としてそうなっただけだとしても、あのような報奨制度と割当制度を新設したのでは、反倫理的な行為が増えるのも当然だと言えた。

この体制をさらに細かく検証すれば、問題点はさらに明白となる。前章で触れたように、私はよく経営者たちに自動車整備士の「デール」を例にだして考えてもらった。もうおわかりかもしれないが、あのシナリオはシアーズの例をもとにしたものである。私の経験では、ほとんどの経営者が、デールは自分のノルマを達成するのに必要だとなれば顧客に自動車の状態を偽って報告するだろうと答えた。デールの性格も背景も年齢も技能の程度も知らないのに、ほとんどの人がデールはおそらく誰もが倫理的に容認しがたいと認める行動をするだろうと予測したのである。そう予測した根拠を聞かれて、彼らは一様に経営陣が設定した割当制度と報奨制度を指摘した。

もっともな分析である。この報奨制度が重視しているのは、ただ一点――与えられた割り当てを満たすこと――だった。私たちの知るかぎり、シアーズの自動車センターのスタッフには何ら倫理的指針が与えられておらず、各自の仕事に関するバリューや基準についての教育もされていなかった。また、シアーズは顧客の要望を満たしたり、顧客の苦情の原因を探ったり、関連する法令や商業基準に背いていないかを監視したりするための有効な措置を講じていなかった。整備士の成績は、割り当てられた目標を達成できたかどうかだけで判断されていたのである。

シアーズが採用したような制度のもと、本当にブレーキの修理を必要とする顧客が一定の勤務時間で八人以上いなかったらどうなるのか。一部の従業員にとっては何も問題はないだろう。多少はやましさを感じるかもしれないが、伝統的なイデオロギーにのっとって個人的な良心のとがめは脇におき、必要なことをやってのけ――嘘をつき、大げさな警告をして顧客を脅し――自分のノルマを満たすだけだ。しかし、そうあっさりと割り切れない人びとは、自分の個人的なバリューと会社に求められていることとのあいだで心の葛藤を感じるはずである。課されているノルマが非現実的な数字であれば、特に良心的な人びとはいつも道徳的な葛藤に悩まされるかもしれない。報道で引用されていたシアーズのある整備士の言葉が示しているように、彼らは「道徳に反することはしたくないが、職を失うのも恐ろしく、どうにかしてこの落ち着かなさを吹っ切りたい」と感じるようになるだろう⑸。失業しないためにはしかたがないと、切り替えの柔軟な同僚の例にならう従業員もでてくるかもしれない。

シアーズが直面したような困難な状況では、後者の結果になる可能性はいっそう高い。ちょうどそのころ、シアーズは競争の激化に直面していた。自動車販売代理店やマフラー専門メーカーが、他の事業で落ちていた収益を埋め合わせるために自動車修理に新規参入していたのである。一九八二年から一九九〇年のあいだに、自動車販売代理店の修理事業による収益は一一パーセントから八六パーセントに上昇していた。自動車修理業が全般的に落ちこんでいたところに新規参入者からの大きなプレッシャーが加わって、シアーズの経営陣が非現実的なノルマを課したとしても不思議ではない。顧客の了承を得て本当に必要な修理だけをしていたのでは与えられたノルマをこなせないとわかったとき、野心的な整備士やアドバイザーが別の方法を考えるのは当然のなりゆきだ。

シアーズが訴えられたような習慣をはびこらせる機会は確かに豊富にある。専門家の助言が顧客の買うものの重要な一部になっている業界では、市場は売主の不正行為を取り締まる機能をほとんどはたせない。専門家としての判断を売っている人びと、たとえば医師や弁護士、フィナンシャルアドバイザーなどが相手でも同じことだが、多くの顧客は自分の自動車にどんな修理が必要なのかわからないから、サービスアドバイザーや整備士の助言に頼るしかない。そしてどんな修理をされようと、たいていの顧客はその修理が優秀なのか劣悪なのかも判断できない。こうした状況――情報の非対称性の古典的なケース――で儲けのために顧客を騙す業者がいることはよく知られているし、実例もある。《リーダーズ・ダイジェスト》が自動車修理業界について調べた一九四一年の調査を見ると、修理工場の六三パーセントが些細な欠陥を指摘して問題の本質を偽るか、あるいは修正に必要な作業を偽って伝えることによって、その欠陥を修理させていた。また、正直な整備士が二五セント程度を請求する修理にたいし、平均して四ドルもの金額が請求されており、なかには二五ドルも請求する工場まであった。(6)

プレッシャーのかかった従業員が顧客を騙す可能性は明白だったにもかかわらず、シアーズの経営陣はほとんど防止策を考えなかった。むしろ、彼らが採用した実績測定基準と報奨制度はそのプレッシャーを大きくするだけだった。のちに不正行為が告発されはじめたときにも、経営陣は再び過ちをおかした。正式に告訴される半年以上も前に、シアーズのCEOはカリフォルニア州検事総長事務局の上級役員からもらった個人的な手紙のなかで告訴を予告されていた。その手紙には、シアーズにたいする顧客の苦情が激増していること、州が調査に入る準備を終えたこと、そのあとに申し立てがなされることが書かれていた。シアーズは州の調査方法にたいして居丈高に異を唱えたが、そうかといって自ら社内調査をする様子もなかった。その代わりに最初の交渉のあと、裁判に勝つことで有名な外部の法律事務所に問題を委託した。(7)

さらに数ヵ月の討議と交渉を経て、両者はようやく自動車修理に一定の基準を設けることで合意した。しかし、どうしても金銭面での折り合いがつかず、州当局はついに法的手段に訴える決断をした。ただし、なかなか和解に達しなかったことがこの決断の唯一の要因ではなかった。当時、カリフォルニア州の消費者保護局は州議会から予算を大幅に削減されそうな状況にあった。そこで保護局は交渉が長引いたのを幸いとして、自分たちの調査結果を公表する機会に飛びついたのである。

シアーズ告訴が報じられると、社内はにわかに騒然となった。嘘だという声と大丈夫だという声が組織のあちこちで飛び交った。だが、その後のシアーズの対応はさすがだった。状況がただならないことを察知すると、経営陣は迅速に和解に向けて動きだし、顧客の不信を食い止めるために大胆な手を打った。まず顧客クーポンと、不要な修理で五〇ドル以上を請求された人への払い戻しのために四六六〇万ドルを用意したのである。サービスアドバイザーへの報奨制度と目標設定制度は廃止され、その代わりに顧客の満足度にもとづいた報酬制度が採用された。サービスの提供を監視するために内部でのチェックと「買物客」を装った外部監査も始められた。さらに業界と消費者と政府による自動車修理の商習慣基準向上計画にも資金を提供し、やがては会社のバリュー推進にも着手したのである。

アラインメントを再考する

シアーズは事態の収拾に最善をつくしたが、やはり疑問は残る。そもそもどうしてこのような習慣が生じたのか？　なぜ批判が表面化しはじめたときに会社はもっとうまく対応できなかったのか？　前にも言ったように、答えは新しいパフォーマンス基準に付随する責任をはたせるようにするため、会社の指針となる適切な組織体制を確立できなかったことにある。ここでいう組織体制とは、会社の機能を日常的にも長期的にも導くものとして、経営者が採用する構造、制度、プロセスの全体をさす。シアーズでは、この体制が投資家の要望を満たすこと、すなわち財務上のパフォーマンスを伸ばすことばかりを目的として、会社がはたすべき他の関係者への責任——第一には顧客だが、従業員にたいしても社会一般にたいしても――を無視したのと同時に、財務上の責任以外の投資家への責任も無視していた。実際のところ、財務上のパフォーマンスを向上させることだけを考えた体制は、会社がそれ以外の責任をはたす能力を損なうだけでなく、これまで多くの例で見てきたように、最終的には財務面でも失敗するのである。

あとから考えると、シアーズのおかした過ちは明白だったようにも思えるが、一つ頭に入れておくべきことがある。シアーズの経営陣は、昨今の多くの専門家やコンサルタントが助言していたとおりのことをしただけなのだ。シアーズが導入した報奨制度は、従業員の金銭的利益と株主の金銭的利益を緊密に結びつけるように設定されていた。彼らは典型的なインセンティブ――金銭とノルマ――を用いて、それを実施したのである。より多くの修理サービスを売ることにより、アドバイザーや整備士は自分の収入を伸ばせると同時に、おそらく株主の収入も増やせる。この手法は、しばしば力説されるところによれば、傑出したパフォーマンスを引きだすための方法だったのである。

一見すると、この論理はそれなりに説得力がある。しかし、この論理は別の仮定に決定的に頼っている。優れたパフォーマンスとは財務上の結果だけに関するものだという仮定である。私が主張してきたように、優れたパフォーマンスがもっと複雑なものであるならば、組織内の金銭的利益のアラインメント（結びつき）を密着させるのは優れたパフォーマンスをうながす刺激になるどころか、障害になるかもしれない。実際、金銭的なアラインメントを密にしすぎて他のことを考慮に入れる余地がまったくなくなってしまうと、まさしくシアーズで起こったようなことがどこの会社でも起こりうるのである。

現実に、同じような道をたどった会社はいくつもある。たとえば一九九〇年代に急成長したテネシー州を本拠とする巨大病院チェーン、コロンビアＨＣＡヘルスケア社の採用したインセンティブを見てみよう。会社の成長と収益を高めるために、経営陣は強力な金銭的インセンティブを医者にも病院の経営責任者にも与えた。シアーズのサービスアドバイザーや整備士と同様に、コロンビアＨＣＡの多くの医師は「生産割り当て」を与えられ、一ヵ月に何件もの手術をこなさなければならなかった。目標数値よりも多くの手術をすると、通常の収入額に応じてボーナスが得られた。（前の章で触れた「パット」の例は、このコロンビアＨＣＡのケースにもとづいたものである。）また、加盟病院を増やすことに貢献して相当な額のボーナスを手にする医師もいた。あるいは自分の勤める病院の株式を保有して、病院の収益が上がると同時に株価が上がるのを期待する医師もいた(8)。病院の経営責任者のほうは、非常に高く設定された収益目標と成長目標を達成すればかなり多額のボーナスにありつけた。あるコンサルティング機関の調査によれば、コロンビアＨＣＡの病院経営責任者の四分の一は固定給の八〇パーセント以上のボーナスを得ていたという(9)。

この戦略は、成長と収益を高めるという点ではおおむね成功した。強気の買収、容赦ないコスト削減、攻撃的な交渉戦術で知られるコロンビアＨＣＡは、一〇年もしないうちに世界最大の営利病院チェーンとなった。一九八八年に二つの病院から始まったこの会社は、一九九六年には三七の州に加盟病院をもち、年収二〇〇億ドル近くを稼ぎだす巨大企業に成長していた(10)。

だが一方で、コロンビアＨＣＡの商習慣はさまざまな州や連邦の監督機関の注意を引いていた。一九九七年に、合衆国司法省は医療サービス業者にたいするものとしては史上最大規模の犯罪捜査に乗りだした。コロンビアＨＣＡが詐欺的な原価報告書を提出していたこと、払戻金を増やすために患者の病気を偽って報告していたこと、病院に患者を送りこんだ医師に報奨金を支払っていたことの証拠があがって、政府は会社と経営幹部にたいして一連の訴訟を起こした。二〇〇〇年、コロンビアＨＣＡ（のちに

ＨＣＡと改称）は刑事罰金と民事罰金、および政府の医療保険プログラムへの過大請求の訴えを部分的に示談にした際の支払いに、八億四〇〇〇万ドルという記録的な額を費やした。二つの子会社は、訴えられていた何件かの不正行為について有罪を認めた。

ただしコロンビアＨＣＡもシアーズと同じく、問題が公になったあとは全社をあげて積極的にイメージと企業慣行の見直しを始めた。一九九七年七月、取締役会は経営陣を一新し、取締役会の副会長で個人筆頭株主でもあったトマス・フリスト・ジュニアをＣＥＯに任命した。フリストは、コロンビアＨＣＡの母体であるホスピタル・コーポレーション・オブ・アメリカ（ＨＣＡ）の創立者で、一九九四年にコロンビア・ホスピタル社に買収されるまでＨＣＡ社を経営していた。新しい経営陣のトップに立つと、フリストは成績に応じたボーナスの支給と医師の株式取得を禁止した。そして、アメリカ防衛産業の倫理向上計画の取りまとめ役だった人物を雇い入れ、コロンビアＨＣＡの倫理立て直しの指揮をとらせた。[11]

あるいはサンビーム社の例を考えてみてもいい。一九九〇年代半ばに、ごく短期間サンビームのＣＥＯの座についていたアルバート・Ｊ・ダンラップは、株主のことしか眼中にないと臆面もなく広言することで知られる人物だった。[12] 業績不振のサンビームを救うべく一九九六年に迎え入れられたダンラップは、労働力を容赦なく削減し、大胆な財務目標を設定すると同時に、その餌としてトップ・エグゼクティブに相当額のストック・オプションを与える約束をした。[13] 設定された目標を達成するには、サンビームはライバル会社よりも五倍早く売り上げを増やし、一年で一二倍以上も収益を伸ばさなければならなかった。誰が見ても非現実的な目標を強引に押しつけられて、いまや経営陣の首はその数字を達成できるかどうかにかかっていた。

それから二年もしないうちに、サンビームは不正会計疑惑でＳＥＣの調査を受けていた。会計監査官の調べによって、ダンラップの在任中に用いられていた、売り上げを増やして収益を膨らませるための数々のいかがわしい手口が明らかになった。顧客が受け入れを了承していない製品の売り上げを計上したり、顧客からの返品を隠すために記録を削除したりすることにより、サンビームはある四半期だけで五〇〇〇万ドルも収入を水増ししていた。不正会計で体力が落ち、債務で動きがとれなくなって、サンビームは二〇〇一年二月に破産保護を申請した。三ヵ月後にSECから起こされた民事詐欺訴訟はどうにか示談で始末した(14)。

エンロンでも事情は似たようなものだった。強力な金銭的インセンティブを与えて財務目標を達成させる、エグゼクティブと取締役の金銭的利益のアラインメントを密着させる、抑制と均衡を充分に働かせない、正しい会計報告のような財務とかかわりのない責任を無視する――お決まりの危険な要素の積み重なりが、当然のごとく収入の水増しと虚偽の財務報告につながった。二〇〇一年十一月、破産宣言のわずか一ヵ月前に、エンロンは収入の修正申告を行って、報告していた過去四年分の収益を六億ドル近く減らした。

これらの事例に見られる問題点の原因は、アラインメントや成績ベースのインセンティブといった概念にあるのではなく、そうした概念の適用のしかたにある。これらの例を見せられると、そのもとにあった考えを疑わざるをえない。「何とのアラインメントか?」、「何のためのインセンティブか?」、「どういう『パフォーマンス』に報酬が与えられているのか?」。会社が道徳の行為者と見なされて、さまざまな関係者への責任をはたすものと期待されているなら、会社は指針とする体制をその要望に結びつけなければならない。財務目標を達成することや、これらの事例のいくつかのように財務目標を達成したと見せかけることを唯一の関心事とするような態度で会社を運営してはならないのである。だが、これらの会社が採用した経営体制に備わっていたのはまさしくそうした考えだったように思われる。

問題なのはインセンティブや報奨制度ではなく、前に述べた組織の指針となる体制を構成している構造や制度やプロセス全体である。これがどのように設計されているかによって、報奨制度は強力な指導手段にもなりうる。だが、それ以外の多くのプロセスも、行動の形成や方向づけに同じく重要な役割をはたしている。なかでも特に重要なのは、資源を集めて配分するプロセス、人員を雇って育てるプロセス、作業を計画して調整するプロセス、情報を集めて広めるプロセス、基準を立案して普及させるプロセス、運営を管理監督するプロセス、新たな機会を研究して発展させるプロセス、業績を測定して報告するプロセスなどである。そしてもちろん、会社のリーダーがどのような方向を示し、どのような手本を見せるかも重要である。これこそ何よりも強力な指導手段かもしれない。

これらを考えあわせると、会社のとるべき指導体制が見えてくる。それは会社全体が道徳の行為者として、慎重な判断を下し、各関係者への責任をはたせるようにする考え方や行動をうながすものでなければならない。この基準を満たすには、経営者の頭が財務上の結果をだすためのインセンティブや株主の金銭的利益とのアラインメントだけに向いていてはならない。もちろん、財務上の結果は大事だが、本当にやるべきことは財務上の問題だけでなくパフォーマンスの財務とかかわりのない側面や、株主以外の関係者の正当な要求にも当然の注意を払う体制を確立することである。言い方を変えれば、組織の機能を新しいパフォーマンス基準に結びつける一連の制度を構築することが経営者の課題なのである。

「アラインメント」はこの考えをあらわすうえで理想的な言葉ではない。混同されがちな多くの用例——金銭的アラインメント、目標のアラインメント、制度のアラインメントなど——をもっているうえ、どことなく機械的な含みがあって、効率的な機械のイメージや大勢の人間がいっせいに同じように動いているところを連想させる。経営者はときどきアラインメントを、大きなボートを操るベテランの漕ぎ手たちの一糸乱れぬ動きのようなものと考える。このイメージは、協調的な努力の概念を伝えるには有効だが、いくつかの面で誤解を招きもする。複雑なパフォーマンスには――オーケストラのコンサートでも、バランシンのバレエでも、フットボールの優勝決定戦でも――さまざまな種類の協調がある。抑制と均衡も、美術のコントラストや音楽の対位法も、さらには計画的に挿入した不協和音も、均一を生むことを目的とした協調のメカニズムと同じくらいに重要なのである。参加者は全体としての目的を共有しなければならないが、それぞれにはかならず差異があり、ときには途中の目標がぶつかりあうこともある。だから優れたパフォーマンスには気迫があり、緊張があり、興奮があり、いくつもの異なった次元ですばらしさを感じさせるのである。

とはいえ、ほかにもっと適切な言葉もないので、「アラインメント」に役立ってもらうしかない。アラインメントがかならずしも均一を意味するわけでないと覚えていれば、この言葉は私たちが探している本当に重要な概念を伝えてくれる。それは会社の指針となる全体としての体制と、新しいパフォーマンス基準に付随する期待とをうまく結びあわせ、調和させるということである。

組織のインフラ

シアーズの例が示すように、会社はただ自然にまかせていたのでは、道徳の行為者に期待される能力を実証できるようにはならない。そうではなく、意識的にそれが可能になるような体制づくりと運営、そして指導を心がけなければならない。会社の活動を一連の倫理原則に合致させ、価値観の衝突があったときには妥当な判断を下し、自己検証や自己修正ができるような会社になるには、適切に設計された有効に機能する組織インフラが確立されている必要がある。

たとえば約束を守れるといった比較的単純な能力も、組織に一定の条件がととのっていることが前提となる。第一段階として、組織は何らかの手段で自分たちの能力を測定できるようにしなければならない。約束を守る人は、守れない約束をしないように最初から注意する。したがって、組織はどの程度の約束ならはたせるかを判断する指標をあらかじめ用意しておかなければならない。もちろん、組織を代表してなされた約束がきちんとはたされたかどうかを追認するプロセスや、その情報を組織の内外の各関係者に伝える経路もととのえておく必要がある。また、約束をはたすのに必要な各関係者の協力が確実に得られるようにすることも必要だし、各関係者の動きを長期的に調整することや、途中の段階で生じるかもしれない多くの不測な事態に備えておくことも必要である。

さらに、この一連の過程にかかわる全員が、それぞれ個人として約束を守れる人間でなければならない。つまり、おたがいにたいしても組織の外部にたいしても、自分がした約束をきちんとはたそうとする意識を各自にもたせる必要がある。「私が約束したことだから」、「私が同意したことだから」、それを実行するのが当然だと全員が思っていなければならないのだ。したがって会社には、このバリューを組織の全員に理解させ、個人的にも集団的にもそれを受け入れて尊重するようにさせることも必要だ。そのためには、このバリューを確実に浸透させるメカニズム、フィードバックの環、そして過ちを修正するシステムが不可欠である。

約束を守ることの重要性をいまさら言い立てる必要があるのかと思う人もいるかもしれない。前の話にもでたように、それは明白な——「母親の膝元で」教わる——ことではないのか？　しかし多くの組織では、長いことバリューは家で実践するものと教えられてきた。そして、すでに見たきたような理由から、多くの人はいまでも職場を超道徳的なところ、倫理の存在しない領域だと考えている。さらに、約束が何を意味するか、どれほど重要視されているかは文化によって大きく異なり、個人としてもかなりの差がある。「来週の早いうちにお届けするようにします」は「月曜日の朝、お手元に渡るようにする」という意味かもしれないし、「来週の金曜前に連絡する」という意味かもしれないし、あるいはまた別の意味かもしれない。場合によっては、約束が確実な言質というよりも、さらなる交渉の出発点ととらえられることもある。

約束を守るといった一般的に受け入れられている倫理原則でさえ、その解釈を各自の個人的な意識にまかせておくのではなく、組織の原則として正式に確立しておく必要がある。それらの倫理原則が職場でも適用されることを個々の社員に了解させ、他の全員もそれを了解していることを理解させなければならない。さもないと、自分だけがそう思っていたのだと勘違いして、バリューをさしおいて他人の誤った行動に追随する人がでてくるかもしれない。もちろん、ただ原則を発表しただけでは正式に確立されたことにならない。日常の習慣を通じて、組織の活動を導くうえでの不可欠な力と認識されたときに、初めてその原則が確立されたと言えるのである。

この基本のインフラのどこに弱点があっても、約束がはたされない恐れがでてくる。たとえば、販売員がどういう約束をしたかについての情報が、生産計画を立てる部署にあらかじめ伝わっていなければどうなるか。あるいはマーケティング部がロジスティックス部門の能力を超えた約束をしたり、経営陣に主要な関係者の協力を得るのに必要な資源が欠けていたりしたらどうなるか。一連のプロセスにかかわる誰かが約束を「たいしたことでない」と思っていて、所定の時間内に約束をはたさなかった場合や、資材が足りなくなっているのに、会社に必要な供給量を確保する予備の対策がなかった場合も同じことだ。ときには単純なコミュニケーションの失敗が原因になることがあるかもしれない。たとえばある部署が、他の部署の協力がないとはたせない約束をしておきながら、当の部署にその情報を伝えておかなかった場合である。

この例が示すように、約束を守れる会社を築くには個人の姿勢や信念だけでなく、組織全体の体制や機能が重要になってくる。他の道徳的な能力にも同じことが言える。会社の活動が他人に害をおよぼしたとき、会社がすぐに対応できるためには何が必要か。この場合も、安全性を気にかけるエグゼクティブがいるだけでは不充分だ。そのエグゼクティブの信念を企業行動に反映させるには、組織としての前提がきちんとととのっていなければならない。正しいインセンティブとともに重要なのは、関連情報がいつでもすぐに入手できることである。

情報の流れの重要性は、二〇〇〇年八月にブリヂストン・ファイアストンがタイヤのリコールをした経緯にはっきりとあらわれている[15]。第四章で触れたように、アメリカでは六五〇万本のタイヤが回収され、その大半がフォード自動車の人気SUV車、フォード・エクスプローラーに標準装備されていたものだった。このリコールは、タイヤにトレッド剝離の問題があるかもしれないという消費者と保険会社の報告を受け、連邦交通安全局が二〇〇〇年五月に調査に乗りだした結果だった。理由はまだ解明されていなかったが、特定のタイヤ――ATX、ATXⅡ、ウィルダネスAT――のゴムトレッドがときどきスチールベルトから剝がれてしまうため、運転者が車を制御できなくなり、場合によっては致命的な事故につながったのである。

フォードもブリヂストン・ファイアストン（BFS）――日本のブリヂストン社のアメリカ子会社――も政府の調査に協力することに合意し、BFSは七月に社外秘の保証請求データを政府とフォードの双方に引き渡した。八月初めの時点で、政府のデータはアメリカで起こった約二七〇件の事故にタイヤが関係していることを示していた。そのうち一七パーセントは死傷事故で、ほとんどがエクスプローラーの事故だった。[16] 一方、フォードとＢＦＳは自らも内部調査を実施していた。七月末から八月初めにかけて、ミシガン州のフォード本社の「作戦本部室」で昼夜兼行で調査にあたっていた分析チームは、ファイアストンのタイヤ保証データを丹念に調べたのち、これ以上の事故を起こさないためにはリコールしかないと結論した。それが会社の法的責任を広げずに、世界の代表的な二つのブランドを守る唯一の方法だった。[17]

一見すると、当初、二つの会社は一般市民の安全を守るために莫大な損害をかえりみず、賞賛に値する迅速な対応をとったかに見えた。当時、それぞれにかかる損害は五億ドル前後になると見られていた。二〇〇一年末の時点で、ブリヂストンの損害は総額二〇億ドル以上にのぼり、フォードはさらに三〇億ドルをタイヤの交換費用に充当しなければならなかった。フォードの試験走行でトレッド剝離の危険が明らかになったため、自社の車に装着していたＢＦＳのタイヤ一三〇〇万本以上を別のタイヤと替えることになったのである。[18] しかし、その後に明らかになった事実によると、両社はトレッド剝離と横転の問題をかなり前から知っていた。もっと正確に言えば、連邦交通安全局が調査を開始するよりずっと前に、両社のさまざまな人物と部署がこれらの問題についての情報を得ていたのである。

タイヤに問題がある可能性を最初に示唆したのは、おそらく一九九〇年代初めにだされた保証請求と訴訟である。しかし、トレッド剝離の保証請求の数はまだ少なく、ＢＦＳの弁護士や請求担当者の目にとまらなかったのだと思われる。一九九〇年代半ばまでに請求の数はかなり増えており、一九九六年にはＢＦＳのエンジニアがアリゾナ州の役人から暑い日に公用車のトレッドが剝がれるという情報を得ていた[19]。一九九七年の段階で、すでに保険会社はBFSに、ファイアストンのタイヤにかかわる事故の確率が異常に高いと警告していた[20]。同年、BFSの財務部は、四半期ごとの財務会議でATXタイヤに関連した保証請求と訴訟のコストが急増していることを議題にしたが、その問題は明らかに財務の枠内でしか検討されなかった。

一九九〇年代末には、BFSのさまざまな部署が、中東、ラテンアメリカ、東南アジア、アメリカ合衆国の各地で売られているタイヤにトレッド剝離の問題があることに気づいていた。そしてフォードも、一九九九年と二〇〇〇年に、約一六ヵ国で販売しているエクスプローラーの装着タイヤをファイアストンから別のメーカーに切り替えていた[21]。だがBFSは、こうした「顧客満足プログラム」への参加を丁重に断わっていた。道路事情の悪さや運転手の不注意が事故の原因であって、タイヤの欠陥ではないというのがBFSの言い分だった。しかし、安全調査と訴訟調整を請け負うある事務所の報告によれば、一九九八年末までに、BFSはフォードとともに、タイヤ関連の自動車事故による二二人の死者と六九人の重傷者に関する訴訟に連座していた[22]。二〇〇〇年に公開されたBFS自身の記録にも、リコールされていたタイヤの破損に関して一五〇〇件以上の法的要求があったこと、および保証期間中のタイヤの交換依頼が急増していたことが示されていた[23]。

それならば、BFSとフォードはなぜ二〇〇〇年七月になるまでトレッド剝離と横転事故の規模や深刻さを調べようとしなかったのか？　リコールを発表したBFSのゲイリー・クリッガー上級副社長によれば、BFSは顧客の安全を何よりも優先しているという。「私たちにとって顧客の安全以上に重要なことはない」と彼は言った[24]。同じように、フォードのCEOもおりにふれ、安全と顧客サービスが会社の最優先事項だと宣言していた。実際、政府当局が調査を開始したのと同じ二〇〇〇年五月に、フォードは初めての社会活動報告を発表して、顧客への献身を強調し、自動車の安全性を先頭に立って追求していく姿勢をくわしく説明していたのである。

この対応の遅れを理解するには、二つの組織をもっと詳細に見なければならない。ＢＦＳにもフォードにも不備な点はいろいろあったが、特に情報面とコミュニケーション面の制度が会社の掲げるバリューに追いついていなかった。ＢＦＳはトレッド剝離の問題について多くの情報を得ていたが、その大半は組織のあちこちに分散されており、さまざまな地域のさまざまな部署のなかに埋もれていたのだ。保証請求部、法務部、技術部、接客部、マーケティング部、品質管理部、財務部……。

多くのエグゼクティブは明らかに問題があることを知っていたが、公式の記録が示しているように、この情報が集められて安全性の見地から総合的に分析されたことは一度もなかった。クリッガーが保証請求や訴訟に関して言ったように、「それらはさまざまな理由で生じた個々の訴えだと思われていた。したがって、一度もパフォーマンス評価の一部にされなかった」(25)。リコール後、ブリヂストン社のＣＥＯは東京から発した声明で、子会社であるＢＦＳからの情報の流れが不充分だったことを認めた(26)。一九九六年にヒューストンのある記者の未亡人がＢＦＳを訴えたときに提出された事故報告を除けば、彼が最初に事故状況の概要を報告されたのは二〇〇〇年五月、アメリカ交通安全局が調査に乗りだしたときだったという(27)。

フォードでも状況は同じようなものだった。フォードの購買部担当副社長が書いた一九九九年九月十五日付の業務連絡票には、彼がトレッド剝離の問題に気づいていたことが示唆されている。サウジアラビア、オマーン、カタール、ベネズエラにおいて、高速で長時間運転されたエクスプローラーの数台にトレッド剝離が生じていたのである。しかし副社長は、この問題の実例がこれだけだと思いこんでいた。

「他の市場でこのような例は見られない」と彼は書いている。だが、ちょうどその連絡票が書かれたころ、フォードの総合顧問と安全担当責任者は他の管轄地域で起こっていた訴訟について知っていたはずだった。しかし残念ながら、どちらもその連絡票の配布先になってはいなかった。連絡票はフォードのCEOと国際営業担当副社長、およびその他六名の副社長に宛てて送付されていたのである。[28]

サウジアラビア、ベネズエラ、タイなどの国で、フォードがタイヤの交換計画に着手したことから察すると、社内の多くの人間がトレッド剝離の問題に気づいていたのは明らかである。にもかかわらず、フォードはタイヤの性能について総合的なデータをとらず、タイヤの保証請求に関するデータを容易に入手できるようにもしなかった。タイヤは通常、自動車会社ではなくメーカーが保証するものだからだ。しかも、タイヤメーカーはたいてい保証請求データを社外秘にしている。したがって二〇〇〇年の夏まで、つまりフォードが政府による調査について知ってファイアストンに請求と保証に関するデータを見せてくれるよう要求するまで、フォードはトレッド剝離の問題に関して総合的に証拠を探せる態勢になかったのである。[29]

予想外のリコール危機が起こらなかったら、両社の情報システムの欠陥が修正されたかどうかはわからない。しかし、リコールのわずか二ヵ月後にBFSの新CEOに任命されたジョン・ランペが最初にとった行動の一つは、タイヤの欠陥に関する情報の流れを阻害していた可能性のある部署間の「城壁を壊す」計画を発表することだった。[30]ランペは引きつづき、一六部門に分かれていたタイヤ業務を四つのグループに再編し、品質委員会を設立して、安全性に関するデータと自動車に装備されて海外に販売されたタイヤの性能に関する追跡調査を直接自分に報告させるようにした。[31]日本では、ブリヂストン社が請求情報を確実に東京に届けさせるよう新しい手順を実施するようにしたほか、厳しい生産基準を順守させるための新しい役職も設けた[32]。

もちろん、情報とコミュニケーションの流れがすべての原因だったわけではない。元をたどれば一九八八年のブリヂストンによるファイアストンの買収、一九九四年から九六年にかけて会社を悩ませた労働争議、いくつもの製造ラインによって違っていた品質基準なども要因の一部となっていただろう。とはいえ、会社が新しいパフォーマンス基準を満たせるかどうかを決定的に左右しているのは、意思決定者が必要な情報を入手できるかどうかである。本章の初めにシアーズなどの例で見たように、正しいインセンティブをもつのは重要なことだ。しかし、それだけでは足りない。たとえ各個人に新しいパフォーマンス基準を満たそうとする気があっても、実際にそうできるかどうかは、彼らが資源や情報を自由に扱えるかどうかにかかっている。使える時間にも、払える注意にも限度がある。経営者は自分の知っているすべてのことに取り組めるわけではない。ましてや、知らないことにどうして取り組めるだろうか。

ブリヂストン・ファイアストンのリコール危機も、本章のテーマのより普遍的な部分を強く示唆している。新しいパフォーマンス基準を満たすには、個人の姿勢や信念とともに、組織の体制や機能が重要なのだ。私が長年にわたって見てきた会社の問題点の多くは、少なくとも今日のパフォーマンス基準の見地からすれば、組織体制の欠陥に原因があった。会社の指針となる体制が今日の企業への期待と適切に結びつけられていなかったため、企業責任がはたされなかった事例はたくさんある。インセンティブの歪み、管理の不備に加えて、情報ベースの狭さなども体制の欠陥である。

今日のパフォーマンス基準を念頭において体制づくりをしている会社が本当に少ないことを考えれば、こうしたアラインメントのまずさも意外ではないかもしれない。確かに、前章で述べたごとく、経営や組織に関する一般的な知恵の大半は、企業を法的な虚構、すなわち経済活動を遂行するための超道徳的な手段と見なす伝統的な考え方に根ざしている。しかし会社に道徳の行為者として振る舞うことを求めるなら、経営や組織についての因習的な考えを見直さなければならない。よく考えれば、古いモデルで新しい基準を満たせるはずがないのである。

包括的なアプローチ

さて、昨今のバリューへの取り組みについての私の悲観的な見方——およびその理由——はもう明らかになったかもしれない。バリューのシフトを実現させるのに、ただバリューを宣言したり、行動準則を配布したり、高い基準をもつよう社員に呼びかけたりするだけでは充分でないのだ。エグゼクティブがどれほどバリューについて語ろうと、最終的に問題となるのは会社が実際に何をするかである。それにはエグゼクティブの信念も大事だが、会社がどう組織され、どう運営されているかも重要な影響をおよぼす。言い換えれば、経営や組織は一種の乗り物であり、それを介して信条や価値観や信念が企業行動に転換されるのである。

新しいパフォーマンス基準を満たせるような体制がととのっている会社では、日々の活動に道徳的な視点が織りこまれていると思っていい。そうした会社の指針となる体制は、現代に必要な説明責任と結びつけられており、倫理的な関心が市場や収益への関心と同じように経営陣の思考の一部に組みこまれている。そうした会社の社員は道徳的な能力を専門的な技能と同じほど充分に使いこなし、財務やテクノロジーやロジスティックスについての複雑な問題に取り組むときと同じように、頭を使って難しい道徳的な問題に対処しようとする。

どうしたら、そうなれるのだろう。第一章で紹介したいくつかの会社がヒントを与えてくれる。たとえばシールドエアはどうやってバリューを販売員教育に組みこんだのだろうか。ＨＤＦＣのバリューはどのような商習慣を築いて会社の発展につなげただろうか。第二章でふれた独立系発電事業者のＡＥＳの経験も、非常に参考になる一例である。まだ完全に満足のいくモデルにはなっていないとしても、ＡＥＳのやりかたにはバリューを企業の機能に組みこむうえでの有益な教訓が示されている[33]。

ＡＥＳを創立したロジャー・サントとデニス・バッキは、高い収益性と社会的責任を両立できる新しいタイプの事業を興すという明確な目的をもっていた。彼らが興そうとしていたのは電力会社だったが、ＡＥＳのビジネスプランには電力会社としての一連の戦略目標と財務予測だけでなく、それ以外にも多くのことが盛りこまれていた。また、そこにはビジネスやヒエラルキー、人びとの生活における雇用の役割についての彼らの哲学もあらわれていた。それは財務上のビジョンと同時に道徳的なビジョンを示すものだったが、第二章で触れたように、創立者たちはその両者を得になる手段として関係づけているのではないと言っていた。彼らは本書のような枠組みこそ使っていなかったが、彼らのアプローチの基本には同じ前提があった。今日の世界における優れたパフォーマンスとは、道徳面でも財務面でも優れていなければならないのである。

二人のビジネススクール卒業生が自分たちのプランを広めはじめたのは、ともにワシントンＤＣでエネルギー問題に関する数年間の経験を積んだあとだった。二人はまず連邦エネルギー公社に勤務した。サントはそこでフォード政権のエネルギー保全努力の指揮をとり、バッキは彼の第一補佐官を務めた。そのあと四年間、二人はカーネギーメロン大学と提携するシンクタンクでエネルギーの研究に従事した。そしてこれらの経験から、電力会社には環境を保護し、環境への配慮をビジネスモデルに組みこむためにいっそう努力を傾ける必要があると確信するようになった。会社は社会的責任を「思考の最後に」添えるのではなく、自分たちの仕事に統合するべきなのである。(34)

二人はまた、職場は人びとが個人として成長でき、それぞれの才能を生かして活躍できる場所であるべきだとも考えていた。仕事によって生計を立てられるだけでなく、仕事によって各自の能力を伸ばし、他者とかかわり、社会に貢献できるようにするべきである。サントとバッキは理論で言うところの「合理的経済人」、すなわち自律的かつ合理的で、利己的でご都合主義の狡猾な人間像を認めていなかった。(35)彼らの考える人間とは、道徳的でかつ知的で、社会性がありながら個人としての独自性ももちあわせ、しかも同時にきわめて誤りをおかしやすい存在だった。彼らがイメージしていた会社は、誰もが「大人」として扱われるところであり、その「大人」とは、次のような人びとのことだった。

1 思考力と創造力および厳しい決断を下す能力がある。
2 説明責任や義務を進んで引き受けられる。
3 独自性があり、個別に扱われるに値する。
4 積極的に共同作業ができる。
5 大義のために貢献しようとする意欲がある。
6 決して万能ではなく、ときには意図的に過ちをおかすこともある。

サントもバッキも企業の市民性を当然と受け止めており、個人と同じように会社にも社会的な責任があると考えていた。しかし、彼らにとっての社会的責任とは、単なる市民としての義務や企業の大盤振る舞いを意味するのではなかった。その一言には、「社会的な個人」という彼らの人間観から、企業の目的そのものにたいする考え――「社会の必要を満たすために資源の管理役を務めること」――まで、彼らの企業哲学全体が要約されていた。

堅実な財務実績が非常に重要であることは彼らもよくわかっていたが、それでも彼らにとって、財務実績はあくまでも正当な企業目的をはたしたときの副産物であり、目的そのものではなかった。バッキは収益性を呼吸にたとえた。必要なのは間違いないが、それが究極の目的だとは言いがたい。彼らの考え方からすると、会社には関係各層への責任がある。従業員、顧客、株主、サプライヤー、政府、社会全般などで、どこかの層をときと場合によって優先させることはあるかもしれないが、絶対的な意味での優先順位はない。どの層も、存在を認められて公平に扱われる資格がある。会社が成功するためには、どの層とのかかわりも大事にしなければならない。

一九七八年にアメリカの電力部門が規制緩和されたとき、サントとバッキはこれを機会の到来と考えた。いよいよ自分たちの信念を具体化した事業を興すときである。彼らは新会社のビジネスプランをまとめ、その目的を「安全に、クリーンに、確実に、コスト効率よく、そして楽しく、社会の電力需要を満たす」ことと定義した。一九八一年に、彼らは一〇〇万ドルのベンチャー資金を元手に会社を興した。それが大胆な実験であることは二人とも承知だった。ＡＥＳの実験はいまも進行中だが、二〇〇二年初頭までにＡＥＳは世界最大の独立系発電事業者となり、二〇〇一年の収入は九〇億ドル以上、世界三一ヵ国の一八〇以上の発電所で、最高出力約六万四〇〇〇メガワットの電力を生みだしている[30]。

ＡＥＳの社員に会社の目的を遂行させるため、サントとバッキは早くから自分たちの信念を四つの原則にまとめた。第二章で触れたように、その原則は一九九一年に株式を新規公開したときの目論見書でも謳われていた。「これらのバリューは、AESの社員が当社の企業目的を遂行するにあたっての努力指針となる目標である」

●**誠実**。これは、完全を目指すこと、貢献を大事にすること、真実と一貫性を守ることと定義された。「われわれは貢献を尊ぶ会社を目指している」と目論見書には書かれている。「AESの社員の言行はすべて真実と一貫性に合致しているはずである」

●**公正**。これは部分的に定義されていただけで、個々の判断は意思決定者が「別の行動をとった場合とどちらが公正かをつねに考え」て実行することになっていた。しかし、いずれにしてもAESは「……従業員、顧客、サプライヤー、株主、政府、および操業している地域社会にたいして公正に接する」つもりだと宣言されていた。のちに公正は「正義」と定義され、集団でも個人でも、各関係者がそれぞれのはたした貢献に応じて報酬を受けるようにされた。

●**充実**。これは「各人がそれぞれの天分や技能を生かせるような環境」を築くことによって「AESでの勤務を楽しめる」ようにすることと定義された。「AESは、この会社に雇われた人びとや、この会社とかかわりをもつ人びとが、それぞれの仕事を楽しむことを望んでいる」

●**社会的責任**。これは「顧客の負うコストを低くする、高い安全性と信頼性を提供する、雇用率を高める、環境保全に努めるなど、社会的に有益なプロジェクトに参加する」ことと定義された。この社会的責任は、会社の目的――安全で、クリーンで、確実で、妥当な価格の電力と、その他のサービスを提供すること――をはたすのに貢献することはもちろん、社会の改善のためにそれ以上の仕事をすることでもあると理解されるようになった。

これらの目標は、会社の道徳的指針として過去二〇年のＡＥＳの発展を導いてきた。また逆に、その発展の経過によって、これらの目標の意味や解釈も変わってきた。事業を興してまもなく、サントとバッキは自分たちの思い描く職場を伝統的なヒエラルキー組織で実現するのは難しいと結論した。いくつもの層が高いピラミッド状になっていて、仕事の内容が厳密に定められ、責任の範囲が狭く定義されている環境では、個人が天分や技能を伸ばしたくてもできるものではない。結果として、楽しむというコンセプトは、従業員に充分な権限をもたせて本当の意思決定者にさせることと結びつけられた。

この精神で、ＡＥＳは比較的フラットな組織づくりを目指し、権限の集中した一大首脳部を本社に設けないようにしてきた。同じように現場でも、余分な人員を排して平均以下の人数で仕事を進めさせてきた。ＡＥＳの東ヨーロッパのプラントマネジャーの一人が言うには、そうしたことはすべて会社の指針となる原則に反映されたという。小人数での運営は「『充実の原則』に合致している」と彼は言った。「それだけ責任感が増し、多くのことを学ぶ機会が増え、より多くの貢献をはたせます。その分だけ報酬も増えます。一人でできる仕事を四人でやっていたら、責任の所在が曖昧になってしまいます」

一九九一年の新規株式公開時に約五〇〇〇人だった社員数は、二〇〇一年末までに三万七〇〇〇人――系列会社の従業員を含めれば約五万五〇〇〇人――に増えていたが、ヴァージニア州アーリントンにあるＡＥＳ本社の人員はつねに七五名前後を維持してきた。多くの伝統的な組織で一極に集中化されている雇用や購買のような業務にしても、AESでは基本的に権限が分散化され、各プラントやプロジェクトチームのレベルで行われている。環境に関する認可を申請したり、新しい発電所の建設にかかわる契約をとったりする場合にも、AESはその筋の専門家集団をつくらずに、気概さえあれば素人でも積極的に登用して、たいていはそうした個人のチームにそれらの仕事をゆだねた。学習は仕事の一環であり、新しいチームの最初の責任は、全社のなかから知識と経験のある同僚を探しだして教えを請うことなのである。

専門的な訓練を受けていない人びとに専門的な仕事を託すという習慣は、人間の内在的な能力を信じる創立者たちの哲学をそのまま反映したものである。人びとが新しいことを学びたい、新しい責任を負いたいと望むなら、そして彼らにその能力があるなら、すでに慣れている仕事だけをやらせておく理由はない。AESがプロジェクト別の小グループに大きな信任を与えたことにより、AESの社員は新しい挑戦をする機会を数多く得てきた。このようにして、彼らは新しい技能を学び、新しい能力を培ってきただけでなく、AESの全社員に求められることの一つ、すなわち「CEOのように考える」うえで欠かせない、総合的な責任感と事業への理解を体得してきたのである。

この「全員が大人、全員に責任」の哲学にふさわしく、社員は通常「従業員」と呼ばれずに「AES人」と呼ばれている。同じような考え方で、AESは伝統的な雇用差別、たとえば「時間給従業員」と「固定給従業員」、「用務員」と「運営担当者」との差別などをつとめて排除してきた。法的に認められる範囲で、時間給従業員も他の従業員と同じだけの総額を受け取れるようにと、給与、ボーナス、ストックオプション、利益配分などの選択肢が用意されている。AESの所有する事業に三年以上在籍した職員で、基本の固定給のほかにボーナスと利益配分にあずかる資格をもつ職員は一九九五年には一〇パーセントしかいなかったが、二〇〇一年には九〇パーセントまで増えている。

このように、バリューはＡＥＳの構造づくりの支えとなってきたが、同時にパフォーマンスの定義と測定など、会社を機能的に動かすためのさまざまなプロセスと制度にも織りこまれてきた。今度はそれを見ていきたい。

パフォーマンスの測定

ＡＥＳの取締役会におけるパフォーマンス測定基準には、財務上の努力とともに倫理的な努力が反映されている。個人にもチームにもプラントにも、そして会社全体にも、この基準が適用される。たとえば発電所のパフォーマンスは、有効電力、安全性、有害物質排出量、経費などの数字とバリュー調査の結果をもとに測定される。バリュー調査は毎年一回行われ、ＡＥＳの掲げる原則が守られているかどうかを全社の従業員に評価させる。各原則についてさまざまな面から質問がだされ、選択式と自由記述式の両方で回答する。その結果から、各地の発電所がどれだけ進歩したかを図式化して、評価に用いるほか、学習にも利用する。

ＡＥＳの取締役会が考えるパフォーマンスの概念は、会社の年次報告書に明白にあらわれている。会社の財務状況が報告されているのは当然として、それ以外にバリュー調査についての論評や、その年の安全性や環境に関する実績、ステークホルダーとの関係、新事業の進展状況、翌年の努力目標などが盛りこまれている。ここ何年かは、財務状況の低迷やその他の問題とあいまって、会社の原則の違反についての記述が目立ってきた。ともあれ、収入やキャッシュフローや新規事業といった財務上の報告に加えて、ＡＥＳの原則の順守、安全性の向上、全員に事業家としての自覚をもたせることなど、財務とかかわりのない問題についても報告しているのがＡＥＳの年次報告書の特徴である。[37]

ＡＥＳのエグゼクティブも、最高の地位にあるＣＥＯにいたるまで、同じように複数の面からパフォーマンスを評価される。各エグゼクティブにたいして、取締役会は個人の貢献度とともに会社全体としての結果を、企業バリューと事業責任の両面から考慮している。[38] バリュー面のパフォーマンス評価には、バリュー調査、安全性データ、環境データなどの量的な判断材料とともに、個人的にどれほどＡＥＳの原則にたいする理解と順守を進めたかの質的な判定が用いられる。同様に事業責任の面で各人のパフォーマンスを評価するときにも、利鞘の伸び、運営の堅実さ、株式収益率への貢献度といった要素に加え、新規事業の進展、地域社会との関係、立案の効率性などの要素が判断材料にされる。

報酬制度

世界各国のＡＥＳ人に与えられる報酬の中身は、文化の違いや歴史の違い、法律の違いなどによって多少異なる。しかし、ＡＥＳの方針として、基本的に報酬は三つの要素から成り立っている。給与と手当、実績にもとづいたボーナス、および会社全体の財務結果に応じた配分である。実績にもとづくボーナスの部分は、一般に、前述した個人とグループの両面で測定されるパフォーマンスと直結している。会社の財務結果に応じた部分は、利益配分や持株のかたちで支給される。

この報酬制度にも、全員が事業家としての責任をもつべきだ――そして、そのように扱われるべきだ――とするＡＥＳの信念がはっきりとあらわれている。時間給労働者と固定給労働者の差別をなくそうとしてきたように、ＡＥＳは社内のできるだけ多くの人びとに会社の株式をもたせようとしてきた。ＡＥＳがまだずっと規模が小さく、アメリカ以外ではほとんど操業していなかったころ、従業員のほぼ全員がストックオプション・プランに参加していた。二〇〇一年にはアメリカ国内のＡＥＳ人の約半数が参加しているが、世界全体では三パーセントほどにすぎない。ＡＥＳは従業員に株式をもたせる努力をつづけており、特にこの習慣に馴染みのない地域にも広められる手段を積極的に模索している。

エグゼクティブもＡＥＳ人の一人であるかぎり、エグゼクティブへのボーナスもやはりパフォーマンスと直結している。財務上の成績が悪ければボーナスは減額され、他の面の成績においても同様である。一九九八年に会社が四件の事故で死者をだしたとき――三件では請負業者が、一件では一般市民が亡くなった――ＡＥＳのエグゼクティブ・チームはこれらの悲劇の責任をとってボーナスを一〇パーセント減額した。ＡＥＳの会長によれば、ＡＥＳ職員の平均報酬の約半分は、財務実績、安全実績、環境実績など専門的な要素によって決まり、残りの半分は、個人やグループがどれくらい会社のバリューを理解して順守するかによって決まっているという(39)。

雇用とオリエンテーション

ＡＥＳでは権限が非常に分散化されているため、雇用方法も場所によってかなり異なる。とはいえ、雇用の主眼はどこでも共通で、会社のバリュー体系にとって最も有益な、最も適切と思われる志望者を選ぶことが何よりも重要とされている。企業買収によって新たに入ってきた従業員は別として、一般の求職者は長い面接を受けることになる。そこでおたがいを知ることも目的の一つだが、何よりも将来の従業員候補には、事前にできるだけＡＥＳのことを知っておいてもらいたいからである。

採用が決まると、新しい従業員はオリエンテーションに参加して、ＡＥＳの指針となる原則について理解を深める。長年のあいだ、オリエンテーションはすべてＡＥＳの本社で行われていた。新しい従業員は配偶者を同行してヴァージニア州まで足を運び、創立者二人をはじめとするＡＥＳの首脳陣と個別に会って話をした。一九九〇年代の会社の成長にともなって、その責任は世界各地の支社やプラントの責任者が担うようになった。とはいえ、いまでも毎年多くの新人が配偶者とともにアーリントンでのオリエンテーションを受けている。

情報とコミュニケーション

サントとバッキは当初から、人びとにＡＥＳのバリューに沿った健全な判断を下させるには親密なコミュニケーションと情報へのアクセスが欠かせないことを認識していた。したがって、ＡＥＳは早くから情報の収集と普及に努めてきた。有効エネルギー量、コスト、効率性といった伝統的なデータはもちろん、環境保全、安全性、バリュー順守といった発電所の運営にかかわる情報も重視された。財務的なものも非財務的なものも、実績データはすべて全員が「好きなだけ」見られるようになっているが、特に重要な情報は非公式の経路を通じて流されている。サントとバッキによれば、いくつもの承認印をもらう必要をなくした結果、逆説的にも情報の流れがスムーズになり、助言を求める習慣も強まったという。たとえば買収提案を取りまとめるとき、プロジェクトチームはまず、経験のある人間を全社のなかから探しだす。そこで聞いた話を基盤に、チームはＡＥＳのバリューと一般的な運営条件を踏まえたうえで、地域の状況など特定の条件も考慮に入れつつ、その案件への方針を立てていく。このとき、グループ責任者、会社役員、取締役なども助言をするが、最終的な決断は提案を発した当人たちにゆだねられている。

計画と調整

計画と調整は、組織的な場でも非組織的な場でも、社内のあらゆるレベルで行われている。毎年の戦略計画会議では、世界各地の管理者が集まって優先事項や妥協条件、収益性と会社のバリューの双方を強化する方法を話しあう。ＡＥＳの管理者にとって、成長の機会を追求するかどうかは、リスクに応じた収益があるかどうかだけの問題ではない。それは同時に、会社の原則に反していないかどうかの問題でもある。あるプロジェクトの責任者はこう説明した。「私たちが探しているのは、私たちが入ること によって重要な変化を起こせるところです。財務的に意味があって、なおかつ会社のバリューに沿ったことであれば、厳しい市場にも挑戦する覚悟があります」

隔月の部門別計画会議では、たいていバリューの問題についての討議に時間が割かれる。この会議があることで、各部門の管理者やプロジェクトの責任者は、大きな問題でも小さな問題でも、目下の懸念事項に関して同僚の意見を求めやすくなる。たとえば最近のヨーロッパ部門の会議では、あるプロジェクトの責任者が、ＡＥＳの新プラント建設の契約に入札している会社から受けた依頼にどう答えるべきかについて同僚の助言を求めた。その業者から最終申し込みの締め切り後に連絡があり、入札額を下げさせてもらえないかと頼まれたという。グループで話しあったのち、プロジェクトの責任者とチーフエンジニアは、その業者の入札額の修正を認めないことに決めた。

新規事業の展開

ＡＥＳの世界進出のほとんどは、プロジェクトチームによる新プラントの設営と、民営化と任意買収にさいしての競争入札を通じて行われてきた。ＡＥＳの権限分散化の原則にしたがって、資金集めや契約交渉から、テクノロジーの選択や地域社会への貢献まで、新しいプロジェクトのほぼすべての側面を各チームが取り仕切る。第三章で触れたインドのチームのように、プロジェクトを進めるグループはＡＥＳのバリューを操業候補地の状況や文化とうまく合致させなければならない。

ＡＥＳの拡大とともに、会社は初期に喝采された環境保全活動だけでなく、さらに広範にわたる社会貢献を進めてきた。一九八〇年代半ばに地球温暖化が大きな関心事として世間に広まったとき、ＡＥＳは自社のプラントから排出される二酸化炭素を相殺するために、画期的な植林・森林保護プログラムを開始した。世界資源研究所との協力から生まれ、さまざまな政府とＮＧＯを通じて実行されたこのプログラムは、ＡＥＳの発電プロジェクトに標準的に付随するものとなった。しかしＡＥＳが発展途上国に進出するようになると、二酸化炭素の相殺は社会活動用資金の最善の使い道ではないと感じる人が増えてきた。多くの地域社会では、水処理設備、診療所、学校など、別の必要性のほうがはるかに切実だったのである。そこでプロジェクトチームは地元の公務員と協力し、会社の社会的責任を果たすための資金の最も適切な使い道を考えることにした。[40] ＡＥＳは「戦略的な博愛」――会社にとっての利益を第一に考えて慈善プロジェクトを選択する習慣――におちいらないようにいつも注意しながら、操業する地域社会で最も切迫した必要性のために貢献する手段を探している。

買収と再編

ＡＥＳが世界各地の施設を買収するようになると、そのプラントや会社の労働力を再編して収益性を高めるという課題と頻繁に直面することになった。この場合にも、ＡＥＳの道徳的な姿勢がその行き方を定めてきた。必要最小限の人数で仕事をすることが会社の基本的な方針だったが、ＡＥＳは民営化のさいにありがちな大量解雇のようなことをできるだけ避け、もっと思いやりと品位のある方法で縮小をはかるよう努めた。それぞれのケースによって違いはあったが、一般に再編するときは、配属や要求される収益性について公開する、進展中の状況についてくわしく知らせる、当地のプラントや組合の人員を新しい配属計画に参加させる、退職希望者には寛大な措置を用意するなどの手法がとられた。

この行き方は好意的に受け取られただけでなく、ＡＥＳがいくつかの入札競争で勝つのにも役立った。たとえば一九九六年に、ハンガリーのある公共事業を買い取ったときの入札である。この事業の四つの施設はかなり人員過剰だったので、政府の担当者は民営化を望みながらも、労働力を半分にすることから生じる社会費用を心配していた。特にその周辺地域は失業率が高かったのである。政府の心配に対処するため、ＡＥＳは「調査訪問」と称して再編例の一つである北アイルランドのプラントに担当者たちを招待した。そこでハンガリーの担当者はプラントの管理者などからじかに話を聞き、ＡＥＳがどのようなことをして、それがどのようにうまくいったかを教えられた。また、ＡＥＳのプロジェクトチームはハンガリーの施設の職員や組合員とも事前に話しあい、そこでの情報をもとに、ＡＥＳの別のプラントでの縮小経験も生かしながらハンガリーの状況に見合った包括プランをまとめた。

退職希望者のための措置の一環として、ＡＥＳは労働者を再教育して雇用率の高い地域へ送りだす資金の提供と、スピンオフ事業の機会創出と、退職する従業員のアイデアに資金をだして自力で経営させるためのベンチャー投資連合の設立を申しでた。ＡＥＳのだした切り札は、当然ながらライバルたちの札に勝った。相手方のだした札はＡＥＳより三〇パーセントほど高く、それでいて再編の社会的影響に対処する方策をまったく備えていなかった。ＡＥＳの社会的姿勢は提案にコストをかけたが、政府は財務面にも社会面にも配慮したＡＥＳのトータルパッケージのほうがよい選択であると納得したようだった。しかも、このプランは人員目標を達成するうえでも非常に成功していた。いくつかの部門では、退職プログラムに必要数以上の申し込みがあったのである。[41]

カテゴリーの混同

前にも言ったように、ＡＥＳの企業モデルはいまも進化している。二〇〇一年に財務の低迷が見えはじめてから、ＡＥＳは経済パフォーマンスを高め、バリューを強化し、説明責任の構造を堅固にする方法を見つけるべく、運営の再検証に着手した。だが、いま言ったことはまさに、会社がどうやって自分たちの指針となる体制を新しいパフォーマンス基準に結びつけるかの説明になっている。ＡＥＳを見ると、会社は社会的な義務と財務上の義務を実行可能なビジネスモデルに組みこんで、関係者すべての要望を満たさなければならないのだとわかる。そして、人びとの専門的な技能や知的能力と同時に道徳的な能力を引きだすことがいかに重要かもわかる。その過程の各段階で、人びとはバリューの要素を専門的な要素と同じくらい考慮するようながされる。その結果、会社が投資家や顧客や従業員や社会への責任をはたしながら目的を達することができるようになるのだ。

さまざまな関係者層からつぎつぎと生じる新しい期待にたいして、多くの会社は断片的に対応してきた。新たな懸念事項がでてくるたびに、それに応じたプログラムを増やしてきたのである。倫理プログラム、環境イニシアチブ、多様性イニシアチブ、品質イニシアチブ、法令順守プログラム、社会参画イニシアチブ、権限委譲イニシアチブ、そしてバリューへの取り組みもおそらくここに加えられるだろう。残念ながら、これだけの活動をしても結局はさほどの成果は得られない。あれやこれやへの取り組みに疲れ、混乱し、ひょっとしたら皮肉な見方をするようになるかもしれない。熱心なスタッフが最善の努力を傾けても、これらのプログラムはいつまでも個別のままで、組織の活力源にはならない。これらは二世紀の天文学者プトレマイオスが、自分の主張する天動説の不備を釈明するために考えだした追加軌道のようなものだ。各プログラムはそれぞれ固有の論理と合理性をもっているが、別のプログラムとの関係や根本的なシステムとの関係は曖昧なままなのである。

ＡＥＳのような会社を見ると、まったく別の、はるかにシンプルな方法があることに気づかされる。ＡＥＳには倫理プログラムも環境イニシアチブもない。権限委譲プログラムも多様性イニシアチブも社会参画イニシアチブもない。それでいて、ＡＥＳがこれらの問題を重要でないと考えているわけではない。まったく逆である。ただ、さまざまな個別のプログラムを通じてこれらの問題を追求するのではなく、会社の基本的な経営体制とプロセスに深く根づかせているのである。これらは会社の日々の活動と展望にしっかりと組みこまれている。道徳に関心のない商業エンジンに溶接された周転円ではなく、会社の基本となる前提の自然で論理的なあらわれなのである。

道徳の行為者という前提から始めると、すべての様相が変わってくる。コペルニクスによって宇宙のモデルが天動説から地動説へとシフトしたように、超道徳的な手段から道徳的な行為者へと会社観がシフトすれば、それまで複雑でわからなかったものが単純で理解できるものになる。信頼、公平な雇用、環境責任、人間の尊厳、企業の市民性――会社は経済活動を遂行するための超道徳的な手段だと考えている人からすると、これらは無関係の余計なものでしかない。厳密に言えば、生命のない「手段」にこうした懸念をもてるはずがないと考える。同じ論理で、価値観や義務感や責任感もあるはずがない。それらは道徳的な生き物のあいだだけに通用するものなのである。しかし、かりに会社が道徳の行為者だと考えれば、話はまったく変わってくる。信頼や責任感といった問題は、よその誰かが経営陣に押しつけてくる余計なものではなく、経営陣の仕事の本質的な一部となる。

会社が道徳の行為者であると認めたとしても、会社の経済的な機能を否定するわけではない。むしろ、それらの「機能」を「責任」と解釈すれば、道徳の行為者を前提とすることによって会社の「責任」はより重くなる。経済的機能を経済的責任と言い換えてみれば、経営陣に説明責任があること、経済パフォーマンスの責任を負わなければならないことは明らかである。しかし道徳の行為者を前提にすると、会社は経済的責任を負うとともに、道徳の行為者として、また社会の一員として別の責任も負うことになる。この前提に沿って組織されている会社では、それらの責任が取締役会にも重役室にも、会社の日常業務にも適用されているはずである。

とはいえ、これだけいろいろとバリューが語られているにもかかわらず、この単純かつ根本的な概念を本当に内在させている会社はまだ少ない。バリューを掲げ、倫理準則を発行していても、なお多くの経営者は会社が本質的に超道徳的なものだという前提のもとで仕事をしている。この前提が経営者の考えに深く根づいているため、えてして彼らはシステムやプロセスや構造を倫理と無関係なもの、バリューを反映させる余地のないものと見なしている。したがって志の高い行動準則やバリュー声明を発表しても、ついそれといっしょに、従業員の倫理的な貢献がまったく評価されそうにない報酬体系やパフォーマンス測定基準を発表してしまうのである。

このギャップを理解しようとして、私はときどき会社のエグゼクティブに、さまざまな報酬体系の倫理面について専門家からどんなことを助言されたかと聞いてみた。これまでのところ、報酬体系のアドバイザーからそうしたことを話題にされたというエグゼクティブには一人も会っていない。質問そのものの意味がわからないエグゼクティブもいた。同じように、私はかつて企業の倫理担当者五〇人ほどを相手に講演したとき、彼らに会社の報酬体系に関する話しあいに参加したかと聞いてみた。手を上げたのは二人か三人だけだった。

多くの人はバリューのことを、会社における本当のプロセスやシステムの周囲にある空白部分を埋めるものだと思っている。さもなければ監査システムや情報システムのような、あまり実体のない特殊な管理ツールのように思いこんでいる。したがって、会社の他のシステムやプロセスにまったく影響をおよぼさずに「バリュー・システム」を実施できると考えているし、会社がどのように構築されているか、会社のプロセスがどのように働いているかという問題とまったく別に「バリュー」の問題を考えられると思っている。私がこれまでに見てきた会社の変革計画は、だいたいこんなふうに進められている――第一に構造、つぎにプロセス、そしてすべてがととのったところで、初めてバリューに目を向けるのである。だが、この論理は方向が逆であるうえ、きわめて非実用的である。バリューは出発点であるべきで、最後の仕上げではないのである。

「バリュー・システム」のような言葉を使うから、すぐにこういう考え方におちいってしまうのだ。「バリュー・システム」にしても「監査システム」にしても「報酬システム」にしても、「システム」と名がつくと、どれも似たようなものと思えてしまう。しかし、この見方には間違いがある。ときに「カテゴリーミステイク」と称される問題で、根本的に種類の異なるものを同じカテゴリーに属するもののように扱ってしまうことである。[42] バリューは管理ツールではない。会社の監査システムや報酬システムと同様の特殊な管理システムでもない。ましてや、本式のシステムや構造に占められていない空白部分に浮いている空気のようなものでもない。会社の「バリュー」や「バリュー・システム」について語るというのは、信念や目標を語るということであり、それが事業の基盤となって、経営陣が戦略や構造やプロセスやポリシーを考えるときの指針にされると想定することである。バリューは組織の「インフラ」の一部であり、バリューの備わった「インフラ」が会社に独自の性格と理念――すなわち道徳人格を与えるのである。

もう一つ言えば、新しいパフォーマンス基準を真剣に満たすつもりのエグゼクティブや企業家は、「バリューの実行」を誰かに委任できる仕事と考えてはならない。というより、これは誰かにまかせるのも自分一人でやるのも不可能な数少ない仕事の一つかもしれない。好むと好まざるとにかかわらず、会社のバリューは経営者のすべての行動を通じて定義され、形成されていく。それと同時に、バリューの実行は社内の全員によって日常的に行われるものである。新しいパフォーマンス基準を持続的に満たせる会社を築くことが目的なら、そのためのアプローチは経営陣が率先する包括的なものでなければならないし、社会的責任と経済的責任の両方を踏まえた基本的な道徳に向かっていなければならない。

ここでいう基本的な道徳とは、単なる行動準則やアクリル板に刻まれた金言集ではない。個人であれ会社であれ、道徳の行為者なら誰もが受け入れなければならない根本的な問いにたいする一連の答えである。会社にとって、その問いは四つのテーマに集約される。

●**目的**。会社の目的は何か？　富の創造や資源の有効利用のほかに、会社が社会に貢献できることは何か？　会社の製品やサービスが人びとの生活に価値を付加するにはどうしたらいいか？

●**原則**。会社の指針となる原則は何か？　社員が会社の目的を遂行するうえで、彼らの行動の指針となるのはどんな教えか？　会社の絶対の基準は何か？　会社は何を理想とし、どのような抱負をもっているか？

●人。会社は人という概念をどう考えているか？　誰を道徳的なコミュニティの一員に数えるか？　会社の意思決定において誰の利益を考慮するか？

●力。会社の力と権限の範囲はどこまでか？　会社は誰にたいして、何に関して説明責任があるか？　意思決定の権限は組織内でどのように割り振られているか？

忙しいエグゼクティブは、ときどきこうした問いを「哲学」の一言で片づける。つまり「実際的な重要性はない」ということだ。しかし無数の例が示しているように、指針となる哲学は会社にとって、おそらく最も実際的なものの一つである。たとえばＡＥＳの場合でも、会社のバリュー体系は収益面でも社会面でも責任のある会社を築くための一連の戦略や構造やプロセスに反映されていた。

この努力にＡＥＳはどこまで成功していただろうか。会社の社会面と財務面のパフォーマンスに関するもっと完全な情報がなければ、客観的な評価は不可能である。しかも分析をより困難にしているのが、一九九〇年代に多くの会社の財務パフォーマンスを押し上げて、その後二〇〇一年から二〇〇二年にそれらの会社の株式を暴落させた経済と社会の流れである。とはいえ、ＡＥＳが初めて株式を公開した一九九二年から二〇〇〇年末までの八年間に関しては、多くの指標がかなり好ましい結果を示唆している。会社の収入は毎年四二パーセント複利で増えていった。収益は三六パーセント増、株主の年間収益は平均三八パーセントだった。それでいながら、AESは安全性のレベルにおいても一貫してアメリカの業界平均を上回っていた。有害物質の排出量は法的に認められるレベルより四〇パーセントから六〇パーセントも低く、発電所の信頼性もアメリカの業界レベルよりも高かった。また、AESはたいてい税引き後の総収入の四パーセントから五パーセント前後を社会活動に振り向け、個人拠出年金への上乗せや、会社の後援するプロジェクトなどを推進していた。

だが、この期間にAESはそれなりの批判や挫折にもぶつかった。そのなかには倫理上の過ちもいくつかあった。たとえば一九九二年にオクラホマ州のプラントで生じた環境に関する虚偽報告である。水処理部門の従業員が排出された廃水のサンプルを水で薄めて虚偽の報告を提出しているのを、プラントのアシスタント・マネジャーが発見した。本来ならば、従業員は水質の問題点を修正するために助けを求めなければならなかったのである。会社はすぐにこの件を環境保護庁（EPA）に報告し、罰金を払って、水質問題に取り組み、環境順守教育と監督を強化した。[43] もう一つ世間を騒がせた問題は、AESが一九八八年に三つの施設を買収したカリフォルニア州で起こった。二〇〇〇年、よりクリーンな空気と水を求める環境保護論者と、さしせまったエネルギー不足の改善を求めるエネルギー監督機関の板挟みになって、AESは十字砲火を浴びていた。州はAESに発電量を増やすよう求めたが、そうするためにはすでに改修を予定していた古いボイラーを能力ぎりぎりまで使わなければならず、必然的に許容排出量を上回る有害物質をだすことになった。その結果、AESは心ならずも――環境保全に貢献している会社としては不本意な――一七〇〇万ドルの罰金を科された。[44]

企業パフォーマンスを両面から測定するもっといい方法が考案されるまで、評価はどうしても不正確なものにしかならないだろう。だが私としては、この会社との一〇年来のつきあいから考えて、この期間のAESはいかなる客観的な査定においても非常に高く評価されると思う。それはAESの従業員が報告している仕事の満足度が並み外れて高いことからもわかる。とはいえ、AESの全世界における社会的、財務的パフォーマンスとなると、事実を徹底的に検証しないかぎり信頼できる判断は下せない。これについては、もっと多くの情報を集めて分析しなければならないだろう。

会社のバリュー・システムがなかったら、AESは一九九〇年代にこれほど財務的に成功できただろうか。何とも言えない。もちろん、AESは経済的な利益を理由としてバリューを正当化しようとしたことは一度もない。しかも一九九〇年代におけるAESの財務的な成功の大半は、全世界的な民営化の動きによって豊富な機会が開けたことによる。非遡及型融資に大きく頼っていたことも一つの要因だ。そのおかげで、AESは親会社にリスクを負わせることなく多くのベンチャー事業に出資する資金を借りられたのである。

しかし、やはりバリュー・システムは大きい要素だったと考えるアナリストは何人もいる。二〇〇〇年にAESの株式がそれまでの最高に近づいたとき、ソロモンスミスバーニーは次のような分析をした。「AESの企業文化を感傷的でわざとらしいと嘲笑する人もいる。しかし、われわれは……AESのコア・バリューへの献身はこの会社の主要な原動力だと確信する」[45]。つづいてレポートは、AESの経営陣がどのようにして「これまで聞いたこともないレベルで従業員が責任を与えられ、重んじられている環境」を育てたかをくわしく説明し、AESのバリューがいかに会社の財務パフォーマンスに貢献しているかを簡単に述べていた。第二章で確認したことと同じように、このレポートも会社の優れたリスク対処能力、高レベルの生産性と革新性と運営効率、環境面での優れた実績、かなりの成長能力、地域社会との良好な関係などを指摘している。アナリストの結論はこうだ――これが成長の持続と株価の高止まりにつながっている。

あとでわかったように、このアナリストは最後の点で間違っていた。少なくとも短期間、そうでない時期があったのだ。二〇〇一年、AESはいくつかの過ちをおかして苦境におちいった。南米の通貨の弱さ、イギリス市場でのエネルギー価格の下落、ベネズエラの電気通信会社を買収しようとした不運な試みといった要因に加え、例のカリフォルニア州での騒ぎも終息していなかった。その九月、AESは上場してから初めて収入の予測を誤った。株価は一九九八年のレベルまで下落した。前の挫折のときと同じように、AESは会社のバリューに沿って迅速に対応した。再びビジネスに焦点を合わせると誓って、二六名のトップ経営陣が自発的に給与の減額を受け入れ、二〇〇二年の給与の大部分をストックオプションのかたちで受け取ることに同意した。しかし二〇〇二年の初め、エンロン破綻の余波がエネルギー業界全体を襲ったため、AESの株式は再び打撃を受けた。株価はさらに下がり、一九九二年のレベルに戻ってしまった。二〇〇二年の四月、株式はまたしても不意打ちを食らった。ベネズエラで短命なクーデター政権が一時的に政府を追放したときである。

二〇〇二年六月、投資家からの圧力を受けてバッキはCEOから退き、代わって勤続一五年のベテラン社員で四人の最高執行責任者の一人だったポール・ハンラハンが就任した。バッキはサントが会長を務める取締役会に席を占めると、前CEOとして前年の悲惨な経済パフォーマンスの責任を認め、新しいリーダーシップの必要性を力説した。その後まもなく、AESは世界銀行に、以前ウガンダで問題になった電力プロジェクトにおける元請業者の腐敗の証拠を見つけたのでプロジェクトの進行を無期限に延期すると報告した。世界銀行はすでに一億七五〇〇万ドルの融資を承認しており、さらに一億九五〇〇万ドルをリスク保証として認めるところだった。延期の発表にあたって、AESの担当者はこういう声明をだした。「わが社はプロジェクトのあらゆる側面が法的基準と倫理的基準を完全に満たしていると確信できるまで、今後の予定には手をつけません[46]」

そういう状況では、AESはバリューを脇において倫理的な取り組みは忘れるべきでないか、と指摘する人がいるかもしれない。しかし、それはタイレノール危機のときのジョンソン・エンド・ジョンソンに信条を捨てろと言うのと同じだ。タイレノール事件は組織の強さと回復力を象徴するものになったが、それはいまだから言えることである。当時は回復の見込みは本当に薄かった。カプセルにどうやって混ぜ物が混入したのか、結局はどこに責任があるとすればいいのか、誰にもわからなかった。ジョンソン・エンド・ジョンソンのCEOジム・バークがのちに語ったように、社内では「全員が死ぬほどおびえていた」。しかし、そこで大きな役割をはたしたのが、会社に根づいていたバリュー・システムだった。それによってジョンソン・エンド・ジョンソンは激しい嵐を乗りきり、さらに強い組織として再浮上できたのである。

数年前、ジム・バークはハーバード・ビジネススクールを訪れて、MBA課程の学生にタイレノール危機について話をした。特に意図していたわけではなかったが、彼はこの討論のなかで、今日の会社を率いていくのにバリューが不可欠であるもう一つの理由を口にした。「基本的な道徳がなかったら」と彼は学生たちに言った。「カオスのなかを泳いでいかれない」。道徳的な枠組みが、問題のない状況でも優れたパフォーマンスをあげるのに不可欠であるならば、混乱と重圧のなかではさらに重要になるのである[47]。

第八章
意思決定のコンパス

A COMPASS FOR DECISION MAKING

前章では、新しいパフォーマンス基準が組織の構築にどうかかわってくるかを見た。倫理的な配慮を組織の機能に織りこむには、計画と実行と成績を評価するうえでの指針となる体制をつくることが必要だった。

だが結局のところ、会社が新しいパフォーマンスの基準を満たしきれるかどうかは、最後の意思決定にかかってくる。会社のインセンティブや情報システムや実績測定が申し分なくととのえられ、企業原則や行動準則やバリューが高らかに宣言されても、会社の人びとの考えや意思決定に道徳的な視点が備わっていなければ、どんなに努力してもさほどの成果はあがらない。

ここで再び、ブリヂストン・ファイアストン（BFS）の例を考えてみよう。この一件では疑いなく、情報の流れの悪さがトレッド剝離問題の一因となっていた。世界中で均一な品質基準と安全基準がととのっていなかったことも問題だった。しかし、BFSのリコールを受けて開かれた議会の聴聞会で証言したエグゼクティブたちの言葉を検討すると、より根本的な問題が示唆される。話がある程度まで進んだところで、聴聞会の分科委員会のメンバーの一人が、BFSがもっと早く対応しなかった理由についての検証をはじめた。BFS自身の一九九七年のデータは、すでにトレッド剝離に関連する請求のコストが増大していることを示していた。委員は最後にBFSの上級副社長ゲイリー・クリッガーに向かって、この請求データは実際に使われたことがあるのかとたずねた。しかし、クリッガーは「会計上」使われていたらしいことを曖昧にほのめかすばかりだった。業を煮やした委員は彼の話をさえぎり、単刀直入に聞いた。「ということは、これを財務上の見地からは調べても、顧客の安全の見地からは検討しなかったわけですか？」。クリッガーは答えた。「遺憾ながら、そういうことだったと思います[1]」

エンロンの場合でも、やはり道徳的な視点を取り入れそこなったことが破綻の一因だったと思われる。二〇〇一年八月、エンロンにおける会計慣行を危惧したある従業員が、会長兼ＣＥＯのケネス・レイに宛てた手紙にこう記している。「われわれが負債を隠していることは素人にもわかると思います」。だが、この問題の調査をまかされた弁護士たちは、エンロンの会計手法が「専門的な見地からして不適切」ではないと結論した。いくつかの取引が「《ウォール・ストリート・ジャーナル》で暴露されたら非常にまずいことになる」だろうとは認めたが、「エンロンの側から見て妥当でないものや、エンロンの利益に反するもの」は何もないということだった[2]。

今後、企業の行動にたいして従業員や顧客や投資家や地域社会や政府から向けられる監視の目は厳しくなる一方だろう。財務実績へのプレッシャーの高まりは変わらないとしても、これまで見てきた変遷と世界中の人びとの要望から考えて、これからの会社は道徳の枠組みの範囲内で活動することもあわせて期待されるようになる。社内の活動で言えば、どのレベルの個人やグループも――現場の作業員も部門管理者も、事業単位の管理者も取締役も――企業活動の道徳的な側面にもっと留意しながら会社の内外の人びとに接しなければならない。倫理的な問題を敏感に察知して、道徳的に配慮し、財務面だけでなく道徳面にも筋の通った判断が下せるようにしなければならない。

いまのところ、道徳的な分析が明確に経営上の意思決定に組み入れられていることはめったになく、総じて倫理的な問題は例外的に扱われている。道徳的な懸念が企業の意思決定にかかわってくるとしても、それはあくまで「嗅覚テスト」や「睡眠テスト」や「新聞テスト」のかたちで取り上げられるだけだ。これは怪しいにおいがしないか？　このせいで眠れなくなるか？　これが新聞の第一面に載っていたらどうだろう？　競合分析を行うのが当たり前となる前の企業戦略のように、道徳的かそうでないかの判断はたいてい直観や第六感という範疇でしか語られず、充分に事情を勘案して慎重に考慮されるものではなかった。

確かに、直観は道徳的な判断を下すときに重要な指針となる――私は直観を無視せよと助言したことはまずない――が、直観はとかく不完全で、疑いなしに不明瞭であり、しかも間違っていることもある。いかに申し分ない人格を備えた経験豊富な経営者でも、新製品の提案や財務の再編計画にかかわる道徳的な問題を個人で瞬間的に理解しうるほど鋭敏な直観を働かせられることはめったにない。ましてや、その問題にたいして健全な判断を下したり、それに対処する計画を立てたりすることが直観的にできるとは思えない。さらに言えば、最先端のテクノロジーをめぐる道徳的な問題は、今日の企業がどうしても扱わざるをえないものだが、これがまた恐ろしく複雑なのだ。よく知っている状況で生じる単純な善悪の問題を判断するだけなら直観でも足りるかもしれないが、未知の状況や複雑な状況におかれると、直観の信頼性は急激に低下する。道徳的なジレンマに直面したとき――価値観の衝突や責任の競合があったとき――や、グループのなかで道徳的な問題を判断するときに各自の直観に違いがあった場合にもほとんど役に立たないのである。

しかも道徳的な懸念はおおむね一般的な経営上の意思決定の枠組みの埒外にある。心臓の異常を突きとめる診断方法を用いた医師が乳癌の症状を見落とす可能性があるように、競合分析や財務分析の手段を用いた経営者は、道徳上の重要な問題をあっさり見落とすかもしれない。したがって、収益率のハードルも競合分析のフィルターも通過した提案が、基本的な道徳テストもクリアできないことは考えられる。実際に、重大な問題が経営者の注意も引かないまま時間が経過して、道徳的な異議申し立てがなされてやっと気づかれる場合もありうる。そして、そのときにはもはや有効な対応ができないかもしれないのである。

そこで必要とされるのが、道徳的な視点を経営上の決定プロセスに組み入れる方法である。道徳的な問題を発見して査定するプロセスが確立されていれば、多くの伝統的な枠組みに内在する盲点を修正できる。そして、意思決定者が自分の信じるバリューを有効に実際の選択につなげられるようになる。この章では、そうしたプロセスを、私が講義と研究のなかで培った枠組みにもとづいて提示したい。この枠組みは、道徳的なアルゴリズムや正しい行動の理論というよりも、経営者の関心を喚起して、意思決定の道徳的な側面に気づかせるためのヒントのようなものだ。(3)

答えよりも質問を

この枠組みは質問の力を利用して人びとの道徳的能力を引きだす。倫理というと、多くの人はとかく行動準則やバリューの声明や、道徳的義務のリストを連想する。確かに、「これをせよ」「あれをするな」といった命令の羅列は、私たちの道徳的な指針として昔から存在してきた。しかし、道徳を教えるためのもう一つの古典的なアプローチは、答えよりも質問や対話を重視している。これを実践したのが、歴史上の二人の偉大な道徳哲学者、古代ギリシャのソクラテスと古代中国の孔子である。この二人の思想家は、命令を発して人びとの行いを導こうとするのでなく、人びとと対話することによって彼ら自身に自らの行いを深く考えさせた。特にソクラテスは、問答を繰り返すことによって真理を明らかにしていく、いわゆる「ソクラテス式問答法」を基本的な手法としていた。孔子のほうは、もっと具体的な例やたとえ話を使って重要なポイントを浮き彫りにしたが、やはり対話と相互探求が用いられている点では同じである。

この二人の師は、生きた会話を通じた知識と探求のなかから道徳的な理解が得られるのであって、抽象的な原則の羅列からはそれが得られないと知っていた。換言すれば、原則や準則は実際の人間活動に置き換えられて初めて意味をなすのだ。典型的な行動準則や企業原則の声明を見てみればいい。そうした文書が非常に読みにくく、ましてや理解するのも記憶するのも難しいことは、誰でも知っているはずである。それらが現実の状況に即した実際の懸念に結びつかないかぎり、理解するどころか、それを守ろうとする気にもならない。原則や準則は、自動的に適用されるものでも自動的に解釈されるものでもない。これらがどんな力をもっているにせよ、人びとに守ろうとする意志がなければ、その力は引きだされない。そして、これらが押しつけになるのではなく、事実と状況に即して解釈されるようでなければならない。

重要な決断で、道徳的な側面が一つしかないケースはめったにない。あるところへの守秘義務が別のところへの誠実義務とぶつかるなど、二つ以上の価値基準が衝突する場合がほとんどなのだ。ある集団の要望を満たす行動は、別の集団を困らせることになるかもしれない。準則やバリューの声明などは、そうしたケースの争点を明確にするうえで役に立つが、道徳的な衝突を解決できるわけではないし、実際の行動の指針になるわけでもない。こういう場合は、相反する要求や異なる視点を慎重に検討して判断を下すしかない。状況を見きわめたうえで妥当な行動を選択するには、想像力と分析能力の両方が必要であり、場合によっては徹底的な調査も必要かもしれない。状況が本質的に変わりやすいことを考えれば、役に立つのはあらかじめ用意された一連の答えよりも、おそらくは一連の質問のほうである。

質問の力は多くの経営上の活動にもあらわれる。たとえば、戦略を練るときなどだ。一連の抽象的な原則が役に立たないとは言わないが、会社の戦略がそれによって決められるわけではない。しっかりとした戦略を練るのに必要なのは、相反する可能性のあるさまざまな事情を考慮して慎重に分析することだ。分別のある人間同士でも、意見が食い違うことはよくある。それぞれが主張する事実も異なれば、事実の解釈も異なる。将来の予想図も、目的や優先順位も人によって異なるだろう。関連する事柄を取捨選択し、別のプランのメリットをよく考え、どういう結果になりそうかを想像したうえで、意思決定者は最も有望そうな道を選ぶことになる。もちろん、ときには頭に解決策がひらめくこともあるが、普通は何人かでじっくりと考えた末に浮かんでくることが多い。そのとき助けになるのが、定式化された一連の質問と分析的な手法である。どんな機会が存在するか？　われわれにできることは何だろう？　既存のライバル、あるいはこれからライバルになりそうなのは誰だろう？

もう一つ例をあげよう。経営者は今後の投資や提案された新製品を経済的な見地から評価するとき、たいてい頭のなかでいくつかの決まった質問を考えている。市場の大きさは？　利鞘の魅力はどれほどか？　投資はどれくらい必要か？　この投資によって見込まれる収益は？　その収益が実際に計上されるまでにどれくらい時間がかかるか？　真剣に考えられた提案は、実際にこうした質問を発せられる前から答えの用意ができている。遅かれ早かれ答えなければならないことを、提案者自身が知っているからだ。こうした一連の質問に答えられなければ、その提案が経済的に成り立つかどうかを決断するのは不可能だ。それでもなお、ある程度の経験を基盤としていなければ適切な判断を下すのは難しいかもしれない。

したがって、ビジネスの初心者はこれらの質問について学習しておかなければならない。聞かれて答えられない経験を重ねていくことが必要であり、場合によっては現場での訓練を重ねるのもいいだろう。ただし形式的な訓練は、実際に仕事の場で使うようにしないとすぐに錆びついてしまう。最初は少し手間がかかるが、重要な確認事項を詳細なリストにして、それを一つずつチェックすることにより質問に慣れていく必要があるかもしれない。しかし最終的にそれらの質問が充分に咀嚼され「第二の天性」のようになれば、質問に答えることが当然のこととなり、多少とも直観的に答えを考えるようになる。何度も起こる単純な状況では、答えそのものも直観的にでてくるかもしれないが、重大な決断を要する複雑なケースでは、たいてい綿密な調査にもとづく徹底的な分析が必要になるだろう。このときにも、あらかじめ構築された一定のプロセスが役に立つ。

では、どんな質問が決断に道徳的視点を取り込むのに役立つだろうか？

倫理にかかわる最も重要な質問、すなわち規律の根底にある質問は、「われわれはいかにして生きるべきか」という古典的な問いである。(4) この普遍的な質問——おそらく人類にとって最も根本的な問い——は、私たちの目的からすると少しばかり重すぎるように感じるかもしれないが、これはすぐにいくつかの副次的な質問へと展開できる。すると、ずっと答えを見つけやすくなるはずだ。「われわれは何を目指すべきか？」「われわれはどのように振る舞うべきか？」「われわれは他の人びとに何を負っているか？」「われわれにはどんな権利があるか？」

こうした副次的な質問を、またそれぞれ具体的な質問に分解してみると、決断を下すうえで非常に有益な四種類の道徳分析にまとめられる。それぞれの分析にはそれぞれ推論の方法と倫理思想の伝統があり、その動機となる懸念は第七章の終わりで示した四つのテーマに通じている。この四種類の分析の内容をざっと説明してから、これらが企業の決断にどのように用いられるかを見ていくことにしよう。

目的——この行動は目指す価値のある目的に叶っているか？

これは目的と手段の倫理についての分析で、いわば「実用的な分析」である。「実用的」という言葉はときに「道徳よりも実利」の意味で使われるが、ここではもっと広く「ゴールを目指した」「目的の明確な」という意味で使っている。この実用的な分析で検証されるのは、目指す目標の質と、そこに到達するために選んだ手段の持続性である。したがって、この分析をするには目的と手段が明確になっていなければならないが、その目的は目指す価値があるものでなければならないし、手段は有効かつ効率的でなければならない(5)。

ここでの根本的な質問は、提案された行動が目指す価値のある目的に叶っているかということだ。しかし、一般にこの問いに答えをだすためには、その前段階となる一連の質問に答えておかなければならない。必要な事実を確認して判断しよう。

- われわれは何を達成しようとしているのか？　われわれの短期的、長期的な目標は何か？
- その目標は目指す価値があるか？　人びとの生活にどのように役立つか？
- われわれが考えている行動は、その目標を達成するのに役立つか？
- 考えられる別のプランと比較して、その行動はどれくらい有効で効率的か？
- これが最も有効で効率的な方法でなければ、提案された行動を起こさなければならない確固とした理由があるか？

原則――この行動は関連する原則に合致しているか？

二番目の分析では、目的を達成するためにとろうとする行動を、それに該当する原則や基準の見地から検証する。その根底にあるのは義務と理想の倫理である。さまざまな行動規範に照らして考えるので、これを「規範の分析」と呼ぼう。ここで言う行動規範とは、法律や業界規則や社則といった公式な基準、および一般に認識されるようになった企業倫理原則の基準で定められていることに加え、自らに課した理想や抱負にともなう規範も含まれる。手段と目的を論証する実用的な分析とは対照的に、規範の分析で行われるのは一般原則から特定の事例を推論する、いわば「フォーマルな論証」である。

ここでの根本的な質問は、提案された行動が関連する原則に合致しているかということだ。それは果たさなければならない義務や責任を示した原則かもしれないし、あるいは自らの理想や好ましい行為をうながす自発的な基準を示した原則かもしれない。規範の分析にかかわる副次的な質問は、次のようなものである。

- 法律、慣行、業界の規則、社内のガイドライン、一般に認識されるようになってきた倫理原則などのうち、どんな行動規範がこの場合に適用されるか？
- その基準のもとで、われわれが果たすべき義務は何か？
- その基準のもとで最善のやりかたはどれか？
- 提案された行動は適用される基準に反していないか？
- もし反していたら、その基準を無視していいとする確固たる理由があるか？

●提案された行動は自身の信じる基準や理想に合致しているか？

人――その行動は、影響をこうむる人びとの正当な要求を斟酌しているか？

三番目の分析は、これからとる行動が他の人びとにどんな影響をおよぼすと考えられるかを中心に検証する。他者に危害がおよぶだろうか？　他者の権利が侵害されるだろうか？　この分析は、結果に利害関係をもつ人びとの視点から考えていくので「ステークホルダー分析」、あるいは「ステークホルダーへの影響分析」と呼ばれる。ここでの根本的な質問は、提案された行動が、それによって影響をこうむる関係者の正当な要求を尊重しているかどうかということだ。[6]

ステークホルダー分析は、危害を軽減する機会とともに、相互理解を得る機会を見つけるのにも役に立つ。この種の分析をするときには、社会的な論証技能が不可欠となる。他人の視点や状況を理解することが、彼らの懸念や利益や期待を見定める出発点だからである。とはいえ、だされた要求が妥当かどうかを判断するのに規範がある程度の役割をはたすという点で、ここにはフォーマルな論証もかかわってくる。ステークホルダー分析における主要な質問は、次のとおりである。

●提案された行動をとることによって直接、間接に影響を受けそうなのは誰か？
●それはどのような影響か？
●法律、協約、習慣、過去の事例、明確な規範などから判断して、その人びとにはどのような権利、利益、期待、懸念があるか？
●われわれの計画は影響をこうむりそうな人びとの正当な要求を尊重しているか？

●尊重していないとすれば、その侵害行為の埋め合わせとして何をすればいいか？
●不要な危害を軽減しているか？
●もっと害が少なくて利益の多い代替案はないか？
●相互利益を得られる機会を存分に活用しているか？

力——この行動をとる権限がわれわれにあるか？

四番目の分析は、力の倫理から派生している。ある意味で、これは最も根本的な質問だ。行為者の権限と行動能力にかかわる問題だからである。提案された行動が行為者の正当な権限の範疇外であるかぎり、そして提案された行動を遂行する能力——技能、資源、影響力、活力——が行為者にないかぎり、これまでの質問はすべて無意味である。「義務を果たすには能力がいる」という古代の格言にしたがえば、この分析は「能力」や「資力」の分析と言えるかもしれない。ここでは行為者の道徳的な権利および行動するための物質的な資源が検証される。したがって、この視点からの最も重要な質問は、提案された行動が行為者の正当な権限の範囲内にあるかどうかである。この問いには次のような質問が付随する。

●関連する法律、協約、暗黙の了解、ステークホルダーの期待などにかんがみて、どこまでがわれわれの正当な権限と言えるか？
●提案された行動をとる権利がわれわれにあるか？
●もしなければ、それに関する権限をもつところから必要な承認や合意を取りつけているか？

●具体的な資源だけでなく知識や技能も含めて、提案された行動を遂行するのに必要な資源がわれわれにあるか？
●もしなければ、必要な資源を集める能力がわれわれにあるか？

これらの質問は、道徳的な教えや伝統的な意味での行動基準ではなく、分析上のフレームであり、言わば道徳の「レンズ」である。各質問群に相当するそれぞれのレンズは、経済的な視点で見たらぼやけていたり背景にまぎれてしまう倫理上の問題をくっきりと浮きあがらせ、経営者の目に「見える」ようにする。写真家がさまざまなレンズを用いるように、経営者もこれらのレンズをうまく使い分ければ、状況の異なる側面のそれぞれに素早く焦点を合わせて、詳細に調べたり他の側面と比較したりすることができる。もちろん、ここでの目的は、ただそうした側面を特定するだけでなく、その重要性を測り、問題に対処することでもある。具体的には、状況に応じて計画を修正したり、さらなる行動をとったりするということになるだろう。

ただし、問題を「単に」認識することの重要性も見くびってはならない。企業の超道徳性という長い伝統があったため、多くの経営者は職場では道徳的な問いかけがないのに慣れきっており、倫理の地雷原に立っていることを自覚してもいない。企業の倫理プログラムの責任者の多くが言うには、彼らの取り組むべき問題の大部分が、単に問題が意思決定者に見えていないところ、あるいは手遅れになる前に見えていないところから生じているという。ブリヂストン・ファイアストンのエグゼクティブたちを考えてみればいい。彼らは保証請求の増加を財務上の見地から見るだけで、消費者の安全という点からは見ていなかった。各種の研究は、経営者のあいだに見られる「道徳の沈黙」という現象を報告している。

職場で道徳的な質問を発したり、それについて語ったりする能力がないということだ。[7]

私もこの現象が生じた場面にぶつかったことがある。数年前、ある会社のリーダーシップ育成プログラムの一環として行われる倫理セミナーに参加する関係で、私は一日時間をとり、そこの本社で主だったエグゼクティブに事前インタビューして、セミナーで取り上げてほしい問題や懸念事項について聞くことになっていた。ところが、その日のスケジュールを見て驚いたことに、私に与えられた時間はエグゼクティブ一人について、わずか二〇分でしかなかった。担当者にこの時間枠について聞いてみると、そんな短い時間に設定したのは、それ以上長く話すことがあるとは思えなかったからだという。（結局、会社はこの事前インタビューを行わないことに決め、業界の問題に関する一般的なセミナーに代えてくれと私に求めた。）

その一方で、経営者に道徳的な問題を話させるのが実に容易なことも経験によってわかっている。ふさわしいタイミングでふさわしい質問をすれば、ほとんどの経営者はこの問題について語るべきことをたくさんもっているのだ。そして多くの場合、ふだん職場ではなかなか話題にできないことについて深く話し合える機会を歓迎してくれる。授業での討論においても、「ここで最も責任ある行動とは何だろう?」「ここに倫理的な問題はあるだろうか?」「ここにとてもよくできた行動計画がある。これを実行するのは正しいことだろうか?」といった単純な質問をするだけで、議論の方向ががらりと変わってくる。こうした一般的な質問でさえ、質問されなければ決して始まらない探求の入口を開いてくれるのである。

しかし、この枠組みのレンズは問題を特定するだけではない。それぞれのレンズが全体的な評価基準を形成する。目指す価値のある目的に叶っているか。該当する原則に合致しているか。他者の要求を尊重しているか。正当な権限の範囲を超えてはいないか。解釈の余地が大きく残されているとはいえ、これらのレンズはその根底にある倫理上の問いをくっきりと浮かび上がらせる。ほとんどの経営者はこうした問いにぶつかるだろうが、これらの問いが、問題を熟慮したうえで意思決定にいたる基盤を与えるのである。この枠組みが最も役立つのは、第七章で述べたように企業哲学が完全にできあがっていて、意思決定者が各質問への明確な基準をもっている場合である。会社の目的は何か。指針とすべき原則は何か。主要ステークホルダーは誰か。権限構造はどう機能しているか。

ただし、これらのレンズはたがいに独立しているのではない。これらはたがいに異なる独自の視点を提供しているのではなく、関連する別の角度から問題を見て判断させているのである。たとえば、職場の危険を従業員に明かすかといった単純な問題で考えてみればいい。規範の分析を行えば、法律や社内の基準にもとづいて開示の義務があると結論されるかもしれない。ステークホルダーの分析では、従業員の知る権利に焦点が当てられるだろう。権利と義務は、しばしば両者を映す鏡となる。つまり、私たちは事実上同じコインの二つの面を見ているわけだ。言わば、このレンズは三六〇度の方向から道徳的な評価ができるツールなのである。

この四つのレンズを合わせると、図8―1（次ページ）に示したような「経営者のコンパス」ができあがる。これは特定の命令を連ねた行動準則と違い、とかく相反する要求が渦巻く海のなかで適切な進路をとっていけるようにと設計されたナビゲーション装置のようなものだ。磁気羅針盤や転輪羅針盤と違って、この比喩上のコンパスはどこか一方向に振れることがなく、使う人間と無関係に働くこともない。これはむしろ、ふさわしい方向を決めるための定位装置と考えたほうがいいだろう。

羅針盤の四つの方位に相当する質問群に答えていくことの効用は、意思決定者が失敗や過ちを避けら

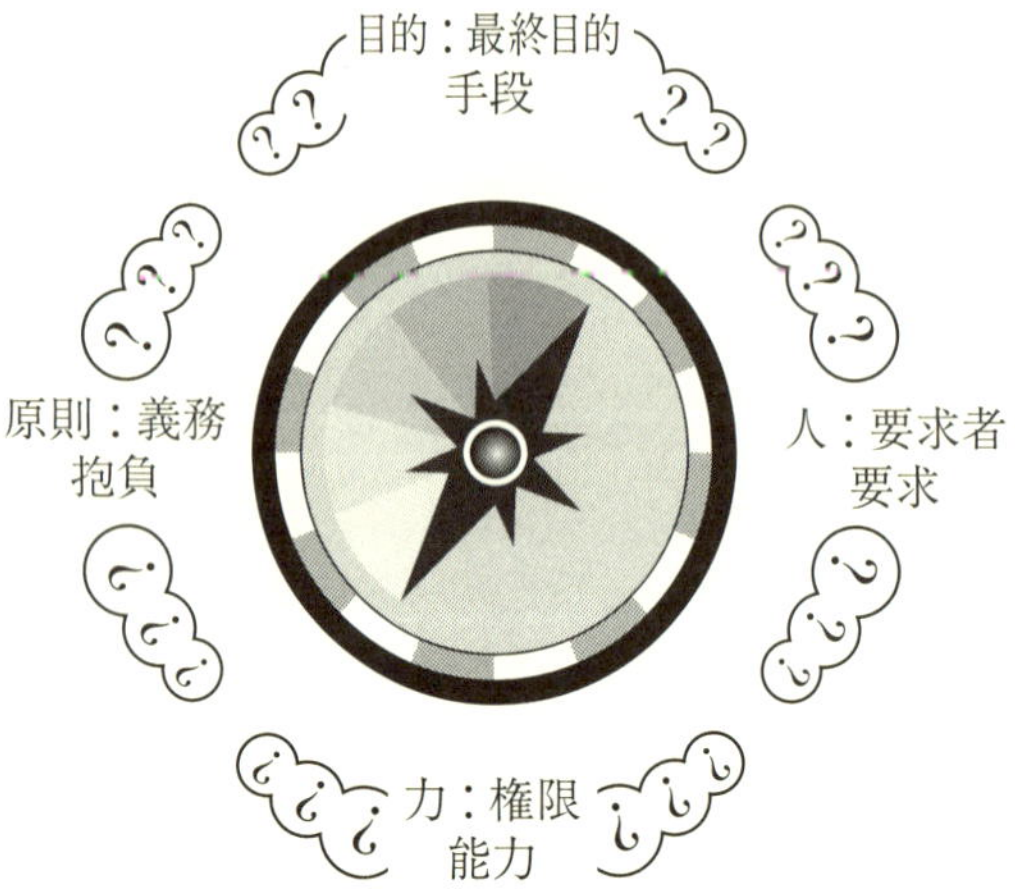

図8-1　経営者のコンパス

れることだけにとどまらない。独創的な考えをひらめかせもすれば、提案された行動計画をさらに練り上げて強化させもする。それぞれの視点がどういう順番で考慮されてもかまわない。場合によっては、それぞれの視点に何度も戻らなければ満足のいく提案が完成しないだろう。あるいは分析をしても一つか二つしか重要な問題がでてこないかもしれない。重要なのは、考えるプロセスに四つの視点がすべて含まれていることだ。そして最終的に、選ばれた行動が四つの基準のすべてを満たしていれば最高である。

コンパスを機能させるには

この枠組みが実際にどう機能するかを見るために、アメリカの二つの情報企業、ロータス・ディベロップメントとエキファックスの事例を取り上げてみよう。この二社は一九九〇年代初めに事業提携を行って、小企業向けの新しい画期的なソフトウェア製品を送りだそうとした。当時のロータスは、表計算ソフト「ロータス1－2－3」で知られる第一位のソフトウェア開発会社だった。一方のエキファックスは、アメリカの消費者信用情報機関として上位三社の一角を占め、過去一〇年、フォーチュンの多角サービス業一〇〇社の第一位にランクされていた。どちらの会社も、責任もって情報を扱うテクノロジーのリーダーを自任していた。しかし、開発作業を始めてから三年後、両社は新製品の出荷計画を断念することを余儀なくされた(8)。

提案された新製品の評価を担当したエグゼクティブたちが、もし例の枠組みに沿った質問を発していたら、この結果は間違いなく避けられていただろう。のちにエキファックスのあるエグゼクティブが語ったように、彼らはこの経験で、製品開発の初期段階で倫理的な問題を考慮しておくことの重要性を教えられた。

両社はどちらも、この共同事業に非常に力を入れていた。ちょうどパソコン用ソフトウェアの市場リーダーの座をマイクロソフトに奪われたところだったロータスにとって、この新事業が製品提供の幅を広げて「1－2－3」への依存を減らす格好の機会だった。一方、創業九〇年のエキファックスにとって、ロータスのような登り坂の若い会社と組むことは、情報産業のリーダーに転身するという目標と合致していた。この目標を念頭におき、エキファックスの経営陣は責任ある情報管理の有効な基準を確立しようと、一流のプライバシー専門家を招いて会社の情報管理習慣を監査させたり、公正な情報管理習慣を謳った声明を発表したり、個人情報保護についての消費者の考え方を知ったりするために全国調査を依頼するなど、さまざまな取り組みを始めていた。

多くの面で、新製品のアイデアはすばらしかった。「ロータス・マーケットプレイス・ハウスホールズ」と名づけられたこの製品は、CDデータベースとソフトウェアのパッケージで、小企業向けの潜在的な顧客獲得支援ツール群の一つとして想定されていた。小企業はこのデータベースからアメリカの――九三〇〇万ほどの全世帯のうち――八〇〇〇万世帯の情報を任意に引きだして、市場分析を行ったあと、狙いを絞ったダイレクトメールの郵送先名簿を自分のデスクトップコンピュータ上で作成できるようになっている。当時の相場で一人分の情報が八セントもした一回かぎりの郵送先名簿を名簿業者から買わなくても、多数の個人情報が収められているパッケージを購入すれば、それを自分で所有して何度でも好きなように使うことができる。購入者の特定の用途に応じて選別された五〇〇〇人分の記録の初期購入費用は、わずか六九五ドルだった。

最初の人選をするにあたり、購入者は一連のデータフィールドを使って潜在顧客のリストを自在にカスタマイズできる。データフィールドの項目は、姓名、住所、年齢、性別、配偶者の有無、推定世帯収入、生活様式(「都心部の独身」「財産家」など、このフィールドはさらに五〇のカテゴリーに分かれている)など多岐にわたり、さらに布おむつから高級車、冷凍食品にいたるまで、一〇〇種類以上の製品の購買傾向も収められていた。CD上のすべての情報は、エキファックスが信用報告とマーケティング情報ビジネスに使うために集めていた既存のデータから取られていた。データの収集源は、公共も民間も含めてさまざまだった。民間部門では、銀行その他の信用貸付機関、および通販小売業者などの会社がデータ収集源となっており、公共部門では米国郵政公社、有権者登録記録、自動車運転免許の取得記録、人口調査資料などのデータが使われた。

小企業や非営利団体にとって「マーケットプレイス」は、最新の市場分析やダイレクトマーケティング用の郵送先名簿をいくらでも買う余裕のある大手ライバルと競合するためのコスト効率のよい方法を提供してくれるように思われた。実際、エキファックスは自社の信用情報から作成した郵送先名簿の販売事業を大きく成長させていた。「マーケットプレイス」があれば、小企業はその場で大手企業と同等の能力をもつことになる。リストや販売区域の分析もできるし、ラベルの印刷もできる。また、郵送先名簿や特定の集計データを別のワープロソフトやプレゼンテーションソフト、データベース管理ソフトなどにエクスポートすることもできるのである。

ロータスにとってもエキファックスにとっても、「マーケットプレイス」の成功は間違いなしと思えた。既存のデータを利用した元手のかからない商売だから、その利鞘はたいへん魅力的で、数人のアナリストによれば四〇パーセント前後が見込まれるということだった。しかも、この種の製品は初めてのものだったので、「マーケットプレイス」は先行者の優位も得られる。当時、アメリカに五二〇万社ほどあった小企業と全国約八万の収入一〇万ドル以上の非営利団体が、すべて「マーケットプレイス」の潜在的な顧客となるわけだ。この潜在的な市場のごく一部しか獲得できなかったとしても、両社の最終的な決算の数字は大きく向上するはずだった。新製品の画期的な性質からして、資本回収にどれほどの時間がかかるかは予測できなかったが、関係者は誰しも最終的な成功を疑わなかった。このプロジェクトに費やされた資源と四〇人のメンバーによる三年間の努力は、決して無駄にならないと誰もが信じていた。

しかし、一九九〇年四月にロータスとエキファックスが新製品を発表した直後から、この楽観はしだいに衰えはじめた。先進的な新事業にたいする賞賛を呼ぶかわりに、この発表が招いたのは、轟々たる疑念と批判の嵐だった。批判の内容の一つはデータの対象者、つまり名前や各種の情報をCDに収められた人たちに関するものだった。彼らは自分の収入や生活様式や購買傾向を世間に知られることに同意しているのか？　自分の名前を削除できるような仕組みが何かあるのか？　もう一つの批判は、製品を悪用される可能性を問題にしていた。この製品が犯罪者の手に渡らないように何らかの予防措置が講じられているのか？　たとえば犯罪分子は、全国の裕福な地域に住む高収入の独身女性を特定することに強い関心をもっているかもしれないではないか？　さらに、情報が正確かどうかについての懸念もあった。この製品の本質からして、CDに収められている情報はすぐに古くなる。大量の虚偽情報を広く世間に流布させておいて、そこから生じる問題にメーカーはどうやって対処するつもりだったのか？　そして最後に、データ保全についての問題があった。データが盗まれる危険性にたいして、組みこまれている保護機能はどれくらい強力なのか？

ロータスとエキファックスは「マーケットプレイス」の状況検証を、郵送先名簿の作成会社と利用者を代表する業界団体、米国ダイレクトマーケティング協会（DMA）に依頼した。協会の倫理・消費者問題委員会の委員長を含めた検証チームは、世間一般の懸念を相当に反映した三つの問題点を指摘した。まず、CDに情報を載せないことをデータ対象者に選択させるためのもっと効果的な方法が必要であり、購入者を厳密に選別する仕組みも求められる。また、消費者が「マーケットプレイス」についてどう感じるか、そしてロータスとエキファックスがこれについての説明を世間にどう伝えていくつもりだったのかも不安である。たとえば、フォーカスグループによる事前テストの結果を信じれば、人びとはこのディスクにデータ対象者の実際の購入記録や支払い記録が詳細に収められていると勘違いする。しかし現実にディスクに収められているのは、実際の購入記録から推定された一般的な購入傾向だけなのである。

DMAの検証チームの指摘にもとづいて、「マーケットプレイス」の開発チームは製品の特徴の一部を変更し、データの窃盗や製品の悪用を防ぐためにプライバシー管理機能をさらに強化した。データ対象者が自分の名前を外してもらいたい場合は、ロータス、エキファックス、ＤＭＡのいずれかに連絡して社会保障番号を伝えればよいことになった。また、両社は購入者を厳密にチェックして、ロータスから直接「マーケットプレイス」を購入する合法的な会社にしか販売しない——個人は不可——ことも誓った。購入契約は厳しくなり、購入者は不正な売り込み、ポルノ商品、投機的な不動産投資を目的とする郵送先名簿の作成にデータを利用しないことに同意しなければならなくなった。さらにエキファックスは、消費者がいつでも会社の消費者問題担当部に連絡して懸念や不満を訴えられるようにした。

しかし、この変更でも充分ではなく、しかも手を打つのが遅すぎた。一九九〇年の夏には「マーケットプレイス」に関する懸念が連邦議会でもニュースメディアでも取り上げられていた。プライバシー保護論者は結託して「マーケットプレイス」反対運動を展開し、データ対象者の同意なしに個人情報が二次利用される恐れがあると主張した。名前を削除するシステムについても、不充分だとして異議が唱えられた。第一、データ対象者は自分の名前がＣＤに収められていることをどのようにして知りうるのか？　提案されている名前削除サービスに連絡する方法をどうやって知ればいいのか？　自分のプライバシーに関する不安を和らげるのに、どうしてわざわざ会社に自分の社会保障番号を連絡しなければならないのか？　批判はさらにつづき、自由に入手できるようになった個人消費者についての情報が不正利用される危険も強調された。特に一般市民の恐怖をあおったのが、彼らが引き合いにだした、少し前にハリウッドの女優が狂信的なファンに襲われた事件だった。このファンは、カリフォルニア州運転免許試験所に照会してやすやすと手に入れた情報を使って被害者の居場所を突きとめていたのである。

一九九〇年十一月、「マーケットプレイス」の製品発表から約八ヵ月のあいだに、ロータスは製品への反対メッセージを三万通近く受け取っていた。大量に送信されたロータスＣＥＯ宛てのある電子メールには、冷たい筆致でこう書かれていた。「貴社がこの製品を市場にだすならば、誤った情報を載せられている全員から訴えられて、結局は倒産することを心よりお祈りいたします」。エキファックスのほうは、この騒ぎが自分たちの本業である信用報告に悪影響がおよぶのではないかと恐れはじめた。両社の代表がいくつかのプライバシー保護団体と会合を開いて話をしたり、「マーケットプレイス」の開発チームが改めて製品に改変を加えたりもしたが、状況は悪化する一方だった。インターネットや公共のコンピュータネットワーク、掲示板、会議室などを通じて消費者の反対運動が盛り上がると、大勢の人びとが名前の削除を求めてくるようになった。名前を一つ削除するたびに、プロジェクトにはまた一ドルのコストがかかった(9)。

「マーケットプレイス」は一九九一年春の出荷を予定していたが、一九九〇年十二月の段階で両社のエグゼクティブが協議して、プライバシー問題など未解決の倫理的問題という側面から戦略の見直しを行った。問題にたいする見解には違いがあったが、一つ全員が同意したのは、提起されている問題にたいしてコスト効率に配慮しつつ対処するのは現段階では不可能だということだった。あまりにも多くの人びとがディスクからの名前の削除を求めてきていた。たとえ製品にこれ以上の改変を加えても、市場に出回っている誤った情報や恐ろしい話を抑えて製品の改善された部分を伝えるのは難しいと思われた。いずれにしても、製品の投機的な性質を考えれば、大規模な宣伝努力に法外なコストがかかるのは必至である。そして何よりも、製品にこれ以上の規制をすれば「マーケットプレイス」が狙っていたユーザーにとっての魅力が損なわれてしまう。

ロータスとエキファックスは「マーケットプレイス」の出荷をやめる決断をした。その後、同年中にエキファックスは自社の信用情報から作成したダイレクトマーケティング用郵送先名簿の販売を停止しってそのような名簿をつくるのは社会的責任を守るという社の姿勢に合致していないと結論したのである。それから約一年後、エキファックスのライバルであるトランスユニオンが信用情報を同じような用途に使ったとき、連邦取引委員会がだした差止め命令を連邦裁判所も支持したのである。(10)

振り返ってみると、ここで経営者のコンパスが使われてさえいたら、この手痛い結果が避けられたのは明らかである。ロータスとエキファックスのトップ経営陣が「マーケットプレイス」の発案者にコンパスの示唆する単純な質問を発していたら、のちに噴出した問題の多くはもっと早い段階で表面化していたはずだ。最初から別の方向で「マーケットプレイス」を設計することも可能だったろうし、別のマーケティングもできただろう。ひょっとすると、会社は最初からこの企画を採用しなかったかもしれない。少なくとも、会社はもう少しうまく批判の嵐に備えられたのではあるまいか。

問題を見つけるには、まず規範の分析を行うことである。関連する基準を見直せば、正当性、正確性、機密性の点で、いくつかの原則が危険信号を発しているのに気がつくだろう。これを製品設計の初期段階で考慮しておくべきだったのだ。これらの原則の一つ一つは明確な指示を送ってはいない。しかし総合して考えれば、消費者の情報がデータベースに含まれることを本人に知らせる義務があったこと、そして明確な事前承諾を求めることまではしなくても、少なくとも彼らに自分の名前を削除させる機会を与える義務があったことは明白である。ここで見直すべきだった原則や基準とは、次のようなものである。

●公正な情報の扱いを宣言したエキファックス自身の声明には、少なくとも二つ、おそらくは三つの関連する原則が含まれていた。「すべての人は、自分についてどのような情報が報告されているかを知る権利をもつ。それによって情報の正確性が保証され、関係者全員にとって公正になるように、必要に応じて修正や説明が可能となる」。さらにプライバシーについての声明でも、このように宣言されている。『すべての人は、自らの要求や依頼に応じて個人のプライバシーを得る権利をもつ」と同時に、「すべての人は、情報の安全な保管や慎重な伝達を通じて、このプライバシーを保護される権利をもつ」。このエキファックスの原則は個人の権利というかたちで宣言されていたので、影響を受ける関係者の要求が正当かどうかを判断するステークホルダーの分析によっても気づかれたかもしれない。

●倫理的な企業習慣について定義した業界団体のガイドラインにも、少なくとも二つの関連する原則が含まれていた。まずDMAの倫理ハンドブックにおいて、顧客の個人データがダイレクトマーケティングの目的で貸与、販売、交換される可能性があるため、顧客には定期的にこの可能性が通知されるべきであり、マーケティング担当者は顧客に自分の名前を依頼によって削除させる、あるいは隠す機会を与えるべきだと書かれていた。さらにDMAは、郵送先名簿の作成や選択基準の設定にあたって、顧客が秘密保持を期待して当然の情報を用いるべきではないとも勧告していた。

●公正信用報告法にもとづく法的枠組みにもいくつかの倫理原則が示唆されているが、ここでは特に、信用情報とその他の消費者情報の適正な使用が明確に定められている。この法律により、信用情報機関は商業上の情報利用を「そうした情報が適切に利用されるように、機密性、正確性、妥当性の面で、消費者にとって公正かつ公平に」行わなければならない。つまり、信用情報機関は消費者情報を「その消費者にかかわる取引業務との関係から情報を必要とする正当性」がある者以外に流す場合には、かならず消費者本人から文書による許可を求めなければならなかった。新製品チームが他の領域での法制の動きに注目していたなら、ちょうどそのころ欧州委員会が、データ対象者に個人の機密情報の管理権を与える法制を検討していたことに気づいただろう[11]。

●「一般に受け入れられている倫理原則」を考えてみても、同じような問題が浮上していたはずである。個人のプライバシーの問題に加えて、この状況には基本的な信頼性の問題もかかわっていた。信用評価の目的でエキファックスに託されていた情報は、信用貸付を求めていた消費者にとっても、与えていた銀行その他の信用貸付機関にとっても、おそらく守秘義務を守るという暗黙の了解のもとにあったに違いない。場合によっては、情報を託すにあたって明確な秘密保持契約が交わされることもある。いずれにしても、情報が暗黙に守られていようと明白に守られていようと、それを使って「マーケットプレイス」を製作することは、秘密を守ってくれると期待して信用貸付機関に情報を与えていた多くの人びとの信頼を裏切ったことになると見られてもしかたがない。

ステークホルダーの分析も、製品開発に貴重な教訓を与えてくれただろう。これを行っていれば、チームの目は製品のターゲットとなっていた小企業だけでなく、重要な利益が危うくされそうな別の関係者にも向いたはずだからである。誰に影響がおよびそうかを突きとめるには、階層ごとに考えるのがよい。池に石を投げたときに起こるさざ波のように、ある行動の影響は時が経過するほど、そして距離が離れるほど小さくなる。したがって最も大きな影響をこうむるのは、おそらく最も近くにいる関係者である。

●第一の階層は、特定の利益が危うくされそうで、なおかつ製品のメーカーと直接の取引関係にある人びとである。ここに含まれたのは、信用貸付機関とその他のデータソース、および潜在的顧客、従業員、投資家である。これらはコア基盤、コアステークホルダーと呼ばれることもある。

●第二の階層は、特定の利益が直接的な影響をこうむる恐れがあるが、メーカーとは直接の取引関係をもたない人びとである。ここに含まれたのは、第一にデータ対象者、つまり名前と記録をデータベースに収録された八〇〇〇万世帯の個人である。

●第三の階層は、その状況に一般的な利益がかかっており、なおかつその状況を取り仕切る権限を要求できる人びとである。ここに含まれたのは、政府監督機関、業界の自己規制機関、連邦議会および、その他の立法機関と基準設定機関である。

●最後に、第四の階層はその状況に一般的な利益がかかっているとともに、その状況に関して専門的な知識や技術をもっている人びとである。ここに含まれたのは、「社会的責任を考えるコンピュータ専門家の会（CPSR）」、「米国自由人権協会（ACLU）プライバシーとテクノロジーに関するプロジェクト」など、さまざまな市民団体や非政府組織である。いまあげた二つの団体は、実際にも「マーケットプレイス」反対運動の急先鋒となった。

事前にこれらの関係者を突きとめて、その利益や懸念を理解しておいたなら、「マーケットプレイス」のチームはアメリカでよく言われる「情報プライバシー」の問題、あるいはヨーロッパ流に言えば「データ保護」の問題についての討論が活発になっていることに早く気づいて、それなりの対応ができただろう。すでに一九七八年の段階で、アメリカの一般市民の六四パーセントは個人のプライバシーを脅かされることに危惧の念を示していた。多くのフォーラムでも、個人は自分の活動によって生じた個人情報、特に健康や財務状況に関する機密データの使用を自分で管理できる権利をもつべきだと強く主張されている。そして個人情報の利用を規制するために「同意なしの二次利用を許さない」原則を求める声は高まる一方となっている。開発チームはこれらの事実を知って、その主張を認めなければならなかったはずである。

資力や能力の分析によっても、同じ問題がいくつも指摘されていただろう。公共部門と民間部門の双方から集めたデータを使って「マーケットプレイス」を製作する権限が自分たちにあるかどうかを、この分析は開発チームに考えさせたはずである。この視点からすると、問題は「マーケットプレイス」のチームにこの情報を使う権利があるかどうかである。それはある意味で、盗品を売買しているようなものではないのか？　もちろん、ここでどう考えたところで問題が片づくわけではない。そもそも、こうした情報を管理する権利についてのシステムはまだ明確に定められていないのである。実際にしばしば見られるように、法的規範や倫理規範はテクノロジーの能力にずっと後れをとっている。「マーケットプレイス」のチームには、エキファックスが集めて分析した情報を利用する技術的な能力が間違いなくあった。しかし、実際にそれを実行する権限があったかとなると——代価を支払いもせず、データ対象者に事前の同意を求めてもいないことからして——非常に疑わしい。

一方、そうしたデータを自由に売買したり利用したりする権限を会社に与えたならば、効率は間違いなく高まるだろう。「ジャンクメール」は減り、一般消費者が買う商品は安くなる。理論上、会社はマーケティングを関心のありそうな顧客だけに絞りこめるから、マーケティングコストと商品価格も下げられる。また、顧客が欲しくもない商品の売り込みで迷惑をこうむることも少なくなる。とはいえ、こうした利点にはもちろん代償がともなう。人びとはプライバシーの侵害やセキュリティの不安を感じることになるだろう。情報が一種の力であることは否定できないが、良くも悪しくも、力はつねに行使される。過去の例を見てみれば、情報を管理する人間にはいつでもそれを悪用できる大きな可能性があることが痛感される。経済的に苦しい人を相手にして高価な信用販売をしたり、食生活に気をつけている人に高脂肪の食物を売りつけたり、「秘密」デートクラブの会員になっている独身ユダヤ人の名簿を購入したりするなど、こうした例は——すべて現実に報告されている例だが——探せばまだまだでてくるだろう[12]。

この相反する側面について多くのアメリカ人がかなりのジレンマと困惑を感じていることは、エキファックスが委託して行わせた世論調査にもあらわれている。その結果は、ちょうど「マーケットプレイス」の製品発表と同じときに公開された。前に述べた一九七八年の調査では、六四パーセントのアメリカ人が個人のプライバシーを脅かされる恐れを感じていたが、ここではさらに上昇して七九パーセントになっていた。とはいえ、ダイレクトマーケティングが消費者の特徴にもとづいた郵送先名簿を利用することについてどう思うかを尋ねた部分では、答えは質問のしかたによって大きく異なっていた。たとえばマーケティング担当者が消費者の収入レベルや居住地域やクレジットカード履歴などに関する情報を買えるのは「いいこと」か「悪いこと」かという質問にたいしては、六九パーセントが「悪いこと」だと考えており、八六パーセントが「いくらか」あるいは「非常に」懸念すると答えている。ところが、特定の年齢集団や推定収入集団、または特定の購買傾向を備えた居住地域に属する人びとの名前と住所を会社が買って、自分たちの売る商品に最も興味がありそうな人だけにダイレクトメールを送れるようにすることに関しては、六七パーセントが「認められる」と答えている。かりにダイレクトメールをもらいたくない人が名簿から自分の名前を削除できるとなれば、この習慣を認められるという人の割合は八八パーセントに上昇した。

こうした事実を、「マーケットプレイス」のチームは製品開発の初期段階で知ることができなかった。もし知っていたら、世間の人びとが消費者データを利用して郵送名簿をつくることに感じる一般的なジレンマと、個人のクレジットカードのデータを売買することにたいして感じる格別な不安に気づいたはずである。そして名簿から自分の名前を削除するよう依頼できることが人びとにとってどれほど重要かを理解していたら、もっと人びとに認められる実際的なデータ対象者削除のオプションを考案しようとしたかもしれなかった。

要するに、経営者のコンパスにしたがった分析をしていれば、ロータスとエキファックスがこの新製品のアイデアで強い倫理上の逆流に飛びこもうとしていることは明らかだったろう。そして、それによって開発チームは逆流をうまく切り抜けられる製品デザインとマーケティング戦略を考案していたかもしれないのである。もちろん、その結果がどうなったかはわからない。しかし分析は、成功しそうな道を強く示唆する。経営者のコンパスのような枠組みがなかったら、おそらくその道を探求することはありえないのである。

盲点を修正する

「マーケットプレイス」の一件は、各方面から道徳的な分析をすることがいかに重要かを示している。従来の一般的な質問では、製品を魅力的にしか見せないことを思い出してほしい。市場はどれくらい大きいか？ 需要はどれほどありそうか？ 収益はどれくらい見込まれるのか？ 通常の経済的なカテゴリーでしか見ていなければ――利鞘、競争上の優位性、潜在的利益、学習機会、投資収益――プロジェクトはたいそう有望に見える。しかし、いったんそこに倫理的な配慮を取り入れると、展望は大きく変わってくる。その結果、経済的な見方もまた変わってくる。現実的に考えたら、たとえば「マーケットプレイス」のコスト構造には、同意を得たり名前を削除したりするための有効な仕組みも組みこまれなければならなかったろう。データベースに収録されている名前や記録を自由に使えるという前提は、もはや成り立たなかったはずである。

検討過程に道徳的視点を取り入れる経営者のコンパスのような枠組みを用いなかったら、従来の多くの枠組みに内在する盲点や偏向に、意思決定者はどこかで不意打ちを食らうことになる。たとえば競争上の優位は、戦略を練るときの大きな鍵である。しかし、これが経営者にステークホルダーへの影響や、社会貢献、法的規範や倫理規範の順守について考えさせることはない。費用便益分析も、あちこちで使われている枠組みの一つである。ある行動の便益がそれに要する費用を上回っているという妥当かつ明白な判断をもとにしたこの方法論には、多くの有効な使い方がある。だが、便益とは何だろう？ 費用とは何だろう？　それは誰にとってのものなのか？　このときも、慎重に考えなければ問題が生じるかもしれない。

　費用便益分析も、理論的には倫理的考慮を取り入れる役目を果たせるかもしれないが、実際にはなかなかそうはならない。この手法は主に金銭的な費用と便益について考えるので、金銭に換算されにくい損益がえてして見過ごされてしまうのである。また、総じてこの手法で検討される費用と便益は、主に意思決定者にとっての費用と便益である。したがって、別の関係者への影響に留意することがおろそかになってしまうのである。前にあげた例で言えば、ＩＢＭがバンコ・ナシオンに渡したという心づけは費用便益分析の視点から見るかぎり、ＩＢＭにとってまったく理に叶ったものである。しかし倫理的な見地から見た場合には、大いに疑問視されることだろう。

　この手法の問題の一部は、あらゆる費用と便益を金銭に換算させるところにある。たとえば今回の例で言えば、消費者情報を勝手に集めて交換したことによるプライバシーの侵害がどれほどの費用を強いたかを算出するとなると、標準的な評価方法や会計手法はほとんど役に立たない。そもそもどんな論理によって、不正行為による信頼の喪失、虐待的な労働慣行による人権侵害、新製品に関連する発癌率の上昇といった道徳的な損害に金銭的な価値がつけられるだろうか？　このように、費用便益分析が役に立たない例はいくらでもある。

　経済学者や法律家は、健康面や安全面のリスクを中心に、こうした損害を金銭に換算できるものを確立しようと努めてきた。しかし経済学者でない人間にとって、その成果は納得できるものではない。たとえば男性エグゼクティブの健康に、若い母親の健康よりも高い価値がつけられたとしよう。彼のほうが潜在的に収益が大きく、損害を避けるために多くの金を支払おうとするという理由でそうされたのだとしたら、道徳的な見地から見た場合、それはかなり問題のある評価だ。だが、それがこうした方法で安全面の損害やリスクを金銭に換算したときの結果なのである。便益のほうでも納得できるものはない。信頼の高まり、個人的な成長、地域社会の強化——こうしたことが分析に取り入れられるように、納得できる明白なかたちで金銭に換算されているとは言いがたい。

また、何を「費用」と見なし、何を「便益」と見なすかも、同じくらい困った問題である。道徳的な枠組みが欠如していると、この単純そうに見える類別がかならずしも明白ではなくなる。たとえば、地震は人びとにたいへんな悲劇をもたらす。だが一方で、エンジニアと建設業者および建設資金を貸す金融機関には、経済的な恩恵をもたらすかもしれないのである。

二〇〇一年の夏、タバコとビールと食品を扱うアメリカの巨大企業フィリップモリスは、ある費用便益分析で世間から非難を浴びた。その分析では、喫煙者の早死にが社会にとって費用節約になることを喫煙の「プラス効果」と見なしていたのである。これはチェコのフィリップモリスの委託によって行われた分析で、タバコの販売がチェコの国庫を圧迫しているという主張に対抗し、提案されていた消費税の引き上げを阻止する反証をだすのが目的だった。調査によれば、一九九九年の一年間で、喫煙はチェコ経済に一億四七一〇万ドルの純益をもたらしており、その大きな理由として、喫煙者の早死にによって医療、年金、住宅にかかる費用が節約されたことがあげられていた[13]。

世間はすぐに、問題の道徳的な側面に反応した。この分析は喫煙しない場合の費用便益の考慮を怠っていたと思われるが、人びとにとっては専門的な欠陥などどうでもよかった。これが世間に注目されたのは、早死ににによる費用節約を喫煙の「便益」としていたからである。それはまったくおかしな話で、ひどく無情に思われた。政府の第一の義務が国民の幸福を守り、促進することであるのなら、国民の早死にの原因となるようなものは「費用」と見なされるべきであり、間違っても「便益」と見なされるべきではない。世間の激しい抗議を受けて、フィリップモリスのCEOは、この調査にお金をだしたことを「とんでもない判断であり、基本的な人間の価値を完全に無視した許されない行為だった」と認めた。[14]

フィリップモリスのCEOは、基本的な人間の価値を無視することが費用便益分析につきまとう問題であることにも気づいたかもしれない。ビジネスで用いられる意思決定の指針の多くがそうであるように、費用便益分析もえてして、道徳的な視点から見れば非常に重要な区別を曖昧にしてしまう。道徳的に考えれば、製品関連の死亡によって生じる費用節約と、製品関連の高能率によって生じる費用節約のあいだには、天と地ほどの違いがあるのだ。しかし節約の総計だけを見ているかぎり、この違いは容易に見落とされてしまう。損害と不正、権利と利益、義務と願望など、他の道徳的に重要な違いについても同じである。

たとえば、ある会社が自社製品を改善したことによってライバル会社に損害を与えた場合と、改善したという嘘の主張によって損害を与えた場合とを比較してみよう。ライバル会社が負う金銭的な損失は、どちらの場合でも同じかもしれない。しかし、両者に下される道徳的な評価はまったく違っている。前者の場合、損害は与えているが不正なことは何もしていない。競争というシステムのなかでは当然とされることをやったまでである。それにたいして後者の場合は、ライバルに損害を与えていると同時に不正を働いてもいる。また顧客や社会全般にたいしても、正義の基本原則に背いているという点で不正を働いていることになる。損害と不正とを区別するのは道徳的には当然のことである。合衆国最高裁判所の元判事、オリバー・ウェンデル・ホームズ・ジュニアがかつて指摘したように、蹴られることと足をとられることとの違いは犬でも知っている。[15]

権利と利益の区別も同じくらい基本的なことだ。道徳的に言えば、権利にもとづいた要求は利益や私欲だけにもとづいた要求よりも優先されるのが普通である。ときに権利は利益にたいする「切り札」だとも言われる。つまり、権利と利益がぶつかった場合、たとえば製品の内容に関して消費者が真実を知る権利のほうが、売り上げを伸ばすことによって得られるセールスパースンの利益に勝るのである。同様に、従業員が最低限の賃金を得る権利は、経費を下げたいとする雇用主の願望に勝る。「マーケットプレイス」の例に戻るなら、消費者に特定の個人情報を守る権利があれば、その権利は勝手な情報入手によって得られる会社の利益よりも優先される。しかし、これも費用と便益を金銭的に計算しただけでは見えてこない違いなのである(16)。

人と人とのあいだで金銭的なものと非金銭的なものを相殺取引することは、伝統的な経済分析の手段が通用しないとして昔から悪名高かった。たとえば、あなたの生命上のリスクと私の銀行残高上の利益をくらべようとするのは、比較できないものを同列に論じる究極の例である。こうした計算方法に内在する問題点の実例として、おそらく最もよく知られているのは、一九七〇年にアメリカの市場にだされた準小型車、フォード・ピントの苦境だろう。そのころアメリカの一般ドライバーのあいだで人気が高まっていた日本製の小型車に対抗するために設計されたピントだが、この車は短い時間枠と厳しい条件のもとで開発されていた。重量二〇〇〇ポンド以下、経費二〇〇〇ドル以内を守るよう言い渡されていたのである。

ピントは苦境を運命づけられていたようなものだった。公害防止設備には欠陥があり、燃料系統は特に壊れやすいと評判で、ピントはたちまち物議をかもした。ピントがからんだ何件かの大火災を含め、小型車の事故率が上昇していたのを受けて、政府監督機関は燃料関連の火災発生率を減らすことを目的とした新しい規制を提案した。[17]
　規制は不要だとフォードは考え、規制順守の費用が便益を大きく上回るとの結論がでた費用便益分析にもとづいて、規制に反対することを決めた。フォードの計算によれば、提案されている規制を順守した場合、一台につき一一ドルの安全設備を搭載しなければならないので、会社には約一億三七〇〇万ドルの費用がかかる。だが一方で、この措置による消費者への便益は、一八〇人の生命が助かって、一八〇件の深刻な火傷が避けられ、二一〇〇台の自動車の破損が防がれたと仮定すると、価値にしてわずか四九〇〇万ドルにしかならない。フォードは規制に反対しただけでなく、ピントの安全性の問題に関して何らの措置も講じなかった。ピントが他の準小型車にくらべて危険だという証拠はでていなかったからである。フォードのために言っておくと、費用便益分析を頭から信じこんでいた会社はフォードだけではなかった。燃料タンクの安全性に関して難問をかかえていた会社もフォードだけではない。一九九九年の《ウォール・ストリート・ジャーナル》の記事によって二六年後に発覚した話だが、ちょうどこのころ、ゼネラル・モーターズも同じような計算で燃料火災関連の死亡事故の費用を算定していたのである。[18]
　のちにフォードの費用便益分析が明るみにでると、フォードは大勢の人びとから「生命をドルで測るのか」と批判された。これにたいしてフォードは、一人の生命につき二〇万ドルという数字は高速道路交通安全局が当時用いていたのと同じものだと弁明した。ちなみにゼネラル・モーターズがいくつかの計算に使っていたのも、やはり同じものである。値段をつけられないものに値段をつけることの問題をおくとしても――問題には違いないが、これについては説明ずみなので――フォードの例はこの種の分析におけるもう一つの盲点を明らかにしている。ここで脅かされている生命は、地球上のどこかで無差別に奪われている生命とは違う。ここで問題になっているのはフォード社の製品であり、また大半はフォード社の顧客の生命と財産である。だが、顧客の視点はどこにあるだろう？　フォード社とフォード製品の購入者との関係はどうでもいいのだろうか？

　損害を受けた人びとがフォードにたいして何を訴えたにせよ、それはすべておたがいの社会的関係が原因だった。私たちが他人に何を期待するかは、おおむねおたがいの関係と、その関係をつかさどる規範によって決まってくる。しかし、そうした要素が標準的な費用便益分析ではまったく影響してこない。この状況では、ある種の期待と重要な権利がかかわっているのだから、消費者は当然、コアステークホルダーに数えられるべきだったのに、彼らの視点が考慮された様子はまったくなかった。そのかわりに、この分析はすべてを見通しているかのような視点をとって、フォードにとっての費用と社会全般にとっての便益とを比較していた。

　もしこの分析が別の視点で行われていたら、結果はどうなっていただろうか。一台につき一一ドルの特別安全バルブの費用と、自動車火災による死亡リスクの減少を比較するよう顧客に頼んだら、彼らは何と答えただろう。あるいは分析が純粋にフォードの視点で行われ、フォードにとっての順守の費用とフォードにとっての順守の便益が比較されていたら、どんな答えがでていただろうか。

　最終的に、フォードは二つの州でピントの所有者たちから集団訴訟を起こされ、多数の不当な死と人身障害にたいする賠償要求を突きつけられた。ある訴訟では、カリフォルニア州の陪審が実際の損害賠償に加え、燃料タンクの爆発にからむ不当な死亡への懲罰的損害賠償として、原告に一億二五〇〇万ドルを与えた。金額は上訴によって三五〇万ドルに減じられたが、この訴訟を受けて、フォードは係争中だった法的要求の多くを和解にもちこみ、政府監督機関が燃料系統の欠陥を発見したと正式に発表したあとには、約一五〇万台のピントをリコールした。修理にかかった費用はおよそ二〇〇〇万ドルだった。これら一連の出来事のあと、悪い評判が広まって、ピントの売り上げは下落した。

公式に入手できる情報からでは、ピント問題が最終的にどれほどの費用をフォードに負わせたか、正確に把握するのは難しい。しかし振り返ってフォードの視点から費用便益分析をしてみると、政府の提案した安全規制を最初から受け入れていれば、一億三七〇〇万ドルの費用がかかっても、おそらくはそのほうが得だったに違いない。ちなみにゼネラル・モーターズは一九九九年、ピントと同じような燃料タンク問題をかかえた古い自動車にかかわる訴訟で、一二億ドルの懲罰的損害賠償の支払いを命じられた。[19]

いかにも客観的で正確なように見えながら、実のところ費用便益分析は、道徳的な論点をぼかしてしまう歪みや偏向にきわめて弱い。どの視点をとり、どの影響を含め、どの経済的価値を分析の材料に加えるかによって、結果は驚くほど異なってくる。論点がぼけてしまう大きな理由は、予想される結果を金銭に換算することで、この方法が正確なイメージをかもしだしているからである。信頼、地域社会、あるいは生命そのものといった道徳的なテーマを金銭的な価値と結びつけることによって「客体化」できると考えるのは、最高の自己欺瞞である。そこでなお、「五億ドルに相当する消費者の信頼」を八億ドルの株主価値の上昇と引き換えにする自分を合理的だと見なすのは、誤りに輪をかけているだけでしかない。必要なのは、他人の要求を当然のこととして真剣に受け止め、すべての会社がしたがわなければならない道徳的な関係構造をぼかさずに、明白にさせる分析モデルである。

ステークホルダーとの関係に注意を払うかどうかによって本当に違いがでるのか、と疑う読者もいるかもしれない。この点に関しては、第六章で述べた企業の意思決定に関するスコット・アームストロングの調査を思い出してもらえばいいだろう。調査対象者が仮想の製薬会社の取締役になったつもりで、その会社の代表的な医薬品の一つが年間一四人から二二人ほどの不要な死者をだしており、監督機関から販売を禁止されそうな状況にあるとわかったとき、どんな意思決定をするか答えるというものだ。このときに、アームストロングが発見した格差について述べた。「取締役」の大半が下した決断と、その決断をどう評価するかと尋ねられた個人が下した判断とのあいだに、大きな差があったのだ。ここでアームストロングはもう一つの調査を行っている。取締役のタイプによって、特に株主志向の取締役かステークホルダー志向の取締役かの違いによって、同じシナリオに直面しても選ぶ行動が違うかどうかを調べたものである[20]。

その結果、二種類の取締役の対処のしかたには驚くほどの違いがあった。株主への収益を最大にすることが自分の務めだと教えられていた取締役のほうが、会社は薬品の販売をつづけて禁止措置と戦うべきだと考える割合がずっと大きかったのである。四一人の株主志向の取締役のうち、約七六パーセントがこの判断を下した。それとは対照的に、株主、顧客、従業員を含めたステークホルダー全員への影響を考えるよう教えられていた五七人の取締役のうち、この判断を下したのはわずか二三パーセントだった。残りの取締役の大半の考え方は、製造を中止する、販促を制限する、薬品を市場から引き上げて監督機関の禁止の判断にしたがうというものだった。この結果が示しているように、企業の意思決定者が自分の務めをどう考えているか、意思決定にどんな要素を取り入れるかは、彼らの実際の行動にきわめて大きな影響をおよぼすのである。

センター主導の意思決定

道徳上の理由からも財務上の理由からも、今日の会社には道徳的な視点を意思決定に取り入れる方法論が必要である。「可」程度のパフォーマンスでよしとする会社でも、やはり意思決定を基本的な法的規範や倫理規範に照らして検証する何らかの方法は必要である。早めにこれをしておかないと、あとで批判や不満がでてきたときには手遅れかもしれない。道徳的な視点を意思決定のプロセスに取り入れることにより、会社の選択の経済件を評価する準備もできることになる。

これまで見てきたように、企業の決断の倫理的な側面と経済的な側面はしばしば固く複雑に絡みあっている。第二章では、バリューを経済的結果に結びつける因果関係をくわしく説明した。多くの場合、財務再編や年金制度の変更など、方針や戦略にかかわる決断によって提起される倫理的な疑問は、そこに絡む経済性を把握していないかぎり適切には理解できない。逆に言えば、経済的な結果も倫理的な次元が認識されていないかぎり理解できないのである。本章で述べた「マーケットプレイス」やフォード・ピントの一件がいい例である。

会社が富の創造だけでなく、道徳の行為者として行動することも期待されている世界では、経営者は「センター主導」の意思決定を実践する必要がある。この言葉は、倫理と経済性が重なりあう部分を意味している。この重なりについては第三章ですでに述べたが、ここでも図８―２（次ページ）で示しておこう。これは「合格ゾーン」と言ってもいいかもしれないが、経営者がこの部分を目指すなら、ここで述べたさまざまな形式の倫理分析にも、もっとお馴染みの財務的魅力の検証にも耐えられる意思決定をする技能が必要となる。簡単に言えば、経営者はＮＰＶ（正味現在価値）の分析とＭＰＶ（道徳的視

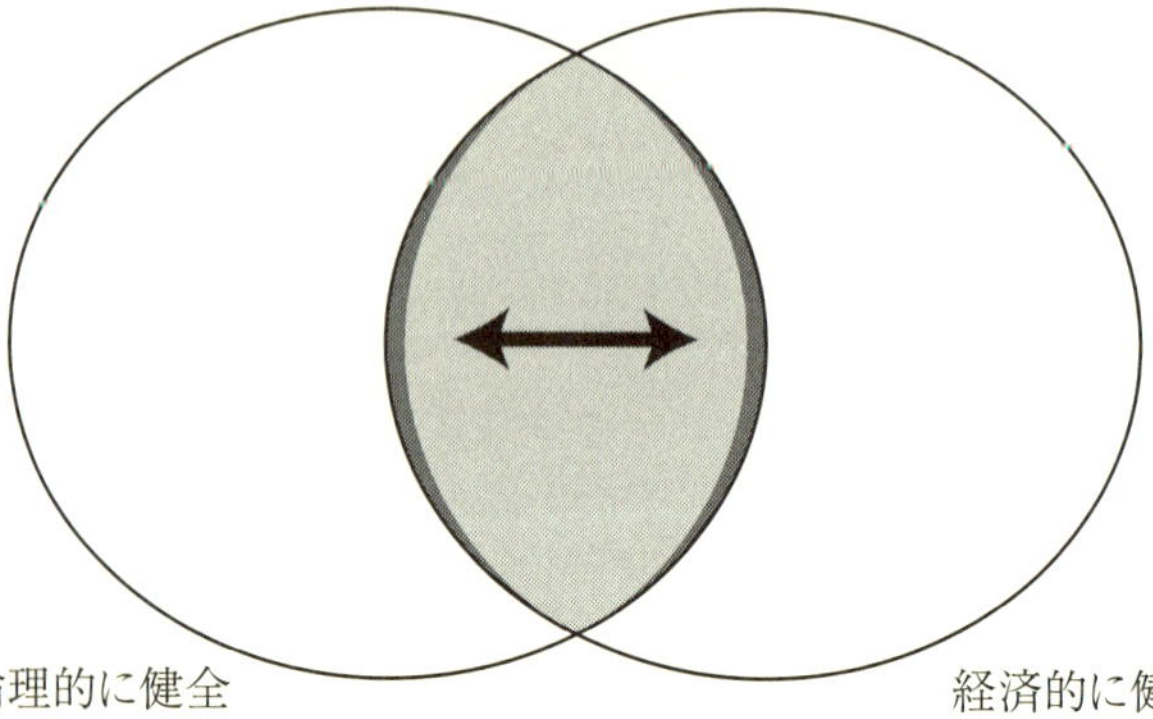

図 8-2　合格ゾーン

点）の分析を合体させなければならないのである。

この図の重なりあう部分は、私の同僚のトム・パイパーが言うように、「持続可能性」のゾーンと呼べるかもしれない。この部分の外に位置する行動は、概して長期的に持続するのが難しいからである。このゾーン外の活動は、一方では損害を受けた関係者に非難されたり、不法だと宣言されたり、規制によって禁止されたりする可能性がある。他方、あまりにも資源集約的なために財務上の見地から実行不可能になるかもしれない。第三章で見たように、このゾーン外の行動がどの程度まで持続可能であるかは、そのときの社会や制度の事情に大きく関係する。

経済的な分析の概念とその手法だけに頼っていては、このゾーンは見定められない。これまで述べてきた理由から、経営者は経済的な分析に加え、倫理的な概念や道徳的な推論技能ももちあわせていなければならない。ここで経営者のコンパスが役に立つ。経営者のコンパスから示唆される質問を通じて、意思決定に道徳的な視点を取り入れ、経営者の掲げるバリューを実際の選択に結びつけるプロセスが構築されていく。

会社のミッション声明やバリュー声明、企業原則、行動準則、企業信条などで謳われているバリューが、実際の行動とはまったく結びついていないと思われる例はいくらでもある。エンロンの破綻ののち、「一度も読まれたことのない」会社の行動準則がイーベイで売りにだされたことを思い出してほしい。どういうわけか、会社の掲げる原則と実際の行動はたがいにリンクしていないようなのだ。前章では、この齟齬に組織設計の要素がどうかかわっているかを見た。本章では、意思決定のプロセスの重要性を示すものとして、意思決定に用いられる枠組みが――暗黙の枠組みであれ明白な枠組みであれ――当然のように倫理的配慮を取り入れるようになっていない会社の例を見てきた。この意思決定の枠組みが開かれた柔軟なものになっていないかぎり、どう頑張ってバリューを組織に浸透させようとしても、ほぼ間違いなく失敗する。

経営者のコンパスという枠組みは、私が研究生活と教職生活のなかで発展させてきたものだが、その大本のルーツはさまざまな倫理思想の伝統にある。これらの伝統に慣れ親しんでいる人なら、プラグマティズム、功利主義、自由主義、儒教など、さまざまな倫理哲学の痕跡をここに発見するだろう。これらの思想それぞれの分野の研究者からすると、こうした伝統や教義を混ぜ合わせるのは異端的だと思われるかもしれない。しかし、実際に会社を経営する人間にとっては、これがプラスになる。競合するさまざまな思想から主要な知恵を拝借することによって、このコンパスはより強力な枠組みを提供してくれるのだ。そこには多様な視点が取り込まれ、抑制と均衡が内蔵されているのである。

異なるレンズを通して多様な検討をするプロセスは、「マーケットプレイス」の例のように決定的な問題を突き止めるのに役立つだけでなく、一致しない部分を洗いだすのにも、新しい対策を考案するのにも、そして何よりも可能性のある選択肢を評価するのにも役に立つ。ときには、すぐさま容易に判断がでることもある。各種の分析が一致して、この行動はあらゆる暗黙の判断基準を満たしている、あるいは満たしていないと結論されるときである。しかし、そうでないときはこのプロセスのなかから答えよりも多くの疑問がでてくるだろう。相反する原則にぶつかったり、マーケットプレイスの例のように権利の侵害を訴えられたりするかもしれない。そうした場合は、さらなる分析や徹底的な調査が必要になることもある。既存の基準がその問題と矛盾した場合、あるいはその問題を想定していなかった場合には、考慮の範囲をもっと広げて新しい原則を確立したり、相反するバリューのあいだで最善の妥協点を見つけることが必要となるかもしれない。

こうした枠組みを用いて仕事をしてみると、特に複雑なケースの場合、倫理を守ることなど簡単だと考えていた人は愕然とするかもしれない。提案されている戦略的手段の評価を弁護士やコンサルタントに一〇分で下してもらえるとは期待していないエグゼクティブでも、倫理面での評価なら専門家が一〇分で結論をだしてくれるのではないかと、しばしば勘違いしている。しかし倫理の分析は、真剣にやろうと思うなら、もっとお馴染みの側面でのさまざまな評価と同じ程度にたいへんなものである。

ここで再度、あの有名なタイレノールの回収決断を考えてみよう。多くの人は、この決断が善良なCEOのジム・バークの頭から、天才的なひらめきで自然発生的に生まれたのだと思っている。そうでなければ、会社の信条でこうした場合の対応が決まっていたのだろうと思っている。だが現実は、それほどロマンチックでもなければ明快でもなかった。

実際のところ、この決断は数日間の苦闘のすえにでてきたものだった。ジョンソン・エンド・ジョンソンは集められるだけの情報を集め、最善の対応策をじっくりと考え抜いた。市場調査の担当者たちは、顧客、監督機関を初めとしてさまざまな関係者の懸念について情報を集めてまわった。「自分たちのとる行動を徹底的に調査した」とバークはのちに語っている。「どうすればよいかを決断するために、何をしたらどんな影響があるかを知りたかった」。一方、二つの独立したチームが、この危機にさいしての決断を検討する任務を与えられた。二つのチームが並行して一五〇以上の考えられるシナリオを考慮した結果、最終的に上層部はタイレノールを市場から引き上げる決断を下したのである[21]。

会社の信条はこの決断に何らかの影響をおよぼしていたのだろうか？　もちろん会社の信条には、製品の包装をいじくられた場合にはリコールせよという決まりはなかった。そもそも信条ではリコールのことにはまったく触れられていなかった。単に、さまざまなステークホルダーへの会社の責任の概要が示されていただけである。だが、これが果たした役割は決定的だった。経営者のコンパスとまったく同じように、ジョンソン・エンド・ジョンソンの企業信条は意思決定のプロセスに道徳的視点をもちこみ、会社の歴史で最大の危機に、会社の掲げるバリューを行動と結びつけられるような構造を意思決定者に与えていたのである。

もちろん、徹底的な分析をする時間の余裕がつねにあるとはかぎらない。問題がそれほど深刻でない場合もあるだろう。そのときは、本章の最初に述べた「新聞テスト」や「嗅覚テスト」や「睡眠テスト」が役に立つ。こうした方法や、その他の道徳上の経験則――「互恵テスト」「一般論テスト」「遺産テスト」「鏡テスト」「信頼される友人テスト」――を財務分析の「当座比率」や「精査」に結びつけてもいい。これらは複雑なケースにおける徹底的な検討のかわりにはならないが、非常に有益な機能をもっている。場合によっては、これですべてがこと足りることもある。

オブザーバーのなかには、今日改めてタイレノール危機を振り返って、どうしてあの決断があれほど話題になったのかと不思議に思う人もいる。結局は、あの決断が会社にたいへんな利益をもたらしたのだから、バリューをうんぬんするのは違うのではないかというわけだ。いまから考えれば、あの決断が純粋に財務上の措置だったと解釈するのは簡単である。しかし当時は、財務にどんな影響がでるかはほとんど見えていなかった。むしろ前述したように、多くの専門家はタイレノール・ブランドが生き残れないだろうと見ていたのだ。「はっきり言おう」と、当時の代表的なマーケティングコンサルタントは言っていた。「今後一年以内に、タイレノールの名前はどんなかたちでも見られなくなるだろう……たとえ中身が別であっても、この名前を冠した製品が売れるとは思えない」。これらの専門家が見抜けなかったのは、一般大衆の反応である。世間はジョンソン・エンド・ジョンソンの決断を、企業責任を真剣に考えた行動だと見なした。[22] そして会社はその責任を立派に果たし、慎重に考え抜かれた回復計画でその後をフォローしたのである。

財務上の視点しかもたない経営者では、道徳上の期待と財務上の期待がつねに揺れ動いている海を渡っていかれない。新しい財政的、法的、そして倫理的な説明責任を果たすために、これからの会社は道徳的な視点を意思決定に取り入れる必要がある。経営者のコンパスは、それを実践するための枠組みの一つである。もちろん、同じような働きをする枠組みはほかにもあるし、ひょっとしたらもっといい枠組みさえあるかもしれない。重要なのは、それが本章で示したごとき根本的な質問を投げられることである。そして枠組みと同じくらい重要なのが、その枠組みを慎重かつ厳密に適用することである。どんな方法であれ、決断のときに道徳的な視点を備えられるようにすることは、これからの会社にとって絶対に欠かせない。これができない会社は、新しいパフォーマンス基準を持続的に満たしていくのが非常に難しくなるだろう。

第九章

センター主導の会社

THE CENTER-DRIVEN COMPANY

当面のあいだ、新しいパフォーマンス基準は今後も適用されていきそうである。景気がよかろうと悪かろうと、平時であろうと戦時であろうと、社会にとっての企業の重要性が小さくなったり、企業の機能が別の制度に移し変えられたりするとは想像しにくい。したがって会社はこれからも、効率を上げること、収益を伸ばすことを期待されると同時に、もっと関係者への責任を果たすこと、自らの行動の影響に説明責任を負うこと、法令や一般に受け入れられている倫理基準を尊重することを要求されていくだろう。そしてこの環境では、今後ますます多くの会社が、事業を運営するにあたって人間的な価値を尊重し、道徳的な面を世界に示すことの利益を認識していくようになるだろう。

企業は人類の偉大な発明の一つである。企業ができたことにより、人間は大勢で力を合わせて時間や空間の壁も打ち破れる大きな仕事を、個人が単独で取り組んだ場合にはとても不可能なほど小さいコストで達成できるようになった。企業、あるいは何らかの同等の構造がなかったら、今日の世界に見られるような規模の複雑な事業は想像できない。また、起業活動、技術革新、新しいビジネスの促進の点でも、企業は同じように不可欠だった。企業は富を創造し、多くの人に経済的繁栄をもたらしてきた。実際、企業があまりにも実用的だったから、ときとともにますます多くの人がその目的を遂げるために企業という組織形態を選択してきたのである。

だが、企業の役割が変化し、拡大するにつれ、企業そのものも進化しなければならなかった。会社が何をなすべきか、どう扱われるべきかについての社会の考え方が変わるとともに、企業は過去のさまざまな時点で、その変化を反映した新しい特質を身につけてきた。社会の変化に対応するといっても、ちょっと修正を加えるだけでいい場合もあった。しかし、十九世紀に企業を設立するものが特許状から一般的な法人制定法へと移ったように、革命的な影響をおよぼす変化もあった。

今日、企業は再び革命的な変化を経験しつつある。企業に道徳的な性格が付与されたことにより、それまで支配的だった企業の超道徳性や機械論的な概念は完全に過去のものとなった。特許状による会社設立から資金調達による会社設立へのシフトをうながした法制上の変化のように、企業への道徳的人格の付与は、企業の内部構造と経営に根本的な変化を求めている。

そしてこの変化によって、企業のリーダーに求められるものも変わってきた。新しい時代の成功に必要な組織の能力を養うために、これからの会社のリーダーは高い道徳基準を傑出した財務上の結果と両立させる技能と意志を備えていなければならない。経営陣の務めと今日の会社が直面している課題について、新しい考え方をもっていなければならない。これまでの話で浮かんできた組織モデルの概要から、私の言いたいことは理解してもらえるだろう。

センター主導のリーダーシップ

前の二つの章で説明した考え方を統合すると、新しい時代で成功を望むなら、今日の多くの会社はもっと「センター主導」になる必要があると言えるだろう。「センター主導」という言葉は、前に示した倫理と経済性が部分的に交差する図に由来し、倫理的な義務と財務上の義務の両方を不可欠なものとして認識した運営をさす。図８―２の中央の、両方が重なり合う部分が「合格ゾーン」である。倫理的にも財務的にも健全な行動がこの部分に当てはまる。この範囲外の活動は、しばらくは実行可能かもしれないが、優れたパフォーマンスの基盤にはなりえず、概して長期的には持続しない。

センター主導の会社は、この中央部分を目指して努力する。そうした会社の社員は両方の視点を意思決定に取り入れ、倫理的にも経済的にも理に叶った決断を下すよう求められる。会社の指針となる制度は、これらの義務から派生する説明責任に結びつけられている。組織内外の人びとにたいする会社の態度は、この独特の性格を反映している。会社のパフォーマンス測定は、社会面と財務面の双方で効率性を確認する。会社のリーダーは、企業パフォーマンスには道徳面と財務面の二つがあり、優れたパフォーマンスを目指すには両方に目を向ける必要があることを認識している。そして、会社のパフォーマンスについて両方の面で説明責任を負う。

道徳的視点を会社の運営と完全に統合できている会社はまだほとんどないが、多くの会社はささやかな適応として、前に述べた各種のイニシアチブや追加プログラムのようなことを実施している。最終的には他の会社も、もっと根本的で包括的な対策が必要だと悟るだろう。たとえばロイヤルダッチ・シェルのように、経営体制を上から下まで見直して、業務のプロセスをもっとうまく新しい説明責任に結びつけなければならないと認識するようになるだろう。(1)

シェルで行われている一連の活動は、第一章で述べた事件を背景として始められたもので、複数の方法で複数年かけて社会問題や環境問題についての説明責任を会社の運営体制に統合することを目的にしている。これらの活動は一九九八年に開始され、シェルの二〇〇〇年の業績報告書によると、二〇〇四年末までの計画が立てられている。シェルはこれを通じて、社会的にも環境的にも経済的にも優良な企業をつくる完全に一体化されたアプローチをとれるようになることを目指している。そのために、新しい経営上の枠組みと意思決定の手段を構築しているほか、新しい運営基準の設定、主要な業務過程の修正、新しいパフォーマンス測定基準の確立、毎年の財務データに加えて、社会的なデータや環境上のデータまでも含む一般市民への報告範囲の拡大などを実践している。

よく研究され、慎重に計画されてはいるが、シェルの取り組みは本質的に「実践によって学ぶ」ものである。というより、そうするしかなかった。シェルのエグゼクティブの一人が言ったように、「私たちは財務報告について三〇〇年の経験があり、環境報告については三〇年の経験がありますが、社会的な報告については事実上、経験が皆無なのです」。しかし一九九六年に、シェルの経営陣はそれまで無視していた分野にもっと厳しく目を向ける時期が到来したと判断した。会社の内外で行われた調査を見て、世界的な世論の動向を検証すると、多国籍企業への社会の態度に著しい変化が生じていたのである。企業の判断にたいする信頼は弱まり、企業活動の社会への影響や環境への影響にたいする懸念が強まっていた。経営陣はこれを「ショウ・ミー」ワールドの到来と称したが、企業が何をしているかを示すよう人びとから求められるこうした世界では、シェルのような会社はもっとオープンになって、事業の環境とのかかわりや社会とのかかわりにもっと関心を向けなければならなかった。これらの結論から、小さい一歩ではあるが、一九九八年に組織を変革する努力が始まった。

持続可能な発展というコンセプトからの影響で、シェルの新しい組織・経営モデルは「サステナビリティ・モデル」と言われている。だが、次にあげるような特質を備えている点で、シェルのモデルは私の考えるセンター主導の会社の格好の例となっている。

- 社員が道徳面でも財務面でも優れた会社をつくろうと努力している。
- 会社の指針となる体制が財務上の説明責任と財務とかかわらない説明責任の双方に結びつけられてい

る。

●社員が社会的考慮と財務上の考慮を統合する意思決定の枠組みを用いている。
●社員が道徳面と財務面の双方でパフォーマンスを評価している。
●社員が相互にも外部にたいしても道徳の行為者として接している。
●会社全体が道徳の行為者に期待される能力を示している。

前の二つの章で、センター主導の会社が実際にどういうものであるかを簡単に説明した。さまざまな例を通じて、道徳的な視点を意思決定に取り入れるとはどういうことか、会社はどうやって指針となる体制を道徳の行為者としての基準に内在する説明責任に結びつけるかを示したつもりである。ただし、こうした抽象的な概念が例証によっていくらか具体的になったとしても、このモデルがまだ進化中であることは明らかにしておかなければならない。バリューに着目し、今日の期待に即してパフォーマンスを向上させようとしている会社の例はいくつも見てきたが、まだ成功のテンプレートについては検証していないし、現在のモデルがセンター主導のモデルに発展できるかどうかも検証していない。

もう一つ明らかにしておかなければならないのは、このモデルにさまざまなバリエーションをもつ余地があるということだ。センター主導の会社を構築するのに、ただ一つの正しい道があるわけではない。投資家、従業員、顧客、地域社会などが特定の維持基盤となっていることはどの会社も同じだが、会社の実際の維持基盤の構成や、それらの維持基盤の各層が要求する内容は、国によって、業界によって、さまざまに異なっている。会社が違えば、組織の編成も指針となる体制も、新しい説明責任に結びつける必要があることを除けば、まったく違ってくる。ただし第七章で説明したように、そのアプローチは包括的な、各層への責任を果たすものになっていなければならない。

選択能力が道徳の行為者の決定的な特徴であることを考えれば、会社の企業人格にもさまざまなバリエーションがあるのは当然だろう。法的基準や一般に受け入れられている倫理基準を守りながらも、他とは違った目的をもち、他とは違った取り組みをする余地は充分にあり、それが各会社に独自の特徴を付与している。この広い枠組みの範囲内で、各社は独自の道徳的姿勢を定義する一連の目標と取り組みを選択しなければならない。それぞれの会社が提供することにした製品やサービスは、おそらくこの道徳的姿勢の最も明瞭なあらわれである。その提供を通じて、会社は自分たちが何を価値あるものと見ているかを伝え、社員がどれほどの配慮と熱意をもって仕事をしているかを示している。とはいえ、すでに述べたように、会社の道徳的人格はすべての行動に反映されている。社員がたがいにどう接しているか、社外の人びととどう接しているか、どこまで説明責任を果たしているか、日常的にどのような決断を下しているかにも、会社の道徳的姿勢があらわれているのである。

センター主導のモデルをもっと完全に確立するためには、まだまだやるべき仕事が残っているが、いま述べた組織の特徴から、一つだけはっきりと言えることがある。この新しいタイプの会社には、異なるタイプのリーダーシップと経営が必要だということだ。これからのリーダーは、広いビジョンと、伝統的な経営手法や財務分析手法を超えた多様な技能を備えていなければならない。

特にこれからのリーダーに求められるのは、全体的な社会体制における企業の役割についての認識と、社会の別の部門のリーダーと協調して働ける能力である。かつてはバリューに関して中立の姿勢をとることが科学的経営の証拠であるように言われていたが、これからのリーダーは成熟した道徳観と、バリューにかかわる判断を下せる技能、相反する責任を調整できる技能をもたなければならない。さまざまな倫理体系についての知識を備え、それらがどう機能するかを知っていなければならない。「合理的経済人」という抽象概念だけで人を見るのではなく、一人の人間そのものを見られなければならない。そして何よりも、企業が各関係者と社会全般への責任を――財務上の責任もそうでない責任も――もつ道徳の行為者であることを理解していなければならない。

本書では、すでにそうした個人を数多く紹介してきた。困難な状況のなかでの前向きな努力を通じて、これからあげる経営者たちも、他の多くの経営者も、センター主導のリーダーシップがどのように具体的な組織の戦略や行動に反映されるかを示している。彼らはセンター主導のアプローチが有効なだけでなく、革新的なアイデアの旗振り役にもなっていることを証明している。労働力の再編、製品の安全管理、サプライチェーンの管理、腐敗防止といった厄介な分野においてさえ、これらの人びとが示している技能と知識に裏打ちされた道徳的な取り組みは、厄介な問題への新しいアプローチのヒントとなるのである。

労働力の再編におけるイノベーション

最初に見るのは、革新的な労働力の再編を行ったマリアン・ニバートの例である。彼女がスウェーデンのテリア・グループの人事部長を務めていた一九九五年に、この北欧の代表的な総合通信サービス会社は、三年間で五〇〇〇人から七〇〇〇人の人員整理をしなければならなくなった。かつて国営通信企業だったテリアはひどく人員過剰だっただけでなく、非常に多くの従業員に、テクノロジーの変化の激しい、顧客の新たな要望がつぎつぎにでてくる世界で競争していくのに必要な技能が欠けていた。すでに七〇社以上のライバルが存在していた業界で、テリアが最前線にとどまるためには、既存の労働力を大幅に削減して、必要な専門技能を備えた従業員を大量に新規採用しなければならなかった。

とはいえ、伝統的な再編方法には限界があり、民営化される直前の一九九二年にテリアが行った人員削減は辛い記憶をともなうものだった。そこでニバートのチームは、新しい方法を発案した。余分な人員を解雇して、そのかわりにより高度の技能をもつ新人を採用する伝統的な手法にかえて、テリアは実験的な配置転換計画を選択した。現在の従業員の技能向上を支援して、使えると判断されればテリアが再雇用するというものだ。これならリストラの社会的な悪影響が緩和されるうえ、現在の従業員がもっているテリアの伝統に由来した貴重な知識を失わずに、グループをもっと円滑に機能させることも可能になる。

ニバートの指揮のもと、新設された配置転換チームはその目的を明確にして、労働組合の協力を得た。会社側もプロジェクトの進行中は解雇を手控えると約束し、組合と密接に協力して、余剰従業員への訓練、職業指導、学習助成金、起業支援の提供を始めた。チームは各種の事業体や職業紹介所、サプライヤーなどと提携し、実際の配置転換「ツール」もととのえた。これらの連携を通じて、チームは従業員が新しい技能を養い、テリア・グループの内外で新しい仕事を見つける手助けをした。

配置転換プログラムの結果、当初の余剰人員リストに載っていた約二八〇〇人の従業員が再びテリアのなかで新しい職場を与えられた。残りは別の職場で雇用を保証されたり、自分で事業を始めたり、学校に戻ったり、引退を決めたりした。解雇通告をだされたのは一・五パーセント以下だった。こうした本来の目的に沿った結果のほかに、この実験的な試みはベテラン従業員への画期的かつ柔軟なアプローチを生みだした。伝統的な早期退職プログラムを適用されるかわりに、永年勤続の従業員は一時的な割り当て仕事を提示され、実質的に仕事をしない分だけ給与が下がることになるが、それでもよければという条件で雇用を保証された。多くの高齢従業員にとって、こうした柔軟なベースでの雇用継続は、退職して年金生活に入るよりも望ましかった。

結果として、配置転換の試みは整理されそうになった従業員とスウェーデン政府にとって有難かっただけでなく、テリア自身にとっても有益だった。ストックホルム大学の研究者によれば、この配置転換プログラムはスウェーデン政府にとって約一億三五〇〇万ドルの節約、整理対象の従業員にとって約八五〇〇万ドルの節約になったほか、テリアにとって約三億一〇〇〇万ドルもの利益につながったという。さらに整理の対象となった従業員の九五パーセントは、この新しい手法のほうが伝統的な手法よりも好ましいと答えている。テリアにしても、これによって一九九〇年代末の環境にふさわしい能力、いくつかの主要関係者の好意、そして変化する競争的な状況に適応できる大きな柔軟性を獲得できたのである。[2]

テリアの例に感化され、他の会社も人員削減の方法を見直すようになってきた。一九九八年の欧州委員会の労働市場問題会議で、テリアの再編プロジェクトについての討論に招かれた配置転換チームは、スウェーデンの他の組織のみならず、ヨーロッパの別の地域、アジア、南米の各会社から質問攻めにあった。テリアのやりかたを自分たちのモデルにしているという会社まであった。一方、テリアの内部では、最初の配置転換プロジェクトと一緒に浮上してきたアイデアが、従業員基盤をもっと縮小しなければならない状況を背景として、さらに進化をつづけていた。ちなみにニバートは、そののち社長兼CEO代理を務めたあと、二〇〇一年にテリアのCEOに任命された。

安全管理におけるイノベーション

次は革新的なリスク管理を行ったビル・セルズの例を見てみよう。彼がコロラド州マンビル社（一九九七年にジョンズ・マンビルと改称）のアスベスト危機で経験したことは、第六章で述べたとおりだ。一九八六年に、マンビルのグラスファイバー製品部門の責任者だったヤルズは、ある報告を聞いて愕然とした。グラスファイバーの安全性を研究していた科学者が、グラスファイバーの一種であるグラスウールの工場での発癌率に、わずかな、しかし統計的には無視できない超過を発見したのである。この発見がヨーロッパの研究会議で発表されたとき、研究はまだ不完全で、発表者自身もこのリスクに関連する要因を特定するにはさらなる研究が必要だと断わっていた。それでもやはり、この報告は研究者にとってもグラスファイバーメーカーにとっても穏やかならざるものだった(3)。

セルズはすぐに意見の一致するマンビルの同僚を結集させた――会社は危機に直面している。グラスファイバーはアスベストにかわってマンビルの代表的な製品になっていた。第六章で述べた製造物責任の大問題により、会社は二〇億ドルの法的要求に耐えられず、四年前に破産宣言までしていたのである。一九八六年の時点で、グラスファイバーはマンビルの二〇億ドル近い売り上げの四二パーセント、収益の約七五パーセントを占めていた。苦闘する会社の未来はグラスファイバーにあると、ほとんどの社員が思っていた。グラスファイバーの安全性をめぐるプレッシャーと不安が高まるにつれ、セルズはグラスファイバーが第二のアスベストになるのではないかと思いはじめた。「状況が恐ろしいほど酷似していたのです」と彼は回想する。

経営陣はすぐさま集中的な会議を開き、専門家を呼んで科学的な証拠を検証させたり、この新しい研究が会社の主要部門におよぼす経済的、法的、社会的な影響を査定させたりするなど、数週間にわたって検討をつづけた。当然、あらゆる関係者のあいだで途方もなく大きな懸念が広まっているだろう。従業員、組合、流通業者、保険業者、株主、顧客。そしてもちろん政府の監督機関と科学者は、これからグラスファイバーをもっと慎重に検査するようになるだろう。とはいえ、経営陣はこの研究について知らせることに関しては時間をかけなかった。報告を受けてから六時間以内に、本社と全世界のマンビルの工場の掲示板に通告がだされた。しかし経営陣が本当に決断しなければならなかった問題は、この報告を受けて何をするかだった。「何もしない」から「グラスファイバー事業から撤退する」まで、さまざまな選択肢が審議された。

最初の検証作業につづき、多数の関係者に会って話しあったあと、経営陣は決断を下した。積極的な広報活動と表示貼り替えキャンペーンを行って、潜在的な癌のリスクを従業員や流通業者や顧客に知らせ、ファイバーグラスの安全性についての情報を提供することにしたのである。表示の貼り替えまではどの法令や規制でも求められていなかったが、エグゼクティブたちは、世界保健機構の一組織である国際癌機関が動物実験による研究にもとづいて、グラスファイバーを「おそらく」ではないが「可能性がある」発癌性物質に分類していたことをよく知っていた。会社の弁護士も同業他社も、キャンペーンは人びとの無用な恐怖をあおるだけであり、そのために訴訟が起こって客を逃すかもしれないと言って反対した。しかしマンビルの経営陣は、これが困難に真っ向から対応する最善の方法だと結論した。エグゼクティブたちは製品が安全だと確信していたが、一方で、グラスファイバーに接する人びとには自分でグラスファイバーの安全性についての決断を下す権利があるとも考え、そのための情報を彼らに伝えるのは当然と考えた。この先にグラスファイバーが発癌性物質だとわかったとしても、会社は法的にも倫理的にも非難の的にならなくてすむ。

とはいえ、商売が傾く危険をできるだけ小さくするため、経営陣は破天荒な計画を考えだした。グラスファイバーがらみの損害を受けたエンドユーザーからでるかもしれない賠償請求にたいしてマンビルの取引先を守るため、関連する和解費用や裁判費用などの法的なコストを補償するという計画だ。要するに、そうした請求の支払いをマンビル自ら引き受けたわけである。この補償計画によって会社は世間から好意的に見られたが、これは自社製品にたいする自信の大胆な表明でもあり、そのころ巷に流れていた誤った情報を鎮静化させるうえでも役に立った。たとえ実際にグラスファイバー関連の訴訟が起こっても、この計画のおかげでマンビルは有利な立場におかれるだろう。

結果として、商売の低調や告訴の心配は杞憂だった。表示を貼り替えたせいで多少の客は逃したが、競合他社も最終的には表示を貼り替えたので、損失は一時的なものでしかなかった。むしろ、積極的な姿勢を示して巧みなキャンペーンを展開した効果で、マンビルは顧客から引き立てられもした。会社の誠実さと気配りが高く評価されたのである。「御社の補償の申し入れには、とりわけ感謝しています」と、ある取引先の社長は手紙に書いた。「グラスファイバー問題への最善の対応方法は、迅速かつ公正に、正面から取り組むことでした。御社は確かにその目標を達成しました……われわれに示してくださった配慮に感謝します」

この決断についての後日のコメントで、一九八六年から九六年までマンビルのＣＥＯを務めたトム・スティーブンスは、目を覆いたくなるプレッシャーのなかで正しい決断を下すには勇気がいった、と語っている。その勇気はおそらく、アスベスト危機をどうにか生き延びた会社だったから奮い起こせたものかもしれない。マンビルの医療部長の言葉を借りれば、あの危機は「自由世界のどんな会社でも聞いたことのない最悪の労働衛生問題」だった。しかし、どちらの難局——アスベストとグラスファイバー——も、乗り切れたのは経営陣の指針とする信念のおかげだった。「事業の繁栄は、会社が属する社会のバリューに合わせなければ得られない」

サプライチェーン管理におけるイノベーション

次は革新的なサプライチェーン管理を行ったジャック・ツァーレンの例を見てみよう。スイス最大の通販会社シャルル・ヴェイヨンのCEOに任命されてからまもなく、ツァーレンはリーダーシップを真剣に試される最初の機会に遭遇した。一九九四年のある朝、彼が新聞を読みながらコーヒーを飲んでいたとき、ラジオ放送のアナウンスが彼の耳をとらえた。少し前に放送された、南アジアの手織り絨毯産業における児童労働についてのドキュメンタリーフィルムに関する話だった。お察しだろうが、このフィルムは第三章と第五章で言及したものだ。番組は児童労働問題の専門家へのインタビューをまじえながら、世界中で一億二〇〇〇万人から二億五〇〇〇万人ほどいると思われる児童労働者の悲惨な状況について討論していた。なかでも、絨毯産業で働いている子供は鎖につながれているということだった。ツァーレンはひどく気がかりになった。[4]

つい数ヵ月前、CEOになる直前のことだったが、ツァーレンが所属していたチームは会社の家具部門の販売アイテムに手織り絨毯を加えることを決定していた。業界は同業他社が多くて競争が激しく、しかもスイス経済はしばらく停滞がつづくと予想されたので、ヴェイヨンの市場での地位と収益を向上させる計画の一環として、チームはこの選択に踏み切ったのである。会社の提供する製品を多様化させることにより、顧客からの注文、特に若い勤労女性の注文が伸びるのではないかと期待された。チームは絨毯製造者の職場環境についてまったく知識がなく、ヨーロッパのサプライヤーから絨毯を調達するつもりでいた。そのヨーロッパのサプライヤーも、おそらくどこかの仲介業者と取引しているはずだった。

ツァーレンはすぐヴェイヨンの絨毯仕入担当者に連絡し、会社が売ろうとしている絨毯が児童労働者によって製造されたものかどうかを確かめた。会社が契約していた四社のサプライヤーのうち、三社は自分たちの調達源について情報を提供するのを拒んだ。そこでツァーレンは、別のサプライヤーを探すことに決めた。単に児童労働者によって生産された製品をボイコットしただけでは、第六章で述べたように、子供たちをさらに危険な職場へ追いやる結果になってしまうので、ヴェイヨンがこの問題にかかわらないというだけでは不充分だとツァーレンは考えた。そこで彼は、児童福祉機関に相談し、もっと建設的な方法がないかと打診した。多数の児童労働者をはじめ、ヴェイヨンが製品を調達している地域で、非人道的な環境のもとで働いている人びとの生活を向上させるうえで自分の会社にできることは何だろうかと考えたのである。

ツァーレンが会社の仕入担当者から情報を集めて執行役員とともに協議した結果、ヴェイヨンは会社の調達基準を改定し、サプライヤーの評価と選定のプロセスに職場環境の査定を含めることにした。改定された選定基準では、品質や価格や納品といった通常の要素に加えて、雇用や環境についても考慮されるようになった。さらにヴェイヨンは、絨毯産業の児童労働者が働きながら教育を受けられるようにするための実験的なプログラムに会社の慈善費用の一部をまわした。『純粋で明快なディスインベストメント』は「別のソリューションを提供しないまま地元経済を破壊する」恐れがあることを充分に認識していたツァーレンにとって、児童の成長を支援することはこの問題にたいする会社の答えの重要な一部だったのである。(5)

当時としては非常に珍しかったヴェイヨンの姿勢は、欧米各地から注目を浴びた。ツァーレンはフランスの有名なテレビ広報番組「今世紀の歩み」への出演を依頼され、自分が一〇年前に研究開発で学位をとったジュネーブの開発研究大学院に招かれて講演をした。さらには合衆国議会の委員会の前で証言を求められもした。

ツァーレンにしてみれば、ヴェイヨンのとった行動のどこがそれほど特別なのかわからなかった。「われわれは自分たちの提供する製品の品質をチェックしています。だったら、それを製造している人びとの職場環境もチェックするのは当然でしょう？」と、彼はやや皮肉な調子で答えた。ヴェイヨンが「会社の発展の基盤を、人間を尊重するバリュー」におこうとしていたことを考えれば、人間の尊厳と可能性を破壊する強制労働のような習慣に会社がかかわらないようにすることは、ツァーレンにとってごく自然な行動と思われた。

盛大に注目を浴びたあと、ヴェイヨンの売り上げは前期にくらべて数パーセント伸び、競合他社に引けをとらないようにもなったが、当のヴェイヨンの人びとは、この上昇を児童労働への取り組みのおかげだとは考えなかった。会社はこれを宣伝やマーケティングにほとんど利用せず、それどころかカタログに載せた但し書きで、関心のある顧客は手紙を書いてもっと情報を求めてくれとうながした。ヴェイヨンの戦略計画担当部長によれば、会社はビジネス環境が求めることに応えただけであり、それ以上でも以下でもなかった。「製品の『社会融和性』の大切さを軽視する人は」と彼は言う。「一九九〇年代末のビジネス環境を理解していないのです」

腐敗との戦いにおけるイノベーション

次に見るのは、ナイジェリア社会の「ロールモデル」となってくれることを期待して、一九八九年にある組織を創設したフォラ・アデオラの例である。ナイジェリアの銀行業界で働いていたアデオラは、職場に蔓延する腐敗にうんざりしていたが、これをどうにかする機会が到来したことに気がついた。たまたま多くの大手国際銀行がナイジェリアから撤退していたため、そのあとの空白をナイジェリアの企業が先を争って埋めていたのである。アデオラは長年の友人で同僚でもあったタヨ・アデリノクンを誘って新しい銀行を興すことにした。だが、二人が想定していたものは彼らの周囲にあるものとは決定的に異なっていた。そのころ、ナイジェリアで認可されていた銀行の多くは、実のところ銀行でも何でもなく、創立者の私的な投資活動の手段にすぎなかったのである。(6)

アデオラとアデリノクンが思い描いていたのは、正真正銘の銀行であるばかりでなく、傑出した顧客サービスと健全な財務、そして模範的な社会貢献が高く評価される特別な銀行だった。プロフェッショナルに経営され、あらゆる活動に高い基準を掲げ、才能と努力を基盤に運営される金融機関である。ナイジェリアの実業界で当然となっている、特権と政治的コネを基盤にした企業とは違うものだ。二人がイメージする企業では、献身的な従業員の一団が事業への関心を共有し、一人一人が可能なかぎりの努力を傾けつつ全員で協力し、その努力にたいして平等な報酬を受ける。アデオラとアデリノクンにとって、これは単に銀行業を興す機会ではなかった。それは永続する機関を設立する機会だったのであり、二人はこれを倫理的な組織にしたいと言ってはばからなかった。

とはいえ、アデオラとアデリノクンは前途を楽観してはいなかった。これまで多くのナイジェリアの銀行が、協力の余地を残さない有毒なエゴイズムの菌株が生みだす汚職、私的金融取引、無謀な融資の腐食作用に蝕まれ、破綻していた。アデオラは前の勤め先で、融資担当者が手数料ほしさに、返済されないとわかっていながら進んで融資するのを見ていた。手数料に飢えた従業員たちが争って新規口座を獲得しようとするとき、情報の流れがいかに阻害されるかの実態も見てきた。賄賂がどんな効果をおよぼすかもわかっていた。彼が潜行性の「癌」と称する贈賄の習慣は、スタッフのあいだにも顧客のあいだにも不信を生む。そして、いったんその活動が始まると、悪循環は止めようがなくなる。嘘についても同じだった。アデオラは言う。「いったん始めると……最初についた嘘を隠すためにまた嘘をつかざるをえないのです」

アデオラとアデリノクンには財務上の資源がほとんどなかった。銀行業の認可を得るには足りても、それ以上の余裕はなかった。そして、彼らの前には気が遠くなりそうな状況が立ちはだかっていた。競争は激しく、政治は不安定で、しかも彼らが導入しようとしているバリュー体系は、少なくとも表面的には敵視されていた。世界で最も腐敗した国として知られるナイジェリアは、アデオラとアデリノクンが目指していた事業にとって、最も成功の望みの薄い土地だったのである。二人はともに、政治的な身贔屓と腐敗がナイジェリアのあらゆる事業の成功の鍵であることを充分すぎるほど知っていた。計画を練るうえで最も懸念すべきことは、この敵対勢力からどのようにして自分たちと銀行を守るかということだった。完全に防御できなくても、せめて攻撃の矛先を和らげたかった。

そういう懸念があって、二人はベンチャーキャピタルに頼るという異例の手段をとった。投資家が見つかれば誰でもかまわず契約したり、可能性のある後援者を見境なく訪ねてまわったりするよりも、自分たちと同じ価値観をもつ投資家だけに協力を仰ぐことにしたのである。二人は、投資してくれそうなナイジェリアの著名人を一五〇人ほどリストアップして、そこからさらに人格者として評判の高い四三人に候補を絞った。自分たちの考えを理解して、賛同してくれる投資家だけと契約したかったのだ。プロ意識と誠実さ、そして社会的責任を土台として銀行を築きたい——それはナイジェリアでは前代未聞の戦略だった。ここでは政治力と財力が事業を動かす前提とされていたのである。アデオラとアデリノクンが接触した四三人のうち、四二人が投資を承諾してくれた。アデオラによれば、その多くは嬉しい驚きを示したという。「やっと本物の銀行家が［本物の］銀行への投資を頼みにきてくれたのか、と」

一九九一年の初めに、ギャランティ・トラスト・バンク（GTB）はラゴスで開業した。このころナイジェリアには、一二〇の銀行と四〇〇の金融会社があった。ナイジェリアが大規模な規制緩和と民営化のプログラムを開始した五年前、国内には三六の銀行しか存在しなかったのだから、金融機関は劇的に増えていたのである。開業してからまもなく、アデオラとアデリノクンは自分たちの志を試される最初の機会にぶつかった。それは営業年度の終わりで、銀行はまだ収益を計上できなかった。問題は、最初の六ヵ月の損失をそのまま報告するか、それとも損失は隠しておき、全員が期待している翌年度の収益にまぎれこませるかだった。

数人の取締役は公開しないほうがいいと言ったが、アデオラとアデリノクンは損失を公表するべきだと強く感じていた。それが信頼に値する行動であり、GTBの信頼性を市場に示すことになると思ったからだ。二人は取締役会を説得して支持を取りつけると、多少の不安を感じながら、損失を発表した。「この環境で、あのような損失を公表した銀行は私たちが最初でした」とアデオラは言う。驚くと同時にほっとしたことに、GTBが先例のない率直さを示しても、悪いことは何も起こらなかった。「私にとって」とアデオラは述懐している。「あれは重要なサインでした……正しいことをしたからといって、かならずしも叩かれるわけではないのです」

とはいえ、設立者の理想がすべて順調に受け入れられたわけでもなかった。GTBは企業の社会的責任の一環として法人所得税を正しく支払うことを重視しており、従業員もその姿勢を誇りに思っていたが、自分個人の税金を払う段になると、従業員はとかく二の足を踏んだ。当時、銀行は従業員の推定収入額の申告を当局に証明することになっていたが、多くの従業員が虚偽の申告をする習慣を改めたがらなかった。「どうして払う必要がある？」と彼らは言った。税金逃れはこの国の人びとの気晴らしのようなものであり、だいたい政府にも資金を着服することや私的な用途に流用することしか考えていない腐敗した役人が大勢いるではないか。

アデオラは市民として国を築く責任について論したが、とりあってはもらえなかった。無理に自分の主張を通して、この点以外ではGTBの独特のバリューに共感している貴重な従業員の士気を挫きたくなかった。この問題に関して妥協を許さないのは大事だったが、そのために創業初期の段階で事業が頓挫してはたまらない。いまはそうしたリスクをおかすよりも、銀行を効率的に機能させながら少しずつ習慣を改めていくほうが重要ではないか。この問題についてはあとで対処すればいい、と彼は自分に言い聞かせた。確かにその通りにはなったが、それは彼が望んでいたかたちとは違っていた。

問題がついに頂点に達したのは一九九七年、税金監査で従業員の過去の納税額の不足が発覚したときだった。GTBは未払い分を支払い、正確な申告と適切な源泉徴収を求める方針を確立したが、アデオラはこの経験を多くの人の勧めにしたがってきっぱりと忘れるよりも、銀行が肩代わりした支払い分を返済するよう従業員に求めることにした。アデオラにとって、これは原則の問題だった。しかし、銀行への返済が負担にならないよう五年間無利子の措置をとったにもかかわらず、彼の返済要求は多くの従業員を怒らせた。退職する従業員もでて、銀行内の士気は目に見えて低下した。アデオラはしばらくのあいだ、自分はこれまで築いてきたもののすべてをぶち壊しにしているのだろうかと思い悩んだ。

この危機を受けて、アデオラは銀行全体を自ら再検討しはじめた。「上から下まで、銀行全体を――われわれの価値観と倫理と目標を――見直しました」と彼は言う。「全員がそれに参加しました」。その結果、ＧＴＢの最初のビジョンが再確認され、アデオラとアデリノクンが最初に明言した理想が改めて追求されるようになった。税金逃れのエピソードは、アデオラが新規採用者にＧＴＢの使命と活動と文化を説明するとき、かならず例として引用されるようになった。

創立から五年後の一九九六年までに、ＧＴＢは多くのライバルのあいだから一歩抜りでて、ナイジェリアで最も急成長をとげた銀行になっていた。ＧＴＢは多くのアナリストから現時点で最高の国内銀行と評価され、一九九六年のリスク査定では最高の評価を受けたわずか二つの商業銀行の一つ――もう一つはシティバンクの子会社――となり、税引後収益の点でも全銀行の第四位にランクされた。この年、ＧＴＢはナイジェリアの証券取引所に上場し、その後まもなく、証券取引所はＧＴＢに「コーポレートガバナンスを推進し、上場企業に健全な競争をうながした」功績で大統領功労賞を授与した。ＧＴＢはこの賞を一九九九年にも受賞している。業界の競争はさらに激しくなっていたが、ＧＴＢは二〇〇二年にも、やはりナイジェリアの代表的な銀行の一つと見なされている。(7)

ＧＴＢの初期の成功は、創立者が起業計画を慎重に実行したおかげであると同時に、彼らが最初に抱いた志のおかげでもあった。資源を集め、新事業の開始に必要な関係と技能を構築する段階で、彼らは自分たちの思い描く道徳的な側面に注意を払った。一九九〇年に営業許可が下りたころには、二人はすでに銀行を開くのに必要な八〇人以上の人員を採用して仕事を始めていた。新人を教育するために外部から講師を呼び、訓練プログラムを用意し、自分たちで研修コースも設計した。あるセッションでは、従業員に会計業務や銀行業務の専門事項が教えられた。別のセッションでは、指針となる一連の原則――「私たちはここでどんな生き方をしたかったか」――づくりが行われた。

これらのセッションから、全員の合意のもとに、ナイジェリアの通常の企業習慣とはことごとくかけ離れた行動の指針となる信条が生まれた。たとえば従業員は、誰もが同じルールにしたがうことに同意した。管理部長も自分で自分のブリーフケースを運び、自分で自分の車を停める。全員が同じ食堂で食事する。組織内のヒエラルキーは最小限に抑えられ、全従業員がたがいをファーストネームで呼びあう。そして、全員が顧客や同僚と交流できるように、全員が月に一度は窓口係を務めるのである。

顧客サービスの優秀さは重要なバリューだったので、最初の訓練の大部分が顧客関連の問題に割かれた。開業前には、顧客の要望や期待をもっと知るために、顧客調査が行われた。同じころ、GTBは異例な広告とやはり異例な本店デザインを通じて、自分たちのバリューを市場に伝えた。窓口係を「檻」に入れるかわりに、店のフロアは開放的に設計されていた。開業に先立って、GTBは風変わりな自社ビルの建築プランを広告の目玉にした。最初の広告には、こんな見出しがついていた。「私たちのプランをお伝えしましょうか?」。それから一週ごとに、会社は新しい広告でビル建設の進捗状況を読者に伝えた。そしてこの時期、アデオラとアデリノクンが育てたかった開放性と透明性を反映して、GTBの投資家にも月刊のニューズレターと進行報告が伝えられた。

創立者のビジョンはしだいに組織の血肉と化し、やがて銀行そのものがナイジェリアの環境では珍しかった道徳的人格を備えるようになった。「ギャランティ・トラスト・バンクは——私たち全員にとって、例外なしに——まったく違っていました」と、銀行業界で働いた経験をもつ初期の従業員は言った。「ここのすばらしかったところは、私たち全員が自主的にこの道を進もうと決意したことです。そのほうが、顧客や同僚を大事にしない昔ながらの道を進むより、結局は本当の利益があると確信していたからです」[8]。さらにGTBは、社会活動プログラムを通じて地域社会全般への配慮も示している。二〇〇二年八月にGTBの会長兼CEOを辞任する予定のアデオラは、こんな言葉を残した。「ある環境でお金を儲けたら、その一部を還元するべきだ、と私たちは信じています――特に、非常に貧しい人びとのために」

画期的な考え方

こうした努力が成功したことは、さして驚くことでもない、むしろ当然の、前もって定められた結果ではないかと思う人もいるかもしれない。現在から見ると、彼ら四人は常識的なことをしただけのようにも見える。そもそも、これらの経営者がやったことをやりたがらない会社があるだろうか？　それが収益につながるとなれば、あるいは少なくとも費用がかからないとなれば、なおさらやりたがるのではないか？　それなら、この四つの会社がそれぞれのケースで目指していたことを思い出してみよう。

- ●大量解雇が従業員と地域社会におよぼす影響を最小限にする
- ●製品関連の健康上のリスクから従業員と顧客を守る
- ●労働者を大事に扱い、適正な賃金を支払うサプライヤーと仕事をする
- ●傑出した顧客サービス、優秀な財務上の結果、模範的な社会貢献で知られる会社を築く

この事後観察的な見方は、だが非常に重要な点を見落としている。これらの努力をした人びとは、当時の状況にたいして、また当時の一般的な考え方にたいして苦しい戦いを挑まなければならなかった。これらの会社が結果としてうまく実践した考え方の多くは、オーソドックスな経営思考に慣れきった経営者が思いつけるものではなかったし、そうでなくても「われわれには関係がない」、「費用がかかりす

ぎる」、「うまくいかない」といった理由で却下されるのが落ちだった。ナイキが初めのころ、サプライヤーの労働習慣は自分たちの関与するところではないと主張していたのを思い出してほしい。実に多くの経営者が、賄賂に同意することが競争に伍していく唯一の方法だと悪しき慣行を正当化していたのを考えてみてほしい。

オーソドックスな前提から、これらの経営者が行った「常識的」な取り組みにいたるのは、決して容易なことではない。伝統的な経営思考の見地からすると、これらの人びとが気にかけたのはすべて「誤った」ことである。

●ニバートとその同僚は、提案されたリストラが従業員と地域社会におよぼす悪影響を最小限にしたかった。オーソドックスな教えでは、こうしたことを扱うのは「外界」、すなわち政府や家族や地域社会が最適だとされている。

●セルズとその同僚は、たとえ法律で開示が求められていなくても、たとえ開示によって商売が傾く可能性があっても、従業員と顧客には潜在的な健康上のリスクについて知る権利があると確信していた。オーソドックスな教えでは、株主の利益よりも他の関係者の利益を優先させるのは経営者の受託義務に背くとされている。

●ツァーレンは、自分の会社のサプライヤーの労働習慣や環境習慣について危惧した。オーソドックスな教えでは、「見えざる手」——十八世紀、市場が個人の自己利益をいかにして社会の幸福に転換するかを説明するのにアダム・スミスが用いた比喩——が、最終的に児童労働者を拘束から解放し、環境を浄化し、社会の幸福が最大限になることを保証するとされている。そして、このシステムを機能させるため、経営者は自分の会社の財務パフォーマンスを最大限にすることに集中すべきである、とされている。

●アデオラは、プロ意識、傑出した顧客サービス、優秀な財務結果、模範的な社会貢献で知られる永続的な機関を構築したかった。オーソドックスな教えでは、企業の目的は株主の富を最大限にすることであり、その他のことに重要性があるとすれば、この目的の手段としてのみ重要なのだ、とされている。

オーソドックスな視点からすると、これらの人びとの行動は「不合理」だった。彼らの抱負には財務上の自己利益以外のことまで含まれていたのである。よく使われる用語で言えば、「合理的経済人」たるものはアデオラの競争相手――自分の私的な投資手段とするために銀行を設立している人びと――や、エンロンのエグゼクティブのように自分の個人的なストックオプションの価値を吊り上げるために会社の会計を操作していた人びとを見習うべきなのである。

しかしセンター主導の見方からすると、これら四人の懸念は「不合理」ではなく、「間違い」でも「誤解」でもない。ごく正常で、理解できる、合理的なものである。センター主導の経営は会社が道徳の行為者であるという前提から始まるので、優秀な会社は自らの行動の結果に配慮し、関係者の権利を尊重して、地域社会全般への貢献を大事にするという考え方を当然のこととして受け止める。したがって、実際の問題は会社が競争力を保ちながら他者の権利を尊重し、自らの行動によって生じる付帯的損害を最小限に抑えるにはどうしたらいいかを見つけだすことである。視覚的に説明すれば、図9－1（次ページ）に示した重なり合いの部分の外にあると考えられていた行動を内側にもってくることによっ

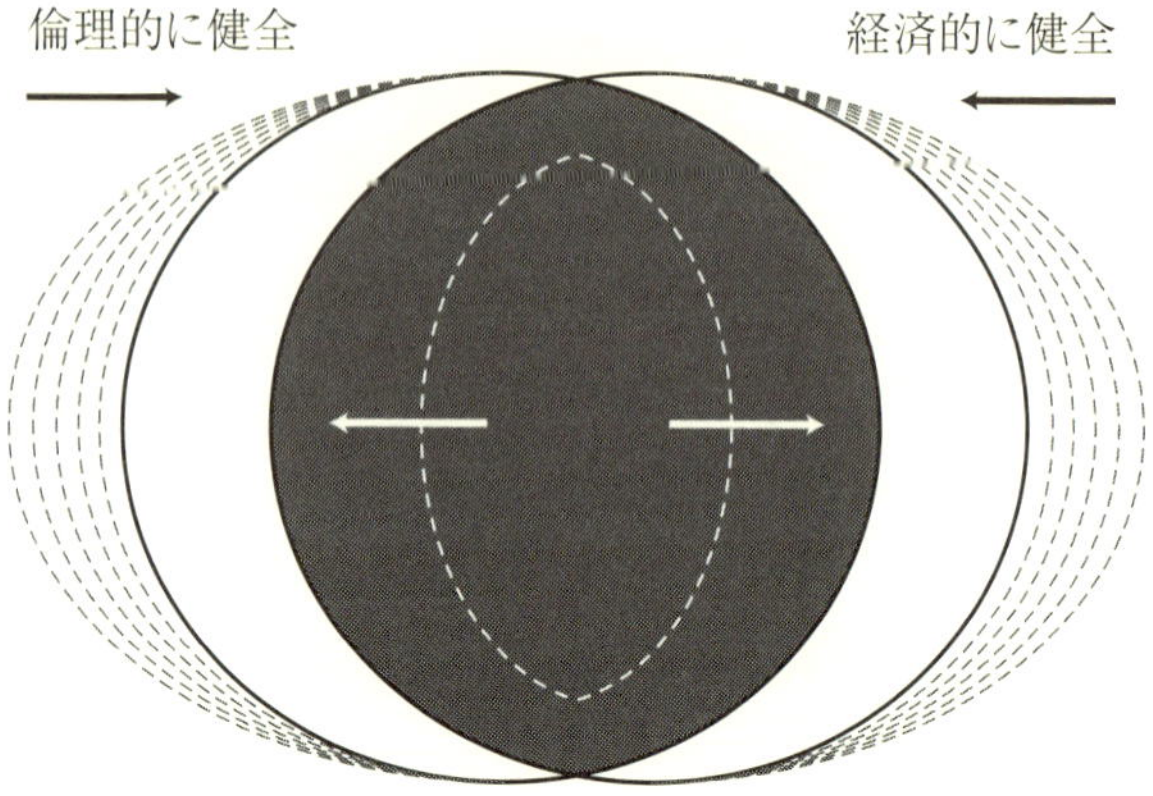

図 9-1　合格ゾーンの拡張

て、重なり合いの部分を大きくしなければならないのである。

センター主導の経営は、「最良実施」例を集めて技術を磨けばできるものではなく、むしろ経営哲学の問題である。人間の本質、会社の本質、社会における企業の役割についての独特の思考が基盤になければならない。これらの考えが特定の見方や行動をうながすのだが、その実践が大本の原動力である信念や考え方から切り離されていると、結果としてその行動はちぐはぐなものになる。これらの考えについては本書の各章でくわしく説明してきたので、ここでは最も重要な部分だけを簡単にまとめておこう。ただし、これらはいずれもオーソドックスな経営信条に異議を申し立てている。

●企業人格

企業人格という前提は、会社を道徳の行為者と見なし、これまで考えられていたような超道徳的な、機能を果たすだけの装置ではないと考えることである。したがって、会社は製品やサービスを生産する、富を創造する、雇用を創出する、革新する、新しいアイデアを考案するといった重要な機能を果たすだけでなく、選択する、独自の人格を備える、社会の他の道徳の行為者と交流するといったことも行う。道徳の行為者である会社は、最低限、社会にたいする当然の義務として法律や基本的な正義の原則を守らなければならない。しかし、できればもっと高い基準を設定し、会社の活動を一般に受け入れられている倫理原則に合わせる、間違いや過失の責任をとる、活動にあたって他者への配慮を示す、会社の属する地域社会に貢献するといったことを実行できるのが望ましい。

●企業パフォーマンス

企業パフォーマンスという前提は、優秀なパフォーマンスには道徳面と財務面の双方が含まれていて、財務面のパフォーマンスが優れているだけでは不充分と考えることである。会社の活動を一般に受け入れられている倫理原則に適合させられなければ、たとえ財務パフォーマンスが傑出していても、その会社は決して優秀なパフォーマーとは見なされない。何をもって優秀とするかの厳密な基準は、状況によって異なるかもしれないが、最低限、必要な収益をだすとともに法体系で定められている基本的な正義を守ることが求められる。

●企業責任

企業責任という前提は、財務結果に関する株主への説明責任という伝統的な見方にとどまらず、企業にはもっと幅広い説明責任があると考えることである。会社は道徳の行為者として、顧客、従業員、パートナー、融資機関のような関係者や、第三者、会社の活動する地域社会などに自らの活動によって損害を与えた場合、それにたいする説明責任も負うものである。会社はこれらの各層にたいして財務面でも財務とかかわらない面でも責任がある。

●企業行動

企業の行動には、社内の誰かによってなされた行動も、会社の代理人によってなされた行動もすべて含まれる。取締役、管理者、従業員がそれぞれ単独でやった行動も、複数の層が協力しての行動も、すべて企業の行動である。したがって、企業は単独の個人に帰せられない行動にたいして企業全体として責任を負うが、単独の個人によってなされた行動も企業行動の一つと見なされる。言い換えれば、企業は虚構の存在ではなく、社員や代理人の行動を通じて示される独自の人格を備えた現実の社会的存在なのである。社員が同僚や顧客にどう接しているかも企業倫理の問題なら、会社の製造部門が廃棄物をどう扱っているかも企業倫理の問題である。

●人間の行動

人間の行動にはさまざまな面がある。何か一つの要素――金銭、権力、正義、愛、真実、自己利益など――が、人びとを突き動かすものを完全に説明するとは考えられない。一般的に、ほとんどの人はいくつもの動機とさまざまな願望をもっている。確かに、金銭的な必要性もあるだろうが、同時に身体的、知的、道徳的な必要性と能力ももっている。道徳の行為者として、現代の会社は人とかかわるときに、人間を単なる「経済の行為者」や「生産の要素」と見なすのではなく、財務の側面、身体的な側面、知的な側面、道徳的な側面をすべてあわせもったものと見なしている。

●合理性

合理性とは、何らかの理由をもとに生活の質を高めることである。したがって、他人を助けるのも、自分の地域社会に貢献するのも、たとえ他人の努力にタダ乗りできても自分のするべき努力を怠らないのも、すべて合理的なことである。あるいは法的基準や倫理的基準の尊重が自分の利益を増やすことに直結しないときに、そうした基準を尊重するのも合理的なことである。合理性の定義が「収益を最大にすること」や「自己利益を最大にすること」だったなら、そうした行為は「不合理」と見なされるだろう。しかし、それはあまりにも狭い見方である。秩序のとれた社会に暮らすことの利益は全員に享受され、他人に力を与える行為は総じて行為者自身の幸せにつながる。そして、満たされた生活を送る鍵は、他のすべてを除外して単一の利益を最大限にすることにあるのではなく、人間のさまざまな必要性に対応できる適切な利益の配分を見つけることにある。

●進歩

進歩は必然ではない。現在の生活様式に叶っているものは今後も維持されなければならないし、よりよいものを思い描いて献身的に道を示せるリーダーがいないところには、まず向上は期待しえない。人間の第一の責任は自分を養っていくことだが、社会の資源が効果的に使われるようにするためや、世界中の人びとが幸せになるようにするためには、「見えざる手」だけに頼ってはいられない。財務上の自己利益だけを追求していたのでは社会の幸福につながらず、社会の不信と衰弱を招くだけである。強い会社や社会を目指すなら、各個人が他者を尊重したかたちで自己利益を追求し、地域社会の機構を維持していかなければならない。市場はよくできたメカニズムだが、これが有効に機能するためには、参加者の責任感が必要なのである。

本章で簡単に紹介した革新的な行為の例は、これらの信念の多くが実践されていることを示している。ここにでてきた経営者たちは、自分の会社を道徳の行為者と認識し、関係者や社会全般にたいして財務上の責任と財務とはかかわりのない側面での責任の双方を負うものと考えている。ここにでてきた人びとは、高い技能と高い実践能力によって、道徳面でも財務面でも優れた結果をだそうとしている。特に道徳をふりかざさなくても、彼らはおのずと戦略や方針や実行についての話し合いにバリューを取り入れている。そして道徳的なジレンマやバリューの衝突にも率直に向き合っている。誰もが人間の限界を深く認識しながら、市場の「見えざる手」が最も効果的に機能するのは目に見える支援体制があるときだと考えて、挫けることなく、つねによりよい方向を目指している。

新しい基準を満たすため、これからの会社には、古いオーソドックスな思考体系を打破できるリーダーがますます求められるようになるだろう。いまや問題が各個人の性質や「良い人」対「悪い人」の構図にないことはすでに明らかである。いま問題にされているのは、別の考え方や世界観である。センター主導の会社を率いるのに必要な能力は、超道徳的な財務主導型の企業、あるいはその前の勅許状主導の企業を率いる能力とは本質的に異なっている。これからの会社に必要なのは、自分の役割をもっと広い視野でとらえられるリーダーだ。それは企業の役割についても同じである。一〇〇年前の企業と違って、今日の社会における企業にはもっと広範な役割があり、それはおそらく今後も変わらないはずである。

この新しい役割定義の根幹には、説明責任の意識の拡大がある。今日のエグゼクティブは会社の株主にたいしてだけでなく、他の関係者にたいしても、自分の決断の責任を負わなければならない。そして道徳面でのチェックにも財務面でのチェックにも耐えられる「説明」ができなければならない。言い換えれば、今日のエグゼクティブは「複数の論理」をもつ戦略家として、倫理的な説明にも経済的な説明にも長け、道徳にも市場にも敏感でなければならないのだ。

未来に向けて、会社はこうした広い説明責任を理解でき、それが投じる課題に奮起できるリーダーを数多く育てなければならない。今日の社会における企業の役割を考えれば、ビジネスでリーダーシップをとることは、世界中の知的な男女の最高の努力を必要とする高度な使命と理解されなければならないだろう。意思決定者、組織の設立者、社会的指導者としての活動を通じて、ビジネスリーダーはもっと豊かな世界をつくれるだけでなく、もっと公正で、思いやりのある世界をつくることもできる。これ以上にやりがいのある仕事があるだろうか？

無限の機会

企業の道徳性に関心を向けるのは豊かな国の特徴だという人がいる。特定の宗教の遺産だという人もいれば、こんなことに熱を上げるのはアメリカ人だけだという人もいる。あるいはまた、倫理志向は大会社だけがもてるものだ、いや、小さい会社だけだ、特定の業種だけだ、といった主張もある。倫理は主として規制のある業界と関連している、規制のない業界と関連している、いやハイテク会社だ、いやローテク会社だなどと、私はさまざまな主張を耳にしてきた。

本書で見てきた事例から判断すると、これらの主張はどれも誤りのように思われる。これらの例は、世界各地の多様な業界から引いてきたもので、会社のタイプも規模もさまざまである。文中で触れた経営者たちは、宗教的な背景も文化的な背景も異なっている。キリスト教徒もいれば仏教徒もおり、イスラム教徒もヒンズー教徒も、人文主義者もいる。それにもちろん、私の知らない思想を信奉している人もいただろう。この豊富な例が示しているように、本書が提示した考えはすべての会社に広く適用され、特定の業界や国や会社のタイプに限定されるものではないのだ。

ここまでずっとつきあってくれた読者は、この新しい基準が実際に自分にとって何を意味するかを考えているかもしれない。自分が経営する会社について考えているかもしれないし、自分が興そうとしている会社、自分が助言している会社について考えているかもしれない。自分が働くことになりそうな会社、あるいは投資を検討している会社を思い浮かべている人もいるだろう。もちろん、任意の会社にどんなことが当てはまるかは状況によって異なる。しかし、このあとに示す質問に答えていけば、その会社の強み、不安、機会が見えてくるかもしれない。会社や事業体がどれくらい新しい基準を満たせそうかを判定するために、次の質問について考えてみてはどうだろう。

人格のタイプ

その会社の道徳人格はどういうものか？

●次のうち、あなたが最もその会社を言い当てていると思うのはどれか？——無関心、会費を払っているだけ、組織を維持している、組織を後援している。（第六章を参照）

●他人が最も選びそうなのはどの定義か？　別の従業員、顧客、投資家、パートナー、請負業者、監督機関、公人など、立場を置き換えて考えてみる。これらのグループの現メンバーだけでなく元メンバーについても考えてみよう。

人格のプロフィール

その会社のバリュー体系や「内部構造」を構成する中心的な信念はどのようなものか？

●その会社の目的、指針原則、人間観、意思決定のさいに考慮される利益、権限と説明責任についての考え方はどういうものか？（第七章を参照）

●これらの面について他人はどう見ると思われるか？

●異なる層が描くプロフィールはどんなふうに違っているか？

●会社の行動に反映されている信念は、会社が文書で掲げている信念と同じだろうか？

基準の評価

ビジネスに関する「一般に受け入れられている倫理原則」に照らして、その会社のパフォーマンスはどう評価されるか？（第五章を参照）

●その会社はコー円卓会議・企業の行動方針をどれくらい守っているか？（付録を参照）

●その会社は国連グローバルコンパクトをどれくらい守っているか？（付録を参照）

●その会社は関連があると思われるその他の基準をどれくらい守っているか？　たとえばOECD多国籍企業ガイドライン、その業界の行動準則、あるいは会社が活動するさまざまな地域の法的基準などに照らして考えてみよう。

●その会社がこれらの原則に最も違反しそうなのはどの分野か？　会社の職能分野（財務、会計、マーケティングなど）、主要関係者（顧客、投資家、従業員、サプライヤー、一般市民など）、地理上の部門、業務上の部門、生産ラインのそれぞれに照らして考えてみよう。

能力の評価

次の分野において、その会社の能力はどれくらいか？

●自己鍛錬、自己評価、自己補正、自己改善など、その会社の自己管理能力はどれほどか？

●法的基準や倫理基準の変化にたいして、変化を予測して業務を適切に調整するというような適応能力はどれくらいか？

●相反する要求や責任を調整するなど、道徳的な説明能力と判断能力はどれくらいか？

●四種類の取り組み（第三章を参照）の各区分にある倫理的な問題を認識して対処するなど、道徳的な反応能力がどれほどあるか？

システムの評価

その会社の指導体制や運営体制は新しい期待にどれくらい結びつけられているか？

●投資家、顧客、従業員、一般市民、その他さまざまな関係者に、その会社は何を負っているか？

●主要な関係者がその会社に期待することは何か？

●その会社の指針となる原則はそうした説明責任や期待にどこまで結びつけられているか？　管理と監視、計画と資源配分、雇用と教育、業績評価と報酬、情報の収集と普及、業務の監督と監査、新しい機会の発見と展開、企業パフォーマンスについての測定と報告など、会社の主要な活動をつかさどるシステムとプロセスについて考えてみよう。（第七章を参照）

●その会社の日常業務のプロセスはどれほどうまく結び合わされているか？　資金の確保と運用、資材や用品の調達、生産、流通、物流、マーケティングと広告、販売とサービス、会計と記帳などについて考えてみよう。

意思決定の手法

その会社の意思決定の枠組みとプロセスは、道徳的な視点をどれくらい取りこんでいるか？

●その会社で意思決定に用いられている分析技法には、第八章で述べたごとき倫理的な評価がどれくらい含まれているか？

●戦略的および戦術的な意思決定に用いられている判断基準には、どれくらい道徳的な配慮が含まれているか？

●意思決定の構造は、事情をよく知ったうえで道徳的な視点を提供できるメンバーをどれくらい意図的に含めようとしているか？

リーダーシップの能力

その会社のリーダーは、新しいパフォーマンス基準が投じる課題にどれだけ対応する能力があるか？

●その会社のリーダーたちは企業パフォーマンスにたいする期待の変化に気づいているか？

●組織設立者、意思決定者、ロールモデル、関係者や世界にたいする会社の代表など、さまざまな役割をもつようになったリーダーに、それによって生じる問題に対処できるような訓練がなされているか？

●その会社の事業単位の責任者が自分の仕事を倫理的に評価するよう求められたとき、彼らは何をすればいいか理解しているか？

●その会社の事業単位の管理者がビジネス上の重要な決定を倫理的に分析するよう求められたとき、彼らはその進め方がわかっているか？

●首脳陣のメンバーが会社の取り組むべき倫理的問題を突きとめるよう求められたとき、彼らにはそれができるか？

●首脳陣のメンバーが企業の不正行為の確実な証拠を受け取ったとき、彼らは何をすればいいか承知しているか？

機会の評価

その会社はパフォーマンスを新しい基準に合わせて向上させるうえで、どんな機会をもっているか？

●その会社について予想される今年の業績は、主要関係者の期待とくらべてどう評価されるか？

●その会社のパフォーマンスが向上できた分野に関して各関係者は何と言っているか？

●その会社の現在の活動と予想される今後の活動から考えて、会社の三年後、五年後、一〇年後のパフォーマンスについて各関係者は何と言うだろうか？

●以上の質問にたいするあなたの答えは、どこをどう向上させなければならないということになるか？

これらの質問に答えてみると、でてきた答えは、ロイヤルダッチ・シェルが始めている組織変革と同じように大々的な規模の変化が必要だと言っているかもしれない。あるいは単に、ちょっとした修正をすれば充分だと判断されるかもしれない。しかし、どのような規模であれ、変化を起こすには、センター主導の経営という概念を受け入れられる献身的な人間によるリーダーシップが必要である。これまでの企業がどんなものだったか、そしてこれからどのようなものになりそうかを考えるとき、社会的な義務と財務上の義務をうまく統合できる会社の前途はきわめて有望である。実際、人びとが自分の本当の可能性をなかなか発揮できない世界、多数の人が恐ろしく窮乏している世界、ビジネスへの社会の信頼が日増しに弱まっているように見える世界では、機会は無限にあるような気がするのである。

訳者あとがき

この本は、Lynn Sharp Paine, *VALUE SHIFT*（McGraw-Hill, 2003）の翻訳である。「バリュー」という言葉が「ミッション」や「ビジョン」と並んで会社経営のキーワードとされるようになってからすでに久しいが、わが日本でもこの本が最初に出版されたアメリカでも、バリューの必要性を真に認識している経営者はまだ少ないようだ。

考えるまでもなく、われわれは「正直であれ」とか「約束を守れ」といった社会生活の根底をなす道徳的規範を小学校のころから教え込まれてきて、誰しもそれを正しいと思っているはずだ。ところが現実には、社会生活の支えとなるそういう倫理的な合意にそむく事例が頻出していることは、毎日の新聞紙面を見るまでもなく、周知である。この本を読んで、訳者が何よりも強く感じたのはまさにそのことであり、こういう素朴な道徳的理念をこだわりなく正面から説いているところに、本書の特徴があると思われる。シニックな人は、「利益を至上とするアメリカの企業倫理が目にあまるほど低下していることの反映だろう」と言うかもしれないが、「正直」や「約束を履行」することが健全な社会生活に不可欠であることは言うまでもあるまい。

ともあれ、今日の企業は収益をあげることだけにとどまらず、顧客や従業員ばかりでなく社外の人びとにも配慮し、さらに広範な社会的責任を果たすことまで求められている。そこで着目されてきたのが、バリューである。バリューは価値基準という意味だが、昨今のビジネスにおけるバリューとは、それぞれの会社の行動規範となる信条や倫理観と解釈しても差し支えないだろう。企業倫理の重要性を理解して、経営手法や業務活動に浸透させ、社内で価値観を共有しておかないと思いもよらぬところから不祥事が起こりかねない。いまでは粉飾決算や総会屋への利益供与といった悪習のみならず、安全性への配慮が足りないとか環境汚染のような社会的な責任を問われる問題までが企業不祥事として糾弾されるようになっているのだ。

先般、ここ二〇年のあいだに日本で起こった企業の事故や不祥事が、その企業にどれほどの損害をおよぼしたかを試算した結果が、新聞紙上で報告された。このように「失敗」を分析することによって、事故や不祥事を未然に防ぐ方策を提供する学問を「失敗学」というそうだが、かりに失敗が発覚しないまま利益となった金額やコストとして払わずにすんだ金額と、失敗が発覚した場合に罰金や諸経費や株価の低落などによって失われた金額とを現実に起こった一八件の事例によってくらべてみると、利益の額が損失額の一〇〇倍以上になったケースがない一方で、損失額が場合によっては利益額の一万倍以上にもなっていた。また、同じ失敗を二度繰り返せば、世間の目が厳しくなって、二回目の損失額は初回を大きく上回る。逆に失敗したときの対応が迅速であれば、損失額はそれだけ小さくなる。こうした調査結果は、企業の倫理的な姿勢が現実に問われ、倫理や責任感の欠如が直接的に財務上の損失につながっていることの証左であろう。

そして、本書で紹介されている多くのケーススタディも、まさに同じような結果を伝えている。エンロンやワールドコムの破綻はまだ記憶に新しいが、ほかにも多くの企業が倫理的な問題によって危機に見舞われた。反対に、企業倫理をしっかりと確立した企業は、さまざまな面で成功している。企業倫理が不祥事の防止策として有効なのはもちろんだが、企業に求められることが多くなった現在では、社会的な誠実さを貫徹すること自体がひとつの価値となっているのである。本書が説く企業倫理の重要性および倫理と利益を両立させることの必要性は、日本の大小の企業にもそのまま当てはまることだろう。

著者のリン・シャープ・ペインは、オクスフォード大学で道徳哲学の博士号を取得し、現在はハーバード・ビジネススクールの教授として、世界各地の企業にリーダーシップとバリューに関するコンサルティングを行っている。企業倫理にたいするさまざまな異論や反論を想定したうえで本書に展開する詳細な分析は、彼女の学者としての緻密さのあらわれだろうが、それと同時に世界中のあらゆる企業の経営陣にバリューの必要性をぜひとも理解させたいという熱意のあらわれのようにも感じられる。訳者としても、たった一度の経営判断の過ちが、多数の関係者を巻きこむ悲惨な結果につながってしまう企業不祥事の例を見るにつけても、本書のメッセージができるだけ多くの人に伝わってほしいと思うのである。

この本の翻訳は、毎日新聞社エコノミスト編集部の志摩和生氏の依頼によって手がけることになった。志摩さんと編集部のみなさんには、原稿を丹念にチェックしていただくなど、いつもながら行き届いた配慮をいただいた。なお、この本の翻訳は塩原が訳した原稿を鈴木が原書とつきあわせてチェックするという手順で行った。製作段階に入ったところで、鈴木が体調を崩したため、校正などの仕上げの過程では塩原が主となって仕事を進めることとなった。その意味でも、志摩さんと編集部の方々には通常以上に手間をおかけし、配慮をお願いする結果となった。ここに記して感謝の意を表するしだいである。

二〇〇四年三月

訳者

索引
（企業名）

A－Z

ＡＥＳコーポレーション 60-61, 63, 110-111, 113, 287-301, 305-309
ＡＴ＆Ｔ 163-164
Ｅ・Ｆ・ハットン 66
ＨＤＦＣ（住宅開発金融公社、インド）52-57, 73, 82, 84-85, 90-91, 148, 259, 287
ＩＢＭ 341
ＩＢＭアルゼンチン 138, 139, 140, 146, 222
Ｋマート 265
Ｓ・Ｇ・ウォーバーグ 31
ＳＡＭサステナビリティ・グループ 186
ＵＢＳ 186
Ｗ・Ｒ・グレース 41

ア行

アーサー・アンダーセン 5, 30, 150
アームストロング・ワールド・インダストリーズ 162
アジップ 49
イケア 195, 196, 257
インテュイット 27
ウィプロ 26-27
ウェザリル・アソシエーツ・インク（ＷＡＩ）237
ウォルマート 157, 265
エキファックス・インク 326-340, 349, 351, 352
エクソン・モービル 157
エルフ 49
エンロン 5, 30, 68-70, 84, 150, 187, 275, 308, 351, 379

カ行

キダー・ピーボディ 66
ギャランティ・トラスト・バンク（ＧＴＢ）373-377
クライオバック 41
クレディスイス 186
コロンビアＨＣＡヘルスケア・コーポレーション 272-274

サ行

サイアム・セメント・グループ 25-26, 89, 259
サンビーム・コーポレーション 274-

275
シアーズ・ローバック・アンド・カンパニー 265-273, 285
シールドエア・コープ 35-41, 80-82, 148, 287
シェル→ロイヤルダッチ・シェル
シティコープ 31
シティバンク 375
シャルル・ヴェイヨン 368-370
住宅開発金融公社（インド）→ＨＤＦＣ
ジョンソン・エンド・ジョンソン 62, 91-92, 100, 219, 229, 352-354
スミス・バーニー 186
ゼネラル・エレクトリック 42
ゼネラル・モーターズ 157, 166, 345, 347
ソロモン・ブラザーズ 30-35, 47-52, 70, 73, 84, 87, 89-90, 122, 126, 147-148, 187, 254
ソロモンスミスバーニー 307

タ行

タイコ 30
ダイムラー・クライスラー 157
ダウジョーンズ 185-186
チェルキゾフスキー・グループ 114-115
ティンバーランド・カンパニー 125
テリア・グループ 362-364
トラベラーズ・グループ 31, 66
トランスユニオン 333
ドレクセル・バーナム・ランベール 66, 73

ナ行

ナイキ 195, 196, 197-198, 378
ナショナル・キャッシュ・レジスター 101

ハ行

ハーニッシュフェガー・インダストリーズ 61
ハイアール・グループ（海爾集団）42-47, 92-93
バンガード 186
バンコ・ナシオン 138, 222, 341
フィリップモリス 342-343
フォード・モーター 149, 150, 157, 280-285, 344-347, 349
ブリヂストン（日本）149, 280, 283, 284-285
ブリヂストン・ファイアストン 149-150, 187, 280-285
ブリティッシュ・テレコム 32

マ行

マーキュリー・アセット・マネジメント 31
マーティン・マリエッタ（ロッキード・マーティン）24-25
マイクロソフト 327
マクドネル・ダグラス 148
マンビル・コーポレーション（ジョンズ・マンビル）234-236, 364-367
メリルリンチ 186, 187
メルク・シャープ・アンド・ドーム・アルゼンチン 28

ヤ行

ユニオン・カーバイド 167

ラ行

リーバイ・ストラウス 117-118, 163, 257
リーブヘル 44
ロイヤルダッチ・シェル 47-52, 87, 90, 148, 187, 195, 196, 197, 219, 234, 358-359, 390

ロータス・ディベロップメント・コーポレーション 326-340, 349, 351, 352

ワ行

ワールドコム 5

註

第１章　バリューへの着目

（１）以下を参照。James C. Collins and Jerry Porras, *Built to Last : Successful Habits of Visionary Companies* (New York, N. Y. : HarperBusiness, 1994).

（２）アメリカ従業員調査のデータは以下を参照。Joshua Joseph, *2000 National Business Ethics Survey Volume I : How Employees Perceive Ethics at Work* (Washington, D. C. : Ethics Resource Center, 2000), pp. 6-7.

（３）役員会の倫理基準設定に関するデータは以下から引用。Ronald E. Berenbeim, *Global Corporate Ethics Practices : A Developing Consensus* (New York, N. Y. : The Conference Board, Research Report 1243-99-RR, 1999). フォーブス500社の行動規範、企業信条、バリュー声明に関するデータは以下を参照。Patrick E. Murphy, " Corporate Ethics Statements : Current Status and Future Prospects," *Journal of Business Ethics*, vol. 14 (1995), pp. 727-740.

（４）倫理管理役員協会に属する企業の倫理担当役員についてのデータは以下を参照。〈http://www.eoa.org〉(February 14, 2002).

（５）倫理コンサルティング産業については以下を参照。Mike France, Peter Elstrom, and Mark Maremont, " Ethics for Hire," *Business Week,* July 15, 1996, p. 16. これらの分野のリサーチ、情報収集、コンサルティングを行っているアメリカの代表的な非営利組織は、ニューヨークの全米産業審議会（The Conference Board)、ワシントンD・Cのエシックス・リソース・センター（Ethics Resource Center)、カリフォルニアのＢＳＲ（Business for Social Responsibility)。1992年の発足当時、ＢＳＲの会員企業は45社だったが、2002年には1400社まで増えている。詳細はＢＳＲのウェブサイトを参照。〈http://www.bsr.org〉(February 14, 2002).

（６）この引用とマーティン・マリエッタ全般に関する説明は以下を参照。Lynn Sharp Paine, " Martin Mrietta : Managing Corporate Ethics (A)," HBS Case No. 9-393-016 (Boston, Mass. : Harvard Business School Publishing, 1992).

（７）この言葉は以下より引用。Prompilai Khunaphante and Lynn Sharp Paine, " The Siam Cement Group : Corporate Philosophy (B)," HBS Case No. 9-398-019 (Boston, Mass. : Harvard Business School Publishing, 1997), p. 2. サイアム・セメントの哲学全般については以下を参照。Prompilai Khunaphante and Lynn Sharp Paine, " The Siam Cement Group : Corporate Philosophy (A)," HBS Case No. 9-398-018 (Boston, Mass. : Harvard Business School Publishing, 1997).

（８）この引用とウィプロのバリュー体系についての説明は以下を参照。Lynn Sharp Paine, " Wipro Technologies (A)," HBS Case No. 9-301-403 (Boston, Mass. : Harvard Business School Publishing, 2001), p. 2.

(9) Scott Cook, " The Ethics of Bootstrappping," *Inc.*, September 1992, p. 95.
(10) 全般的な説明は以下を参照。Lynn Sharp Paine, " Merck Sharp & Dohme Argentina, Inc. (A)," HBS Case No. 9-398-033 (Boston, Mass.: Harvard Business School Publishing, 1997).
(11) 個人の不正行為による損害についてのデータは以下から引用。Association of Certified Fraud Examiners, " Report to the Nation on Occupational Fraud and Abuse," 1996 〈http://www.cefnet.com/media/report/reportsection 4. asp〉 (October 26, 2001). 従業員の窃盗による小売業者の損失については以下を参照。Calmetta Coleman, " As Thievery by Insiders Overtakes Shoplifting, Retailers Crack Down," *Wall Street Journal*, September 8, 2000, p. A1.
(12) 合衆国量刑委員会が企業にたいする連邦量刑指針に示した不正行為防止の勧告に従っている会社は、プログラムの内容に該当する犯罪行為で有罪とされた場合に罰金を軽減してもらえる。条件については以下を参照。the United States Sentencing Commission, *Guidelines Manual* (Washington, D. C.: USSC, 2001), Ch. 8, section 8C2, pp. 423-439. この指針は1991年の発効以来、アメリカにおける企業倫理プログラムの普及を促進してきた。
(13) この記述についての詳細は以下を参照。Lynn Sharp Paine and Michael A. Santoro, " Forging the New Salomon," HBS Case No. 9-395-046 (Boston, Mass.: Harvard Business School Publishing, 1994). とくに注記がないかぎり、この部分で引用されている言葉や専門用語はすべてこのケーススタディが基盤になっている。2001年春、シティグループは投資銀行部門と証券仲買部門にソロモンの名前を使用するのをやめる計画を発表した。詳細は以下を参照。Paul Beckett, " So Long, Poker Players: Salomon is History," *Wall Street Journal*, May 23, 2001, p. C18.
(14) Robert E. Denham, " Remarks Before the 20th Annual Securities Regulation Institute," Coronado, California, January 21, 1993. (著者の資料にある未発表の発言)
(15) 以下で引用。Anita Raghaven, " Salomon's Decision to Sell Out to Travelers Group May Be Traced to 1991 Treasury-Bond Scandal," *Wall Street Journal*, September 25, 1997, p. C1.
(16) この記述についての詳細は以下を参照。Lynn Sharp Paine and Karen Hopper Wruck, " Sealed Air Corporation: Globalization and Corporate Culture (A),(B)," HBS Case Nos. 9-398-096, 9-398-097 (Boston, Mass.: Harvard Business School Publishing, 1998). とくに注記がないかぎり、この部分で引用されている言葉や専門用語はすべてこのケーススタディが基盤になっている。
(17) この記述についての詳細は以下を参照。Lynn Sharp Paine, "The Haier Group (A),(B),(C)," HBS Case Nos. 9-398-101, 9-398-102, 9-198-162 (Boston, Mass.: Harvard Business School Publishing, 1998); and Lynn Sharp Paine, " Haier Hefei Electronics Co. (A),(B)," HBS Case Nos. 9-300-070, 9-300-071 (Boston, Mass.: Harvard Business School Publishing, 1999). とくに注記がないかぎり、この部分で引用されている言葉や専門用語はすべてこのケーススタディが基盤になっている。
(18) アメリカ冷蔵庫市場でのハイアールのシェアに関するデータは以下から引用。

"Haier Ambitions," *AsiaWeek*, October 5, 2001, and Dan Biers, "Taking the Fight to the Enemy: China's Top Appliance Maker, Haier, Breaks into the U. S. Market Using a Combination of Quality, Price and Local Manufacturing," *Far Eastern Economic Review*, March 29, 2001, p. 52. ハイアールの世界進出については以下を参照。Haier Group, "On an Innovative Way to a World-Famous Brand — A Brief Introduction of the Haier Group," Haier Web page, February 2001, 〈http://www.haier.com/english/about/index.html〉 (March 6, 2002). 1998年の《フィナンシャル・タイムズ》の調査については以下を参照。"General Electric Takes Top Honours in First Financial Times Price Waterhouse Coopers World's Most Respected Companies Survey," Table 18, "Asia-Pacific's Most Respected Companies," *Business Wire*, November 30, 1998. ハイアールが中国のオンライン投票で最優良中国企業に選出された件は以下で報告されている。"Hai'er Elected Best Listed Company," *China Online*, February 6, 2002. 以下のウェブサイトで参照できる。Dow Jones Interactive Publications Library, 〈http://www.library.hbs.edu/dji.htm〉 (March 7, 2002).

(19) この件に関しては以下を参照。Lynn Sharp Paine, "Royal Dutch/Shell in Transition (A),(B)," HBS Case Nos. 9-300-039, 9-300-040 (Boston, Mass.: Harvard Business School Publishing, 1999); and Lynn Sharp Paine and Mihnea Moldoveanu, "Royal Dutch/Shell in Nigeria (A),(B)," HBS Case Nos. 9-399-126, 9-300-127 (Boston, Mass.: Harvard Business School Publishing, 1999). とくに注記がないかぎり、この分で引用されている言葉や引用はすべてこのケーススタディが基盤になっている。

(20) この記述は以下を基盤にしている。Joshua Hammer, "Nigeria Crude," *Harper's Magazine*, June 1996. および前掲の文献。Paine and Moldoveanu, "Royal Dutch/Shell in Nigeria."

(21) この部分の記述については以下を参照。Lynn Sharp Paine, "HDFC (A)," HBS Case No. 9-301-093 (Boston, Mass.: Harvard Business School Publishing, 2000). とくに注記がないかぎり、この部分で引用されている言葉や専門用語はすべてこのケーススタディが基盤になっている。

(22) 1999年4月26日、インド商業会議所でのディーパック・パレクの発言。実業界のイメージを高めた功績を表彰されて。

第2章　倫理は得になるか

(1) 詳細は以下を参照。Lynn Sharp Paine, "AES Honeycomb (A)," HBS Case No. 9-395-132 (Boston, Mass.: Harvard Business School Publishing, 1994).

(2) 以下に抜粋されているウォーターゲート事件のテープより。Frances Cullen, William Maakestad, and Gray Cavender, *The Ford Pinto Case* (Albany, N. Y.: State University of New York Press, 1994), pp. 266-271.

(3) このCFOの言葉を引用できたのはコンスタンス・バグリー教授のおかげである。出典は以下。Bill Birchard, "How Many Masters Can You Serve?" *CFO*, July 1995, p. 54. OECD顧問団の声明の出典は以下。Organisation for

Economic Cooperation and Development, *Corporate Governance : Improving Competitiveness and Access to Capital in Global Markets, A Report to the OECD by the Business Sector Advisory Group on Corporate Governance* (Paris : OECD, April 1998), p. 67. 同報告書はあとの部分で、短期的には妥協が必要かもしれないと認めている。経営者円卓会議の見解については以下を参照。The Business Roundtable, *Statement on Corporate Governance : A White Paper from The Business Roundtable* (Washington, D. C., September 1997), at p. 3 : "The Business Roundtable does not view these two positions [shareholder and stakeholder] as being in conflict..."

(4) この記述はおおむね以下の二つの出典に記載された事実をもとにしている。Richard S. Tedlow, "James Burke : A Career in American Business," HBS Case No. 9-389-177 (Boston, Mass. : Harvard Business School Publishing, 1989); John Deighton, "McNeil Consumer Produdts Company : Tylenol" (Hanover, N. H. : Amos Tuck School, Dartmouth College, 1983).

(5) テッドローの文献（前掲）付属のビデオより引用。Tedlow, "James Burke : A Career in American Business," HBS No. 9-389-177.

(6) 本章の記述は著者の過去の出版物のいくつかをもとにしている。おもな文献は以下のとおり。Lynn Sharp Paine, "Does Ethics Pay ?" *Business Ethics Quarterly*, vol. 10, no. 1 (January 2000, pp. 319-330 ; Lynn Sharp Paine, *Cases in Leadership, Ethics, and Organizational Integrity : A Strategic Perspective* (Burr Ridge, Ill. : Richard D. Irwin, 1997). 邦訳：リン・シャープ・ペイン『ハーバードのケースで学ぶ企業倫理：組織の誠実さを求めて』（慶應義塾大学出版会、1999年）

(7) モーガンの言葉は以下より引用。Seth Faison, Jr., "Salomon's Renovation Enters New Phase," *New York Times*, February 11, 1992, p. D1.

(8) とくに注記がないかぎり、この部分の情報と引用はすべて以下を出典としている。Lynn Sharp Paine and Michael A. Santoro, "Forging the New Salomon," HBS Case No. 9-395-046 (Boston, Mass. : Harvard Business School Publishing, 1994).

(9) 企業の違法行為が財務面におよぼす長期的な影響の研究については以下を参照。Melissa S. Baucus and David A. Baucus, "Paying the Piper : An Empirical Examination of Longer-Term Financial Consequences of Illegal Corporate Behavior," *Academy of Management Journal*, vol. 40, no. 1 (1997), pp. 129-151.

(10) エンロン関係の事実については多くの資料がある。エンロン取締役会が示した説明については以下を参照。William C. Powers, Jr., Raymond S. Troubh, Herbert S. Winokur, Jr., "Report of Investigation by the Special Investigative Committee of the Board of Directors of Enron Corp.," February 1, 2002. ここで述べられている事実は、この報告書と以下の資料をもとにしている。William Bradley, "Enron's End," *American Prospect*, January 1, 2001, p. 30 ; John R. Emshwiller, "Documents Track Enron's Partnerships," *Wall Street Journal*, January 2, 2002, p. A3 ; Daniel Fisher, "Shell Game : How Enron Concealed Losses, Inflated Earnings — and Hid Secret Deals," *Forbes*, January 7, 2002, p. 52 ; Susan Lee, "The Dismal Science : Enron's Success Story," *Wall Street Journal*, December 26, 2001, A11 ; Bethany McLean, "Why Enron Went Bust,"

Fortune, December 24, 2001, p. 58 ; Peter Speigel, " Enron Collapse : The Fastow Factor — The Architect of Enron's Downfall," *Financial Times*, May 21, 2002, p. 32.

(11) オットー・G・オーバーマイヤー (Otto G. Obermaier) 弁護士の言葉は以下より引用。Robert J. McCartney and David S. Hilzenrath, " Salomon, . S. Settle Bond Case ; Wall Street Brokerage to Pay $ 290 Million," *Washington Post*, May 21, 1992, p. A1.

(12) 企業の無責任な行為を抑制する規制の出現については以下を参照。James Willard Hurst, *The Legitimacy of the Business Corporation in the Law of the United States 1780-1970* (Charlottesville, Va.: The University Press of Virginia, 1970). エンロン事件後の改革提案については以下を参照。Amy Borrus, Mike McNamee, Paula Dwyer, Marcia Vickers, David Henry, " What Clean-up? As Washington Dithers, Financial Reform is Going Nowhere Fast," *Business Week*, June 17, 2002, p. 26 ; Scott Bernard Nelson, " Healing the Accounting Industry," *Boston Sunday Globe*, June 23, 2002, p. C1.

(13) こうした要因の重要性については以下を参照。David Garvin, *Learning in Action : A Guide to Putting the Learning Organization to Work* (Boston, Mass. : Harvard Business School Press, 2000). 邦訳：デービッド・A・ガービン『アクション・ラーニング』(ダイヤモンド社、2002年); Peter M. Senge, *The Fifth Discipline : The Art and Practice of the Learning Organization* (New York, N. Y. : Doubleday & Company, Inc., 1994). 邦訳：ピーター・M・センゲ『最強組織の法則：新時代のチームワークとは何か』(徳間書店、1995年)

(14) Teresa M. Amabile, " How to Kill Creativity," *Harvard Business Review* (September-October 1998), pp. 77-87 ; " Mobilizing Creativity in Organizations," *California Management Review*, vol. 40, no. 1 (Fall 1997), pp. 39-58.

(15) W. Chan Kim and Renée A. Mauborgne, " Making Global Strategies Work," *Sloan Management Review* (Spring 1993), pp. 11-27.

(16) Robert H. Moorman, " Relationship Between Organizational Justice and Organizational Citizenship Behaviors : Do Fairness Perceptions Influence Employee Citizenship? " *Journal of Applied Psychology*, vol. 76, no. 6 (1991), pp. 845-855. 以下も参照。Dennis W. Organ and Mary Konovsky, " Cognitive Versus Affective Determinants of Organizational Citizenship Behavior," *Journal of Applied Psychology*, vol. 74, no. 1 (1989), pp. 157-164.

(17) James M. Kouzes and Barry Z. Posner, *The leadership Challenge* (San Francisco, Ca : Jossey-Bass Publishers, 1987), pp. 16-19.

(18) 上記の文献 (Kouzes and Posner, *The Leadership Challenge*. pp. 22-23.) で引用されているチャールズ・オライリーの調査。

(19) 以下を参照。Anil K. Gupta and Vijay Govindarajan, " Knowledge Management's Social Dimension : Lessons from Nucor Steel," *Sloan Management Review* (Fall 2000), pp. 71-80, esp. p. 76.

(20) David W. De Long and Liam Fahey, " Diagnosing Cultural Barriers to Knowledge Management," *Academy of Management Executive*, vol. 14, no. 4 (2000), pp. 113-127, esp. p. 119.

(21) Rensis Likert, "A Motivational Approach to a Modified Theory of Organization and Management," in *Modern Organization Theory*, ed. Mason Haire (New York, N. Y.: John Wiley & Sons, 1959), pp. 184-217.
(22) 製造業者と小売業者との関係1500件を調べた研究より。Nirmalya Kumar, "The Power of Trust in Manufacturer-Retailer Relationships," *Harvard Business Review* (November-December 1996), pp. 92-106.
(23) すべて以下より引用。Lynn Sharp Paine and Karen Hopper Wruck, "Sealed Air Corporation: Globalization and Corporate Culture (B)," HBS Case No. 9-398-097 (Boston, Mass.: Harvard Business School Publishing, 1998).
(24) ここに挙げた二つの調査はともにウォーカー・インフォメーションとハドソン研究所が共同で行ったもの。従業員の忠実さと企業倫理の認識との関連性についての研究は以下を参照。"Integrity in the Workplace: The 1999 Business Ethics Study," Indianapolis, Indiana, May 31, 2000. 従業員の貢献度に関する32ヵ国調査については以下を参照。Walker Information Global Network and Hudson Institute, "Commitment in the Workplace: The 2000 Global Employee Relationship Report," Indianapolis, Indiana, October 18, 2000.
(25) 信頼と品質の関連性については以下に言及がある。W. Edwards Deming, Foreword to John O. Whitney, *The Trust Factor: Liberating Profits and Restoring Corporate Vitality* (New York, N. Y.: McGraw-Hill, 1994), pp. vii, viii.
(26) サービス企業についての調査は以下を参照。James L. Heskett, W. Earl Sasser, Jr., and Christopher W. L. Hart, *Service Breakthroughs: Challenging the Rules of the Game* (New York, N. Y.: The Free Press, 1990). 忠実さについての調査は以下を参照。Frederick F. Reichheld, *The Loyalty Effect: The Hidden Force Behind Growth, Profits, and Lasting Value* (Boston, Mass.: Harvard Business School Press, 1996). 抄訳：フレデリック・F・ライクヘルド『顧客ロイヤルティのマネジメント：価値創造の成長サイクルを実現する』(ダイヤモンド社、1998年)
(27) いかがわしいマルチ商法に巻きこまれた従業員の言葉は以下で引用されている。Julia Flynn, Christina Del Valle, and Russell Mitchell, "Did Sears Take Other Customers for a Ride?" *Business Week*, August 3, 1992, p. 25. エンロンの例は以下より。Elliot Spagat, "Employees, Angry and Broke, Offer Enron's Secrets for Sale on the Web," *Wall Street Journal Online*, January 22, 2002, 〈http://online.wsj.com〉 (February 25, 2002).
(28) 雇用主に背いた情報収集員の話は以下に記載されている。Robert Johnson, "Inside Job: The Case of Mare Feith Shows Corporate Spies Aren't Just High-Tech," *Wall Street Journal*, January 9, 1987 〈http://global.factiva.com〉 (June 14, 2002). ソロモンの顧客の言葉は以下より。Paine and Santoro, "Forging the New Salomon," HBS Case No. 9-395-046, p. 10.
(29) バージニア大学のジョナサン・ハイトの研究については以下に記載されている。Gareth Cook, "Seeing How the Spirit Moves Us," *Boston Globe*, December 6, 2000, p. A1.

(30) Robert Axelrod, *The Evolution of Cooperation* (New York, N. Y.: Basic Books, 1984). 邦訳：ロバート・アクセルロッド『つきあい方の科学：バクテリアから国際関係まで』(ミネルヴァ書房、1998年)
(31) 以下で引用。Laurie P. Cohen, Michael Siconolfi, Kevin G. Salwen, "SEC Probes Collusion by Traders," *Wall Street Journal*, August 27, 1991, p. C1.
(32) よい評判の影響については以下で説明されている。Charles J. Fombrun, *Reputation: Realizing Value from the Corporate Image* (Boston, Mass.: Harvard Business School Press, 1996). 以下も参照。Grahame Dowling, *Creating Corporate Reputations: Identity, Image, and Performance* (Oxford, U. K.: Oxford University Press, 2001).
(33) 以下を参照。Fombrun, *Reputation*, p. 6; Dowling, *Creating Corporate Reputations*, pp. 49-63.
(34) Jennifer Reese, "America's Most Admired Corporations," *Fortune*, February 8, 1993, pp. 44 ff.
(35) よい評判の一般的な利点については以下を参照。Fombrun, *Reputation*. よい評判の契約上の効果についての研究は以下を参照。Abhijit V. Banerjee and Esther Duflo, "Reputation Effects and the Limits of Contracting: A Study of the Indian Software Industry," *Quarterly Journal of Economics*, vol. 115, no. 3 (August 2000), pp. 989-1017.
(36) 以下を参照。Todd Saxton, "The Effects of Partner and Relationship Characteristics on Alliance Outcomes," *Academy of Management Review*, vol. 40, no. 2 (1997), pp. 443-461.
(37) 以下で引用。Peter Janssen, "Boom Time for Thai Cement," *Asian Business*, August 1990, p. 76.
(38) Jonathan M. Karpoff and John R. Lott, Jr., "The Reputational Penalty Firms Bear from Committing Criminal Fraud," *Journal of Law and Economics*, vol. 36 (October 1993), pp. 757-802.
(39) 以下に付属のビデオより。Richard S. Tedlow, "James Burke: A Career in American Business," HBS Case No. 9-389-177.
(40) Jean-Noël Kapferer, *Strategic Brand Management: Creating and Sustaining Brand Equity Long Term*, 2d ed. (London: Kogan Page, 1997), pp. 29-31.
(41) 以下も参照。David A. Aker, "Building a Brand: The Saturn Story," *California Management Review* (Winter 1994), pp. 114-133.
(42) 以下を参照。John P. Kotter and James L. Heskett, *Corporate Culture and Performance* (New York, N. Y.: The Free Press, 1992). 邦訳：ジョン・P・コッター、ジェイムズ・L・ヘスケット『企業文化が高業績を生む：競争を勝ち抜く「先見のリーダーシップ」207社の実証研究』(ダイヤモンド社、1994年)
(43) この研究は1978年から1983年の上場企業81社を対象としている。詳細は以下を参照。Donald K. Clifford, Jr., and Richard E. Cavanagh, *The Winning Performance: How America's High-Growth Midsize Companies Succeed* (New York, N. Y.: Bantam Books, 1985). 邦訳：D・K・クリフォード、R・E・キャバナー『ウィニング・パフォーマンス：勝利企業の条件』(プレジデント社、1986

年)
(44) 以下を参照。James C. Collins and Jerry I. Porras, *Built to Last : Successful Habits of Visionary Companies* (New York, N. Y. : HarperBusiness, 1994). 邦訳：ジェームズ・C・コリンズ、ジェリー・I・ポラス『ビジョナリーカンパニー：時代を超える生存の原則』(日経ＢＰ出版センター、1995年)
(45) 以下を参照。Curtis C. Verschoor, "Principles Build Profits," *Management Accounting* (October 1997), pp. 42-46.
(46) Joshua Daniel Margolis and James Patrick Walsh, *People and Profits ? The Search for a Link Between a Company's Social and Financial Performance* (Mahwah, N. J. : Lawrence Erlbaum Associates, 2001).

第３章　ひとまず現実をチェックする

(１) ある商人がボストンの妻に宛てた手紙から抜粋。以下を参照。Margaret C. S. Christman, *Adventurous Pursuits : Americans and the China Trade 1784-1844* (Washington, D. C. : Smithsonian Press, 1984), p. 117.
(２) 象牙貿易の恐ろしい実態については以下を参照。Adam Hochschild, *King Leopold's Ghost : A Story of Greed, Terror, and Heroism in Colonial Africa* (Boston, Mass. : Houghton Mifflin Company, 1998). ナショナル・キャッシュ・レジスターの例は以下より。Richard S. Tedlow, *Giants of Enterprise : Seven Business Innovators and the Empires They Built* (New York, N. Y. : HarperBusiness, 2001), p. 192.
(３) 本章の一部は筆者の以下の記事をもとにしている。"Does Ethics Pay ?" *Business Ethics Quarterly*, vol. 10, no. 1 (January 2000), pp. 319-330.
(４) Joshua Joseph, *2000 National Business Ethics Survey Volume I : How Employees Perceive Ethics at Work* (Washington, D. C. : Ethics Resource Center, 2000), pp. xi, 12. この調査は電話によって行われ、回答者は営利部門、非営利部門、政府部門のそれぞれから無作為に選ばれた。
(５) KPMG, Integrity Management Services, "2000 Organizational Integrity Survey : A Summary," KPMG US Web page, 2000, 〈http://www.us.kpmg.com/RutUS_prod/Documents/12/IMSrvy_.pdf〉 (March 6, 2002). この調査は、所定の条件を満たした特定の業界の成人労働者家庭に送られたアンケートをもとにしている。違反行為が最も多く目撃されたのは消費者関連の業界だった。
(６) Arthur P. Brief, Janet M. Dukerich, Paul R. Brown, Joan F. Brett, "What's Wrong with the Treadway Commission Report ? Experimental Analyses of the Effects of Personal Values and Codes of Conduct on Fraudulent Financial Reporting," *Journal of Business Ethics*, vol. 15 (1996), pp. 183-198, at 190.
(７) "Press Conference with Attorney General Janet Reno and Joel Klein, Assistant Attorney General," *Federal News Service*, May 20, 1999.
(８) 1994年３月にスウェーデンのテレビで放映された以下の番組より。"The Carpet," by Magnus Bergmar/Bergmar Produktion (Mariefred, Sweden, 1994).

（9） Ellen Barry, " Games Feared as Violent Youths' Basic Training," *Boston Globe*, April 29, 1999, p. A1 ; Derek Donovan, " A Culture of Overkill : Music, Movies & a Mayhem Game Over... Violence Takes Video Games to a Higher Level of Angst," *Kansas City Star*, April 24, 1999, p. E1.
(10) コロラドとケンタッキーの事件についての詳細は、それぞれ以下を参照。Evan Gahr, " Gore for Sale : Computer Games at a Store Near You... Be Afraid, Be Very Afraid," *Wall Street Journal*, April 30, 1999, p. W13 ; Gary Chapman, " Video Killers," *Texas Monthly*, January 2001, p. 61 ; Frank Main, " Move to Limit Violent-Game Sales," *Chicago Sun-Times*, October 20, 2000, p. 16. 2002年4月にドイツの都市エルフルトの高校で起こった18人の殺害事件を捜査した警察は、19歳の加害者の自宅で暴力的なコンピュータゲームとビデオを発見した。詳細は以下を参照。Peter Finn and Erik Schelzig, " Students Recount Teen Killer's Methodical Path," *Boston Sunday Globe*, April 28, 2002, p. A21.
(11) Lt. Col. Dave Grossman, *On Killing : The Psychological Cost of Learning to Kill in War and Society* (Boston, Mass. : Little, Brown and Company, 1995). 邦訳：デーブ・グロスマン『「人殺し」の心理学』(原書房、1998年); Lt. Col. Dave Grossman and Gloria Degaetano, *Stop Teaching Our Kids to Kill : A Call to Action Against TV, Movie and Video Game Violence* (New York, N. Y. : Crown Publishing Group, 1999).
(12) Donovan, " A Culture of Overkill."
(13) 以下で引用。John F. Harris and Sharon Waxman, " FTC to Probe Entertainment Ads," *Boston Globe*, June 2, 1999, p. A3.
(14) 以下で引用。Evan Thomas, " The King of Gore : Doom Creator John Romero Has Mayhem on His Mind," *Newsweek*, April 27, 1998, pp. 76-77.
(15) 以下で引用。Gahr, " Gore for Sale."
(16) この例を含め、いくつもの興味深い報酬要求が以下で見られる。Lynn Sharp Paine, " Becton Dickinson : Ethics and Business Practices (A)," HBS Case No. 9-399-055 (Boston, Mass. : Harvard Business School Publishing, 1998), p. 9.
(17) この関係を示すのにベン図形を用いるアイデアは同僚のトマス・R・パイパー教授から拝借した。
(18) 詳細は以下を参照。Lynn Sharp Paine, " AES Global Values," HBS Case No. 9-399-136 (Boston, Mass. : Harvard Business School Publishing, 1999). AESがカリフォルニアで経験した同様のジレンマについては以下を参照。Kathryn Kranhold, " Balancing Act : ' Surf City ' Power Plant Brings Hope for Crisis, Fear for Environment," *Wall Street Journal*, April 18, 2001, p. A1.
(19) 以下を参照。Globe Spotlight Team, " Home Builder Leaves Trail of Bitter Buyers," *Boston Sunday Globe*, April 29, 2001, p. A1 ; Sacha Pfeiffer, " Efficient Practices a Hit with Wall Street," *Boston Sunday Globe*, April 29, 2001, p. A26.
(20) 以下を参照。John Maynard Keynes, *A Tract on Monetary Reform* (London : Macmillan, 1924), Chapter 3. 邦訳：ジョン・メイナード・ケインズ『ケインズ全集第四巻：貨幣改革論』(東洋経済新報社、1978年)。ケインズは続けてこ

う述べている。「激しい嵐の季節に、嵐が過ぎ去ってしばらくすれば海はまた穏やかになるとしか言えないのなら、経済学者のやっていることはあまりにも安易で、あまりにも無意味だ」

(21) 以下を参照。Lynn Sharp Paine, "The Cherkizovsky Group (A)," HBS Case No. 9-399-119 (Boston, Mass.: Harvard Business School Publishing, 1999).

(22) この例は同僚のブルース・スコット教授に教えてもらった。以下を参照。*South African Banking Review* (South Africa: The Banking Council), December 31, 1998, pp. 15-18, 24.

(23) Charles Gasparino, "Wall Street Has Less and Less Time for Small Investors," *Wall Street Journal*, October 5, 1999, p. C1.

(24) 以下を参照。Michael Wang, "S Africa's Nedcor Turns Hostile to Seize Standard Bank," *Dow Jones Newswires*, November 11, 1999; "S Africa Standard Bk Says Nedcor Merger Plan Unacceptable," *Dow Jones Newswires*, October 26, 1999.

(25) Greta Steyn, "South Africa's Finance Minister Blocks Standard Bank Investment Corporation Takeover," *Financial Times*, June 22, 2000, p. 32.

(26) 詳細は以下を参照。Lynn Sharp Paine, "Levi Strauss & Co.: Global Sourcing (A),(B)," Harvard Business School Case Nos. 9-395-127, 9-395-128 (Boston, Mass.: Harvard Business School Publishing, 1994).

(27) この段落の記述は以下の資料をもとにしている。Ralph T. King, Jr., "Jeans Therapy: Levi's Factory Workers Are Assigned to Teams, and Morale Takes a Hit," *Wall Street Journal*, May 20, 1998, pp. A1, A3; Frank Swoboda, "An American Emblem's Presence Fades," *Washington Post*, February 23, 1999, p. A1; Louise Lee, "Can Levi's Be Cool Again?" *Business Week*, March 13, 2000, p. 144; Michael A. Verespej, "How to Manage Adversity: Why Do So Many Companies Do It So Poorly?" *Industry Week*, January 19, 1998, p. 24.

(28) 儒教は紀元前4000年ごろ、孔子の死から約75年後に、弟子たちによってまとめられたと言われている。詳しくは『論語』を参照。*The Analects of Confucius*, trans. by Simon Leys (New York, N. Y.. W. W. Norton & Company, 1997), p. xix, 175; Roger T. Ames, Henry Rosemont, Jr., *The Analects of Confucius: A Philosophical Translation* (New York, N. Y.: Ballantine Books, 1998), p. 51 (「礼」について). 本文中の解釈には識者の協力をいただいたが、中国思想の専門家からは異論もあるだろう。

(29) *The Analects of Confucius*, trans. by Leys, pp. 130-131; Ames and Rosemont, *The Analects of Confucius*, p. 49 (「仁」について).

(30) 参考資料は以下。James D. Wallace, *Virtues and Vices* (Ithaca, N. Y.: Cornell University Press, 1978).

(31) この区別の説明として最も有名なのは、Carol Gilligan, *In a Different Voice: Psychological Theory and Women's Development* (Cambridge, Mass.: Harvard University Press, 1982) だろう (邦訳：キャロル・ギリガン『もうひとつの声：男女の道徳観のちがいと女性のアイデンティティ』川島書店、一九八六年)。ギリガンはこの問題をジェンダーと結びつけて説明しているが、この区別に

長い歴史があることと、男性の研究者にも採用されてきたことを考えれば、その結びつけには怪しいものがある。紀元前1世紀、キケロは正義と寛大さ（優しさや思いやりと言ってもいい）が人間社会をまとめあわせる原則の二つの要素だと述べている。以下を参照。Cicero, *De Officiis/On Duties*, Book One, trans. by Harry G. Edinger (New York, N. Y.: The Bobbs-Merrill Company, Inc., 1974), p. 12 ff. 邦訳：キケロ『義務について』（岩波書店、1961年）

(32) 以下で引用。Lynn Sharp Paine and Michael Santoro, " Forging the New Salomon," HBS Case No. 9-395-046 (Boston, Mass.: Harvard Business School Publishing, 1994), p. 6.

(33) ティンバーランドについての記述はおもに以下を参考にしている。James E. Austin, " The Invisible Side of Leadership," *Leader to Leader*, no. 8 (Spring 1998), pp. 38-46 at 41.

(34) Lynn Sharp Paine, " Managing for Organizational Integrity," *Harvard Business Review* (March-April 1994).

(35) 以下より引用。*United States v. Beech-Nut Nutrition Corporation*, 871 F. 2nd 1181 (2nd Cir. 1989) at 1186-1187.

(36) とくに注記がないかぎり、この段落の情報は以下をもとにしている。Sissela Bok, *Common Values* (Columbia, Mo.: University of Missouri Press, 1995), p. 15.

(37) H. L. A. Hart, *The Concept of Law* (London: Oxford University Press, 1961), pp. 167, 176. 邦訳：H・L・A・ハート『法の概念』（みすず書房、1976年）

(38) 主要な西洋哲学が詐欺についてどう言っているかの概説は以下を参照。Sissela Bok, *Lying: Moral Choice in Public and Private Life* (New York, N. Y.: Pantheon Books, 1978). 邦訳：シセラ・ボク『嘘の人間学』（TBSブリタニカ、1982年）

(39) 以下を参照。Caux Round Table, " Principles for Business," Principle 3, Caux Round Table Web page, 1994,〈http://www.cauxroundtable.org〉(March 4, 2002); " An Interfaith Declaration: A Code of Ethics on International Business for Christians, Muslims and Jews," *Global Virtue Ethics Review*, vol. 1, no. 2 (1999), Principle 4, p. 126, first published 1993, available from Southern Public Administration Education Foundation Web page, 〈http://www. spaef. com/GVER_PUB〉(March 6, 2002); Organisation for Economic Co-operation and Development, " The OECD Guidelines for Multinational Enterprises," part 1, section 7 (4), " Consumer Interests," p. 25, OECD online, revised in 2000 (created 1976),〈http://www.oecd.org/daf/investment/guidelines/mnetext. htm〉(March 4, 2002).

(40) ジェシー・ジャクソンの話は以下で引用。" Wall Street: The Colour (and Sex) of Money," *Economist*, June 19, 1999, p. 78.

第4章　企業人格の変遷

(1) 1999年にエンバイロニクス・インターナショナル社がプリンス・オブ・ウェールズ・ビジネス・リーダーズ・フォーラム、全米産業審査会と共同で行った調査。

" The Millennium Poll on Corporate Social Responsibility," executive briefing, 〈http://www.environicsinternational. com/news_archives/MPExecBrief. pdf〉 (March 5,2002).

(2) Aaron Bernstein, " Too Much Corporate Power ? " *Business Week*, September 11, 2000, p. 149.

(3) 以下で引用。Christopher D. Stone, *Where the Law Ends : The Social Control of Corporate Behavior*, 2d ed.(New York, N. Y.: Harper & Row Publishers, 1975), p. 3. また、表現はやや違っているが、イギリスの大法官エドワード・サーロウ（1731—1806）の言葉だとされる引用が以下に見られる。John C. Coffee, Jr., " 'No Soul to Damn : No Body to Kick ' : An Unscandalized Inquiry into the Problem of Corporate Punishment," *Michigan Law Review*, vol. 79 (January 1981), p. 386.「地獄に落とす魂も蹴りつける肉体もない企業に、良心があるとでも思ったのか？」

(4) サー・エドワード・コーク（1552—1634）はサットンズ病院訴訟において「彼ら［企業］には魂がないのだから、反逆罪も犯せないし、追放されたり破門されたりすることもありえない」という判決を下した。*The Case of Sutton's Hospital*, 10 Coke Report 1 a, 77 Eng. Rep. 937.(Exchequer Chamber［財務府会議室裁判所］, 1613).

(5) 概論は以下を参照。Bishop Carleton Hunt, *The Development of the Business Corporation in England, 1800-1867* (Cambridge, Mass.: Harvard University Press, 1936).

(6) 以下を参照。John Dewey, " The Historic Background of Corporate Legal Personality," *Yale Law Journal*, vol. XXXV, no. 6 (April 1926), pp. 655-673, at 665. この説への反論は以下で引用されている。William W. Bratton, Jr., " The New Economic Theory of the Firm : Critical Perspectives from History," *Stanford Law Review*, vol. 41 (July 1989), pp. 1471-1527 at note 151.

(7) インノケンティウス四世の論理については以下を参照。Coffee, " No Soul to Damn."

(8) *Trustees of Dartmouth College v. Woodward*, 17 U. S.(4 Wheat.) 518, 636 (1819).

(9) Joseph S. Davis, *Essays in the Earlier History of American Corporations* (Cambridge, Mass.: Harvard University Press, 1917), II, 8, 22. 引用元は以下。Oscar Handlin and Mary F. Handlin, " Origins of the American Business Corporation," *Journal of Economic History*, vol. 5, no. 1 (May 1945), pp. 1-23 at p. 4. 別の歴史家は、アメリカで1780年から1801年のあいだに発行された企業設立の特別勅許状の数は317件で、そのうち96パーセントが各種の公益事業だったと述べている。詳細は以下を参照。James Willard Hurst, *The Legitimacy of the Business Corporation in the Law of the United States, 1780-1970* (Charlottesville, Va.: The University Press of Virginia, 1970), p. 17.

(10) 19世紀末までに、有限責任は企業形態の不可欠な特質とみなされるようになっていた。有限責任の起源については以下を参照。Handlin and Handlin, " Origins of the American Business Corporation," pp. 8-17.

(11) *Bank of the United States v. Deveaux*, 9 U. S.(5 Cranch) 61 at 86 (1809).

この判例はのちに覆され、企業は法制上、それを創設した国家の市民であるとみなされることになった。以下を参照。*Louisville, Cincinnati & Charleston Railroad v. Letson*, 43 U. S.(2 How.) 497 at 557-558 (1844). この推移についての説明は以下を参照。Herbert Hovenkamp, "The Classical Corporation in American Legal Thought," 76 *Georgetown Law Journal* 1593 (June 1988) at 1598-1599.

(12) 詳しい説明と分析は以下を参照。Morton J. Horwitz, "Santa Clara Revisited: The Development of Corporate Theory," Chap. 3 in *The Transformation of American Law 1870-1960* (New York, N. Y.: Oxford University Press, 1992), pp. 65-107. 邦訳：モートン・J・ホーウィッツ『現代アメリカ法の歴史』(弘文堂、1996年)。イギリスでの同様の推移については以下を参照。Hunt, *Development of the Business Corporation in England*.

(13) 以下を参照。George Heberton Evans, Jr., *Business Incorporations in the United States 1800-1943* (New York, N. Y.: National Bureau of Economic Research, 1948), pp. 3, 10.

(14) 同上。 p. 35. 以下も参照。Hunt, *Development of the Business Corporation in England*.

(15) 企業概念の発展についての包括的な説明は以下を参照。Hovenkamp, "Classical Corporation in American Legal Thought."

(16) これらの法的進展についての説明と分析は以下を参照。Hovenkamp, "Classical Corporation in American Legal Thought."

(17) 企業の道徳的な人格というテーマが初めて取りあげられたのは、1903年、フレデリック・ウィリアム・メートランドの講演「道徳的な人格と法的な人格」においてである。その内容は以下に記載されている。*The Collected Papers of Frederic William Maitland*, vol. III, ed. H. A. L. Fisher,(Buffalo, N. Y.: William S. Hein & Company, 1981), pp. 304-320.

(18) 以下にこの厄介な問題がうまく整理されている。Dewey, "Historic Background of Corporate Legal Personality," pp. 655-673. 以下も参照。Max Radin, "The Endless Problem of Corporate Personality," *Columbia Law Review*, vol. 32 (1 932), pp. 643-667.

(19) 以下を参照。Horwitz, *Transformation of American Law*, pp. 100-105.

(20) A. A. Berle, Jr., Preface to Adolf A. Berle, Jr., and Gardiner C. Means, *The Modern Corporation and Private Property* (New York, N. Y.: Commerce Clearing House, Inc., 1932), p. v. 邦訳：A・A・バーリー、G・C・ミーンズ『近代株式会社と私有財産』(文雅堂書店、1958年)

(21) この見解については以下を参照。E. Merrick Dodd, "For Whom Are Corporate-Managers Trustees?" *Harvard Law Review*, vol. XVL, no. 7 (May 8, 1932), pp. 1145-1163 at 1160.

(22) 以下を参照。Theodore Levitt, "The Dangers of Social Responsibility," *Harvard Business Review* (September-October 1958), pp. 41-50.

(23) アメリカにおける企業概念の推移についての包括的な説明は以下を参照。Bratton, "The New Economic Theory of the Firm."

(24) 企業の社会的責任に関する1970年代の討論については以下を参照。Fred D. Baldwin, *Conflicting Interests: Corporate-Governance Controversies* (Lexin-

gton, Mass/. D. C. Heath and Company, 1984).
(25) Milton Friedman, “The Social Responsibility of Business Is to Increase Its Profits,” *New York Times Magazine*, September 13, 1970, p. 33.
(26) 以下から引用。Lynn Sharp Paine and Michael A. Santoro, “Forging the New Salomon,” HBS Case No. 9-395-046 (Boston, Mass.: Harvard Business School Publishing, 1994), p. 11.
(27) *Wall Street Journal*, September 19, 2000, p. A1.
(28) 以下を参照。Lynn Sharp Paine and Michael Watkins, “Recall 2000: Bridgestone Corp.(A),” HBS Case No. 9-302-013 (Boston, Mass.: Harvard Business School Publishing, 2001).
(29) Margaret McKegney, “Ford, Firestone Woes Extend Beyond the U. S.,” *Ad Age Global*, September 1, 2000.
(30) 2000年9月7－8日、プリンストン・サーベイ・リサーチ・アソシエーツ社によって行われた《ニューズウィーク》の世論調査。〈http://www.pollingreport.com/business.htm〉(March 5, 2002).
(31) リチャード・C・シェルビー上院議員（共和党、アラバマ州選出）のこと。以下を参照。“U. S. Senate committee on Appropriations, Subcommittee on Transportation Holds Hearing on Firestone Tire Recall,” *Political Transcripts by Federal Document Clearing House*, September 6, 2000. 以下で読める。Factiva,〈http://www.library.hbs.edu/hbs/factiva.htm〉(June 17, 2002).
(32) 以下から引用。George Will, “From Evasion to Outrage about Enron,” *Boston Globe*, January 16, 2002, p. A13（エンロンの行為にたいする「憤り」の呼びかけ); Jim Landers and Christopher Lee, “House Panel Takes Auditors to Task over Shredding of Enron Documents: Senate Committee Says Enron's Collapse Indicates Crisis in Ethics,” *Dallas Morning News*, January 25, 2002, p. 1A（ミシガン州選出の民主党下院議員ジョン・D・ディンゲルはアンダーセンの書類断裁を「企業品位にもとる由々しき問題」と批判); Judith Burns, “Business Group Urges Cautious Response to Enron Debacle,” *Dow Jones News Service*, February 11, 2002（経営者円卓会議［Business Roundtable］によれば、エンロンのウィリアム・パワーズ取締役がまとめた内部調査報告書は倫理とコーポレートガバナンスの「全面的な衰弱」を示しているという); Felix Rohatyn, “The Betrayal of Capitalism,” *New York Review of Books*, February 28, 2002, p. 8（「アメリカの経済制度を支えるのに欠かせない……倫理基準維持の全般的な失敗の一端」). 以下も参照。Elliot Spagat, “Employees, Angry and Broke, Offer Enron's Secrets for Sale on the Web,” *Wall Street Journal Online*, January 22, 2002 〈http://online.wsj.com〉(February 25, 2002).
(33) Jerry Mander, “The Myth of Corporate Conscience,” *Business and Society Review*, vol. 81 (Spring 1992), pp. 56, 63.
(34) Joseph L. Bower, “On the Amoral Organization,” in *The Corporate Society*, ed. by Robin Marris (London: Macmillan, 1974), pp. 178-213, p. 179. 邦訳：R・マリス編『企業と社会の理論』/「道徳とは無縁な組織――効率の社会的・政治的帰結にかんする研究」ジョセフ・L・バウワー（日本経済新聞社、1976年）
(35) Martin Benjamin and Daniel A. Bronstein, “Moral and Criminal Respon-

sibility and Corporate Persons," in *Corporations and Society,* ed. by Warren J. Samuels and Arthur S. Miller（New York, N. Y.: Greenwood Press, 1987), p. 280. 企業の「魂」の欠落については以下を参照。Russell B. Stevenson, Jr., "Corporations and Social Responsibility: In Search of the Corporate Soul," *George Washington Law Review*, vol. 42, no. 4（May 1974), pp. 709-736.

(36) 以下を参照。Charles Derber, *Corporation Nation: How Corporations Are Taking Over Our Lives and What We Can Do About It*（New York, N. Y.: St. Martin's Press, 1998), pp. 4-5. 企業が出現する以前の状況については以下を参照。Kenneth Boulding, *The Organizational Revolution: A Study in the Ethics of Economic Organization*（New York, N. Y.: Harper & Brothers, 1953). 邦訳：K・E・ボールディング『組織革命』（日本経済新聞社、1972年）

(37) U. S. Census Bureau, *Statistical Abstract of the United States, 2000*（Washington, D. C., 2000）p. 535.

(38) 1997年の小売部門売り上げの90パーセントは企業が占めていた。U. S. Census Bureau, *1997 Economic Census: Retail Trade*, "Establishment and Firm Size," Census Bureau Web page, 2000, p. 216 <http://www.census.gov/prod/ec97/97r44-5z.pdf>（March 1 3, 2002).

(39) U. S. Census Bureau, "Statistics about Business Size, Employer and Nonemployer Firms by Legal Form of Organization," Census Bureau Web page, 1992, <http://www.census.gov/epcd/www/smallbus.html>（March 5, 2002). これらのデータは1992年の「企業所有者特性調査（Characteristics of Business Owners Survey)」をもとにしている。この調査は現在では行われていない。

(40) Theodore Caplow, Louis Hicks, Ben J. Wattenberg, *The First Measured Century: An Illustrated Guide to Trends in America, 1900-2000*（Washington, D. C.: AEI Press, 2001), pp. 252-253.

(41) Caplow, et al., pp. 246-247.

(42) U. S. Census Bureau, *Statistical Abstract of the United States, 2000*（Washington, D. C., 2000), p. 552.

(43) データは以下より。National Science Foundation, "National Patterns of R & D Resources: 2000 Data Update," NSF Web page, March 2001,<http://www.nsf.gov/sbe/srs/nsf01309/start.htm>（1 November 2001). 政府支出には連邦政府と非連邦政府の双方の支出が含まれるが、産業界の実施する研究開発への非連邦政府の支出は産業界の支出とみなされるため除外される。産業界は製造業と非製造業の会社の双方からなる。

(44) Organisation for Economic Co-operation and Development, Directorate for Science, Technology and Industry, *University Research in Transition*（Paris: OECD, 1999), p. 95, Table 2.

(45) データは以下より。The Association of University Technology Managers, Inc., *AUTM Licensing Survey, FY 2000 Survey Summary*（Northbrook, Ill.: The Association of University Technology Managers, Inc., 2001), p. 9.

(46) 民間の政治監視団体「センター・フォー・レスポンシブ・ポリティクス（Center for Responsive Politics)」は連邦選挙管理委員会のデータにもとづいて、1988年の選挙期間に集められたソフトマネーの総額は約1億8600万ドル、PACへの寄

付の総額は約２億6600万ドル前後、合計４億5200万ドルと見積もっている。このうち企業が提供したのはＰＡＣで１億6600万ドル、ソフトマネーで１億6700万ドル、合計３億3300万ドルである。以下を参照。The Center for Responsive Politics, " Business, Labor, and Ideological Split in Donations from PACs," CRP Web page, 〈http://www.opensecrets.org/pubs/bigpicture2000/bli/bli_pacs.ihtml〉（March 25, 2002）; " Business, Labor, and Ideological Split in Soft Money Donations,"〈http://www.opensecrets.org/pubs/bigpicture2000/bli/bli_indiv.ihtml〉（March 25, 2002）. ただし、この合計額には業界団体からの寄付金も含まれているため、業界団体の多くが実質的に企業に支えられているとはいっても、実際の企業からの寄付金はこの額よりいくらか少なくなる。ソフトマネーでの寄付金については以下に概要が示されている。Joseph E. Cantor, " Soft and Hard Money in Contemporary Elections "（Washington, D. C. : Congressional Research Service, 1997）.

（47） U. S. Census Bureau, *Historical Statistics of the United States, Colonial Times to 1970*, Bicentennial Edition, Part 2（Washington, D.C., 1975）, p. 1105 ; U. S. Census Bureau, *Statistical Abstract of the United States, 2000*（Washington, D. C., 2000）, p. 341. 個人の納めた連邦所得税と企業の納めた連邦所得税の総額は、1954年で506億ドル、1999年で１兆1000億ドル。このうち企業の納めた額は1954年で210億ドル（42パーセント）、1999年で1847億ドル（17パーセント）。

（48） 以下から引用。Stuart Kahan, " Played Out on the Ledger Sheets," *Practical Accountant*, vol. 32, no. 6（June 1999）, pp. 64-65. Kahan はホワイトカラー犯罪のデータに the Association of Certified Fraud Examiners " Report to the Nation on Occupational Fraud and Abuse "（1996）を引用、路上犯罪のデータに the FBI, " Crime in the United States, 1995 — Crime Index Offenses Reported," pp. 27 and 39 を引用している。以下を参照。〈http://www.cfenet.com/media/reportnation.asp〉（October 26, 2001）;〈http://www.fbi.gov/ucr/95cius.htm〉（October 5, 2001）.

（49） InterStudy Publications, *The Competitive Edge : 11. 1 HMO Industry Report*（St. Paul, Minn : InterStudy Publications, 2000）, p. 18.

（50） Jon Gabel, " Ten Ways HMOs Have Changed During the 1990s," *Health Affairs*, vol. 16, no. 3（1997）, pp. 134-145. Gabel の数字は米国ヘルスプラン協会（ＡＡＨＰ）のデータをもとにしている。

（51） Florencio López-de-Silanes, Andrei Shleifer, and Robert W. Vishny, " Privatization in the United States," Working Paper No. 5113（Cambridge, Mass. : National Bureau of Economic Research）, pp. 9-10 and Table 1.

（52） Nicholas V. Gianaris, *Modern Capitalism : Privatization, Employee Ownership, and Industrial Democracy*（Westport, Conn. : Praeger, 1996）, p. 57.

（53） Ladan Mahboobi, " Recent Privatization Trends," *Financial Market Trends*, no. 79（Paris : OECD Publications, 2001）, pp. 43-65.

（54） Maria K. Boutchkova and William L. Megginson, " Privatization and the Rise of Global Capital Markets," *Financial Management*（Tampa）29（Winter 2000）, pp. 31-76, at 44-48.

（55） Mahboobi, " Recent Privatization Trends," pp. 48-49.

(56)　この段落の情報は以下より。William L. Megginson, " The Impact of Privatization on Capital Market Development and Individual Share Ownership." 2000年11月20日、ストックホルムでの国際証券所取引連合（ＦＩＢＶ）投資家教育ワークショップで発表。以下も参照。Boutchkova and Megginson, " Privatization and the Rise of Global Capital Markets," at 35, 36, 44, 69. また、William L. Megginson が著者に個人的に提供してくれた資料（2001年７月５日）も利用。
(57)　Boutchkova and Megginson, " Privatization and the Rise of Global Capital Markets," p. 37.
(58)　Neil Roger, " Recent Trends in Private Participation in Infrastructure," *Privatesector*, Note No. 196 (Washington, D. C.: The World Bank Group, Finance, Private Sector, and Infrastructure Network, September 1999).
(59)　Sarah Anderson and John Cavanagh, " Top 200 : The Rise of Corporate Global Power" (Washington, D. C. : Institute for Policy Studies, 2000), pp. 3, 13, Institute for Policy Studies Web Page,〈http://www.ips-dc.org/downloads/Top_200.pdf〉(March 13, 2002). 企業の売り上げは各会社のＧＤＰへの貢献度を示すものではないが、売り上げをＧＤＰに比較すると世界最大手企業のもつ経済的影響力がある程度わかる。
(60)　OneSource Information Services,〈http://globalbb.onesource.com〉(August 15, 2001).
(61)　Anderson and Cavanagh, " Top 200," at p. 3.
(62)　同上。p. 10.
(63)　Organisation for Economic Co-operation and Development, *OECD Science, Technology and Industry Scoreboard : Towards a Knowledge-Based Economy* (Paris : OECD, 2001), p. 149.
(64)　それまで国の管轄だった水道事業を担うことになった民間企業経営者の直面した問題については以下を参照。Lynn Sharp Paine, " Sideco Americana S. A. (A), (B), (C)," HBS Case Nos. 9-398-081, 9-398-082, 9-398-083 (Boston, Mass. : Harvard Business School Publishing, 1998).
(65)　Thomas Hobbes, *Leviathan*, ed. by Richard Tuck (Cambridge, U. K. : Cambridge University Press, 1991), Part I, Ch. 13, p. 89. 邦訳：ホッブズ『リヴァイアサン』（岩波書店、1982―1992年）
(66)　同上。
(67)　以下を参照。Francis Fukuyama, *Trust : The Social Virtues and the Creation of Prosperity* (New York, N. Y. : The Free Press, 1995) 邦訳：フランシス・フクヤマ『「信」無くば立たず』（三笠書房、1996年）; Robert D. Putnam, " The Prosperous Community : Social Capital and Public Life," *American Prospect*, no. 13 (Spring 1993), pp. 37-38.
(68)　腐敗の影響についての研究は以下を参照。Paolo Mauro, " Corruption and Growth," *Quarterly Journal of Economics*, vol. 110, no. 3 (August 1995), pp. 681-712 ; Shang-Jin Wei, " How Taxing Is Corruption on International Investors ? " *The Review of Economics and Statistics*, vol. 82, no. 1 (2000), pp. 1-11.
(69)　Shang-Jin Wei, " How Taxing Is Corruption," p. 8.

(70) Paolo Mauro, "Corruption and Growth," at p. 705.
(71) 同様の見解が以下にも見られる。G. J. Warnock, *The Object of Morality* (London : Methuen & Co., 1971).
(72) Maitland, "Moral Personality and Legal Personality," pp. 304-320, esp. pp. 314-315 : "For the morality of common sense the group is [a]... right-and-duty bearing unit."
(73) この例は以下より。Francis J. Aguilar, *Managing Corporate Ethics : Learning from America's Ethical Companies How to Supercharge Business Performance* (New York, N. Y. : Oxford University Press, 1994), p. 73. 邦訳：フランシス・J・アギュラー『企業の経営倫理と成長戦略』(産能大学出版部、1997年)
(74) 以下から引用。James W. McKie, "Changing Views," in *Social Responsibility and the Business Predicament*, ed. by James W. McKie (Washington, D. C. : The Brookings Institution, 1974), pp. 22-23. 他の例については以下を参照。Morrell Heald, *The Social Responsibilities of Business : Company and Community, 1900-1960* (New Brunswick, N. J. : Transaction Books, 1970), pp. 10-14. 邦訳：M・ヘルド『企業の社会的責任：企業とコミュニティ・その歴史』(雄松堂書店、1975年)
(75) Henry S. Dennison, *Ethics and Modern Business* (Boston, Mass. : Houghton Mifflin, 1932), p. 15.
(76) 同上。p. 9.
(77) 以下に紹介されている各種の準則を参照。Edgar L. Heermance, *Codes of Ethics, A Handbook* (Burlington, Vt. : Free Press Printing Co., 1924); Everett W. Lord, *The Fundamentals of Business Ethics* (New York, N. Y. : Ronald Press Co., 1926), esp. pp. 141-173.
(78) これらのキャンペーンについての分析と論評は以下を参照。Roland Marchand, *Creating the Corporate Soul* (Berkeley, Ca. : University of California Press, 1998).
(79) AT&Tのキャンペーンについては以下を参照。Marchand, "AT & T : The Vision of a Loved Monopoly," Chap. 2 in *Creating the Corporate Soul*, pp. 48-87.
(80) 以下で引用されている Norton Long の言葉。Marchand, *Creating the Corporate Soul*, p. 87.
(81) *A. P. Smith Manufacturing Company v. Barlow*, 13 N. J. 145 at 154 (Sup. Ct. of N. J. 1953).
(82) 以下を参照。Boulding, *Organizational Revolution*; John Kenneth Galbraith, *American Capitalism : The Concept of Countervailing Power*, rev. ed. (Boston, Mass. : Houghton Mifflin Company, 1956) 邦訳：ジョン・ケネス・ガルブレイス『アメリカの資本主義』(時事通信社、1970年); Edward Sagendorph Mason, *The Corporation in Modern Society* (Cambridge, Mass. : Harvard University Press, 1959).
(83) アメリカにおける企業の社会的責任についての記述を追った最近の記事として以下を参照。Archie B. Carroll, "Corporate Social Responsibility : Evolution

of a Definitional Construct," *Business and Society*, vol. 38, no. 3 (September 1999), pp. 268-295.

(84) A. A. Berle, "Economic Power and the Free Society," in *Corporation Takeover*, ed. Andrew Hacker (New York, N. Y : Harper & Row, 1964), pp. 103-104.

(85) A. A. Berle, Jr., "Corporate Powers as Powers in Trust," *Harvard Law Review*, vol. 44 (1931), pp. 1049-1074.

(86) この時代の企業のさまざまな課題を取りあげた概説として以下を参照。Baldwin, *Conflicting Interests*.

(87) 以下を参照。Kenneth R. Andrews, "Can the Best Corporations Be Made Moral?" *Harvard Business Review* (May-June 1973), pp. 57-64 ; Thomas Donaldson, *Corporations and Morality* (Englewood Cliffs, N. J. : Prentice-Hall, Inc., 1982), esp. pp. 18-35 ; Peter A. French, *Collective and Corporate Responsibility* (New York, N. Y. : Columbia University Press, 1984), esp. pp. 41-66 ; Kenneth E. Goodpaster and John B. Mathews, Jr., "Can a Corporation Have a Conscience?" *Harvard Business Review* (January-February 1982), Reprint No. 82104.

(88) 概要は以下を参照。Seymour Martin Lipset and William Schneider, *The Confidence Gap : Business, Labor and Government in the Public Mind* (Baltimore, Md. : The Johns Hopkins University Press, 1983).

(89) Fred D. Baldwin, *Conflicting Interests*, citing Seymour Martin Lipset and William Schneider, "'How's Business?' What the Public Thinks," *Public Opinion* (July-August 1978), pp. 41-47.

(90) Lipset and Schneider, "'How's Business?' What the Public Thinks," p. 41. 以下も参照。Baldwin, *Conflicting Interests*, pp. 75, 84.

(91) 1977年、アメリカ議会は海外腐敗行為防止法を通過させた。これはアメリカ企業、およびアメリカにおける非アメリカ企業も含めたすべての証券発行者にたいし、取引を獲得・維持する目的で外国の公務員に賄賂を贈ることを禁じた法律である。1988年と1998年に修正。詳細は以下。15 U. S. C. §§ 78m, 78dd-1, 78dd-2, 78dd-3, 78ff. 企業の社会的責任への関心の高まりは、そうしたテーマの討論に積極的に参加する重役の評判が上がったことなどにも反映されていた。具体的な例は以下を参照。*Social Responsibilities of Business Corporations : A Statement on National Policy by the Research and Policy Committee of the Committee for Economic Development* (New York, N. Y. : Committee for Economic Development, 1971).

(92) 以下を参照。Francesco Cantarella, "The Growth of Corporate Responsibility Committees," *The Corporate Board*, vol. XVII, no. 101 (November-December 1996), pp. 16-20 ; J. Richard Harrison, "The Strategic Use of Corporate Board Committees," *California Management Review*, vol. 30 (1987), pp. 109-125, at pp. 109-110. その他さまざまな倫理委員会については以下を参照。Ethics Resource Center and the Behavior Research Center, *Ethics Policies and Programs in American Business* (Washington, D. C. : Ethics Resource Center, 1990), p. 37.

(93) 以下を参照。Lauren Talner, *The Origins of Shareholder Activism* (Washington, D. C. : Investor Responsibility Research Center, 1983), pp. 8-9, 22-23.
(94) Philip Johansson, "Social Investing Turns 30," *Business Ethics* (January/February 2001), pp. 12-16.
(95) 南アフリカのディスインベストメント問題については以下を参照。Robert K. Massie, "Moral Deliberation and Policy Formation : A Study of Eight Institutional Investors' Approaches to South African Disinvestment," DBA thesis, Harvard University Graduate School of Business Administration, 1989.
(96) Patrick E. Murphy, "Corporate Ethics Statements : Current Status and Future Prospects," *Journal of Business Ethics*, vol. 14 (1995), pp. 727-740.
(97) 大統領直轄の防衛管理に関するブルーリボン委員会の報告書。*Control and Accountability*, June 1986.
(98) 文中の引用は1986年から1995年までユニオン・カーバイド社の会長兼ＣＥＯだったロバート・Ｄ・ケネディの言葉。以下より引用。George C. Lodge and Jeffrey F. Rayport, "Responsible Care," HBS Case No. 9-391-135 (Boston, Mass. : Harvard Business School Publishing, 1991), p. 8.
(99) John P. Kotter and James L. Heskett, *Corporate Culture and Performance* (New York, N. Y. : The Free Press, 1992), pp. 8-10. esp. footnote 9. 邦訳：ジョン・Ｐ・コッター、ジェイムズ・Ｌ・ヘスケット『企業文化が高業績を生む：競争を勝ち抜く「先見のリーダーシップ」207社の実証研究』(ダイヤモンド社、1994年)
(100) Christopher A. Bartlett and Sumantra Ghoshal, "Changing the Role of Top Management : Beyond Strategy to Purpose," *Harvard Business Review* (November-December 1994).
(101) 近年のステークホルダー論の隆盛は R. Edward Freeman の *Strategic Planning : A Stakeholder Approach* (Boston, Mass. : Pitman Publishing, 1984) の出版が契機であったとしばしば言われる。フリーマン自身によれば、経営管理についての記述で「ステークホルダー」という用語が初めて使用されたのは1963年のスタンフォード研究所（現ＳＲＩインターナショナル）の内部文書においてだという (Freeman, *Strategic Planning*, p. 32)。この考え自体はさらに古く、たとえば1920年代や30年代から、経営者が自らを投資家の受託者であるだけでなく従業員や消費者や一般大衆の受託者でもあると見なすようになってきたらしいという見方がなされていた。以下を参照。E. Merrick Dodd, "For Whom Are Corporate Managers Trustees?" pp. 1145-1163 at 1160.
(102) たとえば以下。Tracy Kidder, *The Soul of a New Machine* (Boston, Mass. : Little, Brown & Co., 1981) 邦訳：トレイシー・キダー『超マシン誕生：コンピュータ野郎たちの540日』(ダイヤモンド社、1982年); Tom Chappell, *The Soul of a Business : Managing for Profit and the Common Good* (New York, N. Y. : Bantam Books, 1993); Robert W. Hall, *The Soul of the Enterprise : Creating a Dynamic Vision for American Manufacturing* (New York, N. Y. : Harper Business, 1993); C. William Pollard and Carlos H. Cantu, *Soul of the Firm* (New York, N. Y. : Harper Business, 1996); Thomas V. Morris, *If*

Aristotle Ran General Motors : The New Soul of Business (New York, N. Y.: Henry Holt and Co., 1997) 邦訳：トム・モリス『アリストテレスがGMを経営したら：新しいビジネス・マインドの探求』(ダイヤモンド社、1998年); Alan Briskin, *The Stirring of Soul in the Workplace* (San Francisco, Ca.: Berrett-Koehler, 1998); Leonard L. Berry, *Discovering the Soul of Service : The Nine Drivers of Sustainable Business Success* (New York, N. Y.: Free Press, 1999). 邦訳：レオナルド・ベリー『成功企業のサービス戦略：顧客を魅了しつづけるための9つの法則』(ダイヤモンド社、2001年)

(103) 信頼についての最近の記事として以下を参照。Laurence Prusak and Don Cohen, "How to Invest in Social Capital," *Harvard Business Review* (June 2001) p. 86-93.

(104) United States Sentencing Commission, *Guidelines Manual* (Washington, D. C.: USSC, 2001), Ch. 8C2. 5 (f)-(g), pp. 431-432.

(105) American Law Institute, *Principles of Corporate Governance : Analysis and Recommendations*, vol. 1 (St. Paul, Minn.: American Law Institute Publishers, 1994), Section 2. 01 (b) (2),(3), p. 55.

(106) *Paramount Communications v. Time, Inc.*, 1989 Del. Ch. Lexis 77 (Delaware Chancery Court 1989). 判決はデラウェア最高裁によって確定。以下を参照。*Paramount Communications v. Time, Inc.*, 571 A. 2d 1140 (1990).

(107) *Paramount Communications v. Time, Inc.*, 1989 Del. Ch. Lexis 77, 21.

(108)「関係者法」を制定している州の一覧は以下を参照。Guhan Subramanian, "The Influence of Antitakeover Statutes on Incorporation Choice : Evidence on the 'Race' Debate and Antitakeover Overreaching," Harvard NOM Research Paper No. 01-10, December 2001, Table 4, p. 30, Social Science Research Network Electronic Paper Collection,〈http://papers.ssrn.com/abstract=292679〉(February 26, 2002), forthcoming *U. Penn. L. Rev.*

(109) こうした動きの契機となったのは、証券取引委員会(ＳＥＣ)がチェーンレストラン「クラッカーバレルオールドカントリーストア」の経営陣に出した「静観」の通達だった。クラッカーバレルの経営陣は、株主の一人であった「ニューヨーク市従業員退職制度(ＮＹＣＥＲＳ)」から出されていた同性愛者にたいする雇用差別の撤廃要求を代理マテリアルから排除するつもりでおり、これについての見解をＳＥＣに求めた。ＳＥＣの文書の内容は以下で見られる。*New York City Employees' Retirement System v. Securities and Exchange Commission*, 843 F. Supp. 858 (S. D. N. Y. 1994), n. 3.

(110) 解説は以下を参照。John C. Coffee, Jr., "Blocking Bias Via Proxy," *Wall Street Journal*, February 2, 1993, p. A14 ; Richard H. Koppes, "Corporate Governance," *National Law Journal*, December 29, 1997-January 5, 1998, p. B5.

(111) Securities and Exchange Commission, Amendments to Rules on Shareholder Proposals, Exchange Act Release No. 34-4001817, 1998 SEC Lexis 1001 (May 21, 1998) (codified at 17 CFR 240. 14a-8).

(112) U. S. Labor Department, ERISA Opinion Letter 98-04 A (May 28, 1998). 以下を参照。Neal S. Schelberg and Craig A. Bitman, "Corporate Governance Under ERISA : The Power to Influence Corporations," *Employee Benefits*

Journal, vol. 24, no. 2 (June 1999), pp, 21-28.
(113) Environmental Protection Agency, "Incentives for Self-Policing: Discovery, Disclosure, Correction and Prevention of Violations," 65 Fed. Reg. 19618 (final version April 2000). 以下で引用。Jeffrey M. Kaplan, "The Sentencing Guidelines: The First 10 Years," *ethikos*, vol. 15, no. 3 (November-December 2001), p. 3.
(114) Exchange Act Release No. 44969 (October 23, 2001). 以下に記載。Dana H. Freyer and Rebecca S. Walker, "How The SEC Will Credit Compliance Programs in Enforcement Decisions," *ethikos*, vol. 15, no. 4 (January-February 2002) p. 1.
(115) Pensions Act, 1995, c. 26. 以下を参照。Occupational Pensions Regulatory Authority (OPRA), "Pension Scheme Trustees: A Guide to Help Occupational Pension Scheme Trustees Understand their Duties and Responsibilities," 2001,〈http://www.opra.gov.uk/publications/guides/trusteeguide-49.shtml〉(October 27, 2001).
(116) 以下で引用。Melanie Wright, "Money-Go-Round: If you listen to your conscience will you feel it in your wallet?" *Daily Telegraph* (London), July 8, 2000, p. 3.
(117) 新しい上場基準の一つに、ランクグループ社の金融担当重役ナイジェル・ターンブルが中心となって作成したイングランド・ウェールズ勅許会計士協会の「ターンブル・レポート」の勧告がある。この報告書はコーポレートガバナンスの原則を示した「コーポレートガバナンス委員会の統合規範」にもとづいて企業の内部統制に関する必要事項をまとめたものである。以下を参照。"Internal Control, Guidance for Directors on the Combined Code," Appendix (London: The Institute of Chartered Accountants in England & Wales, September 1999), p. 13.
(118) Geoffrey Wheatcroft, "Gruesome Purposes and Counting Machines," *Wall Street Journal*, March 21, 2001, p. A20.
(119) 以下で引用。Joseph B. White, "'Next Big Thing': Re-Engineering Gurus Take Steps to Remodel Their Stalling Vehicles," *Wall Street Journal*, November 26, 1996, p. A1.

第5章　高い基準

(1) Robert Levering and Milton Moskowitz, "100 Best Companies to Work For, America's Top Employers," *Fortune*, January 8, 2001.
(2) Walker Information Global Network and Hudson Institute, "Commitment in the Workplace: The 2000 Global Employee Relationship Report," Indianapolis, Indiana, October 18, 2000.
(3) Daniel B. Turban and Daniel W. Greening, "Corporate Social Performance and Organizational Attractiveness to Prospective Employees," *Academy of Management Journal*, vol. 40, no. 3 (1996), pp. 658-672. 以下に引用されている1999年の調査結果 (Cone/Roper) を比較参照。Sue Adkins, *Cause Related Marketing: Who Cares Wins* (Oxford, U. K.: Butterworth-Heinemann, 1999), p. 97.

(将来の雇い主を検討する際に重視されている要素の順位は以下のとおり。①出世の可能性②会社の評判のよさ③初任給④給与以外の諸手当⑤株主への利回りの高さ⑥よいスポーツ施設や社交施設の有無)

(4) 以下に多数のソースが集められている。John Weiser and Simon Zadek, *Conversations with Disbelievers : Persuading Companies to Address Social Challenges* (New York, N. Y. : The Ford Foundation, November 2000), pp. 64-68. 以下も参照。Cone, Inc. and Roper Starch, *Cone/Roper Cause Related Trends Report : The Evolution of Cause Brandings* 〈SM〉 (Boston, Mass. : Cone Inc., 1999), pp. 12-13 (コーズリレーテッドマーケティング――重要な社会問題と関連させたマーケティング手法――のプログラムをもつ会社の従業員は10人に9人が自分の会社のバリューに誇りを感じているが、そうしたプログラムをもたない会社の従業員では56パーセントにすぎない。また、コーズリレーテッドマーケティングのプログラムをもつ会社の従業員の87パーセントは自分の会社に強い忠誠心をもっているが、そうでない会社の従業員では67パーセントである); Council on Foundations, *Measuring the Value of Corporate Citizenship* (Washington, D. C. : Council on Foundations, 1996), p. vi (雇用主が後援する地域社会のイベントに参加している従業員のうち、30パーセント以上はその会社で働きつづけたい、会社の成功に寄与したいと考えている); Minette E. Drumwright, " Company Advertising with a Social Dimension : The Role of Noneconomic Criteria," *Journal of Marketing*, vol. 60, no. 4 (October 1996), pp. 71-87 (コーズリレーテッドマーケティングの取り組みは従業員の士気を高める).

(5) Frederick F. Reichheld with Thomas Teal, *The Loyalty Effect : The Hidden Force Behind Growth, Profits, and Lasting Value* (Boston, Mass. : Harvard Business School Press, 1996). 抄訳:フレデリック・F・ライクヘルド『顧客ロイヤルティのマネジメント:価値創造の成長サイクルを実現する』(ダイヤモンド社、1998年)

(6) これらの要素はニューヨークの調査研究機関「レピュテーション・インスティテュート」で用いられている。同機関の専務取締役、チャールズ・J・フォンブラン (Charles J. Fombrun) には以下の著書がある。*Reputation : Realizing Value from the Corporate Image* (Boston, Mass. : Harvard Business School Press, 1996).

(7) 財団法人「企業内消費者問題専門家会議 (SOCAP)」から委託され、ギャラップ社が実施した調査研究より。*Corporate Ethics in America* (Arlington, Va. : SOCAP Foundation, 1993), pp. 15-16. 以下も参照。Ronald Alsop, " The Best Corporate Reputations in America," *Wall Street Journal*, September 23, 1999, pp. B1, B22 ; David J. Vidal, *Consumer Expectations On the Social Accountability of Business* (New York, N. Y. : The Conference Board Research Report 1255-99-RR, 1999).

(8) Jennifer Reese, " America's Most Admired Corporations," *Fortune*, February 8, 1993, p. 44ff. 以下も参照。Council on Foundations, *Measuring the Value of Corporate Citizenship*.

(9) *1999 Cone/Roper Cause Related Trends Report*, p. 4 (アメリカ人の83パーセントは、自分が関心をもつ社会目標を支援している会社により好意的なイメー

ジをもっている).

(10) Isabelle Maignan, "Consumers' Perceptions of Corporate Social Responsibilities: A Cross-Cultural Comparison," *Journal of Business Ethics* (March 2001), pp. 57-72. (フランスとドイツの消費者は購買活動を通じて責任感ある企業を支援する傾向がアメリカの消費者よりもかなり強いが、いずれの国の消費者も責任感ある企業の製品を優先的に買おうとする点では変わりない。) 以下も参照。*1999 Cone/Roper Cause Related Trends Report*, pp. 7-9. (アメリカの消費者の約三分の二は、価格や品質が同じなら、できるだけ立派な社会意識をもつブランドや小売業者を選ぶと言っている。また、いわゆる「アメリカの有力者」の68パーセントは、金額が高くなっても立派な大義に関連する製品を買いたいと言っている。) *Corporate Ethics in America*, p, V. (調査対象となったアメリカの成人消費者の三分の二は、製品やサービスの購入を検討する際に、その会社の倫理姿勢を考慮に入れると言っている。) Walker Information, *Measurements*, vol. 7, no. 4 (Indianapolis, Ind.: Walker Information, Inc., 1998) で引用されている財団協議会 (Council on Foundations) とウォーカー・インフォメーションによる1994年の調査「企業の性格と社会的責任感 (*Corporate Character and Social Responsibility*)」(アメリカの消費者の47パーセントは、できるだけ社会的責任感のある企業からモノを買いたいと言っている)。香港で実施された調査については以下を参照。"Consumers Put a 'Surprisingly High' Priority on Clean Conduct: Public Demands Better Ethics, Says Survey," *South China Morning Post*, May 9, 1994. (1994年の調査では、香港の市民の81・3パーセントが製品やサービスを買うときの判断材料として会社の行動の倫理性を見ると答えている。また95パーセントは、できるだけ倫理基準の高い会社からモノを買いたいと答えている。)

(11) Sue Adkins, *Cause Related Marketing*, p. 74.

(12) Maignan, "Consumers' Perceptions of Corporate Social Responsibilities." 以下の二つも比較参照のこと。Adkins, *Cause Related Marketing*, p. 84, および *1999 Cone/Roper Cause Related Trends Report*. アドキンズが引用している調査データによれば、できるだけ立派な社会意識をもつブランドや小売業者を選びたいとする消費者の割合は以下のとおり。イギリス (86パーセント)、イタリア (75パーセント)、ベルギー (65パーセント)、アメリカ (76パーセント)、オーストラリア (73パーセント)。アメリカの消費者を対象にした Cone/Roper 調査では、アメリカ人の三分の二がそうしたいと答えている。上記 (10) に記した他の資料も参照。

(13) Hill & Knowlton, *2001 Corporate Citizen Watch Survey* (New York, N. Y.: Hill & Knowlton, July 2001). 上記 (10) のアメリカの消費者を対象とした上記 (10) の他の調査も参照。

(14) 以下を参照。*Corporate Ethics in America*, p. 29.

(15) 同上。pp. 8-9.

(16) Maignan, "Consumers' Perceptions of Corporate Social Responsibilities."

(17) "Consumers Put a 'Surprisingly High' Priority on Clean Conduct."

(18) Ronald Alsop, "The Best Corporate Reputations in America," *Wall Street Journal*, September 23, 1999, pp. B1, B22.

(19)　以下で引用されている　MORI（Market & Opinion　Research　International）の調査より。Adkins, *Cause Related Marketing*, p. 82.
(20)　1999年にエンバイロニクス・インターナショナル社がプリンス・オブ・ウェールズ・ビジネス・リーダーズ・フォーラム、全米産業審査会と共同で行った調査より。“The Millennium Poll on Corporate Social Responsibility,” Executive Briefing,〈http://www.environicsinternational.com/news _ archives/MPExecBrief.pdf〉（March 5, 2002）.
(21)　この分野におけるビジネスリーダーの活動については以下を参照。James E. Austin, *The Collaboration Challenge : How Nonprofits and Business Succeed through Strategic Alliances*（San Francisco, Ca.: Jossey-Bass, 2000）. 以下も参照。James E. Austin, “Business Leadership Coalitions,” *Business and Society Review*, vol. 105, no. 3, pp. 305-322. 以下の研究も、社会問題の解決に企業が関わる必要性を示している。George E. Peterson and Dana R. Sundblad, *Corporations as Partners in Strengthening Urban Communities*（New York, N. Y.: The Conference Board Research Report 1079-94-RR, 1994）.
(22)　以下を参照。*1999 Cone/Roper Cause Related Trends Report,* p. 15（企業が取り組むべきアメリカの社会問題：公教育、犯罪、環境、貧困、医学研究、飢餓、児童保育、薬物乱用、ホームレス）; Vidal, *Consumer Expectations on the Social Accountability of Business*; Council on Foundations, *Measuring the Value of Corporate Citizenship*.
(23)　Valerie P. Hans, *Business On Trial : The Civil Jury and Corporate Responsibility*（New Haven, Conn.: Yale University Press, 2000）, esp. pp. 112-137.
(24)　同上。p. 121.
(25)　同上。p. 120.
(26)　V. Lee Hamilton and Joseph Sanders, “Corporate Crime through Citizens' Eyes: Stratification and Responsibility in the United States, Russia, and Japan,” *Law & Society Review*, vol. 30（1996）, pp. 513-547, at p. 530.
(27)　以下、組織の行動についての未発表の博士論文を参照。W. Trexler Proffitt, Jr., *The Evolution of Institutional Investor Identity : Social Movement Mobilization in the Shareholder Activism Field*, Northwestern University Graduate School, Evanston, Illinois（submitted December 2001）.
(28)　この経緯については以下を参照。Lauren Talner, *The Origins of Shareholder Activism*（Washington, D. C.: The Investor Responsibility Research Center, 1983）, pp. 8-9, 22-23.
(29)　Investor Responsibility Research Center（IRRC）, “Summary of 2000 U. S. Shareholder Resolutions”（Washington, D. C.: Investor Responsibility Research Center, 2001）. 以下を比較参照。IRRC, *Social Policy Shareholder Resolutions in 1999 : Issues, Votes and Views of Institutional Investors*（Washington, D. C.: Investor Responsibility Research Center, 2000）, pp. 3, 57-62（アメリカの主要企業150社以上に230件の社会政策問題に関する提案が出されている）. Proffitt, *The Evolution of Institutional Investor Identify* にまとめられているデータによれば、実際には投資者責任研究センター（ＩＲＲＣ）の数字よりも

多くの提案がだされているようだ。以下も参照。Interfaith Center on Corporate Responsibility, *The Corporate Examiner*, vol. 28, no. 3-4 (New York, N. Y.: ICCR, March 8, 1999).

(30) IRRC, "SRI-Related Proposals, 2001" and "IRRC Proxy Voter Database" (Washington, D. C.: IRRC, 2001).

(31) UKソーシャル・インベストメント・フォーラムが実施した調査。以下で報告されている。Ethical Investment Research Service (EIRIS), "Market Statistics — Cause-Based Investments," EIRIS Web page〈http://www.eiris.org/pages/MediaInfo/MarSta.htm〉(April 19, 2002).

(32) Social Investment Forum, *1999 Report on Socially Responsible Investing Trends in the United States*, Section III, "Shareholder Advocacy Advances Issues of Social Concern," November 4, 1999. オンラインで参照できる。〈http://www.socialinvest.org/areas/research/trends/1999-Trends.htm〉(March 4, 2002)

(33) この背景にある考え方は以下で明確に説明されている。John G. Simon, Charles W. Powers, and Jon P. Gunnemann, *The Ethical Investor: Universities and Corporate Responsibility* (New Haven, Conn.: Yale University Press, 1972).

(34) とくに注記がないかぎり、この段落の情報は以下をもとにしている。Social Investment Forum, *1999 Report on Socially Responsible Investing Trends in the United States*.

(35) 朝日ライフＳＲＩ社会貢献ファンドのこと。以下で報告されている。"Blow Whistles While You Work," *Economist*, April 28, 2001.

(36) Matteo Bartolomeo と Teodosio Daga が SiRi (Sustainable Investment Research International) グループのためにユーロネクスト、ＣＳＲヨーロッパと協力して作成した報告書より。"Green, Social and Ethical Funds in Europe, 2001," January 1, 2002〈http://www.sricompass.org/default.asp〉(July 1, 2002). イギリスの調査機関 EIRIS (Ethical Investment Research Service) の試算によると、2001年８月の時点で倫理的投資リテールファンドの総額は40億ポンド。以下を参照。〈http://www.eiris.org/pages/MediaInfo/FAQmm.htm〉(September 25, 2001).

(37) 社会的な投資信託資産の成長率は以下で報告されたデータをもとにしている。Social Investment Forum, *1999 Report on Socially Responsible Investing Trends in the United States*. この報告によると、社会的投資信託の総資産は1995年で1620億ドル、1997年で5290億ドル、1999年で１兆4970億ドルとなっている。1999年に管理されていた投資資産16.3兆ドルという数字について、ソーシャル・インベストメント・フォーラムは以下を引用している。*1999 Nelson's Directory of Investment Managers*. 投資信託の全資産の成長率については以下を参照。Investment Company Institute, *Mutual Fund Fact Book 2000* (Washington, D. C.: Investment Company Institute, 2000), p. 2. アメリカの投資信託資産の総額は1995年の２兆8115億ドルから1999年の６兆8463億ドルに成長している。

(38) Dow Jones Sustainability Group Index Guide, Version 2.0, September 2000, p. 7. 2001年半ばの時点で、ダウジョーンズ・サステナビリティグループ・イ

ンデックス（ＤＪＳＧＩ）ＧｍｂｈはＤＪＳＧＩにもとづいて金融商品を開発した会社として12ヵ国30社を選定している。June 2001 Quarterly Report <http://www.sustainabihty-indexes.com/pdf/DJSI_Newslette_2000102.pdf>（October 18, 2001）.

(39) "FTSE Ethical Index Launches with Some Surprises," *Dow Jones International News*, July 10, 2001. Alex Skorecki and Simon Targett, "Big UK Names Fail the FTSE4Good Ethics Test," *Financial Times*, July 11, 2001.

(40) 各ファンドの開始時期は以下のとおり。Smith Barney Social Awareness Fund, 1997; Merrill Lynch Principled Values Portfolio, 1998; Credit Suisse Equity Fund（LUX）Global Sustainability, 2000（前身は Credit Suisse Equity Fund Eco-Efficiency の名称で1990年に開始）; UBS（LUX）Equity Fund Eco Performance, 1997; Vanguard Calvert Social Index Fund, 2000. ヨーロッパのファンドについてのデータは以下より。"The European Survey on Socially Responsible Investment and the Financial Community" conducted by Taylor Nelson Sofres in 2001 and available on the CSR Europe Web page <http://www.csreurope.org>（June 26, 2002）.

(41) サステナビリティ（SustainAbility）社による調査。以下で引用。Johansson, "Social Investing Turns 30," p. 16.

(42) Aliya Inam, "In the Name of God," *Asian Business*, November 1, 1999, p. 43.

(43) 以下を参照。Jonathan M. Karpoff and John R. Lott, Jr., "The Reputational Penalty Firms Bear from Committing Criminal Fraud," *Journal of Law and Economics*, vol. XXXVI（October 1993）. pp. 757-802. 損害の規模については、どういう種類の不正行為だったか、また、その調査がどれだけの期間で行われたかによって結果が変わってくる。以下を参照。Melissa S. Baucus and David A. Baucus, "Paying the Piper: An Empirical Examination of Longer-Term Financial Consequences of Illegal Corporate Behavior," *Academy of Management Journal*, vol. 40, no. 1（1997）, pp. 129-151, at p. 131（株価への短期的な影響について）. 以下も参照。Jeff Frooman, "Socially Irresponsible and Illegal Behavior and Shareholder Wealth," *Business and Society*. vol. 36, no. 3（September 1997）, pp. 221-249.

(44) Peter Wright, Stephen P. Ferris, Janine S. Hiller, and Mark Kroll, "Competitiveness through Management of Diversity: Effects on Stock Price Valuation," *Academy of Management Journal*, vol. 38, no. 1（1995）, pp. 272-287.

(45) *Corporate Ethics in America*, p. 22.

(46) 1994年に財団協議会（Council on Foundations）とウォーカー・インフォメーションが行った調査の結果。以下に記載されている。Walker Information, *Measurements*, vol. 7, No. 4（Indianapolis, Ind.: Walker Information, 1 998）, p. 2.

(47) Roger W. Robinson, Jr., "Are You Investing in Rogue States?" *Wall Street Journal*, July 6, 2001, p. A8.

(48) Allan Kennedy, *The End of Shareholder Value: Corporations at the Crossroads*（Cambridge, Mass.: Perseus Publishing, 2000）. 邦訳：アラン・ケネ

ディ『株主資本主義の誤算：短期の利益追求が会社を衰退させる』(ダイヤモンド社、2002年)

(49) おそらく最も有名なのが以下の本。Robert S. Kaplan and David P. Norton, *The Balanced Scorecard : Translating Strategy into Action* (Boston, Mass.: Harvard Business School Press, 1996). 邦訳：ロバート・S・キャプラン、デビッド・P・ノートン『バランス・スコアカード：新しい経営指標による企業変革』(生産性出版、1997年)

(50) 1994年3月にスウェーデンのテレビで放映されたドキュメンタリーフィルム。"The Carpet," Magnus Bergmar/Bergmar Produktion (Mariefred, Sweden, 1994). イケア事件のニュース記事は以下を参照。Allen Glen, "Child Labor Used to Make IKEA Carpets," *South China Morning Post*, February 19, 1995, p. 1 ; Greg McIvor, "Child Labor : Pakistani Carpet Exports Under Swedish Scrutiny," *Inner Press Service*, March 16, 1994 ; John Tagliabue, "Europe Fights Child Labor in Rugmaking," *New York Times*, November 19, 1996, p. D9.

(51) 1992年9月1日から1993年9月1日までのあいだにナイキ・ブランドの価値は18パーセント上昇した。Paul LaMonica, "Brands," *Financial World*, September 1 , 1993.

(52) ナイキのジャカルタ担当ゼネラルマネジャー、ジョン・ウッドマンの言葉。以下で引用。Adam Schwarz, "Running a Business," *Far Eastern Economic Review*, June 20, 1991, p. 16.

(53) 詳細は以下を参照。Lynn Sharp Paine, "Royal Dutch/Shell in Transition (A)," HBS Case No. 9-300-039 (Boston, Mass.: Harvard Business School Publishing, 1999).

(54) "Business Ethics Don't Travel Well," *The Times* (London), May 15, 1997.

(55) "Nike Answers Critics on Sweatshop Issue," *Corporate Social Issues Reporter* (Washington, D. C.: Investor Responsibility Research Center, May 1998), pp. 1, 3-7.

(56) アナリストの見解については以下を参照。Josie Esquivel and Rob Milmore, "NIKE (NKE): Just a Head Fake — Still Too Early to Do It," Morgan Stanley Dean Witter, U. S. Investment Research, February 24, 1998 ; Faye Landes, "Nike, Inc.: Upgrading to Buy — They're Just Doing It," Salomon Smith Barney Research, December 18, 1998 ; Michael J. Shea, "Nike, Inc (NKE/NYSE)," Sutro a Co., January 5, 1999.

(57) 同社のプレスリリースより。1998年5月12日付。

(58) Adam Smith, *An Inquiry into the Nature and Causes of the Wealth of Nations*, 5th ed.(London: 1789) as reprinted with an introduction by Max Lerner (New York, N. Y.: The Modern Library, Random House, Inc., 1937), pp. 700-713. 邦訳：アダム・スミス『国富論』(岩波書店、岩波文庫、2000—2001年)

(59) 以下を参照。Adam Smith, *The Theory of Moral Sentiments*, Ch. II, iii, 3. 5 (Indianapolis, Ind.: The Liberty Classics,[1757, 1790] 1982), p. 107 : "... the happiness of every innocent man is... not to be wantonly trod upon, not even to

be...ignorantly and involuntarily violated, without requiring some expiation, some atonement in proportion to the greatness of such undesigned violation." 邦訳：アダム・スミス『道徳感情論』(岩波書店、岩波文庫、2003年)

(60) Susan Ariel Aaronson, "Oh, Behave! Voluntary Codes Can Make Corporations Model Citizens," *The International Economy*, March/April 2001. この記事では19例の基準設定が取りあげられている。以下も参照。Business for Social Responsibility, *Comparison of Selected Corporate Social Responsibility Related Standards* (San Francisco, Ca.: Business for Social Responsibility, November 2000) (主要な取り組み8例の概要と比較説明); Oliver F. Williams, ed., *Global Codes of Conduct : An Idea Whose Time Has Come* (Notre Dame, Ind.: University of Notre Dame Press, 2000). 2002年初頭の時点で、国際標準化機構（ＩＳＯ）の消費者政策委員会が企業の社会的責任の国際標準についてフィージビリティ・スタディ（実現可能性の検討）を進めている。以下を参照。<http://www.iso.ch/iso/en/commcentre/pressreleases/2002/Ref816.html?printable=true> (March 29, 2002).

(61) 以下を参照。Organisation for Economic Co-operation and Development, Directorate for Financial, Fiscal and Enterprise Affairs, "OECD Principles of Corporate Governance," OECD Web page, 1999,<http://www1.oecd.org/daf/governance/principles.pdf> (March 4, 2002); *Corporate Governance, A Report to the OECD by the Business Sector Advisory Group on Corporate Governance* (Paris: OECD April 1998); The Business Roundtable, *Statement on Corporate Governance : A White Paper from the Business Roundtable* (Washington, D. C., September 1997).

(62) 以下を参照。International Labour Organization, "Tripartite Declaration of Principles Concerning Multinational Enterprises and Social Policy," ILO Web page, revised in 2000 (created 1977),<http://www.ilo.org/public/english/employment/multi/tridecl/> (December 7, 2001).

(63) 以下を参照。International Chamber of Commerce, *Fighting Bribery : A Corporate Practices Mannual*, ed. by François Vincke, Fritz Heimann, Ron Katz (Paris: ICC Publishing, 1999).

(64) 以下を参照。International Chamber of Commerce, "The Business Charter for Sustainable Development — 16 Principles," ICC Web page, 1991,<http://www.iccwbo.org/sdcharter/charter/principles/principles.asp> (March 4, 2002); Coalition for Environmentally Responsible Economies (CERES), "CERES Principles," CERES Web page, 1989,<http://www.ceres.org/about/principles.htm> (March 4, 2002); International Organization for Standardization, "ISO 14000 — Meet the Whole Family," ISO Web page, 1998 (standards first published elsewhere in 1996),<http://www.iso.ch/iso/en/iso9000-14000/pdf/iso14000.pdf> (March 4, 2002).

(65) United Nations Global Compact, "The Nine Principles," Global Compact Web page, 1999,<http://www.unglobalcompact.org/un/gc/unweb.nsf/content/thenine.htm> (March 4, 2002).

(66) Caux Round Table, "Principles for Business," Caux Round Table Web

page, 1994, 〈http://www.cauxroundtable.org〉 (March 4, 2002).

(67) Organisation for Economic Co-operation and Development, " The OECD Guidelines for Multinational Enterprises," OECD online, revised in 2000 (created 1976),〈http://www.oecd.org/daf/investment/guidelines/mnetext.htm〉 (March 4, 2002).

(68) Global Reporting Initiative, " The GRI Guidelines," GRI Web page, 2000, 〈http://globalreporting.org/GRIGuidelines/index.htm〉 (March 4, 2002).

(69) World Business Council for Sustainable Development, report by Richard Holme and Phil Watts, " Why Corporate Social Responsibility Makes Good Business Sense," January 2000,〈http://www.wbcsd.org/newscenter/releases.htm〉 (March 4, 2002).

(70) United Nations Development Programme, *Human Development Report 2000* (New York, N. Y.: Oxford University Press, 2000), p. iii.

(71) Freedom House, " Democracy's Century: A Survey of Global Political Change in the 20th Century," Freedom House Web page,〈http://www.freedomhouse.org/reports/century.pdf〉 (September 25, 2001).

(72) Francis Fukuyama, *The End of History and the Last Man* (New York, N. Y.: The Free Press, 1992), p. 50. 邦訳：フランシス・フクヤマ『歴史の終わり』(三笠書房、1992年)

(73) Maria K. Boutchkova and William L. Megginson, " Privatization and the Rise of Global Capital Markets," *Financial Management* (Tampa) (Winter 2000), pp. 31-76 at p. 31. 以下も参照。Nicholas V. Gianaris, *Modern Capitalism: Privatization, Employee Ownership, and Industrial Democracy* (Westport, Conn.: Praeger, 1996), p. 58.

(74) Theodore Caplow, Louis Hicks, and Ben J. Wattenberg, *The First Measured Century: An Illustrated Guide to Trends in America, 1900-2000* (Washington, D. C.: AEI Press 2001), pp. 52-53.

(75) 同上。pp. 24-25.

(76) 以下のデータにもとづく。U.S. Census Bureau, *Statistical Abstract of the United States, 2000* (Washington, D. C., 2000), pp. 771, 773; *Statistical Abstract*, 1986, p. 384. 以下も参照。U. S. Census Bureau, *Census of Service Industries, 1982*, Geographic Area Series, SC 82-A-52.

(77) Jon Gabel, " Ten Ways HMOs Have Changed During the 1990s," *Health Affairs*, vol. 16, no. 3 (1997), pp. 134-145. Gabel はこの数字を米国ヘルスプラン協会のデータを用いて算出している。

(78) InterStudy Publications, *The Competitive Edge: 11. 1 HMO Industry Report* (St. Paul, Minn.: InterStudy Publications, 2000), p. 18; Gabel, " Ten Ways HMOs Have Changed."

(79) データは以下より。American Hospital Association, *Hospital Statistics* (Chicago, Ill.: Healthcare InfoSource, 2000), p. 3. 以下を参照。Gordon W. Josephson, " Private Hospital Care for Profit? A Reappraisal," *Health Care Management Review*, vol. 22, no. 3 (1997), pp. 64-73. 以下も参照。David M. Cutler and Jill R. Horwitz, " Converting Hospitals from Not-for-Profit to

For-Profit Status: Why and What Effects?" in David M. Cutler, ed., *The Changing Hospital Industry* (Chicago, Ill.: The University of Chicago Press, 2000), pp. 45-79, 45(「1970年から1995年のあいだに、約5000の非営利病院のうち330(約7パーセント)が営利企業の形態に変わっている。とくにここ数年での変化が激しい。」)

(80) Caplow, Hicks, and Wattenberg, *The First Measured Century*, pp. 38-39.

(81) Ellen Galinsky and James T. Bond, *The 1998 Business Work-Life Study: A Sourcebook* (New York, N. Y.: Families and Work Institute, 1998), pp. 34-35.

(82) 通信機器を利用した在宅勤務の広まりを数字でつかむのは難しく、そうした在宅勤務者の数も正確にはわからない。2001年の調査によると、「自宅、テレワーク・センター、出張先」を含め、通信機器を利用して社外で仕事をしている人の数は全米で2800万人とされている。以下を参照。Donald D. Davis and Karen A. Polonko, "Telework in the United States: Telework America Survey 2001," Executive Summary, available at International Telework Association and Council Web page〈http://www.telecommute.org/twa/index.htm〉(June 18, 2002).

(83) 以下を参照。Albert Z. Carr, "Is Business Bluffing Ethical?" *Harvard Business Review* (January-February 1968), Reprint No. 68102, pp. 5-7.

(84) Mark L. Clifford, "Keep the Heat on Sweatshops," *Business Week*, December 23, 1996, p. 90.

第6章　新しいバリューの提示

(1) 本章の記述は著者の過去の出版物のいくつかをもとにしている。おもな文献は以下のとおり。Lynn Sharp Paine, "Does Ethics Pay?" *Business Ethics Quarterly*, vol. 10, no. 1 (January 2000), pp. 319-330; Lynn Sharp Paine, "Moral Thinking in Management: An Essential Capability," *Business Ethics Quarterly*, vol. 6, no. 4 (October 1996), pp. 477-492); Lynn Sharp Paine, *Cases in Leadership, Ethics, and Organizational Integrity: A Strategic Perspective* (Burr Ridge, Ill.: Richard D. Irwin, 1997). 邦訳:リン・シャープ・ペイン『ハーバードのケースで学ぶ企業倫理:組織の誠実さを求めて』(慶應義塾大学出版会、1999年)

(2) これは目新しい考えではない。1751年にスコットランドの哲学者・歴史家のデビッド・ヒュームがこう述べている。「**正直が最善の方策である**というのは一般的な法則かもしれないが、そこには多くの例外がある。したがって、一般則を理解したうえであらゆる例外を利用するのが最も賢いと考えられるのではないだろうか。」David Hume, *An Inquiry Concerning the Principles of Morals*, ed. Charles W. Hendel (New York, N. Y.: Liberal Arts Press, 1957), p. 102. 邦訳:デイヴィッド・ヒューム『道徳原理の研究』(哲書房、1993年)

(3) この優れた模範的人物の概念は孔子の思想に見られるものである。以下を参照。*The Analects of Confucius*, Book 12. 16.

(4) Joshua Daniel Margolis and James Patrick Walsh, *People and Profits? The Search for a Link Between a Company's Social and Financial Performance* (Mahwah, N. J.: Lawrence Erlbaum Associates, Publishers, 2001), p. 8. この本

では会計基準が49例、市場基準が12例、会計と市場を併用した基準が5例、それ以外の成果をもとにした基準が4例、取りあげられている。

（5） 以下を参照。Global Reporting Initiative Web site,〈http://www.globalreporting.org〉（February 19. 2002）. 別の手法として、コー円卓会議が「企業の行動指針」にもとづいて開発した自己評価方法もある。以下を参照。K. E. Goodpaster, T. D. Maines, and M. D. Rovang, " Stakeholder Thinking : Beyond Paradox to Practicality," *Journal of Corporate Citizenship*, October 2000. この件についての概要は以下を参照。Simon Zadek, Peter Pruzan, and Richard Evans, *Building Corporate Accountability*（London : Earthscan Publications, Ltd., 1997）. 以下も参照。Rob Gray, Dave Owen, and Carol Adams, *Accounting & Accountability*, (New York, N. Y. : Prentice Hall, 1996).

（6） Sandra Sugawara, " IBM Settles to End Bribery Case," *Washington Post*, December 22, 2000, p. E3.

（7） 贈賄の禁止はコー円卓会議の「企業の行動指針」やＯＥＣＤ多国籍企業ガイドラインなどでも定められている。以下を参照。the Caux Round Table's " Principles for Business," section 2, principle 7, " Avoidance of Illicit Operations," Caux Round Table Web page, 1994,〈http://www.cauxroundtable.org〉（March 4, 2002）; " The OECD Guidelines for Multinational Enterprises," part 1, section 6, " Combating Bribery," p. 24, OECD online, revised in 2000（created 1976）, 〈http://www.oecd.org/daf/investment/guidelines/mnetext.htm〉（March 4, 2002）. 贈賄禁止の歴史については以下を参照。John T. Noonan, *Bribes*（New York, N. Y. : Macmillan, 1984）.

（8） 倫理学（道徳学）は一般に「自己や他者の幸福を……増進する行為も阻害する行為もすべて」含めて「善いこととは何かを全面的に探求すること」と定義されてきた。以下を参照。G. E. Moore, *Principia Ethica*, orig. 1903（Cambridge, U. K. : Cambridge University Press, 1968）, p. 2 邦訳：G・E・ムア『倫理学原理』（三和書房、1977年）; Herbert Spencer, *The Principles of Ethics*, vol. 1, orig. 1892（Indianapolis, Ind. : Liberty Classics, 1978）, p. 309. 別の定義については以下を参照。G. Wallace and A. D. M. Walker, eds., *The Definition of Morality*（London . Methuen and Co., 1970）.

（9） この二つの分野がいつ分岐したかについては学者によって意見が分かれる。最近のある説では、イギリスの哲学者・経済学者のジョン・スチュアート・ミルの1836年の論文が転機だったとされている。この論文でミルは純粋経済学を幾何学に結びつけ、整然とした分類を行って経済学を倫理学とも政治学とも、価値に関連するその他の学問とも切り離した。ミル自身は経済的な見地と倫理的な見地を実際問題において切り離すことはできないと見ていたが、この分類以降、人びとは両者を明確に分けられるようになった。たとえばアダム・スミスの『国富論』は、以後、倫理学や法学についてのスミスの著作とは異なる経済学の著作とみなされるようになる。以下を参照。Alan Ryan's review of Emma Rothschild, *Economic Sentiments : Adam Smith, Condorcet, and the Enlightenment*（Cambridge, Mass. : Harvard University Press, 2001）in *The New York Review of Books*, July 5, 2001, pp. 42, 44.

（10） この状況で真実を告げることの是非については長らく論議されてきた。以下

を参照。Sissela Bok, *Lying : Moral Choice in Public and Private Life* (New York, N. Y.: Pantheon Books, 1978), pp. 39-42. 邦訳：シセラ・ボク『嘘の人間学』(TBSブリタニカ、1982年)

(11) 以下を参照。<http://www.groucho-marx.com/> (February 19, 2002).

(12) 記事のタイトルは以下より。Richard S. Tedlow, "James Burke: A Career in American Business (B)," HBS Case No. 9-390-030 (Boston, Mass.: Harvard Business School Publishing, 1989), p. 11. 文中に引用した記者とその記事は以下のとおりで、上記から引用。Tom Blackburn, "A Capsule History of Corporate Morality," *Miami News*, February 21, 1986. マーク・ノヴィッチ博士は食品医薬局副局長時代の経験をタイレノール危機の最中に公式に語ってもいるが、著者が個人的に話を聞いた部分もある。

(13) 近年の調査によれば、消費者は会社が社会的貢献から利益を得ること自体は認めても、過剰な自己宣伝には不信感を抱くとされている。以下を参照。Sue Adkins, *Cause Related Marketing : Who Cares Wins* (Oxford, U. K.: Butterworth Heinemann, 1999), p. 81 ; Ronald Alsop, "Perils of Corporate Philanthropy — Touting Good Works Offends the Public, but Reticence is Misperceived as Inaction," *Wall Street Journal*, January 16, 2002, p. B1.

(14) "How come when I want a pair of hands I get a human being as well?" quoted in Stuart Crainer, *The Ultimate Book of Business Quotations* (New York, N. Y.: AMACOM, 1998), p. 234.

(15) 経済学の入門講座を受講する大学生の推定人数は以下より。Eleena de Lisser, "Novel Economics: Putting Life and Love into the Dismal Science," *Wall Street Journal*, October 19, 2000, p. A1.

(16) この見方を「感傷的」と名づけたのは、経営大学院で教えられている倫理に異のある人びとからの同様の反論を報告しているシャロン・パークスにならって。以下を参照。Sharon Daloz Parks, "Is It Too Late? Young Adults and the Formation of Professional Ethics," in Thomas R. Piper, Mary C. Gentile, and Sharon Daloz Parks, *Can Ethics Be Taught? Perspectives, Challenges, and Approaches at Harvard Business School* (Boston, Mass.: Harvard Business School Press, 1993), pp. 13-72. 邦訳：トーマス・R・パイパー、シャロン・ダロッツ・パークス、メアリー・C・ジェンタイル『ハーバードで教える企業倫理：MBA教育におけるカリキュラム』(生産性出版、1995年)

(17) この段落の記述は以下の文献をもとにしている。「自我の統合」——人生の最終段階（第八段階）で獲得される心理的にも道徳的にも完全な状態——については、Erik H. Erikson, *Childhood and Society*, 2nd ed.(New York, N. Y.: W. W. Norton & Company, Inc., 1963), pp. 268-269. 邦訳：E・H・エリクソン『幼児期と社会』(みすず書房、1980年)。倫理観の発達段階については、Lawrence Kohlberg, *The Psychology of Moral Development : The Nature and Validity of Moral Stages*, vol. 2 of *Essays on Moral Development* (New York, N. Y.: Harper & Row, 1984), pp. 429, 431, 459-460. 倫理観の発達についての別の見解として、以下も参照。Carol Gilligan, *In a Different Voice : Psychological Theory and Women's Development* (Cambridge, Mass.: Harvard University Press, 1982) 邦訳：キャロル・ギリガン『もうひとつの声：男女の道徳観のちがいと女性

のアイデンティティ』（川島書店、1986年）（ギリガンはコールバーグ理論を男性寄りの見解だと批判している。); Parks, "Is It Too Late? Young Adults and the Formation of Professional Ethics," in Piper, Gentile, and Parks, *Can Ethics Be Taught?* 道徳教育プログラムの効果についての研究は以下を参照。James R. Rest, *Moral Development : Advances in Research and Theory* (New York, N.Y.: Praeger Publishers, 1986), p. 177. 儒教における自己修養と倫理観の成熟については以下を参照。*The Analects of Confucius*, Bk. 2. 4.

(18) 調査データは以下より。Ethics Resource Center, *Ethics in American Business : Policies, Programs and Perceptions* (Washington, D. C. : Ethics Resource Center, 1994), pp. 15, 31-32.

(19) この記述の資料は以下の二つ。Bill Sells, "What Asbestos Taught Me About Managing Risk," *Harvard Business Review* (March-April 1994), pp. 76-84 ; and Lynn Sharp Paine, "Manville Corporation Fiber Glass Group (A)," HBS Case No. 9-394-117 (Boston, Mass.: Harvard Business School Publishing, 1993).

(20) この弁護士の証言は以下で詳述されている。Saul W. Gellerman, "Why 'Good' Managers Make Bad Ethical Choices," *Harvard Business Review* (July-August 1986), p. 86.

(21) 文中の引用は以下より。Sells, "What Asbestos Taught Me About Managing Risk," p. 7.

(22) 同上。p. 12.

(23) Paine, "Manville Corporation Fiber Glass Group (A)," p. 12.

(24) ＷＡＩの発展と哲学についての詳細は以下を参照。Lynn Sharp Paine, "Wetherill Associates, Inc.," HBS Case No. 9-394-113 (Boston, Mass.: Harvard Business School Publishing, 1993).

(25) J. Scott Armstrong, "Social Irresponsibility in Management," *Journal of Business Research*, vol. 5 (September 1977), pp. 185-213. この調査には別の役割を指示されたグループも入っている。あるグループは「株主の代表」とされ、その役割は株主への利益を最大限にすることと定められていた。別のグループは「ステークホルダーの代表」とされ、会社のさまざまな関係者層の利益を考慮することを義務づけられた。この調査は1972年から1977年まで５年以上にわたって行われ、延べ10ヵ国、300以上のグループが参加した。

(26) このシナリオのもととなった事例は以下に記載されている。Lynn Sharp Paine, "Sears Auto Centers (A)," Harvard Business School Case No. 9-394-009 (Boston, Mass.: Harvard Business School Publishing, 1993).

(27) 以下を参照。*The Analects of Confucius*, Book 2. 12 ; Immanuel Kant, *The Moral Law, or Kant's Groundwork of the Metaphysic of Morals* (orig. 1797), trans. H. J. Paton (New York, N. Y.: Barnes and Noble, 1950), p. 95.

(28) 社会規範が行動形成におよぼす影響力についての法学上の見解は以下を参照。Daryl K. Brown, "Street Crime, Corporate Crime, and the Contingency of Criminal Liability," *University of Pennsylvania Law Review*, vol. 149 (May 2001), p. 1295. 以下も参照。Marshall B. Clinard and Peter C. Yeager, *Corporate Crime* (New York, N. Y.: The Free Press, 1980), pp. 58-60.

(29)　以下を参照。Stanley Milgram, *Obedience to Authority* (New York, N. Y. : Harper & Row Publishers, Inc., 1974). 邦訳：スタンレー・ミルグラム『服従の心理：アイヒマン実験』（河出書房新社、1995年）。文中のコメントは以下に記載されたミルグラム実験についての説明より引用。Ruth R. Faden and Tom L. Beauchamp, *A History and Theory of Informed Consent* (New York, N. Y. : Oxford University Press, 1986), pp. 174-175. 邦訳：ルース・R・フェイドン、トム・L・ビーチャム『インフォームド・コンセント：患者の選択』（みすず書房、1994年）

(30)　1996年4月30日のＮＢＣの報道番組『デイトライン（Dateline）』、「傍観者の介入」の回で、ダーリー教授がこの調査について説明している。もとになった研究は以下で報告されている。Bibb Latane and John M. Darley, *The Unresponsive Bystander : Why Doesn't He Help ?* (New York, N. Y : Appleton-Century Crofts, 1970). 邦訳：ビブ・ラタネ、ジョン・ダーリー『冷淡な傍観者：思いやりの社会心理学』（ブレーン出版、1997年）

(31)　よくある倫理的な過ちの事例については以下を参照。Solomon Schimmel, *The Seven Deadly Sins : Jewish, Christian, and Classical Reflections on Human Nature* (New York, N. Y. : The Free Press, 1992); Judith N. Shklar, *Ordinary Vices* (Cambridge, Mass. : Harvard University Press, 1984).「悪の陳腐さ」については以下を参照。Hannah Arendt, *Eichmann in Jerusalem : A Report on the Banality of Evil* (New York, N. Y. : Viking Press, 1963). 邦訳：ハンナ・アーレント『イェルサレムのアイヒマン：悪の陳腐さについての報告』（みすず書房、1994年）

(32)　この話はのちに以下の本に収められた。Lynn Sharp Paine, "Regulating the International Trade in Hazardous Pesticides : Closing the Accountability Gap," in *Ethical Theory and Business*, 4th ed., Tom L. Beauchamp and Norman E. Bowie, eds.(Englewood Cliffs, N. J. : Prentice Hall, 1993), pp. 547-556. 邦訳：T・L・ビーチャム、N・E・ボウイ編『企業倫理学』（晃洋書房、2001年、2003年、全4巻のうち2・3巻のみ既刊）

(33)　加害禁止の原則の必要性については以下を参照。Sissela Bok, *Common Values* (Columbia, Mo. : University of Missouri Press, 1995), pp. 13-17. キリスト教、仏教、ジャイナ教、儒教、ヒンドゥー教など、多数の宗教や倫理伝統からこの原則に関する部分が引用されている。また、法学者のH・L・A・ハートは、他者への身体的加害を禁じる規則を「社会機構が存続するために必ず取り入れなくてはならない行動規則」の一つとしている。H. L. A. Hart, *The Concept of Law* (Oxford, U. K. : Clarendon Press, 1961), pp. 187-191. 邦訳：H・L・A・ハート『法の概念』（みすず書房、1976年）。ハートによれば、これらの規則はどんな法制度や因習道徳にも見られるという。Bok の本で引用されているダーウィンの論も参照。Charles Darwin, *The Descent of Man, and Selection in Relation to Sex, Part One* (orig. 1870), vol. 21, *The Works of Charles Darwin*, ed. by Paul H. Barrett and R. B. Freeman (New York, N. Y. : New York University Press, 1989), p. 121（「殺人、強盗、裏切りなどが横行していれば、種族は決して団結を守れない……」); Stuart Hampshire, *Innocence and Experience* (Cambridge, Mass. : Harvard University Press, 1989), pp. 32-33（あらゆる社会に当てはまる

根本的な義務の種類について述べたもので、「生命を傷つけたり損なったりすることの禁止」も含まれている); P. F. Strawson, " Social Morality and the Individual Ideal," in Wallace and Walker, eds., *The Definition of Morality*, pp. 101-103, 111（「加害の相互自制」が社会の存続に必要な行動規則の一つとされている）.

(34) 例として以下を参照。Caux Round Table, " Principles for Business," section 3, " Stakeholder Principles," Caux Round Table Web page, 1994,〈http://www.cauxroundtable.org〉(March 4, 2002). これらの原則は、企業に各関係者の健康と安全を守ること、および「顧客の健康と安全、ならびに環境の質が、われわれの製品やサービスによって維持または促進されるようにあらゆる努力をすること」を求めている。

(35) ブランダイスの宣言については以下を参照。*Guide to Microfilm Edition of the Public Papers of Justice Louis Dembitz Brandeis*, in the Jacob and Berthan Goldfarb Library of Brandeis University, Document 128. 上院の州際通商委員会の前での証言。*Hearing on Persons and Firms Financed in Interstate Commerce* 1 (Pt. XVI), 62nd Congress, 2nd session, December 14-16, 1911, pp. 1146-91. 以下で引用。Robert A. G. Monks and Nell Minow, *Watching the Watchers : Corporate Governance for the 21st Century* (Cambridge, Mass. : Blackwell, 1996), pp. 102-104.

(36) American Law Institute, *Principles of Corporate Governance : Analysis and Recommendations*, vol. 1,(St. Paul, Minn. : American Law Institute Publishers, 1994), section 2. 01, p. 55. 企業重役の義務の狭い解釈の例としてよく引用される法的出典が、ミシガン州最高裁の1919年の判決、*Dodge v. Ford Motor Co.* (204 Mich. 459) である。この判決は、企業の経営が「株主の利益を第一として」行われるべきであるとの根拠から、フォード社に収益を社内で再投資するのではなく、原告の少数株主の要求どおりにもっと多くの配当金を支払うよう求めた。

(37) 文中の引用は以下の判決より。*Paramount Communications, Inc. v. QVC Network, Inc.*, 637 A. 2d 34, 44 (Del. 1994)（支配権の交代が生じる状況において、取締役は「株主に供されるべき最高の価値をもたらすような取引を行う」義務がある）. 株主価値を最大限にする義務を生じさせる状況については以下を参照。*Santa Fe Pacific Corp. Shareholder Litigation*, 669 A. 2d 59, 71 (Del. 1995). 以下も参照。American Law Institute, *Principles of Corporate Governance*, vol. 1, section 6. 02 (b),(c), p. 405. この分野の法についての全般的な説明は以下を参照。Constance E. Bagley and Karen L. Page, " The Devil Made Me Do It : Replacing Corporate Directors' Veil of Secrecy with the Mantle of Stewardship," *San Diego Law Review*, vol. 36 (Fall 1999), p. 897 ; R. Cammon Turner, " Shareholders vs. the World," *Business Law Today* (January-February 1999), pp. 32-35.

(38) 「経営判断の法則」についての概論は以下を参照。American Bar Association, Committee on Corporate Laws, *Corporate Director's Guidebook*, 3d ed. (Chicago, Ill. : American Bar Association, 2001), p. 13. この法則に関してよく引用されるのが以下の判例。*Aronson v. Lewis*, 473 A. 2d 805, 811-812 (Del. 1984). この問題に関する詳細は以下を参照。Dennis J. Block, Nancy E. Barton and Stephen A. Radin, *The Business Judgment Rule : Fiduciary Duties of Corporate*

Directors, 5th ed. (New York, N. Y.: Aspen Law & Business, 1998).
(39)　この主張の現代版といえるのが、たとえば以下のような論である。Martin Wolf, "Sleep-Walking With the Enemy: Corporate Social Responsibility Distorts the Market by Deflecting Business From Its Primary Role of Profit Generation," *Financial Times*, May 16, 2001. もっと古い例としては以下を参照。Milton Friedman, "The Social Responsibility of Business Is to Increase Its Profits," *New York Times Magazine*, September 13, 1970, pp. 124, 126（企業が社会的責任を果たそうとすれば「政府官僚の圧制」強化につながるという説）.
(40)　以下を参照。Ethan B. Kapstein, "The Corporate Ethics Crusade," *Foreign Affairs*（September-October 2001）, p. 105.
(41)　アイオワ州選出の民主党上院議員トマス・ハーキン起草によるハーキン法案が最初に議会に提出されたのは1992年だが、この問題は1989年から1999年まで何度も議題にのぼっていた。The Child Labor Deterrence Act of 1992, 102d Cong., 2d sess., S. 3133. 現時点で、この法案はまだ法制化されていない。以下も参照。Carol Bellamy, *The State of the World's Children 1997*, United Nations Children's Fund（UNICEF）（New York, N. Y. : Oxford University Press for UNICEF, 1997）, pp. 23, 60.
(42)　バングラデシュ衣料製造輸出業者組合（ＢＧＭＥＡ）、国際労働機関（ＩＬＯ）、国連児童基金（ＵＮＩＣＥＦ）とのあいだの覚書（ＭＯＵ）（1995年）。プログラムへの批判と改善案については以下を参照。Mohammad Mafizur Rahman, Rasheda Khanam, and Nur Uddin Absar, "Child Labor in Bangladesh: A Critical Appraisal of Harkin's Bill and the MOU-Type Schooling Program," *Journal of Economic Issues*, vol. XXXIII, no. 4（December 1999）, pp. 985-1003.
(43)　現在行われている支援についての詳細は以下を参照。International Labour Office, International Program on the Elimination of Child Labour (IPEC), *Action Against Child Labour 2000-2001 : Progress and Future Priorities* (Geneva : International Labour Organization, 2001).

第７章　高い基準のもとで実績をあげるには

（１）　Stanley Ziemba, "Sears Slips to No. 3 in the Retail Kingdom," *Chicago Tribune*, February 21, 1991, Business Section, p. 1.
（２）　詳細は以下を参照。Lynn Sharp Paine, "Sears Auto Centers (A), (B), (C)," Harvard Business School Case Nos. 9-394-009, 9-394-010, 9-394-011 (Boston, Mass.: Harvard Business School Publishing, 1993).
（３）　以下で引用。Julia Flynn, Christina Del Valle, and Russell Mitchell, "Did Sears Take Other Customers for a Ride?" *Business Week*, August 3, 1992, p. 25.
（４）　Henry Gilgoff, "Sears Says Trust Us," *Newsday*, Nassau and Suffolk Edition, June 28, 1992, Business Section, p. 68.
（５）　以下で引用。T. Christian Miller, "Sears Admits 'Mistakes' at Auto Service Centers," *San Francisco Chronicle*, June 23, 1992, p. A1.
（６）　Roger William Riis and John Patric, *Repairmen Will Get You If You Don't Watch Out*（Garden City, N. Y.: Doubleday, 1942）, pp. 53-125.

(7) Gregory A. Patterson, "Sears Is Dealt a Harsh Lesson by States — Mishandling of Auto-Repair Inquiries Proves Costly," *Wall Street Journal*, October 2, 1992, p. A9.
(8) Lucette Lagnado, "Intensive Care : Ex-Manager Describes the Profit-Driven Life Inside Columbia/HCA," *Wall Street Journal*, May 30, 1997, p. A1.
(9) Martin Gottlieb and Kurt Eichenwald, "Health Care's Giant," *New York Times*, May 1997, sec. 3, p. 1.
(10) 証券取引委員会には以下で登録。Columbia/HCA Healthcare, December 31, 1996 10-K (Nashville, Tenn. : Columbia/HCA Healthcare). ここでの記述は上記の資料のほかに以下をもとにしている。Susan Headden, Stephen J. Hedges, and Gary Cohen, "Code Blue at Columbia/HCA," *U. S. News & World Report*, August 11, 1997, p. 20 ; Lucette Lagnado, Anita Sharpe and Greg Jaffe, "Doctors' Orders : How Columbia/HCA Changed Health Care, For Better or Worse — It Rapidly Bought Hospitals, Cut Costs ; Then Came Profits — and Subpoenas — Diseases as 'Product Lines,'" *Wall Street Journal*, August 1, 1997, p. A1 ; Lucette Lagnado, Eva M. Rodriguez, and Greg Jaffe, "What He Knew : How 'Out of the Loop' was Dr. Frist During Columbia's Expansion ? — Hospital Giant's New CEO Had a Top Title But Says He Deferred to Mr. Scott — Making the 7 A. M. Meetings," *Wall Street Journal*, September 4, 1997, p. A1.
(11) Lucette Lagnado, "Columbia Taps Lawyer for Ethics Post ; Yuspeh Led Defense Initiative of 1980s," *Wall Street Journal*, October 14, 1997, p. B6. コロンビアＨＣＡの倫理プログラムについては以下を参照。Alan Yuspeh, et al., "Above Reproach : Developing a Comprehensive Ethics and Compliance Program," *Frontiers of Health Services Management*, vol. 16, no. 2 (Winter 1999), pp. 3-38.
(12) Albert J. Dunlap, *Mean Business : How I Save Bad Companies and Make Good Companies Great* (New York, N. Y. : Random House, 1996), p. 197.
(13) この段落の情報はすべて以下より。John A. Byrne, "Chainsaw," *Business Week*, October 18, 1999, p. 128. この記事は当時近刊予定だったバーンの本（以下）から抜粋改変したもの。*Chainsaw : The Notorious Career of Al Dunlap in the Era of Profit-at-Any-Price* (New York, N. Y. : HarperBusiness, 1999). 邦訳：ジョン・A・バーン『悪徳経営者：首切りと企業解体で巨万の富を手にした男』（日経ＢＰ社、2000年）
(14) Jonathan Weil, "Five Sunbeam Ex-Executives Sued by SEC," *Wall Street Journal*, May 16. 2001, p. A3 ; "'Chain Saw Al' Schemed to Inflate Sunbeam Earnings, SEC Alleges," *Boston Globe*, May 16, 2001, p. D2.
(15) リコールの詳細は以下を参照。Lynn Sharp Paine and Michael Watkins, "Recall 2000 : Bridgestone Corp. (A)," HBS Case No. 9-302-013 (Boston, Mass. : Harvard Business School Publishing, 2001). この事例は完全に公式資料にもとづいている。
(16) Calvin Sims, "A Takeover with Problems for Japanese Tire Maker," *New York Times*, August 10, 2000, p. C4.
(17) Robert L. Simison, Norihiko Shirouzu, Timothy Aeppel, and Todd Zaun,

"Pressure Points: Tension Between Ford and Firestone Mounts Amid Recall Efforts," *Wall Street Journal*, August 28, 2000, p. A1.

(18) ブリヂストンの推定損害額は以下で報告された数字。Todd Zaun, "A Blowout Blindsides Bridgestone," *Wall Street Journal*, August 7, 2000, p. A8; Todd Zaun, "Japan's Bridgestone to Inject $ 1.3 Billion into Firestone," *Wall Street Journal*, December 5, 2001, p. A12. フォードの推定損害額は以下で報告された数字。Norihiko Shirouzu, "Ford Earnings Decline on Firestone-Tire Recall," *Wall Street Journal*, October 19, 2000, p. A3; Norihiko Shirouzu, "Ford Motor May Trim Dividend to Help Conserve Funds," *Wall Street Journal*, October 8, 2001, p. A20.

(19) Keith Bradsher, "Documents Portray Tire Debacle as a Story of Lost Opportunities," *New York Times*, September 11, 2000, p. 1.

(20) Edmund Sanders, Judy Pasternak, John O'Dell, "State Farm Says It Alerted Firestone to Problem in '97," *Los Angeles Times*, August 16, 2000, p. C1.

(21) "Ford vs. Firestone: Firestone Was Aware of Tire Flaws Back in 1998," *Newsweek*, September 18, 2000, p. 26.

(22) この報告はセーフティフォーラム・ドット・コムが作成し、2000年9月10日に発表された。Bradsher, "Documents Portray Tire Debacle as a Story of Lost Opportunities."

(23) 同上。

(24) ブリヂストン・ファイアストン上級副社長ゲイリー・クリッガーによる声明。Bridgestone/Firestone Web page, August 9, 2000,〈http://www.bridgestonefirestone.com/news/corporate/news/00809c.htm〉(February 8, 2001).

(25) 以下で引用。James R. Healey, "Documents Imply Firestone Knew of Tire Trouble in '94," *USA Today*, October 4, 2000, p. B1.

(26) 海崎洋一郎。2000年9月11日の記者会見にて。

(27) "Firestone's Thorny Way; Global Strategy, Weak Situational Judgment Impact Stock Value from the Start," *Nikkei Sangyō Shimbun*, October 25, 2000; "Risk Minimization Management, Company Breakage," *Nikkei Bijinesu*, October 2, 2000.

(28) この段落の情報はすべて以下より。Bradsher, "Documents Portray Tire Debacle as a Story of Lost Opportunities."

(29) Simison, et al., "Pressure Points."

(30) David Welch and John Protos, "John Lampe: A Mr. Fixit for Firestone?" *Business Week*, October 23, 2000, p. 56.

(31) 以下を参照。"Firestone's Thorny Way; Starts Again with American CEO, Deep Wounds from Lack of Sense of Crisis Management," *Nikkei Sangyō Shimbun*, October 24, 2000; Sara Nathan, "Firestone Reassurances Fall on Skeptical Ears," *USA Today*, December 20, 2000, p. B3.

(32) その他の全社的な取り組みについては以下を参照。Lynn Sharp Paine and Michael Watkins, "Recall 2000: Bridgestone Corp.(B)," HBS Case No. 9-302-014 (Boston, Mass.: Harvard Business School Publishing, 2001). この事例は完全に公的資料にもとづいている。

(33) とくに注記がないかぎり、この項の情報はすべて以下のケーススタディをもとにしている。Lynn Sharp Paine and Ann K. Leamon, " AES : Hungarian Project (A),(B)," HBS Case Nos. 9-300-045, 9-300-089 (Boston, Mass. : Harvard Business School Publishing, 2000); Lynn Sharp Paine, " AES Global Values," HBS Case No. 9-399-136 (Boston, Mass. : Harvard Business School Publishing, 1999); Lynn Sharp Paine, " AES Honeycomb (A),(B)," HBS Case Nos. 9-395-132, 9-395-122 (Boston, Mass. : Harvard Business School Publishing, 1994).

(34) 文中の引用は以下より。Suzy Wetlaufer, " Organizing for Empowerment : An Interview with AES's Roger Sant and Dennis Bakke," *Harvard Business Review* (January-February 1999), p. 121.

(35) このような定義は、たとえば以下に見られる。Oliver E. Williamson, *The Economic Institutions of Capitalism : Firms, Markets, Relational Contracting* (New York, N. Y. : The Free Press, 1985), pp. 43-52.

(36) 2001年12月付けのＡＥＳの概況報告書 (Summary Fact Sheet) より。2002年２月に改訂されている。

(37) 以下を参照。AES Corporation Annual Report, 2000, pp. 7, 14.

(38) AES Corporation Proxy Statement, " Compensation Committee Report on Executive Compensation," SEC Filing, March 23, 2000.

(39) Wetlaufer, " Organizing for Empowerment," p. 116.

(40) この件は以下で述べられている。Paine, " AES Global Values," HBS Case No. 9-399-136.

(41) 詳細は以下を参照。Paine and Leamon, " AES : Hungarian Project (A)," HBS Case No. 9-300-045.

(42) 「カテゴリーミステイク」とは、包括的なカテゴリーをそのなかに収められるべきサブトピックと取り違えてしまうといった概念上の過ちをいう。たとえば子供が「数学」は「代数学」の一部かと聞いたり、ある生物の種を誤った分類に当てはめてしまったりするのがそれである。この用語を使ったことで最もよく知られているのがオックスフォード大学教授のギルバート・ライルだろう。ライルは *The Concept of Mind* (London : Hutchinson, 1949) (邦訳『心の概念』みすず書房、1987年) のなかで、心と体の関係についての私たちの通常の考え方はカテゴリーミステイクにもとづいていると主張した。

(43) この事件の詳細は以下に述べられている。Paine, " AES Honeycomb (A), (B)," HBS Case Nos. 9-395-132, 9-395-122.

(44) 以下を参照。Kathryn Kranhold, " Balancing Act : ' Surf City ' Power Plant Brings Hope for Crisis, Fear for Environment," *Wall Street Journal*, April 18, 2001, p. A1 ; Nancy Vogel, Dan Morain, " The Energy Crisis : State Renews Demand for Power Price Relief Energy," *Los Angeles Times*, May 26, 2001, p. A1. 以下も参照。Deepak Gopinath, " The Divine Power of Profit (Dennis Bakke of AES Corp.)," *Institutional Investor*, March 1, 2001, p. 39.

(45) Chris R. Ellinghaus and Raymond C. Niles, Salomon Smith Barney, Equity Research : United States Power & Natural Gas, " The AES Corporation," September 20, 2000.

(46)　以下で引用。Michael M. Phillips, " AES's Nile Dam Project in Uganda Hits Snag with Bribery Concerns," *Wall Street Journal*, July 3, 2002, p. A4.
(47)　文中の引用は以下に付属のビデオより。Richard S. Tedlow, " James Burke : A Career in American Business," HBS Case No. 9-389-177 (Boston, Mass. : Harvard Business School Publishing, 1989). ジョンソン・エンド・ジョンソンの企業信条については以下を参照。Laura L. Nash, " Johnson & Johnson's Credo," in *Corporate Ethics : A Prime Business Asset* (New York, N. Y. : The Business Roundtable, 1988).

第8章　意思決定のコンパス

(1)　BFS副社長ゲイリー・クリッガーに質問した議員は下院商業委員会のヘザー・A・ウィルソン（共和党、ニューメキシコ州）。*The Recent Firestone Tire Recall Action, Focusing on the Action As It Pertains to Relevant Ford Vehicles : Hearings Before the Subcommittee on Telecommunications, Trade, and Consumer Protection and the Subcommittee on Oversight and Investigations,* 106th Cong., 2d sess., September 6 and 21, 2000, p. 130.
(2)　文中の引用は以下より。Jeanne Cummings, Tom Hamburger, and Kathryn Kranhold, " Law Firm Reassured Enron on Accounting," *Wall Street Journal*, January 16, 2002, p. A18.
(3)　本章の記述は著者の過去の出版物をもとにしている。以下の二つを参照。Lynn Sharp Paine, " Moral Thinking in Management : An Essential Capability," *Business Ethics Quarterly*, vol. 6, no. 4 (October 1996), pp. 477-482 ; Lynn Sharp Paine, *Cases in Leadership, Ethics, and Organizational Integrity : A Strategic Perspective*, Part III (Burr Ridge, Ill. : Richard D. Irwin, 1997), pp. 223-235. 邦訳：リン・シャープ・ペイン『ハーバードのケースで学ぶ企業倫理：組織の誠実さを求めて』（慶應義塾大学出版会、1999年）
(4)「結局のところ、われわれの議論は偶発的なものについてではなく、自分の人生をどう生きるべきかについてなのだ」。Plato, *The Republic*, ed. by G. R. F. Ferrari, trans. by Tom Griffith, Book 1 : 352d (Cambridge, U. K. : Cambridge University Press, 2000), p. 34. 邦訳：プラトン『国家』（岩波書店など）
(5)　この用法はアメリカの哲学者ウィリアム・ジェイムズにならったものである。ジェイムズは実用的な考え方を、「最初にすること、原則、『カテゴリー』」ではなく「最後にすること、成果、結果」に意識が向く考え方だと定義した。以下を参照。William James, " What Pragmatism Means," *Essays in Pragmatism* (New York, N. Y. : Hafner Publishing Company, 1948), p. 146. 邦訳：ウィリアム・ジェイムズ『プラグマティズム』（岩波書店、岩波文庫、1957年）
(6)　現代のステークホルダー分析の手法は多岐にわたる。近年の概要は以下を参照。Thomas Donaldson and Lee E. Preston, " The Stakeholder Theory of the Corporation : Concepts, Evidence, and Implications," *Academy of Management Review*, vol. 20, no. 1 (1995), pp. 65-91. 初期の提唱者がイメージしていたステークホルダー分析については以下を参照。R. Edward Freeman, *Strategic Planning : A Stakeholder Approach* (Boston, Mass. : Pitman Publishing, 1984). ステ

ークホルダー理論は一部から批判を受けているが、典型的な批判はここで推奨しているようなステークホルダー分析には当てはまらない。以下を参照。Elaine Sternberg, " Stakeholder Theory Exposed," *Corporate Governance Quarterly*, vol. 2, no. 1 (March 1996), p. 4.

(7) Frederick B. Bird and James A. Waters, " The Moral Muteness of Managers," *California Management Review*, vol. 32, no. 1 (Fall 1989), p. 16. 以下も参照。Robert Jackall, *Moral Mazes : The World Of Corporate Managers* (New York, N. Y.: Oxford University Press, 1988).

(8) とくに注記がないかぎり、この項の情報はすべて以下をもとにしている。Lynn Sharp Paine, " Lotus Marketplace: Households," Harvard Business School Case Nos. 2-396-162, 2-396-163 (Boston, Mass.: Harvard Business School Publishing, 1995).

(9) 電子メールの引用は以下より。Michael W. Miller, " Computers: Lotus Is Likely to Abandon Consumer Data Project," *Wall Street Journal*, January 23, 1991, p. B1.

(10) *Trans Union Corp. v. FTC*, 345 U. S. App. D. C. 301 (2001), available at 〈http://www.ftc.gov/opa/2001/04/tuappeal.htm〉 (February 15, 2002).

(11) 公正信用報告法からの抜粋。文中の事件が起きたときに有効だった文言のまま。以下を参照。Fair Credit Reporting Act, 15 U. S. C. S. sec. 1681b. (3) (E), as in effect in 1990. 1996年に消費者信用報告改革法によって修正されてからは、消費者の許可なしに信用報告を配布してよいのは「消費者によって**開始された**商取引に関連する(傍点著者)……正当な業務上の必要」がある場合だけに限られるようになった。詳しくは以下で報告されている。Fred H. Cate, " The Changing Face of Privacy Protection in the European Union and the United States," *Indiana Law Review*, vol. 33 (1999), p. 174, at 211. ヨーロッパでは議論の結果、1995年にＥＵデータ保護指令が採択され、1998年に発効した。以下を参照。Gregory Shaffer, " Globalization and Social Protection : The Impact of the EU and International Rules in the Ratcheting Up of U. S. Privacy Standards," *Yale Journal of International Law*, vol. 25, no. 1 (Winter 2000).

(12) ダイエットをしている人へのマーケティング、独身ユダヤ人の機密名簿の販売の例は以下で報告されている。John Ward Anderson, " Va. Bill Would Curb Abuse of Computerized Mail Lists ; Users Lobby Against Privacy Measure," *Washington Post*, February 5, 1992, p. C1. ダイレクトマーケティングと略奪的貸付については以下を参照。Andy Jacob, " Arrows from Ivory Towers : Subprime Lending vs. Predatory Lending," *Bank News*, October 1, 2000, pp. 14-16. 以下も参照。Henry J. Sommer, " Causes of the Consumer Bankruptcy Explosion : Debtor Abuse or Easy Credit ? " *Hofstra Law Review*, vol. 27 (Fall 1998), pp. 33, esp. 37-40.

(13) Cordon Fairclough, " Philip Morris Says It's Sorry for Death Report," *Wall Street Journal*, July 26, 2001, p. B1.

(14) ＣＥＯの発言は以下で引用。Fairclough, " Philip Morris Says It's Sorry for Death Report."

(15) Oliver Wendell Holmes, Jr., *The Common Law* (Boston, Mass.: Little,

Brown and Company, 1881), p. 3.

(16) 権利と利益については以下を参照。Ronald Dworkin, *Taking Rights Seriously* (Cambridge, Mass.: Harvard University Press, 1987). 邦訳：ロナルド・ドゥウォーキン『権利論』(木鐸社、2003年)

(17) この問題については以下で詳述されている内容をもとにしている。Kenneth E. Goodpaster, "Managing Product Safety: The Ford Pinto," HBS Case No. 9-383-129 (Boston, Mass.: Harvard Business School Publishing, 1984).

(18) Milo Geyelin, "Lasting Impact: How an Internal Memo Written 26 Years Ago Is Costing GM Dearly," *Wall Street Journal*, September 29, 1999, p. A1.

(19) これは減額された金額で、陪審が最初に定めた賠償額は49億ドルだった。同上。

(20) J. Scott Armstrong, "Social Irresponsibility in Management," *Journal of Business Research*, vol. 5 (September 1977), pp. 185-213 at 202-205.

(21) ＣＥＯの発言は以下に付属のビデオから引用。Richard S. Tedlow, "James Burke: A Career in American Business," HBS Case No. 9-389-177 (Boston, Mass.: Harvard Business School Publishing, 1989). 検討チームについての情報は以下より。John Deighton, "McNeil Consumer Products Company: Tylenol" (Hanover, N. H.: Amos Tuck School, Dartmouth College, 1983).

(22) マーケティングコンサルタント、ジェリー・デラ・フェミナ (Jerry Della Femina) の発言は以下より引用。Deighton, "McNeil Consumer Products Company," p. 10.

第９章　センター主導の会社

(１) シェルについての情報は以下より。Lynn Sharp Paine and Mihnea Moldoveanu, "Royal Dutch/Shell in Transition (A),(B)," HBS Case Nos. 9-300-039, 9-300-040 (Boston, Mass.: Harvard Business School Publishing, 1999).

(２) 文中の金額は500万ドル単位で四捨五入、もともとのスウェーデン・クローネでの推定額から1999年１月１日の為替レートを用いて換算した。テリアの配置転換計画の財務分析は以下を参照。Roland Hansson, *Personalförsörjningsmodellen — Ett Projekt i Tiden: Övertalighetshantering i Telia* (配置転換モデル——ある最新型プロジェクト) (Stockholm: Svenska Strukturforskningsinstitutet, 1999).

(３) 詳細は以下を参照。Lynn Sharp Paine, "Manville Corporation Fiber Glass Group (A),(B)," HBS Case Nos. 9-394-117, 9-394-118 (Boston, Mass.: Harvard Business School Publishing, 1993).

(４) 詳細は以下を参照。Lynn Sharp Paine, "Charles Veillon, S. A.(A),(B)," HBS Case Nos. 9-398-011, 9-398-010 (Boston, Mass.: Harvard Business School Publishing, 1997).

(５) Jacques Zwahlen, "Policy Followed by a Mail Order Company to Prevent Forced Child Labor," presented at the Institut Universitaire d'Etudes du Développement, Geneva, September 1995, p. 1.

(６) とくに注記がないかぎり、この項の記述は以下をもとにしている。Louis B.

Barnes and Lynn Sharp Paine, "Guaranty Trust Bank PLC Nigeria (A),(B),(C),(D)," HBS Case Nos. 9-399-110, 9-399-111, 9-399-112, 9-399-116 (Boston, Mass.: Harvard Business School Publishing, 1999).

(7) GTBは以下の記事で「基準点」と評されている。Ayodele Aminu, "Nigerian Business; Money Transfer: GTB Set to Add Value to Customers," *Africa News*, May 10, 2000. 以下も参照。"Nigeria; The Age Barrier," *Africa News*, February 5, 2001（GTBとゼニスが「銀行業の様相を変え……今日の質的な銀行業務を提供するようになった」と評価されている).

(8) Barnes and Paine, "Guaranty Trust Bank PLC Nigeria (A)," p. 7.

付録

新しい基準

1. 国連グローバルコンパクト

1999年1月31日、ダボスで開催された世界経済フォーラムで、国連事務総長コフィ・アナンは世界のビジネスリーダーにグローバルコンパクトの「支持と実践」を求め、各企業が事業活動で実践するとともに、適切な公共政策を支持するよう提唱した。この原則が扱うのは人権、労働、環境に関する問題である。

事務総長は世界の実業界に次のことを求める　**人権**

原則1：それぞれ影響力のおよぶ範囲で国際的に宣言された人権の保護を支持し尊重する。

原則2：自らの所有する企業を決して人権の侵害に加担させない。

事務総長は世界の実業界に次のことを支持するよう求める　**労働**

原則3：組合結成の自由と、集団交渉権の実質的な承認。

原則4：あらゆる形態の強制労働の撤廃。

原則5：児童労働の実質的な廃止。

原則6：雇用と職業における差別の撤廃。

事務総長は世界の実業界に次のことを求める　**環境**

原則7：環境上の課題にたいする予防的な取り組みを支持する。

原則8：環境にたいしてより大きな責任を担うための取り組みを行う。

原則9：環境に配慮した技術の開発と普及を促進する。

2. 企業原則の評価

このチェックリストは、1994年にヨーロッパと日本とアメリカのエグゼクティブによって発案された「コー円卓会議・企業の行動指針」にもとづくものである。彼らの目的は企業行動の世界標準を示すことだった。自分が独立した、公正な、事情をよく知るオブザーバーになったつもりで、このチェックリストを検討してほしい。自分の会社が各原則をどの程度まで守っているか、最もふさわしいと思われる番号に丸をつけてみよう。その原則に同意しない場合、あるいは関係のない原則だと思われた場合は、欄外に丸をつける。重要だと思う項目がチェックリストに含まれていなければ、リストの最後に付加してほしい。

	原則	順守のレベル 1 あまり守られていない	2 そこそこに守られている	3 守られている	4 よく守られている	5 すばらしく守られている	無関係
中心的な原則	すべてのステークホルダーにたいして価値創造をしている	1	2	3	4	5	無
	経済と社会の発展に貢献している	1	2	3	4	5	無
	資源を慎重かつ有効に利用している	1	2	3	4	5	無
	誠実かつ正直に事業を運営している	1	2	3	4	5	無
	約束を守っている	1	2	3	4	5	無
	国際法と国内法を順守している	1	2	3	4	5	無
	多角的貿易体制を支持している	1	2	3	4	5	無
	環境の保護と改善に努めている	1	2	3	4	5	無
	贈収賄やマネーロンダリングなどの汚職行為、違法行為に関与しないとともに、それらが撤廃されるよう努力している	1	2	3	4	5	無
顧客	顧客の要望に合致する品質を提供している	1	2	3	4	5	無
	顧客を公正に扱っている	1	2	3	4	5	無
	顧客の不満に対処している	1	2	3	4	5	無
	健康や安全への悪影響を最小限に抑え、必要な場合はそれについての情報を顧客に開示している	1	2	3	4	5	無
	環境の質を維持し、向上させる製品やサービスを提供している	1	2	3	4	5	無
	製品、マーケティング、広告において人間の尊厳を尊重している	1	2	3	4	5	無
	顧客の文化の保全を尊重している	1	2	3	4	5	無

「企業の行動指針」（コー、スイス、1994年コー円卓会議より）にもとづいてリン・シャープ・ペインが作成。

無関係
5 すばらしく守られている
4 よく守られている
3 守られている
2 そこそこに守られている
1 あまり守られていない

	原則	順守のレベル					
従業員	従業員の生活条件の改善に資する仕事と報酬を提供している	1	2	3	4	5	無
	従業員の健康と尊厳を守っている	1	2	3	4	5	無
	できるかぎり誠実で率直なコミュニケーションをとっている	1	2	3	4	5	無
	従業員の提案を聞き入れて善処している	1	2	3	4	5	無
	対立が生じた場合は誠実に対処している	1	2	3	4	5	無
	性別、人種、宗教に関係なく、公平な待遇と機会を与えている	1	2	3	4	5	無
	能力差のある人びとに、それぞれが役に立てる仕事を提供している	1	2	3	4	5	無
	職場での避けられる病気や障害をなくしてきた	1	2	3	4	5	無
	従業員が技能や知識を伸ばすのを奨励、支援している	1	2	3	4	5	無
	企業の決定に関連した失業や配置転換の問題に対処している	1	2	3	4	5	無
オーナー・投資家	投資家に公正で競争力のある利益還元をしている	1	2	3	4	5	無
	投資家に正確な関連情報を提供している	1	2	3	4	5	無
	投資家の資産の保護と増大に努めている	1	2	3	4	5	無
	投資家の意見（提案や不満）を尊重している	1	2	3	4	5	無
	会社の資産を私的な目的でなく会社の目的に利用している	1	2	3	4	5	無
サプライヤー	価格設定、知的所有権の実施許諾、販売権などを含むすべての活動において公正と誠実を守っている	1	2	3	4	5	無
	強制や不要な告訴にかかわらないようにしている	1	2	3	4	5	無
	サプライヤーの価値、品質、競争力、信頼性と交換に長期的な関係を築いている	1	2	3	4	5	無
	サプライヤーに適宜情報を提供し、計画段階から関与させている	1	2	3	4	5	無
	サプライヤーへの支払いは所定の期日にあらかじめ同意された条件で行っている	1	2	3	4	5	無
	人間の尊厳を尊重した雇用習慣をもつサプライヤーと取引するようにしている	1	2	3	4	5	無

原則		順守のレベル（1 あまり守られていない　2 そこそこに守られている　3 守られている　4 よく守られている　5 すばらしく守られている　無 無関係）
競争相手	競争相手と結託しないようにしている	1 2 3 4 5 無
	貿易と投資にたいする市場の開放を促進している	1 2 3 4 5 無
	競争行為においても競争相手への敬意を示している	1 2 3 4 5 無
	競争上の優位を得るために問題のある金銭の支払いをしたり便宜を求めたりしない	1 2 3 4 5 無
	有形財産の所有権、知的所有権を尊重している	1 2 3 4 5 無
	営利情報は誠実で倫理的な方法で入手し、スパイ行為のような非倫理的な手段は用いない	1 2 3 4 5 無
地域社会	政府当局との不適切な関係を避けている	1 2 3 4 5 無
	企業活動によって社会や環境に与えた損害に対処している	1 2 3 4 5 無
	人権と民主制度の発展を支援している	1 2 3 4 5 無
	人間形成を推進する公共政策を支持している	1 2 3 4 5 無
	地域社会の諸団体と協力して、健康、教育、職場の安全、経済の向上に努めている	1 2 3 4 5 無
	平和、安全、多様性、社会的融和を支援している	1 2 3 4 5 無
	地元文化の保全を尊重している	1 2 3 4 5 無
	慈善、教育、文化、従業員の市民活動への参加に貢献している	1 2 3 4 5 無
その他	＿＿＿＿＿＿＿＿	1 2 3 4 5 無
	＿＿＿＿＿＿＿＿	1 2 3 4 5 無
	＿＿＿＿＿＿＿＿	1 2 3 4 5 無
	＿＿＿＿＿＿＿＿	1 2 3 4 5 無

コー円卓会議・企業の行動指針の内容は以下で参照できる。www.cauxroundtable.org. また、次のところから文書のコピー（複数の言語に対応）を取り寄せることもできる。Caux Institute for Global Responsibility, Inc., RR2, Box239, Waterville, Minnesotta, 56096, Tel. +1(507)362-4916, Fax +1(507)362-4820; Email CauxRT@aol.com.

著者紹介

リン・シャープ・ペイン（Lynn Sharp Paine）

オクスフォード大大学院修了、哲学／法学博士。ハーバード・ビジネススクール・ノバルティス・フェローなどを経て、現在ハーバード・ビジネススクール教授。同スクールのＭＢＡ課程などで、企業倫理、管理者教育などを担当。リーダーシップとバリューをテーマに、世界中の企業で教育活動を行っている。著書に *Cases in Leadership, Ethics, and Organizational Integrity*（Burr Ridge, 1997. 邦訳『ハーバードのケースで学ぶ企業倫理　組織の誠実さを求めて』＝慶應義塾大学出版会, 1999＝）など。

訳者紹介

鈴木主税（すずき・ちから）

東京生まれ。翻訳グループ「牧人舎」代表。ウィリアム・マンチェスター『栄光と夢』（全５巻、草思社）で出版翻訳文化賞受賞。著書に『私の翻訳談義』（朝日新聞社）、『私の翻訳図書館』（河出書房新社）、『職業としての翻訳』（毎日新聞社）。最近の訳業にジョセフ・E・スティグリッツ『人間が幸福になる経済とは何か』（徳間書店）、パーサ・ボース『アレクサンドロス大王　その戦略と戦術』（集英社）など。

塩原通緒（しおばら・みちお）

埼玉県生まれ。立教大学英米文学科卒業。ボブ・ズムダ他『マン・オン・ザ・ムーン　笑いの天才アンディ・カフマン』（角川書店）、ダライ・ラマ『幸せに生きるために　ダライ・ラマが語る15の教え』（角川春樹事務所）など。

バリューシフト　企業倫理《きぎょうりんり》の新時代《しんじだい》

2004年4月10日　印刷日
2004年4月25日　発行日

著　者　**リン・シャープ・ペイン**
訳　者　**鈴木主税《すずきちから》、塩原通緒《しおばらみちお》**
発行人　**仁科邦男**
発行所　**毎日新聞社**
〒100-8051　東京都千代田区一ツ橋1-1-1
出版営業部　☎03(3212)3257
図書編集部　☎03(3212)3239
印　刷　**中央精版**
製　本　**大口製本**

乱丁・落丁はお取り替えします

ISBN4-620-31677-6